总主编 田高良

新时代互联网+创新型会计与财务管理专业系列教材

会计信息化

主编 史璇 刘宁

西安交通大学出版社
XI'AN JIAOTONG UNIVERSITY PRESS

内容简介

本教材以 ERP 原理及应用为核心,旨在全面培养读者的业财融合能力。通过三套由易到难、由浅入深的实训账套,帮助读者逐步掌握解决企业会计信息化问题的技能,实现理论与实践的结合,使读者深入理解现代企业管理思想并提升实战能力。本教材不仅提供了充足的理论习题和上机实验,还配备了详细的习题答案、操作视频及操作提示,为读者自学提供了丰富的资源支持。书中特别介绍了当前会计信息化领域备受关注的云财务和云 ERP 技术,引导学生运用新知识、新技术,主动思考并解决会计信息化中的实际问题,提出创新性解决方案。

教材内容涵盖广泛,包括会计信息化概述、云 ERP 与云财务、会计信息化系统业务流程、财务信息化模块实务操作、供应链管理模块实务操作以及企业 ERP 综合实验(附录)等 12 章内容,全面系统地展现了会计信息化的理论与实践。此外,本教材配套了丰富的数字资源,包括操作视频、实践案例、即测即评、教学课件、模拟试题等,为教师教学和学生学习提供了全方位的支持。无论是课堂教学还是自主学习,本书都能满足不同读者的需求,助力读者在会计信息化领域取得长足进步。

本书适用于普通高等院校财务会计、财务管理、信息管理等专业的"会计信息系统""会计电算化""会计信息化""ERP 综合实训""ERP 实务"等课程,也可作为全国大学生会计信息化技能大赛的辅导用书,以及会计从业人员培训、企事业单位内部培训和会计信息系统实施人员的参考资料。

图书在版编目(CIP)数据

会计信息化 / 史璇,刘宁主编. -- 西安 : 西安交通大学出版社,2025.4. --(新时代互联网＋创新型会计与财务管理专业系列教材). -- ISBN 978-7-5693-4037-2

Ⅰ. F232

中国国家版本馆 CIP 数据核字第 20255M2U65 号

书　　名	会计信息化	
	KUAIJI XINXI HUA	
主　　编	史　璇　刘　宁	
责任编辑	魏照民	
责任校对	郭　　剑	
封面设计	任加盟	

出版发行　西安交通大学出版社
　　　　　(西安市兴庆南路 1 号　邮政编码 710048)
网　　址　http://www.xjtupress.com
电　　话　(029)82668357　82667874(市场营销中心)
　　　　　(029)82668315(总编办)
传　　真　(029)82668280
印　　刷　陕西思维印务有限公司

开　　本　787 mm×1092 mm　1/16　　印张 19.25　　字数 509 千字
版次印次　2025 年 4 月第 1 版　　2025 年 4 月第 1 次印刷
书　　号　ISBN 978-7-5693-4037-2
定　　价　59.90 元

如发现印装质量问题,请与本社市场营销中心联系。
订购热线:(029)82665248　(029)82667874
投稿热线:13110408158　QQ:897899804
读者信箱:897899804@qq.com

新时代互联网＋创新型会计与财务管理专业系列教材

编写委员会

总主编：田高良

编委会委员（按姓氏笔画排序）：

王建玲　史　璇　宁宇新　刘　宁　汤小莉

汪方军　张　禾　张　原　周　龙　徐焕章

高晓林

策　　划：魏照民

前　言

　　财政部在《会计改革与发展"十四五"规划纲要》中明确提出："'以数字化技术为支撑,以会计审计工作数字化转型为抓手,推动会计职能实现拓展升级'的总体目标,将数字化转型作为支撑会计职能从核算向管理决策延伸的核心引擎""建立覆盖电子凭证、财务报表、审计函证的统一会计数据标准,解决数据互通障碍,为会计信息深度应用奠定基础""修订《会计法》配套制度,明确电子会计资料法律效力""推动企业财务系统与业务系统(如 ERP)深度集成,构建财务数据中台,支撑实时决策分析。"由此可见,会计信息化在企业管理中的重要性日益凸显,对会计信息化工作人员的素质要求也逐步提高。

　　随着用友 ERP－U8 10.1 版在各大中专院校的广泛推广,许多高校的教材仍停留在旧版本(如 U8 8.72 等)。为适应会计信息化平台的升级,亟需一批蕴含先进技术的新教材。本书旨在通过模拟企业实际环境,培养应用型、复合型人才,为大学生提供一个了解企业经济业务运行的机会,锻炼其参与企业工作的能力。通过学习,学生将掌握会计信息系统的基本原理,熟练运用财务软件处理企业业务,为未来从事会计工作或通用软件的使用与维护奠定坚实基础。

　　"会计信息化"作为财会类、经管专业的核心课程,旨在帮助学生准确理解并掌握会计无纸化考试的内容,突出操作题中的应知应会知识点。本书注重会计实务操作,强调从业要求,重视会计基础知识的讲解和业务处理能力的培养。同时,本书还可作为全国大学生会计信息化技能大赛的辅导用书,帮助学生在信息化管理技能方面展示自身能力,为其顺利进入职场或创新创业提供支持。

　　本书内容分为以下五部分:

　　第一部分(第 1 章),介绍企业信息化环境下会计信息系统的基本知识,包括会计信息系统的理论基础、会计信息化发展历程、ERP 知识、会计软件分类及产品介绍,以及会计信息系统的实施过程。

　　第二部分(第 2 章),重点讲解会计信息化中的关键技术——"云计算"与"财务云"技术。

　　第三部分(第 3 章),分析信息化会计核算流程,为企业从业务到财务的全面信息化奠定基础。

　　第四部分(第 4—12 章),以用友 ERP－U8 10.1 为蓝本,详细讲解系统初始化、日常业务处理、期末业务、会计报表编制、工资核算、固定资产核算、采购与应付核算、销售与应收核算、库存与存货管理等模块。每章均包含知识讲解、例题、课后习题和上机实验,设计了两个完整账套(北极星公司和黄河有限责任公司),供学生全面练习。

　　第五部分(附录),通过××家具公司供应链管理实际业务,进行会计软件实战训练。

　　本书具有以下特色:

1．结构新颖

从第 3 章开始，每章均配有业务模块的结构图和操作流程，帮助学生全面理解操作过程。每章还包含同步练习、互动练习和上机实验，理论与实践紧密结合，便于自学。

2．题量充分

会计信息化课程以实践为主。本书每章均配有课后习题和上机实验，帮助学生从理论到实践全面掌握知识。本书提供三套企业数据（北极星公司、黄河有限责任公司和××家具公司），帮助学生熟练掌握会计软件操作。

学生可通过本书封底的"学习卡"进行练习和自测。

3．内容丰富

本书涵盖云计算、云财务、用友和金蝶软件产品、信息化会计人员素质要求、供应链管理及 ERP 等知识，内容翔实，图文并茂，实验数据新颖。

本教材由西安工业大学经济管理学院会计系史璇副教授与西安工商学院经济管理学院刘宁副教授联合担任主编。在确定总体框架后，编写团队查阅了大量的文献资料，结合自身的教学和实践经验，精心撰写每一个章节。编者衷心希望本书能为读者在会计信息化学习和无纸化上机考试方面提供帮助。限于作者水平，书中难免存在不足之处，欢迎读者批评指正。

编者

2025 年 4 月

目　录

1 | **第1章　会计信息化概述**
　 | 知识目标
1 | 1.1　会计信息化简介
4 | 1.2　会计信息系统
9 | 1.3　会计信息化的实施
13 | 本章小结
14 | **第2章　云计算与财务云**
　 | 知识目标
14 | 2.1　云计算
18 | 2.2　财务云
21 | 本章小结
22 | **第3章　会计信息系统的结构及基本流程**
　 | 知识目标
22 | 3.1　会计核算系统的架构和功能
25 | 3.2　账务处理模块基本流程
27 | 3.3　各系统之间的联系
29 | 3.4　会计信息化ERP功能展示——用友ERP为例
32 | 本章小结
33 | **第4章　系统初始化**
　 | 知识目标
　 | 实践目标
33 | 4.1　系统初始化的流程
34 | 4.2　系统管理
45 | 4.3　基础设置
54 | 本章小结
54 | 上机实验一　系统管理
55 | 上机实验二　基础设置

58	**第 5 章　总账系统**
	知识目标
	实践目标
58	5.1　总账系统的流程
60	5.2　总账系统初始化
71	5.3　日常业务处理
91	5.4　期末业务处理
99	本章小结
99	上机实验三　账务处理模块初始化
100	上机实验四　日常业务处理
102	上机实验五　出纳业务
102	上机实验六　期末业务处理
103	上机实验七　账簿查询
104	**第 6 章　报表模块**
	知识目标
	实践目标
104	6.1　报表系统的结构和流程
106	6.2　自定义报表
117	6.3　模板报表
118	本章小结
118	上机实验八　自定义报表
119	上机实验九　模版报表
119	上机实验十　账务处理综合训练
123	**第 7 章　薪资管理**
	知识目标
	实践目标
123	7.1　薪资管理流程
124	7.2　工资系统初始化
139	7.3　工资系统日常业务处理
147	7.4　期末业务处理
151	本章小结
151	上机实验十一　工资业务初始化
152	上机实验十二　工资日常业务
154	**第 8 章　固定资产管理**
	知识目标
	实践目标

154   8.1   固定资产系统结构与流程

156   8.2   固定资产系统初始化

169   8.3   固定资产日常业务处理

176   8.4   固定资产的期末处理

181   本章小结

181   上机实验十三   固定资产初始化

183   上机实验十四   固定资产业务处理

184   第 9 章   采购与应付款管理系统

    知识目标

    实践目标

184   9.1   供应链管理概述

187   9.2   采购管理系统简介

189   9.3   采购业务类型分析

197   9.4   采购与应付业务流程

198   9.5   采购及应付款管理初始化

208   9.6   采购与应付款管理日常业务处理

221   9.7   采购与应付款管理期末业务处理

223   本章小结

223   上机实验十五   供应链模块初始化

227   上机实验十六   采购与应付日常业务

229   第 10 章   销售与应收款管理系统

    知识目标

    实践目标

229   10.1   销售管理概述

232   10.2   销售管理业务类型分析

238   10.3   销售与应收业务流程

239   10.4   销售与应收管理初始化

248   10.5   销售与应收日常业务

260   10.6   销售与应收款管理期末业务处理

262   本章小结

262   上机实验十七   销售与应收业务

264   第 11 章   库存管理系统

    知识目标

    实践目标

264   11.1   库存管理概述

268   11.2   库存管理初始化

270 11.3 库存管理日常业务

274 11.4 库存管理期末业务

274 本章小结

274 上机实验十八 库存业务

276 **第 12 章 存货管理系统**

知识目标

实践目标

276 12.1 存货核算概述

279 12.2 存货核算初始化

281 12.3 存货日常业务和财务核算

285 12.4 存货结账

286 本章小结

286 上机实验十九 存货核算业务

288 **附录 《会计信息化》实验资料**

297 **参考文献**

第1章　会计信息化概述

知识目标

通过本章学习,应掌握:

1. 会计信息化的概念;
2. 会计信息系统分类;
3. ERP(企业资源计划)的定义及核心思想;
4. 云 ERP 和传统 ERP 的区别;
5. 专用会计软件和通用会计软件的优缺点;
6. 会计信息化的实施内容。

1.1　会计信息化简介

在信息技术迅猛发展的今天,全球互联网正迅速向下一代演进。云计算、物联网、智慧地球等新技术和新概念不断为信息化发展注入新动力。信息资源已成为重要的生产要素、无形资产和社会财富,信息化对经济社会发展的影响愈发深远,成为我国经济社会发展的重要趋势和推动力量。

信息是企业成功的原动力,也是推动企业持续发展的关键。会计人员的主要职责之一是将企业的业务活动通过会计技术转化为会计信息,为企业决策提供支持。例如,在销售业务过程中会产生大量数据,会计人员从中提取关键信息,并用会计术语进行记录:

借:应收账款
　　贷:主营业务收入
　　　　应交税费——应交增值税(销项税额)
借:主营业务成本
　　贷:库存商品

这些数据通过财务报告提供给管理者,为其决策提供依据。随着我国经济的快速发展,企业信息量日益庞大且复杂,管理要求也不断提高,因此需要快速、准确、及时地为决策提供信息支持。计算机在会计中的应用被称为会计电算化,这是会计操作技术从手工处理向计算机处理过渡的必然阶段。1954 年,美国通用电气公司首次使用计算机计算职工工资,标志着会计电算化模式的诞生。

会计电算化是会计信息化的初级阶段,也是其基础工作。信息化已成为全球发展的必然趋势,会计信息化是实现我国从会计大国向会计强国跨越的关键突破点,也是会计改革发展的重要任务,在整个会计工作中起到穿针引线、上下联通的核心作用。

1.1.1　会计信息化的定义

会计信息化是指将会计信息作为管理信息资源,全面运用以计算机和网络通信为主的信息技术,对其进行获取、加工、传输和应用,为企业经营管理、控制决策和经济运行提供充足、实时、全方位的信息支持。会计信息化是信息社会的产物,也是未来会计发展的方向。它不仅将计算机、网络和通信等先进技术引入会计学科,与传统会计工作融合,在业务核算和财务处理中发挥作用,还涵盖了更深层次的内容,如会计基本理论信息化、会计实务信息化、会计教育信息化和会计管理信息化等。

会计信息化是会计与信息技术的结合,是信息社会对企业财务信息管理提出的新要求,也是企业会计顺应信息化浪潮的必要举措。它是网络环境下企业领导者获取信息的主要渠道,有助于提升企业竞争力,解决会计电算化中的"信息孤岛"问题,提高会计管理决策能力和企业管理水平。

1.1.2　会计信息化的发展

随着社会经济和科学技术的不断进步,会计领域也在持续演变。然而,会计的核心任务"收集、处理和提供会计信息"始终未变。变化的是会计信息处理与提供的技术手段、方式,以及对会计信息的分析和利用能力。会计信息化是将信息技术应用于会计核算的过程,旨在提升会计信息处理能力,增强信息的及时性。加强会计信息化工作,不仅有助于加快会计工作方式的转型,还能提高会计信息的及时性和准确性,从而提升会计服务经济社会的能力。

我国会计信息化的发展历程可分为4个阶段:模拟手工记账的探索起步阶段、与企业其他业务相结合的推广发展阶段、为适应会计准则和制度的发展要求引入会计专业判断的渗透融合阶段,以及与内部控制相结合建立企业资源计划(ERP)系统的集成管理阶段。会计信息化四个发展阶段如表1-1所示。

表1-1　会计信息化四个发展阶段

阶段	年代	基本特征	标志成果	制度
模拟手工记账的探索起步阶段	20世纪80年代	1.采用数据库管理系统,开发企业自身的"账务处理系统"。2.计算机仅作为高级计算工具,无法实现信息共享和与其他企业信息系统的有效融合	企业内部形成信息"孤岛"	1989年底和1990年7月颁布《会计核算软件管理的几项规定(试行)》和《关于会计核算软件评审问题的补充规定(试行)》

续表

阶段	年代	基本特征	标志成果	制度
与企业其他业务相结合的推广发展阶段	20 世纪 90 年代	1. 单项会计核算业务电算化扩展为全面电算化。 2. 实现会计信息与业务信息的一体化,消除信息孤岛	消除信息孤岛	1994 年和 1996 年财政部发布《关于发展我国会计电算化事业的意见》《会计电算化管理办法》和《会计电算化工作规范》
为适应会计准则和制度的发展要求引入会计专业判断的渗透融合阶段	20 世纪 90 年代后期至 21 世纪初年代后期至 21 世纪初	1. 将确认、计量、记录、报告要求融入会计电算化系统和管理信息系统。 2. 建立以会计电算化为核心的管理信息系统和企业资源计划(ERP)	会计信息系统的初中级阶段	2013 年财政部颁布《企业会计信息化工作规范》,同时废止 1994 年颁布的《商品化会计核算软件评审规则》和《会计电算化管理办法》
与内部控制相结合建立企业资源计划(ERP)系统的集成管理阶段	21 世纪初至今	1. 依托会计信息系统,构建与内控机制结合的 ERP 系统,实现会计管理和会计工作的信息化。 2. 报表编制工作集中到总部一级,使用可扩展商业报告语言(XBRL)	会计管理与内部控制全面集成	《企业内部控制基本规范》和《企业会计准则通用分类标准编报规则》

随着信息化水平的不断提升,财务领域正逐步迈向自动化和智能化的新时代。展望未来 5～10 年,财务行业将迎来一场深刻的变革,自动化和智能化将成为这场变革的核心驱动力。目前,诸如 OCR(光学字符识别)、RPA(机器人流程自动化)、NLP(自然语言处理)、知识图谱以及机器学习等技术已日趋成熟,且应用成本正迅速降低,为财务智能化奠定了坚实基础。

在这一趋势下,传统财务基础岗位的需求将逐渐减少,取而代之的是"人机协同"的工作模式。通过智能化技术的辅助,少数专业人员即可高效完成大量工作。例如,智能识别与审核技术能够自动处理账务和税务计算,依托大数据和规则库实现自动比对;计算机系统可自动匹配订单、验收单和发票,仅将无法匹配的异常情况推送至人工审核,从而将人工审核的比例降至 10％以下,大幅减少 90％的工作量。这种将基础财务工作全面信息化、自动化、智能化的转型,标志着会计行业迈向了一个全新的发展阶段。

我国"十四五"规划和 2035 年远景目标纲要明确提出,要"打造数字经济新优势",将数字经济发展和数字化转型提升至国家战略高度。该规划强调,要充分发挥海量数据和丰富应用场景的优势,推动数字技术与实体经济的深度融合,赋能传统产业转型升级,催生新产业、新业态、新模式,为经济发展注入新动能。在这一背景下,从会计电算化到会计信息化,再到数智化会计的演进,不仅使企业间的连接、共享与协同更加高效,也提升了整个产业的运行效率,优化了资源配置。同时,这些前沿技术还为产业创新与突破提供了强大动力,推动了经济的可持续发展。

　　总之,财务自动化和智能化不仅是技术进步的必然结果,更是企业提升竞争力、实现高质量发展的关键路径。未来,随着技术的不断迭代与应用场景的拓展,财务行业将迎来更加广阔的发展空间。

1.2　会计信息系统

　　在会计信息化的进程中,会计信息系统(accounting information system,AIS)扮演着基石的角色。它不仅体现了会计信息化的发展水平,而且是实现高效、精准会计工作的关键。一个繁荣的会计信息系统市场以及功能全面、技术领先的会计软件,是会计信息化深入发展的必要条件。

1.2.1　会计信息系统的定义

　　会计信息系统是一种运用信息技术对会计数据进行收集、存储和处理的系统,旨在完成会计核算任务,并提供会计管理、分析和决策支持。其核心功能是将会计数据转化为有价值的会计信息,作为企业管理信息系统的重要组成部分。从广义上讲,会计信息系统包括计算机硬件、软件、用户及其相关规章制度,是一个人与机器协同工作的系统。狭义上,会计信息系统指的是企业资源计划(ERP)系统中负责会计核算、管理和决策的软件部分,通常称为会计软件。例如,本教材中介绍的用友 ERP-U8 系统中的会计模块,就是典型的会计软件。

　　在大型企业中,会计信息系统的应用已经深入各个业务流程中,如采购至支付的支出循环、销售至收款的收入循环、员工薪酬至人力资源管理、投资至资产管理、库存至生产管理等。这些流程的每一个环节都与财务系统紧密相连,形成了一个全面覆盖企业经营管理的自动化网络。随着企业规模的扩大,一个全面而完善的会计信息系统对于实现企业运营的自动化和高效化变得尤为重要。

　　对于会计信息系统的使用者来说,掌握会计软件的使用是基础,没有这一技能,就无法有效地进行会计管理和决策。因此,会计软件不仅是会计人员的工具,也是他们职业发展的必经之路。

1.2.2　会计信息系统的应用

　　会计信息系统在企事业单位中的应用层次可分为三层:会计核算系统、会计管理系统和会计决策系统。会计信息系统的三层次结构如图 1-1 所示。

　　(1)会计核算系统。会计核算系统是会计信息化的初级阶段,其主要特点是信息处理量大、从业人员众多。据统计,会计核算工作占会计总工作量的 80% 左右。该阶段的核心任务是利用计算机技术替代传统手工核算,完成日常会计核算业务。其主要工作内容包括日常购销存业务处理、账务处理、财务报表编制、固定资产核算、薪资核算等。

　　(2)会计管理系统。会计管理系统是在会计核算系统的基础上,进一步利用会计核算数据和其他相关信息,借助计算机会计管理软件的功能,帮助财会人员合理筹措和运用资金,以达到节约生产成本、降低费用开支、提高经济效益的目的。会计管理系统的主要任务包括

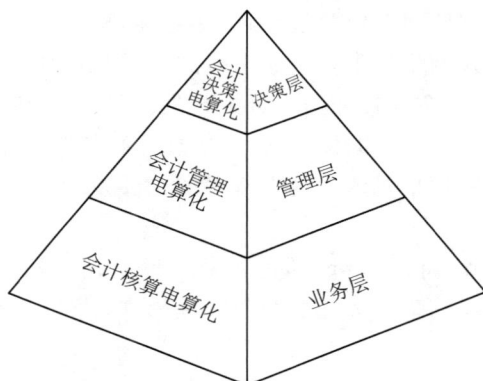

图 1-1　会计信息系统的三个层次

会计预测、财务计划编制、财务成本控制、会计分析等。

（3）会计决策系统。会计决策系统是会计信息化的高级阶段，是在会计核算系统和会计管理系统的基础上发展而来。它是一种以计算机为工具、人机交互式的信息系统，旨在帮助决策者利用数据和模型解决复杂的决策问题，如生产决策、销售决策、财务决策等。

决策支持系统（DSS）并非替代人工决策，而是通过现代信息技术为决策者提供所需的各类信息、科学方法和数学模型，辅助其选择最佳方案，从而减少决策失误、降低决策风险。

1.2.3　会计信息系统的发展

会计信息系统的发展历程可以划分为三个阶段：面向会计事务处理阶段、面向企业整体管理系统阶段和面向企业资源集成化管理系统阶段。

1. 面向会计事务处理阶段

在 20 世纪 80 年代至 90 年代初，会计核算领域尚未出现能够全面解决基本功能的成熟软件产品。当时市场上只有一些单一功能的会计核算软件，如账务处理软件、固定资产管理软件和工资管理软件等。这些软件主要模仿手工会计数据处理的方式和程序，重点解决数据量大、计算简便但重复次数多的单项会计业务。然而，各单项会计核算软件之间无法进行数据传输和数据共享。

例如，这一时期具有代表性的是万能账务处理软件、用友账务处理软件、金蜘蛛固定资产管理软件等。

2. 面向企业整体管理系统阶段

从 20 世纪 90 年代初期至 90 年代后期，随着计算机技术的发展和会计电算化工作的深入推进，单项用于处理某项会计业务的软件逐渐暴露出越来越多的问题，如会计工作效率提升不明显等，这些问题难以满足企业管理的需求。因此，后续开发的会计核算软件开始将会计部门内部的所有单项应用软件进行有机整合，逐步形成一个完整的会计信息系统。这些系统一般包括总账管理、报表生成、工资管理、固定资产管理、材料核算、销售管理、库存管理等模块。

例如，这一时期具有代表性的是用友财务核算系统、金蝶财务核算系统等。

3.面向企业资源集成化管理系统阶段(ERP系统阶段)

进入21世纪,计算机及网络技术在企业中得到了广泛应用,企业管理的主要任务转向资源管理,相应的会计工作的主要任务是为资源管理提供分析与决策信息。随着管理信息系统的发展及其在企业中应用的不断深入,会计信息开始与业务信息相互渗透和结合,我国会计软件从核算型进入了管理型时代。这一阶段的重要发展成果之一就是ERP系统的推广和应用。

ERP(enterprise resource planning)即企业资源计划,是集物资资源管理、人力资源管理、财务资源管理、信息资源管理一体化的企业管理软件,为企业决策层及员工提供决策运行手段的管理平台。

ERP不仅仅是一个软件,更是一种管理思想,它实现了企业内部资源和企业相关的外部资源的整合。通过软件,企业的物流、资金流、信息流、等被紧密地集成起来,实现资源优化和共享。

总之,ERP是集信息技术与先进的管理思想于一体,将企业的物流、资金流、信息流三流紧密地集成起来,实现了企业内部资源和企业相关的外部资源的整合,使企业资源得到优化和共享,全面提升了企业的市场应变能力和整体竞争力,成为企业在信息时代生存、发展的运行模式。ERP概念如图1-2所示。

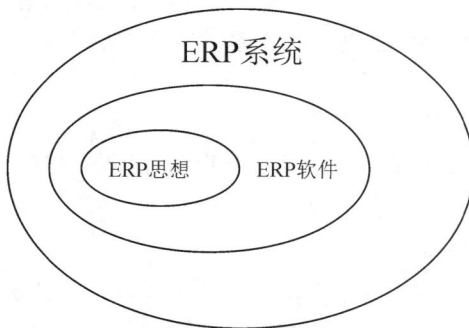

图1-2　ERP概念示意图

在当今的商业环境中,传统的会计电算化已逐渐退出历史舞台,取而代之的是集成于全面企业管理体系中的财务管理模块。这种转变源于企业对经营管理需求的升级,单一的财务软件已无法满足现代企业对效率与集成的追求。如今,企业管理涵盖了从材料采购、销售、存货管理到会计核算、应收应付账款管理,再到固定资产、流动资金及成本费用管理的全方位流程。这些流程的集成化使得在业务发生时,系统能够自动触发会计业务子模块,实时采集并处理详细的业务与财务信息,执行既定的控制规则,从而实现对整体企业资源的有效规划。

为实现这一目标,现有的总账管理系统、成本管理系统、报表系统、固定资产管理系统及资金管理系统等软件需通过数据转换接口实现互联互通,确保各系统间数据的顺畅交换与重组,最终达成财务与业务信息的一体化。

在ERP系统中,会计信息系统扮演着至关重要的角色。ERP系统中的会计信息系统由财务会计和管理会计两个子系统构成。财务会计子系统负责处理日常财务作业,并按照规定的格式对外提供以企业实体为单位的各类会计报表;而管理会计子系统则专注于内部管理需求,能够灵活设置核算对象,从财务视角为管理层提供决策支持信息。自 2004 年起,国内软件巨头如用友、金蝶等纷纷推出 ERP 软件,实现了物流、资金流和信息流的一体化管理。在这一框架下,会计软件已演变为 ERP 系统的一个组成部分,为企业信息化奠定了技术基础。只有将现有的会计信息系统升级为 ERP 系统,企业才能更好地适应信息化管理的需求。

随着云计算技术的迅猛发展,ERP 系统上云已成为降低企业管理运维成本、提升信息化管理效率的有效途径。借助云技术,企业能够突破业务瓶颈,加速数字化转型进程。因此,越来越多的企业选择将部分 ERP 系统功能迁移至云端,或直接在云平台上构建全新的ERP 系统,以应对日益复杂的商业环境和技术挑战。

云 ERP 与传统 ERP 软件的区别如下。

1)服务提供方式的差异

(1)云 ERP。作为一种远程 ERP 应用服务,即 SaaS(软件即服务),它允许企业通过Web 浏览器访问由远程供应商集中管理的 ERP 软件和数据。用户通常按月或按年支付费用。

(2)传统 ERP。这是一种需要购买或开发的软件产品,必须安装在企业的本地服务器上。传统 ERP 通常要求一次性买断或支付开发费用。

2)数据管理模式的差异

(1)云 ERP。服务器位于云端,企业数据涉及大数据分析。由于用户众多,每个用户的操作数据都会被记录,涉及复杂的大数据算法,企业可据此分析和利用大数据资源。

(2)传统 ERP。数据和系统均存储在本地服务器,数据资源主要来源于企业内部。

3)成本结构的差异

(1)云 ERP。初始成本较低,企业根据实际需求支付服务费。云 ERP 提供商负责所有IT 基础设施的托管和维护,确保系统运行和数据安全,企业无须承担额外维护费用。

(2)传统 ERP。需要较大的前期和持续投资,包括软件、硬件、服务器和相关设施的购买与管理。此外,还需要 IT 人员进行系统维护,包括硬件和服务器机房的维护,以及系统升级时的客户端重新安装。

4)升级维护的差异

(1)云 ERP。提供商持续进行系统升级,确保用户始终使用最新版本。云平台的构建允许更新时自动迁移定制与集成,无须额外投资。

(2)传统 ERP。升级过程复杂,需要重新部署系统,许多企业因此避免升级,继续使用过时的技术。

5)性能表现的差异

(1)云 ERP。提供更高的系统性能和可访问性,能够自动调整资源以应对业务高峰,支持远程访问实时数据,提高工作效率和安全性。

(2)传统 ERP。难以实现云 ERP 的高性能和可用性,且不易于定期报告系统运行状态。

6）实施时间的差异

（1）云 ERP。部署快速，通常 3～6 个月，无须额外硬件，易于扩展到多个地区和部门。

（2）传统 ERP。部署时间较长，通常需要 12 个月，扩展时需要额外硬件支持。

总结来说，云 ERP 在成本效益、升级维护、性能表现和实施速度方面具有明显优势，而传统 ERP 则在数据控制和定制方面可能更受一些企业青睐。企业应根据自身需求和资源选择最合适的 ERP 系统。

1.2.4 会计信息系统的分类

企业在配备会计信息系统时，应综合考虑自身技术能力及业务需求，评估软件的功能性、安全性、稳定性、响应速度和可扩展性等因素，以选择最合适的 ERP 软件类别。ERP 软件根据其适用范围可分为通用型和专用型。当前，多数 ERP 软件采用云计算技术，将软件部署于云端，用户通过互联网即可访问相应服务。无论是云端软件，还是本地安装软件，均可进一步划分为通用和专用两类，主要区别在于它们部署在公有云还是私有云上。

1. 专用会计信息系统（定制开发软件）

专用会计信息系统通常指使用单位根据自身会计核算与管理需求，自行开发或委托其他单位开发的软件，这类软件一般部署在私有云上。

专用会计信息系统按开发主体不同，可分为本单位自行开发、委托其他单位开发以及与其他单位联合开发的会计软件三种类型。

专用会计软件在特定行业或单位中，能更好地满足企业的实际需求，可能比通用会计软件发挥更大的效用。然而，其开发成本较高、周期较长，并对企业的开发能力有较高要求。目前，许多企业选择在通用会计软件基础上进行二次开发，以适应特定行业和企业的特殊需求。企业在委托外部单位开发会计软件时，应在合同中明确操作培训、软件升级、故障解决等服务事项，以及软件供应商对企业信息安全的责任。

2. 通用会计信息系统（商业化会计软件）

通用会计信息系统通常由专业软件公司开发，并在市场上公开销售，能够适应不同行业和单位的会计核算与管理基本需求。目前，我国通用会计软件以商业化软件为主，如用友系列、金蝶系列等会计核算软件，它们通常部署在公有云上，用户可通过互联网随时随地使用其服务。以下列举的系列产品大多已部署到云端。

1）用友系列产品

（1）用友 ERP-NC。面向集团型企业及其分子公司，适用于跨行业、跨地区经营的企业。NC 解决方案涵盖集团管控和行业化管理两部分。

（2）用友 ERP-U9。适合多公司、多分销点、多制造厂的企业应用，尤其适合汽配行业。U9 以"多工厂协作、供应链协同、国际化应用"为关键应用。

（3）用友 ERP-U8。基于标准、行业、个性的应用特征，成为国内应用最广泛、用户最多的管理软件。

（4）用友 BIP。商业创新平台，服务企业数智化转型和商业创新。

（5）畅捷通 T3。面向中小成长型企业，价格实惠，易于使用，用户能够快速上手。

2）金蝶系列产品

（1）金蝶 EAS。专为中大型企业设计，适合资本管控型、战略管控型及运营管控型的集团企业。

（2）金蝶 K/3。面向中小型企业，集成了先进的管理模式与业务模型，提供快速配置、实施、应用和见效的 ERP 解决方案。

（3）金蝶 KIS。服务于小型企业，全面覆盖管理的五大关键环节：老板查询、财务管理、采购管理、销售管理、仓存管理。

（4）金蝶移动商务。让商务活动突破地域限制，随时随地可进行。

（5）金蝶 BOS。提供灵活迅速的 ERP 系统设计与实施，能够与现有 IT 基础设施无缝协同，为不同行业和企业阶段构建定制化 ERP 解决方案。

（6）金蝶中间件 Apusic。提供全面的基础平台产品，包括 JAVA 中间件、SOA 解决方案及云计算平台，涵盖应用服务器、消息中间件、企业服务总线等。

在中国，通用会计软件的发展虽然仅有 30 余年，但发展迅速。随着技术进步和会计改革的深入，人们认识到会计工作的规范性和统一性，使得会计核算软件的通用化成为可能。

然而，通用会计软件在实际应用中存在一些局限性，如系统初始化工作量大，难以满足特殊核算需求等。因此，市场上出现了针对特定行业的会计软件解决方案，如行政机关、事业单位、加工制造业和贸易流通行业的专用软件。

与专用软件相比，通用会计软件具有更广的适用范围、较高的开发水平、较低的购置成本、较小的维护量和较短的实施周期。但企业在软件扩充与修改方面缺乏主动权，且可能包含与业务无关的功能。

随着市场竞争的加剧，部分会计软件开发商开始注重产品的专业通用性，推出专用性更强的通用产品，这已成为会计软件市场的发展趋势。因此，大多数中小企业乃至大型企业倾向于选择通用软件产品。

1.3 会计信息化的实施

为保证会计信息化后会计工作的质量，必须高度重视会计信息化的实施。一套会计信息系统无论多么先进，若实施不到位，同样无法发挥其应有的作用。会计信息化的实施步骤如图 1-3 所示。

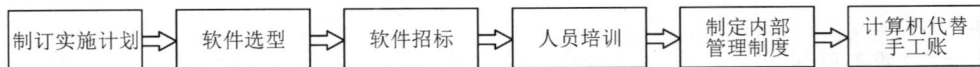

制订实施计划 → 软件选型 → 软件招标 → 人员培训 → 制定内部管理制度 → 计算机代替手工账

图 1-3 会计信息化实施步骤

1.3.1 制定会计信息化实施计划

俗话说："凡事预则立，不预则废。"信息化会计系统的建立是一项复杂的系统工程，涉及单位内部的各个方面，需要投入大量的人力、物力和财力。因此，必须由单位领导或总会计师亲自担任决策者和领导者，负责指挥会计信息系统的实施工作。单位的财务会计部门则承担具体的组织和实施任务。

在会计信息化的具体实施过程中，必须制订详细的实施计划，明确在一定时期内需要完成的工作任务。这样可以使整个工作有计划、按步骤地进行，有利于合理调配人力、财力和物力，确保会计信息化工作的顺利推进和有效监督。

1.3.2　会计软件的选择

近年来，我国会计软件市场已初具规模，国内通过财政部评审的商品化会计软件已近40家，如用友、金蝶等，而通过地方财政部门评审的软件更是达到 200 多家。此外，国外财务软件如 SAP、甲骨文等也纷纷进入中国市场。面对众多的商品化会计软件，企业在选择时应着重考虑以下几个方面。

1. 软件功能是否满足企业需求

大部分商品化软件都针对特定行业提供了专门的解决方案。因此，企业应首先明确自身所处行业，再根据软件支持的行业特性来选择功能。虽然商品化软件的基本功能相似，但企业在选择时应重点关注其是否能够满足自身的特殊需求和细节功能。例如，财政及行政事业单位、汽车行业、烟草行业等都有专门的解决方案，而中小型企业可以选择通用软件。

2. 软件的技术指标是否满足需求

选择商品化会计软件时，必须明确其运行环境和技术性能指标。

（1）硬件环境。硬件环境包括计算机、网络架构等。企业选择的会计软件应与其硬件设备相匹配。目前，广泛使用的云会计软件对硬件要求较低，企业的数据和软件由远程 ERP 供应商集中管理，客户只需通过浏览器访问，因此对互联网通信线路和终端设备的要求较高。

（2）软件环境。软件环境包括操作系统、数据库系统等。商品化会计软件作为应用软件，依赖于操作系统的支持。云会计软件则主要依赖于浏览器，只需在 PC 或移动设备上安装操作系统和浏览器即可运行。

3. 软件的安全性和可靠性

数据的录入、修改、报表生成和算法设置应简便、科学、合理。软件应具备良好的容错能力，避免因误操作导致系统故障或数据紊乱。

4. 软件的开放性和可扩展性

软件应具备一定的扩展性，能够根据会计业务的发展进行版本更新和功能扩展，以适应未来的需求变化。

5. 售后服务质量

商品化会计软件经销商或云会计软件提供商的售后服务质量是选择软件时不可忽视的因素。售后服务不仅是软件正常运行的保障，也是软件开发商的重要营销策略。由于我国会计人员的计算机应用水平普遍较低，企业在选择软件时应重点考察其售后服务的响应速度、技术支持能力以及培训服务的质量。

6. 同类企业的成功案例

企业在选择软件时，不仅要听取经销商的介绍，还应考察是否有同类企业成功应用了该软件。通过参考其他企业的实际使用情况，可以更真实地评估软件的实用性和适用性。

通过以上几个方面的综合考量,企业可以选择到最适合自身需求的会计软件,确保会计信息化工作的顺利推进和长期稳定运行。

1.3.3　会计软件的招标

企业在对多家商品化软件公司进行调研后,可通过招标方式获取不同供应商提供的软件信息,从而优选出最适合企业需求的会计软件。招标书的内容应包括以下方面:

(1)投标须知。

(2)背景说明。背景说明包括公司简介、机构分布、财务软件使用现状及网络建设情况。

(3)技术要求。涵盖体系结构、运行环境、数据库要求、数据传输要求、与其他系统的接口要求、系统安全性要求、数据一致性要求、运行界面要求、开发环境及其他相关要求。

(4)功能要求。功能要求包括总体需求、应用需求、会计核算功能需求、财务报告功能需求及管理需求。

(5)工程实施及售后服务。工程实施及售后服务包括工程实施计划、售后服务内容、技术协作要求及产权归属。

(6)附件格式。

1.3.4　会计信息化人员的培训

1. 会计信息化对会计人员的素质要求

(1)掌握更多企业管理知识。随着会计信息化的深入发展,会计人员的职能从核算型转向管理型,管理会计成为主要素质要求。因此,会计人员不仅需精通会计知识,还需学习管理学相关知识,如企业管理、财务管理、生产管理、人力资源管理及成本管理等。

(2)补充信息技术知识,例如通信、网络、多媒体及计算机安全等领域。

(3)具备系统化思维,了解企业运作、市场及客户发展等知识,推动财务与业务的深度融合。

(4)具备良好的沟通能力。会计人员不仅需为决策者提供信息,还需与管理者有效沟通,确保信息传递的精准性。

(5)树立持续学习、终身学习的理念。这不仅是为了从业资格认证,更是为了在快速变化的信息时代保持竞争力。

(6)恪守职业道德,坚持会计职业的原则性和客观性,防范内部道德风险对会计核算系统的影响。

2. 企事业单位会计信息化人员的培训

企事业单位会计信息化人员的培训可分为初级、中级和高级三个层次。

(1)初级。大部分会计人员需通过初级培训,掌握计算机和 ERP 软件的基本操作技能,熟悉业财融合下的会计软件业务流程、操作方法及操作规则,并严格按照《企业信息化工作规范》完成会计核算和管理工作。

(2)中级。部分会计人员需通过中级培训,能够对计算机系统环境进行一般维护,设置会计电算化软件参数,并对会计信息进行综合分析和利用,制订相关计划和方案,为决策提供支持。

(3)高级。少数会计人员需通过高级培训,具备会计软件分析与设计能力,制定企业相关规章制度,并监督和审计企业会计信息处理的规范性与合法性。

1.3.5　制定会计信息化内部管理制度

管理制度是会计信息化顺利实施的重要保障。会计信息化的实施不仅改变了核算手段,还对手工管理习惯和方法提出了新的要求。为确保信息化发挥应有作用,制定管理制度是必不可少的。

会计信息化内部管理是指对已建立的会计信息系统进行全面管理,确保系统安全与正常运行,是保障单位会计工作和会计信息化有序进行的重要措施。会计信息化内部管理制度主要包括"会计信息化岗位责任制"、"会计信息化日常操作管理"、"会计信息化软硬件系统维护管理"及"会计档案管理制度"等内容。

1.3.6　会计信息系统的建立

对于初次采用会计信息系统的企事业单位而言,会计信息系统的建立主要指的是从手工记账向计算机化处理的过渡,即实现会计核算的电子化。这一过程包括数据转换、计算机与手工并行操作、甩账以及验收等关键步骤。对于已经拥有会计信息系统的单位,新系统的建立则主要涉及验收环节。

1. 数据转换

(1)整理手工会计业务数据。需重新核对各类凭证和账簿,确保账证、账账、账实相符;整理各账户余额;清理往来账户和银行账户。

(2)建立会计科目体系。会计科目体系是会计核算的基石,必须按照要求建立并进行编码。编码时,一级会计科目编码遵循财政部规定,明细科目编码则根据具体规则设置。通常采用科目全编码方案,即本级科目全编码等于上一级科目全编码加上本级科目编码。

(3)统一证、账、表的格式。需全面考虑各类会计资料的规范性,明确必须修改与保留的内容,使会计账、证、表的格式更适合计算机处理。

(4)规定操作过程和核算方法。会计核算过程自动化程度高,需预先确定数据传递次序和核算方法,以充分利用计算机的优势。

(5)会计软件初始化。这是确定会计软件核算规则与输入基础数据的过程,包括系统总体参数的设置、凭证类别的设置、会计科目的设置、初始余额的输入等。

2. 计算机与手工并行

并行阶段的主要任务是检验两种方式下核算结果的一致性,检查新系统是否满足要求,并完善会计电算化管理制度。并行时间通常为至少三个月,其间需通过数据对比检查核算方法的正确性、会计科目体系的完整性和正确性,以及操作熟练程度。

3. 甩账

当计算机与手工核算的数据一致,软件运行安全可靠后,便可甩掉手工账,进入电算化系统的正式运行阶段。

4. 验收

系统运行验收的目的是验证系统的正确性、可靠性、安全性和操作的简易性。验收时,需从功能和性能两方面进行,确保会计软件的功能完备且性能达标。

通过上述步骤,企事业单位可以顺利完成会计信息系统的建立,实现会计业务的电子化处理,提高工作效率和准确性。

本章小结

本章主要探讨了会计信息系统的理论基础以及 ERP(企业资源计划)的相关知识,为后续会计软件的操作与学习奠定了坚实的基础。通过学习,我们不仅掌握了会计信息化的实施方法,还为未来走上工作岗位、成为企业信息化咨询顾问提供了必要的条件。

第2章　云计算与财务云

知识目标

通过本章学习,应掌握:

1.云计算的含义和特征;

2.云计算提供的服务类型;

3.财务云技术的含义;

4.财务云系统的结构及各模块的主要功能。

大数据、智能化、移动互联网、云计算、区块链、物联网等新一代信息技术,正对全球经济发展、社会进步和人民生活产生重大而深远的影响。在这一背景下,产品逐渐被场景所替代,行业被生态所覆盖,工业互联网成为驱动经济发展的新引擎,同时也对财务会计理论与实务提出了前所未有的挑战。新一代信息技术推动了财务转型的进程:从高速扩张转向高质量发展,从管控型财务转向赋能型财务,从流程驱动转向数据驱动,从业财分离转向业财融合。据权威机构调研显示,2019—2022 年,"财务云"技术一直位居影响中国会计从业人员的十大信息技术之首。

2.1　云计算

云计算(cloud computing)是分布式计算的一种形式,也被称为网络计算。它是一种基于互联网的计算方式,通过共享的软硬件资源和信息,按需提供给计算机的各种终端和设备,从而使用服务商提供的计算服务和资源。云计算是网格计算、分布式计算和并行计算技术的延伸与应用。

云计算的核心在于通过网络"云"将庞大的数据计算处理程序分解为无数个小程序,然后通过多台服务器组成的系统进行处理和分析,最终将结果返回给用户。在云计算的早期阶段,它主要是一种简单的分布式计算,用于任务分发和结果合并。这也是云计算被称为网络计算的原因。通过这种技术,可以在极短的时间内处理海量数据,从而提供强大的网络服务。

从狭义上讲,"云"就是一个网络,云计算是一种提供资源的网络服务。用户可以随时获取"云"上的资源,按需使用,并且资源可以无限扩展,只需根据使用量付费即可。这就像自来水厂,用户可以随时取水,按用水量付费。从广义上讲,云计算是一种与信息技术、软件和互联网相关的服务。它将大量计算资源集中在一个共享池中,通过软件实现自动化管理,只需少量人力即可快速提供资源。换句话说,计算能力成为一种商品,可以在互联网上流通,像水、电、煤气一样方便取用,且价格低廉。云计算的应用如图 2-1 所示。

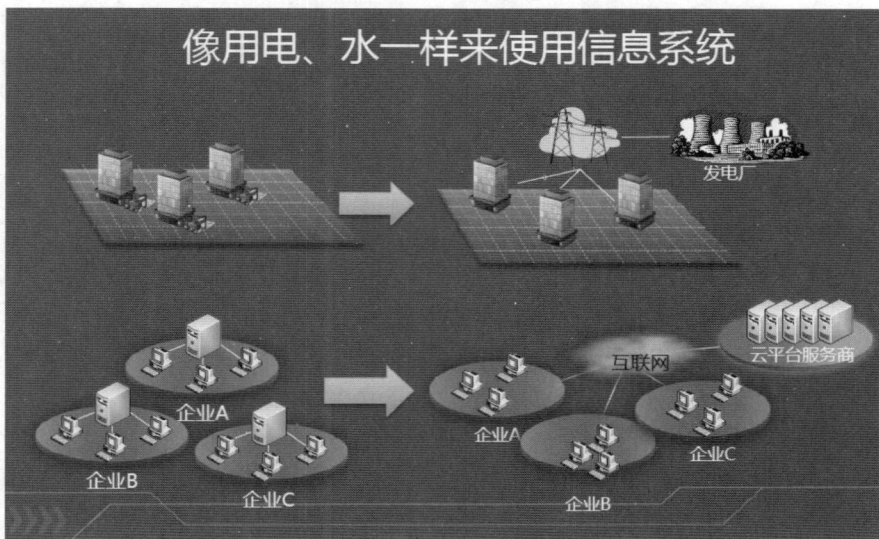

图 2-1 云计算应用示意图

通过"井"和"水务公司"的比喻,就可以很好地解释传统 ERP 与云 ERP 的区别,并清晰地了解云计算的优势。

1. 传统 ERP 与云 ERP

(1)传统 ERP。就像家里打井,企业需要自己部署和维护信息系统。随着企业规模的扩大,信息系统的复杂性增加,可能导致信息孤岛、维护成本高、升级困难等问题。

(2)云 ERP。就像水务公司供水,企业无须自己建设复杂的信息系统,所有的数据和业务都可以通过云端进行管理。云 ERP 提供了更灵活、可扩展的解决方案,能够快速响应企业需求的变化。

2. 云计算的好处

(1)随需应变。企业可以根据需求随时调整资源,无须提前规划或购买大量硬件设备。

(2)随时随地访问。只要有网络,用户就可以通过任何设备访问云端的服务,提高了工作的灵活性和效率。

(3)资源共享。云计算允许多个用户共享资源,提高了资源利用率,降低了成本。

(4)快速部署。基于虚拟化技术,云计算可以快速部署新的资源或服务,帮助企业快速响应市场变化。

(5)减少终端负担。大部分计算和处理都在云端完成,用户终端的负担大大减轻。

(6)降低 IT 依赖。企业无须雇佣大量的 IT 专业人员来维护系统,云服务提供商会负责系统的维护和升级。

(7)节省费用。企业无须购买昂贵的硬件设备和软件许可,只需按需付费,降低了初始投资和运营成本。

3. 云计算对企业扩张的积极影响

（1）支持快速扩张。云 ERP 可以轻松支持企业开拓新业务或成立分子公司，所有的数据和业务都可以在云端集中管理，避免了信息孤岛问题。

（2）技术升级。云服务提供商会不断升级技术，企业无须担心系统过时，始终能够享受到最新的技术和服务。

（3）简化管理。企业无须为每个新业务或分子公司单独部署信息系统，所有的业务都可以通过云 ERP 进行统一管理，简化了决策流程。

4. 云计算的未来趋势

（1）混合云和多云策略。越来越多的企业采用混合云或多云策略，以充分利用不同云服务提供商的优势，同时避免对单一供应商的依赖。

（2）人工智能和大数据的结合。云计算与人工智能、大数据的结合将为企业提供更智能的决策支持，帮助企业更好地分析数据、预测趋势。

（3）边缘计算。随着物联网的发展，边缘计算将成为云计算的重要补充，帮助企业在靠近数据源的地方进行实时处理，减少延迟。

总的来说，云计算不仅简化了企业的 IT 基础设施，还为企业提供了更大的灵活性和扩展性，帮助企业在快速变化的市场中保持竞争力。

2.1.1　云计算的特点

云计算并非一种全新的网络技术，而是一种创新的网络应用理念。其核心在于以互联网为中心，通过网站提供快速且安全的云计算服务与数据存储，每个互联网用户都能访问网络上的庞大计算资源与数据中心。

云计算的优势主要体现在高灵活性、可扩展性和高性价比等方面。与传统网络应用模式相比，云计算具有以下显著特点。

1. 虚拟化技术

虚拟化是云计算最显著的特点，它突破了时间与空间的限制。虚拟化技术包括应用虚拟化和资源虚拟化。物理平台与部署环境在空间上并无直接联系，通过虚拟平台，用户可以完成数据备份、迁移和扩展等操作。

2. 动态可扩展性

云计算具备强大的计算能力，通过在现有服务器上增加云计算功能，可以显著提升计算速度，并实现虚拟化层次的动态扩展，从而满足应用的需求。

3. 按需部署

计算机系统包含多种应用和程序软件，不同应用需要不同的数据资源库。云计算平台能够根据用户需求快速分配计算能力和资源，确保高效运行。

4. 灵活性高

当前市场上大多数 IT 资源（如存储网络、操作系统和开发软硬件）都支持虚拟化。这些虚拟化资源被统一管理在云系统资源池中，使云计算具备极强的兼容性，能够支持低配置设备、不同厂商的硬件产品，并通过外设提升计算性能。

5. 可靠性高

即使服务器发生故障,也不会影响计算和应用的正常运行。通过虚拟化技术,单点服务器故障可以通过恢复分布在不同物理服务器上的应用或动态扩展新服务器来解决。

6. 性价比高

云计算将资源集中在虚拟资源池中统一管理,优化了物理资源的使用效率。用户无须购买昂贵的高存储服务器,而是可以通过廉价的客户机组成云,既降低了成本,又可保持与大型服务器相当的计算性能。

7. 可扩展性

用户可以通过应用软件轻松扩展现有业务或新增业务。例如,当云计算系统中的设备发生故障时,用户的计算任务和应用不会受到影响,系统可以通过动态扩展功能将任务分配到其他服务器上,确保任务顺利完成。同时,虚拟化资源的动态扩展也提升了应用的高效扩展能力,进一步提高了云计算的操作效率。

2.1.2　云计算服务类型

云计算服务主要分为三类:基础设施即服务(IaaS)、平台即服务(PaaS)和软件即服务(SaaS)。

1. 基础设施即服务(IaaS)

基础设施即服务(IaaS)为个人或组织提供虚拟化的计算资源,包括虚拟机、存储、网络和操作系统等。用户可以通过 IaaS 获得联网功能、计算资源(虚拟或专用硬件)以及数据存储空间的访问权限。这种服务模式使用户能够灵活地管理和扩展基础设施,而无须投资和维护物理硬件设备。

2. 平台即服务(PaaS)

平台即服务(PaaS)为开发者提供了一个通过互联网构建、测试和部署应用程序的平台。PaaS 提供按需开发环境,使开发者能够专注于应用程序的开发和管理,而无须关注底层资源配置、容量规划、软件维护等烦琐工作。这种模式显著提高了开发效率,降低了运维成本。

3. 软件即服务(SaaS)

软件即服务(SaaS)通过互联网向用户提供按需付费的应用程序。云计算提供商负责托管和管理软件,用户只需通过网络连接即可访问和使用这些应用程序。SaaS 的显著特点是用户无须下载或安装软件,所有数据和应用程序都存储在云端。这种模式不仅降低了用户的购买风险,还消除了设备限制,广泛应用于会计信息系统、客户关系管理(CRM)、企业资源计划(ERP)等领域。

2.1.3　云计算的应用

云计算技术已广泛应用于互联网服务中,例如网络搜索引擎和电子邮箱。搜索引擎如谷歌和百度通过云端共享数据资源,使用户能够随时随地获取所需信息。电子邮箱则借助云计算技术实现了实时邮件收发,极大提升了沟通效率。此外,云计算还渗透到社会生活的多个领域,具体应用包括以下方面。

1. 存储云

存储云(云存储)是基于云计算技术发展起来的新型存储方式。用户可以将本地资源上传至云端,并通过互联网随时随地访问这些资源。常见的云存储服务包括谷歌云、微软OneDrive、百度网盘和腾讯微云等。存储云提供了数据存储、备份、归档和记录管理等功能,极大地方便了用户对资源的管理。

2. 医疗云

医疗云结合了云计算、移动技术、大数据和物联网等新技术,构建了医疗健康服务云平台。它实现了医疗资源的共享和医疗服务的扩展,提升了医疗机构的效率,方便了居民就医。例如,预约挂号、电子病历和医保系统都是医疗云的典型应用。医疗云还具有数据安全、信息共享和动态扩展等优势。

3. 金融云

金融云利用云计算模型,为银行、保险和基金等金融机构提供互联网处理和运行服务。它通过共享互联网资源,帮助金融机构实现高效、低成本的运营目标。如今,用户只需通过手机即可完成存款、保险购买和基金交易等操作。阿里巴巴、苏宁金融和腾讯等企业均已推出金融云服务。

4. 教育云

教育云是教育信息化的重要成果,通过虚拟化技术将教育硬件资源接入互联网,为教育机构、教师和学生提供便捷的平台。慕课(MOOC)是教育云的典型应用,其代表平台包括Coursera、edX、Udacity以及中国大学MOOC等。

5. 财务云

财务云是基于财务共享服务的管理模式,通过云服务将分散、重复的财务业务集中处理,实现财务管理的专业化、标准化和智能化。财务云充分利用财务大数据,帮助企业提升竞争力和价值,使财务人员能够更好地参与经营决策。

2.2　财务云

2.2.1　财务云的含义

财务云(financial cloud)可以从以下三个方面理解。

(1)财务模式的创新。财务云是从财务共享服务的实践中发展而来的,代表了财务管理模式的重大创新。

(2)信息技术的创新。它实现了信息技术在财务领域的深度应用,从数据采集、交易处理到数据分析和决策支持,全面实现了自动化、智能化和数字化。

(3)企业大数据的利用。财务云支持企业对经营过程中产生的大量数据进行高效利用,将数据转化为信息,沉淀为知识,最终凝结为智慧。

财务云提供"业财资税档表"一站式数字化服务,涵盖事项申请、审批、商旅服务、智能报账、全面预算、财务共享、资金管理、税务管理、会计核算、财务报表、电子档案等核心应用。

同时,财务云与商旅、银行、税务、社交等平台实现互联互通,注重财务管控与服务的平衡,推动管理会计的落地。通过连接内外资源,财务云为业务和财务提供高效、一体化的数字协同服务。

财务云通常基于分布式技术,支持私有云、公有云和混合云部署,满足弹性扩展和计算需求。其应用支持多终端接入,具备影像和档案的数字化能力,并融合智能识别、智能审核、机器学习、RPA(机器人流程自动化)、财税语义理解等智能服务,实现流程智能化和数据智能化。财务云支撑财务应用的智能交互、流程自动化与决策预测等场景,持续沉淀财务公共服务,满足灵活配置和快速响应的需求,助力企业业务的持续创新。

基于财务云的一站式服务,企业可以对内外部全量、异构、多类型的数据进行采集、整合、处理、分析和展现,构建财经大数据平台。通过搭建决策支持与风险管控平台,企业能够实时监控财务情况,整合挖掘数据价值,创新业务应用,赋能企业运营,服务员工需求,并为管理层提供科学的决策支持。

2.2.2　财务云系统

财务云系统支持企事业单位管理的四个层次应用,分别是业务层、核算层、管理层和决策层。其中,核算层是最重要的应用领域,主要划分为以下五大模块:在线智能采集模块,打通业务与财务的通道,沉淀业务数据;共享核心系统,提升企业运营效率和质量;资金管理模块,提高资金使用效率,防范资金风险;税务管理模块,实现税务全流程统一管理,支持税务筹划决策;会计核算模块,实现账务处理自动化,充分披露财务信息。

财务云系统框架如图 2-2 所示。

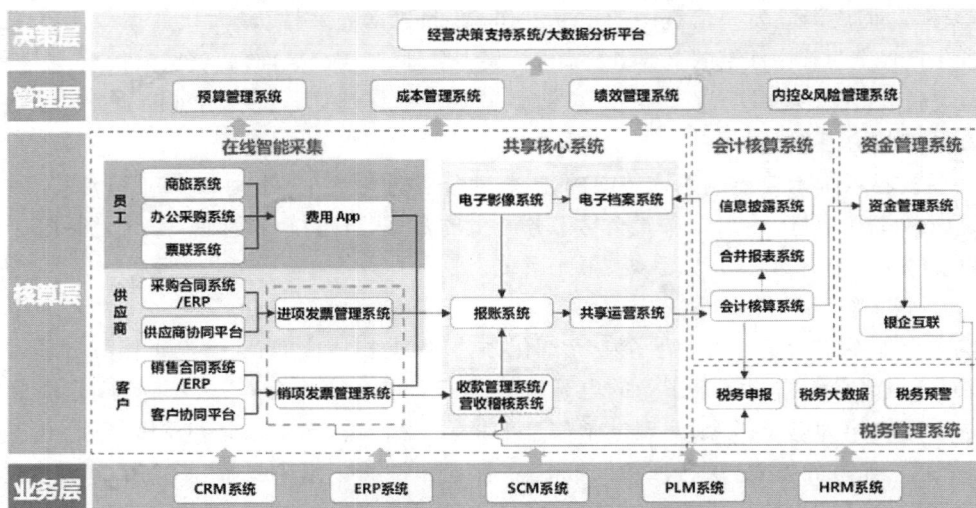

图 2-2　财务云系统框架

以下是对部分模块的详细介绍。

1. 在线智能采集模块

在线智能采集模块通过业财连接,智能化采集前端业务信息,帮助企业实现与关键利益相关者的无缝对接。该模块涵盖员工报销、采购付款、销售收款、资产报账和人力薪酬等领域,核心系统包括票联系统、费用 App、采购/销售合同管理系统、进项/销项、发票管理系统等。

1)票联系统

票联系统与微信团队合作,为企业客户提供员工发票归集和验真验重解决方案。E 票联作为微信小程序,支持通过微信卡包获取、混合拍照识别、分类拍照识别、手工录入等方式采集各类票据信息,归集发票信息形成发票池,并集成税局系统自动验真验重。该系统无缝对接企业内部报销系统,帮助企业减少人力成本,提升工作效率。

2)费用 App

费用 App 打通了移动智能报销中实物单据流转的断点,是票据收集的一体化自助服务终端。员工可通过票联系统、财务云程序与智能票据箱的融合使用,仅需一部手机即可完成发票采集、在线填单、单据投递等报销全流程,实时追踪票据流转状态,极大方便了员工报销,同时减少了财务处理的工作量。

3)采购/销售合同管理系统

该系统统一管理合同收付款计划,实时监控合同执行阶段的收支情况、发票进度等,关联合同数据与业务数据,帮助企业高效安排收支计划,防范资金风险。

4)进项/销项发票管理系统

通过管理平台或数据接口获取开票数据,实现自动开票、生成报税数据、完成增值税调节表等环节,彻底消除发票流程中的重复工作,确保数据一致性,最大化数据效用。该系统对企业生产经营过程中涉及的全类型发票进行集中管理,基于全票面信息、发票状态、报账信息、合同及关联信息等,深度挖掘发票价值,实现发票管理的便捷化、智能化,辅助企业经营决策。

2. 共享核心系统

共享核心系统承接前端系统传递的数据,对任务进行加工、处理,规范业务流程和操作,提升运营效率和质量,并记录财务交易事务产生的数据,进行统一管理。系统包括电子影像系统、电子档案系统、共享运营系统、报账系统。

1)电子影像系统

电子影像系统为实现大中型企业无纸化办公、票据扫描成像、建设电子档案管理需求而设计,配合报账系统搭建基于影像的电子审核模式。该系统将合同、报账、核算等环节的各类实物单据转换为电子影像,实现电子信息采集、影像传输、集中存储和调阅管理,并支持其他类型影像(如财务报表、银行回单)的采集、管理和调阅。基于机器学习和 OCR 技术,系统将单据影像转换为结构化数据,辅以自定义的手工录入模板数据,实现全方位电子信息采集和全单据价值数据整合,为智能审核和智能分析提供强大的数据资源。

2)电子档案系统

电子档案系统是财务共享模式下的重要信息系统之一,基于安全性、实用性和开放性原则,将财务与业务相关系统产生的各类信息、纸质单据转化为电子档案,减少实物档案的邮寄成本和保管成本。系统对电子档案的归档、借阅、销毁全流程进行规范管理,实现会计档案的电子借阅和实物借阅管理,提升档案管理效率,保障档案管理安全。

3)共享运营系统

共享运营系统是共享中心作业平台、财务业务统一处理平台、共享中心运营管理平台。系统包括任务管理、运营监控、凭证管理、付款管理、质量管理、绩效报表等多个功能模块,标准规范财务审核流程,实现过程跟踪、监控和绩效管理,使财务处理更高效规范,提升员工满意度。系统内置三级任务调度机制、绩效管理机制、信用管理机制、运营监控机制及统一会计引擎等,确保共享中心运营高效、合理、合规。

4)报账系统

报账系统是财务报账业务一体化处理平台,根据企业财务流程分为员工报销域、采购付款域、收入收款域、资产报账域、薪酬报账域、财务记账域和资金票据域等核心报账域。系统结合基础数据平台、数据中台和预算控制系统,加强财务对各类开支的合理合规性管控,提高业务流程效率。系统可与资金管理系统、采购管理系统、商旅系统、核算系统、预算系统等企业业务、财务系统建立连接,实现业务、财务系统的互联互通。

3. 资金管理模块

资金管理模块通过系统直联技术与各银行系统对接,实现银企互联,同时对资金计划、资金调度、资金结算进行运作管理,实现银行账户可视、资金集中运营管理,提高资金使用效率,防范资金风险。系统包括银企互联系统和资金管理系统。

1)银企互联系统

银企互联系统支持银行账户的集中管理、资金不落地支付以及银企自动对账。系统对接企业财务信息系统和外部银行,减少支付和对账的手工工作量,降低差错率,提高资金支付和管理效率。

2)资金管理系统

资金管理系统是资金计划、调度、结算和投融资管理的平台,支持企业财务部门、财务公司、资金结算中心、共享服务中心等多种应用模式,实现集团层面的资金集中,提高企业资金使用效率,降低资金风险。

4. 税务管理模块

税务管理模块为企业提供纳税申报、税务大数据分析和税务预警全流程服务,确保企业税务合规性,降低税务风险。

5. 会计核算模块

会计核算模块为企业提供总账管理、报表及合并报表处理,披露财务报告相关信息,确保财务数据的准确性和完整性,支持企业财务决策。我们将在下一章对会计核算系统功能做详细介绍。

本章小结

本章重点探讨了云计算技术对会计信息化的深远影响,以及作为财务共享、管理会计信息化等技术基础平台的财务云技术。通过深入理解会计信息资源与现代信息技术的融合,可以更好地把握这些技术对企业管理带来的变革与机遇,从而激发学习和应用新技术的热情,推动企业数字化转型的进程。

第3章 会计信息系统的结构及基本流程

知识目标

通过本章学习,应掌握:

1.各模块的功能;

2.各模块在财务核算中的数据联系和控制关系;

3.会计核算软件基本流程,重点掌握账务处理模块的流程;

4.用友 ERP 模块结构。

在第 1 章中,我们已经探讨了会计信息系统的发展历程,指出其已演进至 ERP(企业资源计划)阶段。ERP 软件,作为企业管理软件的重要组成部分,其内部处理会计信息的功能模块即构成了会计信息系统。会计信息系统可细分为三大子系统:会计核算系统、会计管理系统以及会计决策系统。其中,会计核算系统承担了大部分的业务处理任务,而账务处理子系统则是会计核算系统的中枢。接下来,我们将从会计核算系统入手,逐步深入了解会计信息系统的构成与功能。

3.1 会计核算系统的架构和功能

在会计核算系统中,账务处理模块扮演着核心角色。该模块通过记账凭证这一接口,与其他功能模块紧密相连,共同构建起一个完整的会计核算系统。值得一提的是,模块在这里亦可称为系统或子系统。将复杂系统拆分为不同模块,不仅能够简化问题的处理流程,还能提升整个系统的可靠性与安全性,同时也便于系统的开发与应用。模块化设计使得单一模块的故障不会波及其他部分,从而增强了系统的稳定性;通过权限分配和内部控制措施,各模块的安全性也得到了有效保障;在系统实施过程中,分模块推进是一种风险较低且更贴合企业管理需求的实施策略。图 3-1 展示了一个典型的会计核算软件结构,接下来我们将详细介绍会计核算软件中各功能模块的主要职责与功能。

3.1.1 账务处理系统

账务处理系统,亦称总账系统,是会计核算系统的核心模块,其他职能系统均需直接或间接与其进行数据交互。该系统以会计凭证为原始数据,通过凭证的输入与处理,完成记账、对账、转账、结账、账簿查询及数据管理等任务,并生成和输出日记账、明细账、总分类账

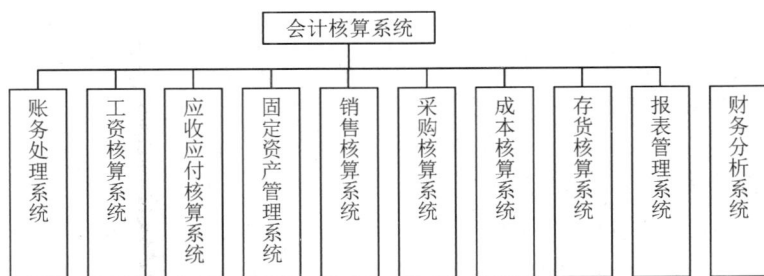

图 3-1 典型的会计核算系统模块构成

以及部分固定格式的财务报表。

　　账务处理系统通常提供系统初始化功能,旨在将手工会计账簿资料录入会计核算系统。此外,系统还支持系统维护、权限设置、数据备份及系统日志管理等功能。为提升账务处理效率,系统还提供记账凭证汇总、银行对账、往来账清理、部门核算及项目核算等辅助功能。

　　本教材第 4 章和第 5 章将分别讲解系统初始化及账务处理系统的具体内容。

3.1.2　报表管理系统

　　报表管理系统是会计核算软件的重要组成部分,能够完成企业对外、对内各类会计报表的编制、生成、浏览、打印及分析等功能。该系统基于预定义的报表格式和数据生成公式,自动从账务处理系统的账簿数据库中提取核算数据,完成报表编制与汇总工作,生成内部报表、外部报表及汇总报表,并支持根据报表数据生成分析图表。

　　会计报表的设计与生成功能使会计人员能够灵活定义报表格式、数据来源(取数公式)及报表间的勾稽关系,由系统自动生成所需报表。当企业报表格式或数据需求发生变化时,仅需调整或重新定义报表格式及取数公式即可。

　　本教材第 6 章将详细介绍报表定义及报表生成的相关内容。

3.1.3　工资核算系统

　　工资核算系统主要用于职工工资的计算及工资费用的分配入账。根据工资数据的特点,系统将工资数据分为基本不变数据(如姓名、部门、参加工作时间、基本工资等)和变动数据(如出勤天数、加班天数等)。基本不变数据在系统启用时一次性录入,变动数据则需每月更新,并据此计算职工月工资。

　　工资核算系统以职工工资原始数据为基础,完成工资计算、费用汇总与分配、个人所得税计算、工资表查询与打印等功能,并自动生成工资费用分配转账凭证,传递至账务处理模块。

　　本教材第 7 章将详细讲解工资核算的具体内容。

3.1.4　固定资产管理系统

　　固定资产管理系统用于反映单位固定资产的增减变动及折旧计提情况。系统通过固定资产卡片管理固定资产的增减变动,并通过自定义转账凭证实现每月折旧的自动计提。其主要功能包括固定资产增减变动的登记、折旧计算方法的定义、折旧计算与入账等,同时支持自动生成固定资产增减凭证及折旧凭证,并传递至账务处理模块。

本教材第8章将详细介绍固定资产核算的具体内容。

3.1.5　应付款系统

应付款系统主要用于处理企业与供应商之间的往来业务。该系统根据采购业务及应付业务的相关单据,完成应付账款的日常登记、核销及动态管理,支持应付票据的登记、利息计算及往来账款的自动勾兑,生成应付账款明细表及分析表,并自动生成相关凭证传递至账务处理模块。应付款管理系统通常与采购管理系统结合使用。

本教材第9章将详细介绍采购与应付管理系统的具体业务内容。

3.1.6　应收款系统

在会计业务中,应收账款作为往来业务科目,其核算通常被称为往来账管理核算系统。应收账款的日常处理与账务处理相似,其凭证和账簿实际上是账务处理子系统的一部分。为了加强对销售业务、客户信息和结算资金的管理,应收账款管理系统被单独设立为一个子系统。在学习应收账款系统时,通常需要与销售管理系统结合进行。

应收账款管理系统主要依据销售业务的凭证,完成以下工作:应收账款的日常登记和核销工作;动态反映各往来客户的信息;处理资金往来结算过程中产生的各种结算票据,特别是应收票据的登记和利息计算;进行应收账款的账龄分析和坏账估计;自动勾兑往来账款;生成应收账款明细表和账龄分析表等;自动编制相关凭证并传递至账务处理模块。

本教材第10章将详细介绍销售及应收款管理系统的具体业务内容。

3.1.7　存货核算系统

存货核算系统主要对仓库存货的收发存业务进行会计核算。通过输入各种收发凭证,详细记录和反映存货的收入、发出和结存情况,自动完成存货发出的计价;根据材料的领用情况自动分配材料费用,可以生成与存货有关的转账凭证,输出各种存货的明细账,以及盘盈、盘亏等相关的明细表。由于存货核算与企业的生产计划、物料管理密切相关,因此是一个较为复杂的子系统。

本教材将在第12章介绍存货核算的具体内容。

3.1.8　销售核算系统

销售核算系统具有以下功能:根据销售凭证及销售费用等数据完成产品的销售收入、销售费用、销售税金、销售利润的核算;合同辅助管理;生成产成品收发结存汇总表等表格;生成产品销售收入、销售成本明细账;可灵活地查询、统计和打印各种销售报表。

3.1.9　采购核算系统

采购核算系统根据采购订单及采购支出等数据完成材料及商品的采购成本、税金、采购结算等的核算;采购合同跟踪管理;生成采购成本费用分析等表格;生成采购订单执行表、采购明细账、入库明细账、到货明细账等;可灵活地查询、统计和打印各种采购报表。

3.1.10　成本核算系统

成本核算系统的基本任务是归集和分配各种成本费用,及时计算产品的总成本和单位成本,计算和结转成本差异,输出成本核算的有关信息,并自动编制机制转账凭证传递给账务处理子系统。

3.1.11　财务分析系统

财务分析系统能够利用会计核算数据进行会计管理和分析。一般来说,可以完成比率分析(如资产管理比率分析、负债比率分析等)、结构分析(如资产负债结构分析、损益结构分析、各项收入和各项费用结构分析等)、对比分析(如本年与上年同期对比分析、实际数与计划数对比分析等)和趋势分析(如任意会计科目各期变动情况分析等)。

随着会计电算化水平的提高,会计核算软件已由核算型转变为管理型软件。管理型的会计信息系统与核算型的电算化会计核算软件系统的主要区别在于各子系统除有核算功能外,还增加了预测、计划制定、控制、评价和决策支持等管理上的功能,因此各子系统的名称也将随着功能的变化而改变。

3.2　账务处理模块基本流程

账务处理模块作为整个会计核算系统的核心,其基本流程涵盖了从系统初始化到日常业务处理,再到月末处理的全过程。如图 3-2 所示,账务处理模块的基本流程如下。

3.2.1　系统初始化

通用会计核算软件通常设计有"初始化"功能。用户在首次使用通用会计核算软件时,首先需要通过"初始化"功能对本单位的所有会计核算规则进行设置,从而将通用会计核算软件转化为适合本单位核算情况的专用会计核算软件。因此,在会计电算化工作中,为了使通用会计核算软件专用化,通常将输入单位会计核算规则的工作称为"系统初始化"。虽然系统初始化的内容较多,但由于只需在初次使用会计软件时进行一次,因此工作量并不大。

3.2.2　日常业务

日常业务包括凭证处理、账簿处理和出纳业务。凭证是采集会计信息的载体,账簿是处理会计信息的载体,而出纳主要负责现金和银行存款日记账、银行对账等工作。日常业务工作量大且内容复杂。

1. 填制凭证

编制记账凭证可以采用以下几种方式。

(1)手工编制记账凭证后录入计算机。

(2)根据原始凭证直接在计算机上编制记账凭证。采用这种方式时,应在记账前打印出会计凭证并由经办人签章。

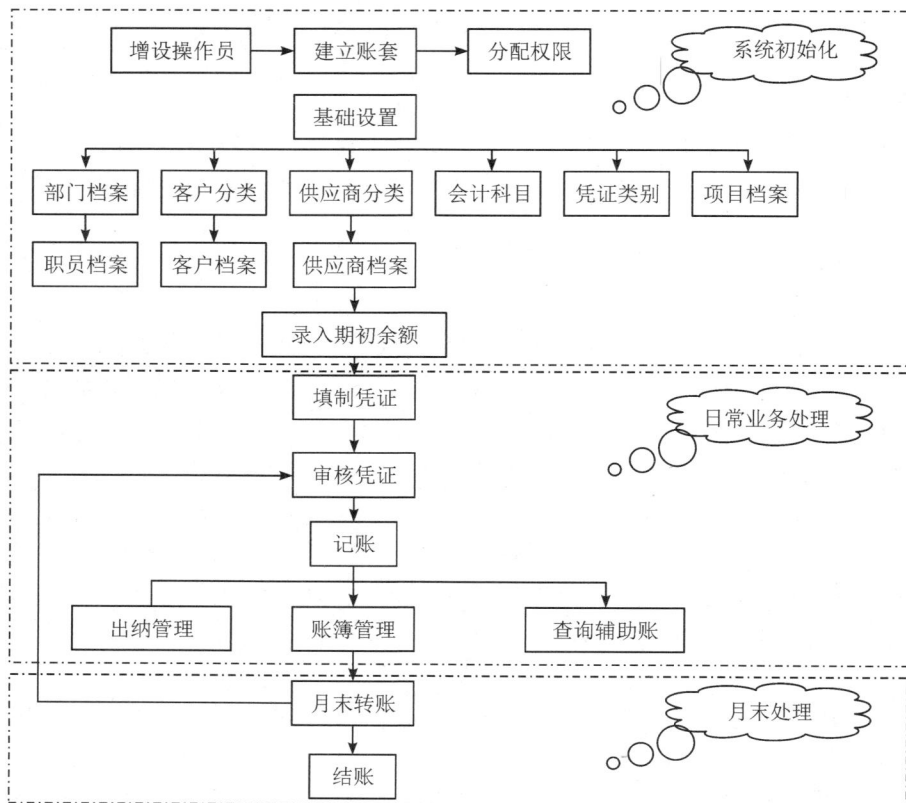

图 3-2　账务处理模块基本流程

（3）由账务处理模块以外的其他核算模块自动生成会计凭证数据，例如，由固定资产核算模块根据预定的折旧资料自动生成的计提折旧凭证。采用这种方式时，也应在记账前打印出会计凭证并由经办人签章。

2. 凭证审核

在电算化环境下，凭证审核由负责审核的会计人员在计算机中对生成的记账凭证进行审查（无论是手工输入的记账凭证还是机制凭证，都需要进行审核，以确保其正确性）。对审查通过的记账凭证作审核确认。会计核算软件可根据审核情况进行自动控制：已通过审核的凭证，不能再由凭证录入人员进行修改；未通过审核的凭证，不能进行记账。

3. 凭证记账

电算化会计核算流程中的记账具有以下特点。

（1）记账是按下一个功能按键后由计算机自动完成相关账簿登记；

（2）同时登记总账、明细账和日记账；

（3）各种会计账簿的数据都来源于记账凭证数据，记账只是对记账凭证做记账标记，不产生新的会计核算数据。

记账的另一目的是为了保证会计数据的安全和正确，对于已记账的会计数据只能使用留有痕迹的修改方法。

4. 账簿管理

电算化系统为了与手工业务相衔接,也设置了账簿管理业务。账簿主要分为两大类:科目账和辅助账。账簿管理主要指与手工账簿相对应的科目账管理,其中包含总账、明细账、余额表、序时账、多栏账、日记账、日报表等。这些账簿为企业管理和决策者提供管理决策依据。通过账簿查询,可以实现“所见即所得”,即可以随时将查询到的结果打印生成纸质会计档案。

5. 查询辅助账

辅助账是电算化系统特有的账簿,主要用于对那些明细信息多且管理复杂的账务数据进行核算。辅助账分为部门往来辅助账、个人往来辅助账、客户往来辅助账、供应商往来辅助账、项目核算账等。

6. 出纳管理

由具有出纳权限的人员操作,包括现金、银行日记账及资金日报表管理,银行对账等工作。

3.2.3　期末业务

在手工会计核算流程中,期末账务处理工作量大且复杂,同时要求在较短时间内完成。而在电算化会计核算中,期末转账、对账和结账作为一个步骤由计算机在较短时间内自动完成。系统可以根据账簿数据以及转账模板,自动生成转账凭证并传递到总账系统中,大大减轻了期末会计核算的工作量,使会计人员能够从繁重的核算工作中解脱出来,投入更多时间参与管理和决策。

3.3　各系统之间的联系

账务处理系统是会计核算软件系统的核心部分,也称为总账系统。工资核算、固定资产核算、存货核算、成本核算、应收/应付核算等子系统均实现了相应的各项会计业务的明细分类核算,并将生成的凭证传递至账务处理子系统中。各功能模块之间的联系如图 3-3 所示。

以下通过几个典型系统的例子,说明各核算系统与账务处理系统之间的关系。

(1)销售与应收款系统的联系。在 ERP 系统中,销售系统属于供应链管理,应收系统属于财务管理。为了体现业务与财务的融合,通常将这两个系统合并介绍。例如,销售系统生成的销售发票会在应收款系统中进行应收款处理,并生成凭证。销售与应收款系统产生的销售发票、收款单、利润分配与结转等数据,均以记账凭证的形式传递至账务处理系统。同时,账务处理子系统将预收货款、销售费用等数据传递回销售与应收账款子系统。

(2)采购与应付款系统的联系。采购系统属于供应链管理,应付系统属于财务管理。为体现业务与财务的融合,通常将这两个系统合并介绍。例如,采购系统生成的采购发票会在应付管理系统中进行应付款处理,并生成凭证。采购与应付账款核算子系统将采购数据、付

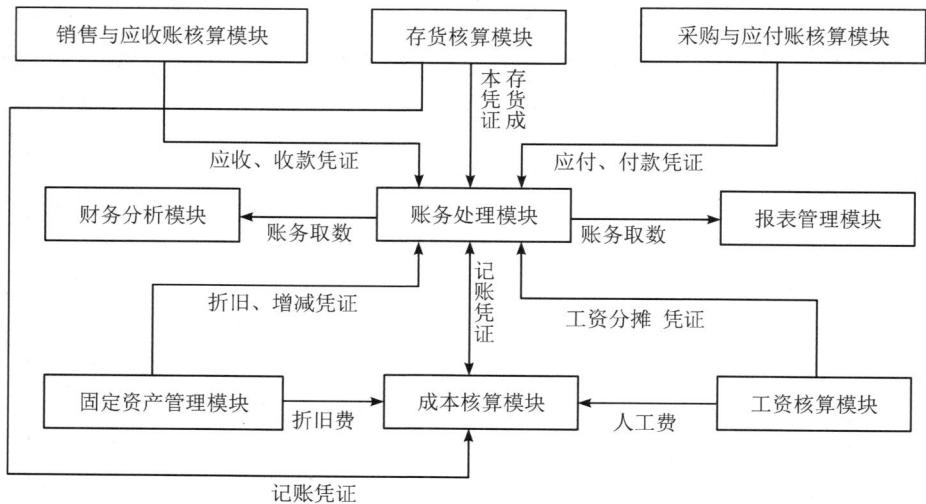

图 3-3　各功能模块之间联系

款单、材料费用分配、材料成本差异分配等数据以记账凭证的形式传递至账务处理子系统；同时，将材料费用汇总分配表、材料成本差异分配表等数据传递至成本核算子系统。

（3）工资核算子系统的联系。工资核算子系统每月需将工资费用分配表传递至成本核算子系统；同时，将工资费用表、职工福利费用分配表以转账凭证的形式传递至账务处理子系统。

（4）固定资产子系统的联系。固定资产子系统每月将计提的折旧费用分配表传递至成本核算子系统；同时，将固定资产增减变动、计提的折旧费用分配表等数据以记账凭证的形式传递至账务处理子系统。

（5）存货核算子系统的联系。存货核算子系统每月通过处理入库及出库数据，计算出入库成本，并生成凭证传递至总账模块。同时，为成本模块提供材料成本相关数据。

（6）成本核算子系统的联系。成本核算子系统的复杂程度仅次于账务处理子系统。它主要接收来自工资模块的人工成本数据、固定资产模块的制造费用数据以及存货模块的材料成本数据，计算生成产成品成本并生成凭证，传递至总账模块。

（7）报表处理子系统与财务分析子系统的联系。报表处理子系统和财务分析子系统必须与账务处理子系统发生联系，因为资产负债表、利润表、现金流量表等统一报表均需从账务处理子系统的总账中读取各科目的余额、发生额、累计发生额数据，甚至从凭证中临时汇总数据。如果各业务核算子系统的数据结构定义规范，报表生成子系统也可以从这些子系统中读取数据，生成企业管理所需的报表。报表子系统的数据通常通过用户自定义的取数公式，自动从账务处理子系统中提取生成。

综上所述，各子系统之间的数据流转与协同工作，形成了会计核算系统的整体流程。部分功能模块的处理流程如图 3-4 所示。

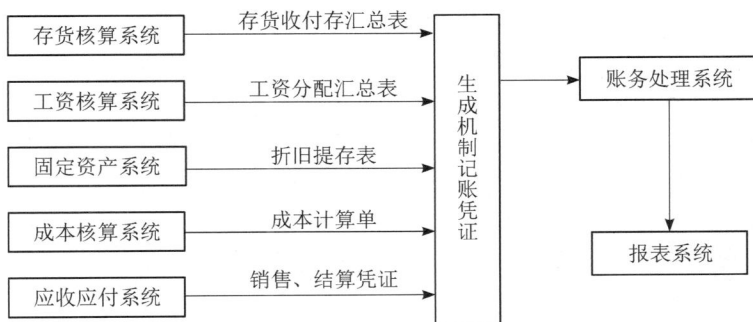

图 3-4　各功能模块处理流程

3.4　会计信息化 ERP 功能展示——以用友 ERP 为例

随着数字化时代的到来,企业业务的频繁更迭和技术的快速发展,企业需要及时洞察市场变化并迅速做出决策部署。为了打破传统的烟囱式管理模式,加快财务对业务迭代的响应速度,实现业务流与财务流的深度融合和数据共享,业财一体化成了企业信息化进程中的重要主题。

近年来,企业主要依靠 ERP 系统进行改革。ERP 系统的业财一体化功能重塑了业务与财务的交互,打造了精益流程,突破了业财壁垒,实现了业务发展与财务管理的贯通,构建了深度融合的业财一体化平台。

在实施信息化过程中,选择一款合适的 ERP 系统至关重要。用友 ERP 软件是一个在全球范围内应用的、高度集成的系统。数据在各业务系统之间高度共享,所有源数据只需在某一个系统中输入一次,保证了数据的一致性。该系统优化了公司内部业务流程和管理过程,主要业务流程实现了自动化。用友 ERP 采用了最新的主流技术和体系结构,如 B/S、INTERNET 体系结构和 WINDOWS 界面,使得在能通信的地方都可以方便地接入到系统中来。用友 ERP 软件的特点包括集成性、先进性、统一性、完整性和开放性。

3.4.1　用友 ERP 系统功能结构

用友 ERP 系统功能较为复杂,作为能够实现业财一体化的基本功能,它包括 5 个功能域和 23 个功能模块,其功能框架如图 3-5 所示。这一观点是 ERP 系统应具备的最低功能要求,因为它未涉及 ERP 系统的环境要求和经营决策要求等。

生产管理	采购管理	销售管理	库存管理	财务管理
基础数据 MPS MRP 生产订单管理 生产作业管理 生产工序管理	采购计划管理 供应商信息管理 采购订单管理	销售计划管理 销售合同管理 销售客户管理	入库管理 出库管理 盘点与结转 库存分析 库存查询	总账管理 应收账管理 应付账管理 成本核算 固定资产管理 财务报表

图 3-5　用友 ERP 功能框架

通过对上述功能标准的分析,可以得出以下结论:任何 ERP 软件都包含一些共同的核心功能模块。因此,掌握用友 ERP 的使用方法后,其他 ERP 软件的学习也会变得相对容易。以下是部分模块的具体功能介绍。

1. 基础数据模块

该模块的主要任务是将通用的 ERP 软件定制为满足企业需求的专用软件。具体功能包括基础参数设置、进销存参数设置、财务参数设置、币种与汇率管理、编码原则设置管理、职务类别管理、常用语管理、页脚/签核信息管理、假日表管理、付款条件管理和自定义信息等。

2. 采购管理模块

该模块涵盖供应商管理、价格管理、询价管理、请购管理、采购管理、合同管理、到货验收管理、退货管理、进口管理及管理性报表等功能。

3. 销售管理模块

该模块包括价格管理、信用额度管理、销售预测、报价管理、接单管理、合同管理、订单变更、发货管理、税务整合、退货管理、出口文件、查询统计功能、销售跟踪、存货核算、客户管理、计划管理、营销管理和分销管理等功能。

4. BOM 管理模块

该模块涉及 BOM 类型、BOM 内容、BOM 复制、BOM 批处理、工程变更、替代料处理、材料承认及管理报表等功能。

5. 车间任务管理模块

该模块包括生产任务管理、生产备料、领退料、生产完工管理、返工管理、委外加工及查询等功能。

6. 工艺管理模块

该模块涵盖流转作业、管理状态、在制品盘点、工艺流程变更、矫正及预防、批号追踪、工装刀具辅料维护和工作中心维护等功能。

7. MRP 模块

该模块包括参数设定与计划调整、基本资料管理、资料维护管理、MRP 批次作业、MRP 报表管理、批次生产计划生成管理、能力需求计划、车间作业计划和准时生产等功能。

8. 成本管理模块

该模块涉及成本类型、标准成本的制定、事中成本、实际成本、分批实际成本分摊、费用分摊、成本分析、模拟成本和项目成立等功能。

9. 人力资源管理模块

该模块包括人事管理、合同管理、考勤管理、薪资管理、招聘管理、员工自助管理、ERP接口、人力资源规划、职务职能管理、员工信息管理、招聘甄选管理、员工调配管理、员工离职管理、制度政策管理、劳动合同管理、培训开发管理、勤务管理系统、出差管理系统、休假管理系统、绩效管理系统、人事审批系统、总经理自助服务和直线经理自助服务等功能。

10. 质量管理模块

该模块涵盖弹性参数设定、管制图表、品质检验与记录、与 ERP 其他模块的集成及售后服务等功能。

11. 总账管理模块

该模块包括账簿组织、外币管理、利润中心、核算项目、预算管理、会计凭证处理、期末处理、报表管理和网上银行等功能。

12. 自动分录管理模块

该模块涉及基础设置、自动分录和稽核管理等功能。

13. 应收账款管理模块

该模块与采购管理模块相衔接,涵盖结账方式、开账单及发票、发票管理、销货退回及折让、预收款、多种收款方式支持、冲账、催收账款及管理报表等功能。

14. 应付账款管理模块

该模块与应付管理模块相衔接,包括应付票据、账款管理、付款冲账管理、台账管理、采购结算和报表管理等功能。

15. 固定资产管理模块

该模块涵盖资产购入、基本资料、资产变动、折旧管理、资产预算与计划、资产盘点和报表管理等功能。

以上各模块共同构成了现代化企业 ERP 管理的核心功能。只有在各模块协调运作的情况下,ERP 系统才能真正发挥其效用。

3.4.2　用友 ERP 系统流程图

从用友 ERP 的局部流程图中可以看出,会计系统作为上传下达的核心系统,能够将人力资源管理和业务运作产生的数据提供给管理决策层。总账系统作为会计系统的核心子系统,负责收集财务数据,并通过报表等形式为管理和决策提供支持。如图 3-6 所示。

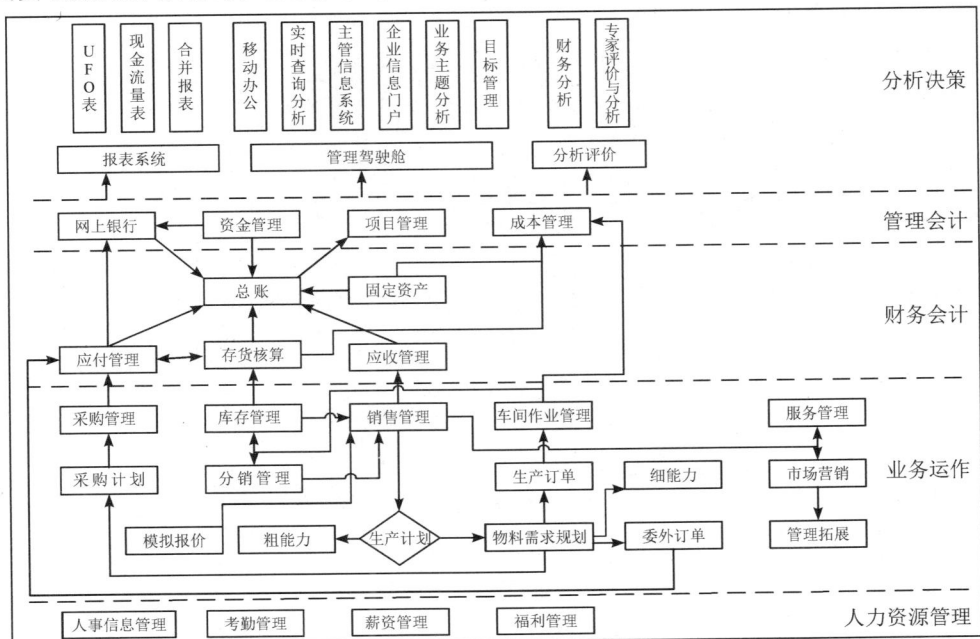

图 3-6　用友 ERP 流程(局部)

为便于读者全面理解业财一体化软件的整体业务流程,本教材后续章节将重点介绍账务处理及供应链管理的业务内容,相关业务流程如图3-7所示。

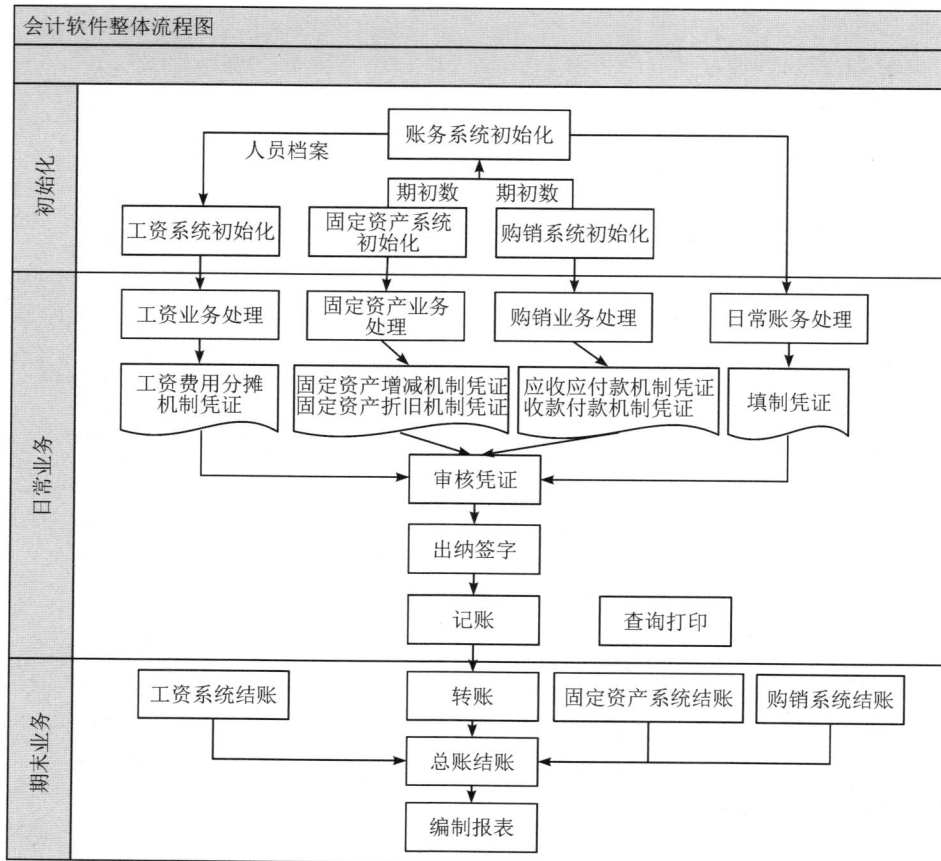

图3-7　财务核算与供应链管理整体业务流程

本章小结

本章重点阐述了会计信息系统的模块结构及各模块之间的关系,并以用友 ERP 为例,详细介绍了各模块的功能及其处理流程。通过学习,读者能够更好地理解 ERP 软件在业务财务一体化处理中的工作流程,掌握各模块的功能及其与其他模块的衔接方式,为后续会计软件的实际操作奠定了坚实基础。

第4章 系统初始化

知识目标

通过本章学习,应掌握:

1. 系统管理的主要功能和操作方法;

2. 用户、角色的关系;

3. 功能权限、数据权限、字段权限的含义;

4. 账套、编码方案、备份恢复等概念。

实践目标

通过本章学习,应会操作:

1. 掌握在系统管理中设置用户;

2. 建立企业账套和设置用户权限的方法;

3. 熟悉账套输出和引入的方法;

4. 掌握在企业应用平台中设置系统启用;

5. 建立各项基础档案;

6. 进行数据权限设置的方法;

7. 理解各项基础档案在系统中所起的作用及各项目的含义。

4.1 系统初始化的流程

　　系统初始化是指在会计软件初次使用时,根据单位的实际情况进行参数设置,将通用会计软件转化为专用会计软件的过程。系统初始化工作通常由系统管理员和账套主管完成,主要包括:设置账套,设置操作员及权限,设置会计科目,设置各辅助核算项目,设置外币币种及汇率,设置凭证类别,定义仓库档案,设置收发类别、采购类型、销售类型,单据设计等。如图4-1所示,系统初始化的流程从上到下、从左至右依次进行,确保各项设置有序完成。

　　除了上述基础初始化工作,会计软件的每个子系统也需要进行初始化。各模块的初始化工作主要包括以下内容:①应收/应付系统:设置凭证科目、单据类型、账龄区间、应收期初数、应付期初数等;②工资核算系统:建立工资账套、设置部门档案、工资类别、工资项目、计算公式及人员档案等;③固定资产管理系统:设置固定资产参数、基础档案,并输入期初固定资产卡片;④采购管理系统:设置基础档案及期初余额;⑤销售管理系统:设置基础档案及期初余额；⑥仓库管理系统：设置基础档案及期初余额；⑦存货管理系统：设置基础数据，确保存货核算的准确性。

这些子系统的初始化工作将在后续章节中详细介绍，帮助读者逐步掌握各模块的初始化流程。

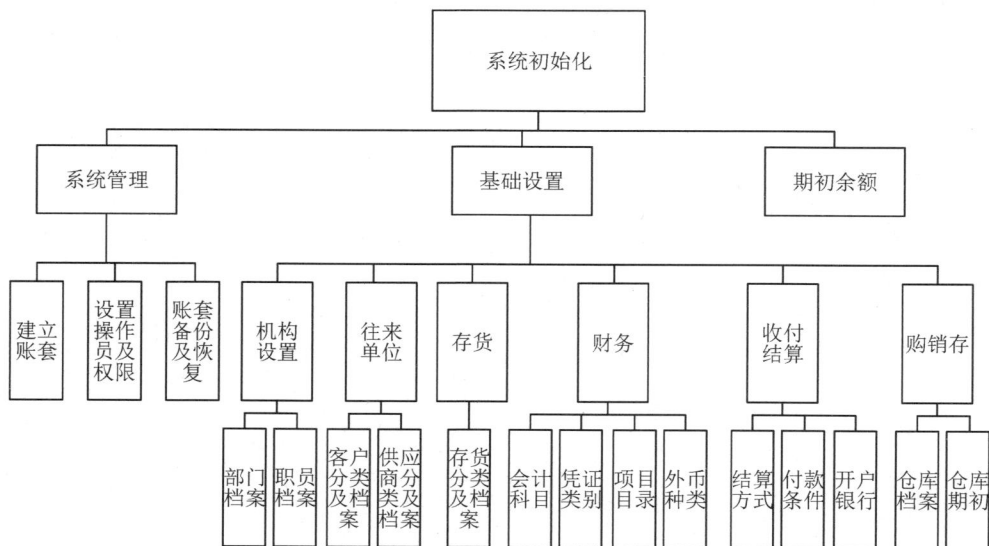

图 4-1　系统初始化业务的结构和流程

4.2　系统管理

用友 ERP-U8 系统由多个子系统构成，这些子系统针对企业管理的不同需求设计，各自具备独立的功能模块，同时彼此间又紧密相连。它们共享一个统一的企业数据库，包括公共的基础信息、相同的账套和年度账，为企业的财务与业务一体化管理奠定了坚实的基础。在财务与业务一体化管理的应用模式下，系统平台主要由系统管理和企业应用平台两大部分组成。

系统管理作为用友 ERP-U8 管理软件中的一个独特而关键的组成部分，其主要功能是为各个子系统提供一个统一的管理环境，对系统的公共任务进行集中管理。这包括基础信息和基本档案的设置、企业账套的管理、操作员的创建、角色的划分与权限的分配，以及系统数据与运行安全的管理等。企业管理系统中任何模块的独立运行都依赖于系统管理的支持。只有系统管理员 admin 和账套主管有权操作系统管理。

4.2.1　以系统管理员身份登录系统管理

1. 操作步骤

（1）点击"开始"菜单，选择"程序"中的"用友 U8 V10.1"，然后进入"系统服务"下的"系统管理"，即可打开"用友 U8［系统管理］"窗口。

（2）在系统管理窗口中，选择"系统"菜单下的"注册"命令，系统将弹出"登录"对话框。

（3）系统默认预设了一个系统管理员账户 admin，初次使用时，该账户的密码为空。参照图 4－2，点击"登录"按钮，即可作为系统管理员进入系统管理界面。

图 4－2　以系统管理员身份登录系统管理

2.注意事项

在系统管理中，初始状态下管理员的密码往往默认为空，这一做法虽便于初次配置，却也为系统安全埋下了隐患。在企业实际运营中，为了构筑坚固的安全防线，及时为系统管理员设定一个强密码是至关重要的步骤。此举能够有效防止未授权访问，保护企业数据不受侵害。然而，在教学环境中，由于系统可能被多人共同使用，为了避免因密码遗忘或未知而无法登录的情况，影响教学进度，建议在此环境下不要为系统管理员设置密码。同时，应通过其他方式加强系统安全，如使用防火墙、定期备份数据等措施，以弥补无密码带来的潜在风险。

4.2.2　增加用户

用户与角色是企业管理系统中权限管理的两个核心概念，它们共同构成了系统权限分配的基础框架。

用户通常被称为"操作员"，是指那些拥有系统登录权限并能够执行相应操作的个人。系统在每次用户登录时，都会执行一次身份验证流程，以确保用户身份的合法性。只有在系统中预先定义并配置了用户账户，该用户才能进行与其权限相匹配的操作。

角色则代表了企业中承担特定职能的组织单元。这些角色可能是实际的部门，也可能是由执行相同职能的个体组成的虚拟团队。举例来说，会计和出纳是两个典型的角色，他们可能隶属于同一个部门，也可能分散在不同的部门，但他们的工作职责是相似的。通过为角色设定权限，可以实现对角色成员权限的统一管理。当用户被分配到某个角色时，他们将自动继承该角色的所有权限。这种基于角色的权限管理方式，不仅有助于按照职能统一划分权限，还能大幅简化权限授予的流程。

在设置用户和角色的顺序上，系统提供了灵活性。然而，为了更高效地实现权限的自动继承,推荐的做法是首先定义角色,接着为这些角色分配相应的权限,最后再创建用户账户。在这种模式下,当创建用户时,只需将其关联到相应的角色,用户便能自动获得该角色的所有权限,包括功能权限和数据权限。此外,一个角色可以包含多个用户,而一个用户也可以同时属于多个角色,这样的设计提供了更大的灵活性和扩展性。

【例 4-1】依次增加操作员刘威,编号 101,密码为空,所属角色为账套主管;李明,编号 102,密码为空;张强,编号 103,密码为空。

操作步骤如下:

(1)以系统管理员身份登录系统管理模块,依次点击"权限"→"用户",打开"用户管理"对话框。

(2)点击"增加"按钮,打开"增加用户"对话框。录入用户编号、姓名、认证方式[选择"用户+口令(传统)"]、口令及确认口令、所属部门,并在所属角色列表中勾选"账套主管"复选框。如图 4-3 所示。

(3)点击"增加"按钮,依次设置其他操作员。设置完成后,点击"取消"按钮退出。

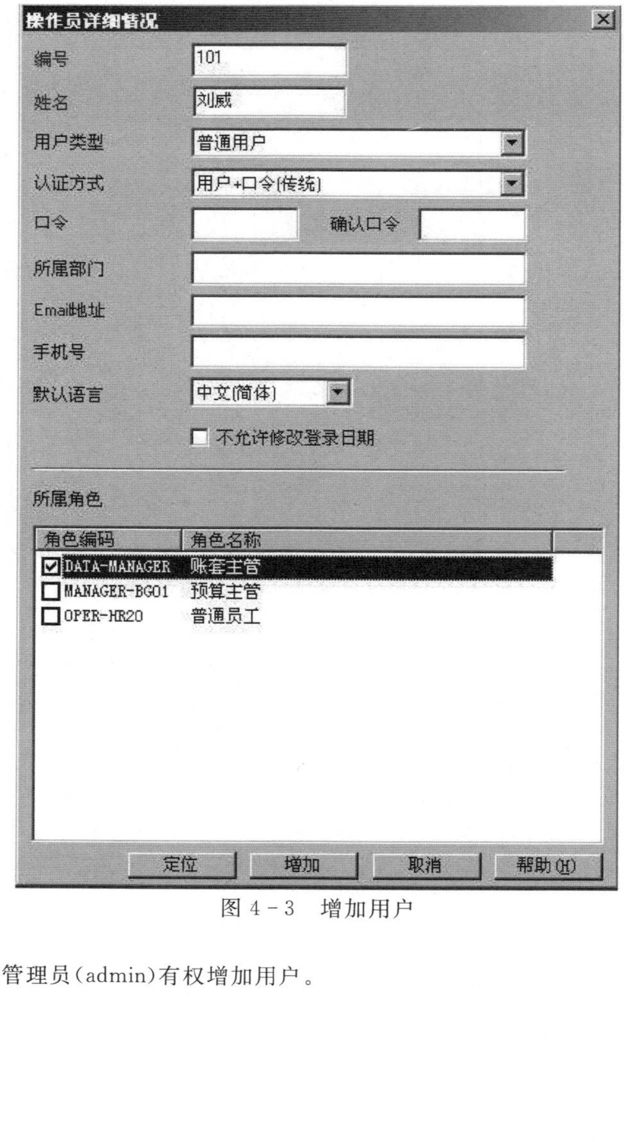

图 4-3　增加用户

注意:1.只有系统管理员(admin)有权增加用户。

2.在增加用户时,可以直接指定用户所属角色。例如,刘威的角色为"账套主管"。由于系统已为预设角色分配了相应权限,因此,若在增加用户时指定了角色,用户将自动继承该角色的所有权限。如果用户权限与角色权限不完全一致,可通过"权限"→"权限"功能进行调整。

3.若用户被设置为"账套主管"角色,则该用户将自动成为系统内所有账套的账套主管。

4.用户启用后不可删除。如果用户曾使用过系统但已被调离单位,可在用户管理窗口中点击"修改"按钮,在"修改用户信息"对话框中点击"注销当前用户"按钮,最后点击"修改"按钮返回系统管理。此后,该用户将无法再登录系统。

4.2.3　建立账套

账套是一组相互关联的数据集合,通常用于为企业中的每一个独立核算单位设立。在系统中,可以为多个企业或企业内部的多个独立核算部门分别建立账套。账套管理功能主要包括账套的创建、修改、删除、导入和导出等操作。例如,在用友 ERP-U8 管理软件中,最多允许建立 999 个账套,且各账套之间的数据相互独立,互不干扰。

年度账与账套是两个不同的概念。一个账套包含了企业的所有数据,而将这些数据按年度进行划分,则形成年度账。用户不仅可以创建多个账套,还可以在每个账套中存储不同年度的年度账。这种设计使得用户能够方便地管理和操作不同核算单位及不同时期的数据,提高了数据管理的灵活性和效率。

【例 4-2】根据以下账套资料建立新账套。

账套号:001

单位名称:北极星公司 单位简称:北极星公司　单位地址:西安市未央区武德路

邮政编码:100035 税号:600011010255689

启用会计期:2022 年 1 月

企业类型:工业 行业性质:2007 新会计制度科目　按行业预置科目到账套中

账套主管:刘威

基础信息:对客户进行分类,供应商、存货不分类　无外币核算

分类编码方案(科目编码级次:4222 客户分类编码级次:123 部门编码级次:122)。

操作步骤如下:

(1)以系统管理员身份注册进入系统管理,执行"账套"→"建立"命令,打开"创建账套"对话框。

(2)选择"新建空白账套"单击"下一步"按钮,打开"账套信息"对话框。

(3)录入账套号"001",账套名称"北极星公司";启用会计期"2022 年 1 月",如图 4-4 所示。

注意:

1.账套号是账套的唯一标识,可以自行设置 3 位数字,但不允许与已存账套的账套号重复,账套号设置后将不允许修改。

2.账套名称是账套的另外一种标识方法,它将与账套号一起显示在系统正在运行的屏幕上。

3.系统默认的账套路径是用友 ERP-U8 的安装路径,可以进行修改。

4.建立账套时系统会将启用会计期自动默认为系统日期,应注意根据所给资料修改,否则将会影响到企业的系统初始化及日常业务处理等内容的操作。

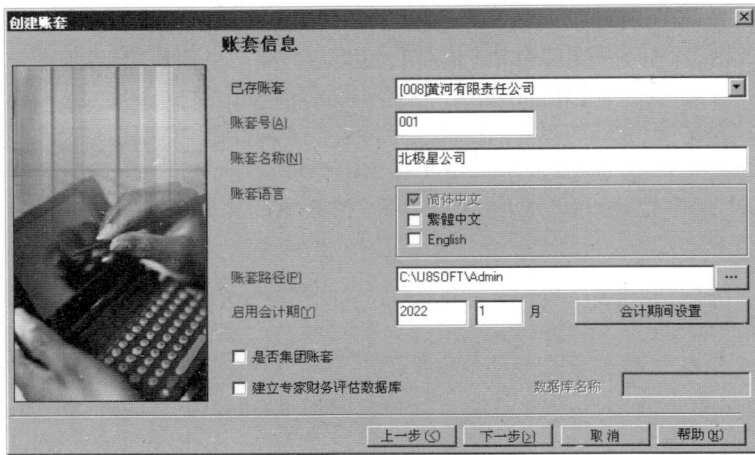

图 4-4　账套信息

（4）单击"下一步"按钮，打开"单位信息"对话框，录入单位信息，如图 4-5 所示。

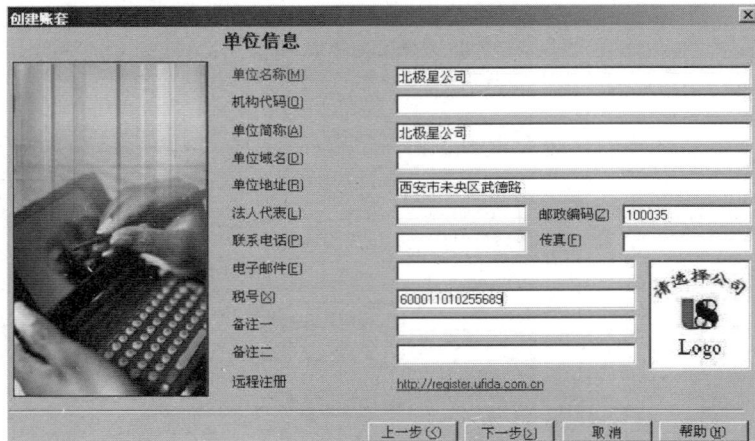

图 4-5　设置单位信息

注意：

1.单位信息中只有"单位名称"是必须录入的。必须录入的信息以蓝色字体标识（以下同）。

2.单位名称应录入企业的全称，以便打印发票时使用。

（5）单击"下一步"按钮，打开"核算类型"对话框。

（6）单击"账套主管"栏的下三角按钮，选择"[101]刘威"，其他采用系统默认，如图 4-6 所示。

注意：

1.行业性质将决定系统预置科目的内容，必须选择正确。

2.如果事先增加了用户，则可以在建账时选择该用户为该账套的账套主管。如果建账前未设置用户，建账过程中可以先选一个操作员作为该账套的主管，待账套建立完成后再到"权限"功能中进行账套主管的设置。

3.如果选择了按行业性质预置科目，则系统根据您所选择的行业类型自动装入国家规定的一级科目及部分二级科目。

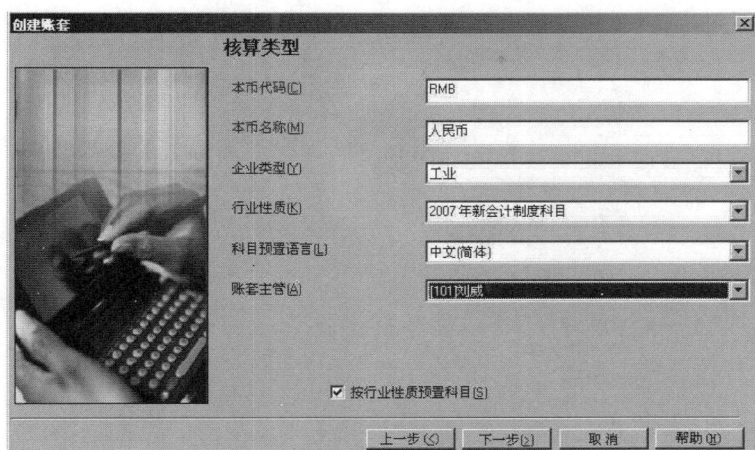

图 4-6　设置核算类型

（7）单击"下一步"按钮，打开"基础信息"对话框。选中"客户是否分类"前的复选框，如图 4-7 所示。

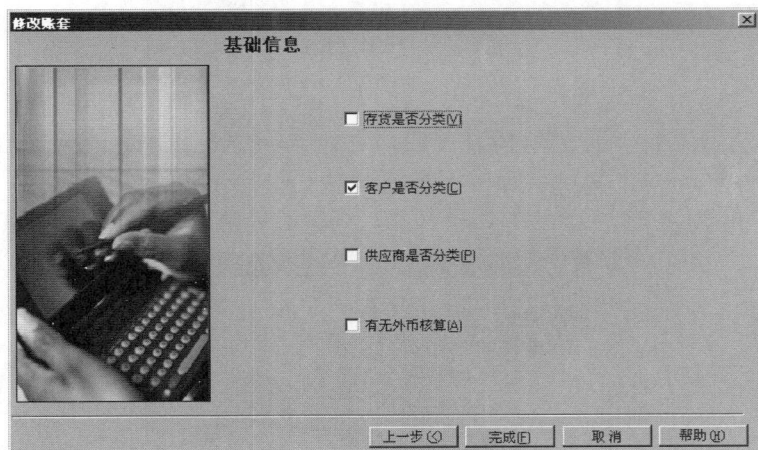

图 4-7　设置基础信息

注意：

1. 本企业要求对客户进行分类，不对供应商、存货进行分类，有无外币核算。

2. 是否对存货、客户及供应商进行分类将会影响到其档案的设置。通常对于数量众多类型复杂的信息，我们需要分级分类管理。有无外币核算将会影响到基础信息的设置及日常能否处理外币业务。

3. 如果基础信息设置错误，可以由账套主管在修改账套功能中进行修改。

（8）单击"下一步"按钮，打开开始创建账套对话框。

（9）单击"完成"按钮，弹出系统提示"可以创建账套了么？"。单击"是"按钮，系统自动进行创建账套的工作。稍候一段时间，弹出"编码方案"对话框，按所给资料修改分类编码方案，如图 4-8 所示。

图4-8 修改编码方案

注意:

1.编码方案的设置,将会直接影响到基础信息设置中相应内容的编码级次及每级编码的位长。

2.删除编码级次时,必须从最后一级向前依次删除。

(10)单击"确定"按钮,再单击"取消"按钮,打开"数据精度"对话框,如图4-9所示。

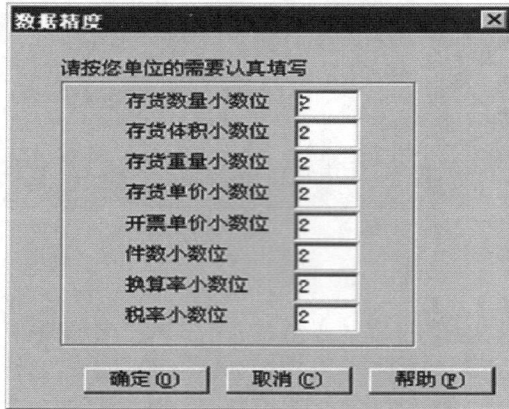

图4-9 "数据精度"对话框

(11)默认系统预置的数据精度的设置,单击"确定"按钮,稍等片刻,系统弹出信息提示框,如图4-10所示。

注意:如果选择"是"按钮,则可以直接进行"系统启用"的设置;也可以单击"否"按钮先结束建账过程,之后再在企业应用平台中的基础信息中进行系统启用设置。

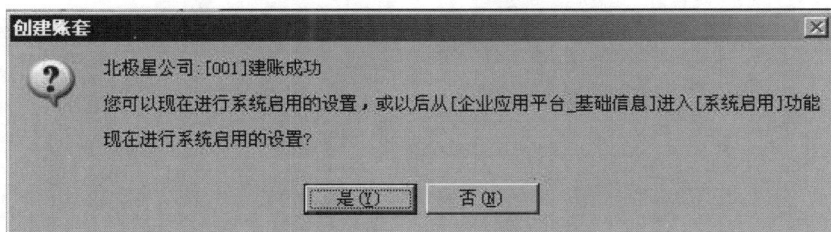

图 4 - 10　是否进行系统启用提示

（12）单击"否"按钮，结束建账过程。系统弹出"请进入企业应用平台进行业务操作！"提示，单击"确定"按钮返回，单击"退出"按钮完成建账过程。

4.2.4　设置用户权限

为了确保系统及数据的安全性与保密性，系统管理模块提供了操作员及其权限的集中管理功能。通过对系统操作分工和权限的精细化管理，一方面可以有效防止与业务无关的人员访问系统，另一方面能够协调系统各模块的操作，确保职责明确、流程顺畅。操作员管理主要包括操作员的增加、修改和删除等操作，而操作员权限管理则涵盖权限的增加、修改和删除等功能。

用户权限的设置应由系统管理员（admin）或该账套的主管在系统管理的权限功能中完成。在权限功能中，既可以针对角色进行赋权，也可以直接对用户进行赋权。如果在账套设置时已正确指定了账套主管，则可以直接查看其权限；若未指定，则需在权限功能中设置账套主管。如果在创建用户时已为其指定了所属角色，并且该角色已被赋予相应权限，则该用户将自动继承该角色的权限；若发现用户权限与角色权限不完全一致，则可在权限功能中进行调整。如果在创建用户时未指定其所属角色，或虽指定了角色但该角色尚未设置权限，则需直接在权限功能中为用户设置权限，或者先为角色设置权限，再创建用户并指定其所属角色，从而使角色权限自动传递至用户。

通过以上机制，系统能够实现权限管理的灵活性与安全性，确保每个操作员的权限与其职责相匹配，同时降低数据泄露和误操作的风险。

【例 4 - 3】为李明和张强用户赋权：李明为财务会计；张强为出纳，具体权限为总账管理系统中出纳签字及出纳的所有权限。

操作步骤如下：

1. 为李明赋权

（1）在"操作员权限"窗口中，选中"102"号操作员李明。

（2）单击"修改"按钮。

（3）在右侧窗口中，单击"财务会计"前的复选框，如图 4 - 11 所示。

（4）单击"保存"按钮返回。

2. 为张强赋权

（1）在操作员权限窗口中，选中"103"号操作员张强，从右侧窗口中可以看出，张强此时没有任何权限。

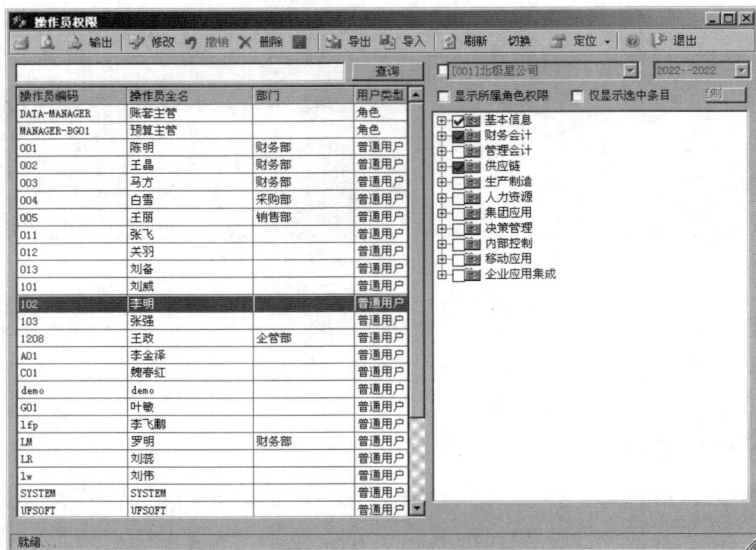

图 4-11　增加和调整用户权限

（2）单击"修改"按钮.

（3）单击"总账"前的"十"标记，依次展开"总账""凭证"前的"十"号标记。

（4）单击"出纳签字"前的复选框，再单击"出纳"前的复选框，如图 4-12 所示。

图 4-12　增加和调整用户权限

（5）单击"保存"按钮返回。

注意：

1. 只有系统管理员（admin）才有权设置或取消账套主管。而账套主管只有权对所辖账套进行操作员的权限设置,如表 4-1 所示。

2.设置权限时应注意分别选中"账套"及相应的"用户"。

3.如果此时查看到 001 账套主管前的复选框为未选中状态,则可以单击该复选框将其选中,设置该用户为 001 账套的账套主管。

4.账套主管拥有该账套的所有权限,因此无须为账套主管另外赋权。

5.一个账套可以有多个账套主管。如果已经设置了出纳角色且为该角色赋予了相应权限,那么只需要给张强指定出纳角色即可拥有相应权限。

表 4-1　admin 和账套主管的权限

系统管理员 admin 权限	账套主管权限
可增加操作员	无权增加操作员
可指定操作员角色	可设置操作员明细权限
可建账套和引入、输出账套	可查、改账套,进行年度账处理
可指定账套主管	是系统管理员设定的较高权限的操作员

4.2.5　修改账套

修改账套的操作应由账套主管在系统管理模块中执行,具体路径为"账套"→"修改"。在进行账套修改时,需注意以下限制条件:账套号码和启用日期不可更改,同时,对于已经使用的账套资料,也不允许进行任何修改。

【例 4-4】修改该账套,修改联系电话"83515612"。

操作步骤入下:

(1)执行"系统"→"注册"命令,打开"登录"系统管理对话框。

(2)录入操作员"101"(或刘威),密码为空,单击"账套"栏的下三角按钮,选择"[001]北极星公司",操作日期"2022-1-1",如图 4-13 所示。

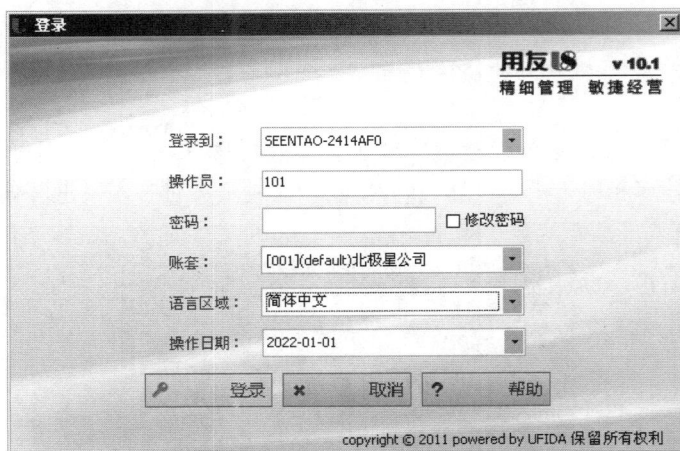

图 4-13　账套主管登录系统管理

(3)单击"登录"按钮,以账套主管身份登录系统管理。

（4）执行"账套"→"修改"命令，打开"修改账套"对话框。

（5）单击"下一步"按钮，打开"单位信息"对话框。

（6）单击"下一步"按钮，打开"核算类型"对话框。

（7）单击"下一步"按钮，打开"基础信息"对话框。

（8）单击选中"有无外币核算"前的复选框。

（9）单击"完成"按钮，系统弹出提示"确认修改账套了么？"。

（10）单击"是"按钮，并在"编码方案"和"数据精度"窗口中分别单击"取消"或"确定"按钮后则修改成功。

注意：如果此时已由其他操作员注册了系统管理，则应先通过"系统"→"注销"命令注销当前操作员后，再由账套主管重新注册。

4.2.6 账套的引入和输出

1. 知识讲解

引入和输出是数据恢复和备份操作。

（1）引入账套。引入账套指将系统外的账套数据导入当前系统。例如，集团公司可将子公司的账套数据定期引入母公司系统，便于进行账套数据的分析与合并。

（2）输出账套。输出账套指对所选账套数据进行备份，生成两个文件：UfErpAct.Lst（账套信息文件）和 UFDATA.BAK（账套数据文件）。

对于年度账数据，同样支持引入和输出操作，其含义与方法与账套操作一致，区别在于年度账的操作对象是账套中的某一年度数据，而非整个账套。

2. 注意事项

（1）账套规划。若需定期将子公司账套数据引入总公司系统，建议在建立账套时提前规划，为每个子公司分配唯一账套号，避免因账套号重复导致数据覆盖。

（2）文件备份。输出账套时，系统会生成两个文件（UfErpAct.Lst 和 UFDATA.BAK），请确保妥善保存，以备后续恢复或分析使用。

【例 4-5】 输出当前新建账套。

操作步骤如下：

（1）由系统管理员注册系统管理，执行"账套"→"输出"命令，打开"账套输出"对话框。

（2）单击"账套号"栏的下三角按钮，选择"[001]北极星公司"，在输出文件位置选择"C:\"，如图 4-14 所示。

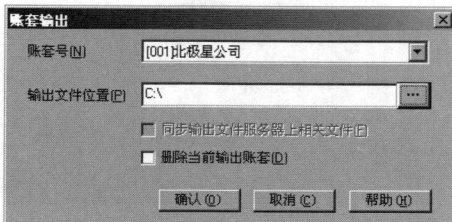

图 4-14 "账套输出"对话框

（3）单击"确认"按钮，系统进行账套数据输出，完成后，弹出"输出成功"信息提示框，单击"确定"按钮返回。

注意：

1.利用账套输出功能还可以进行"删除账套"的操作。方法是在账套输出对话框中选中"删除当前输出账套"复选框，单击"确认"按钮，系统在删除账套前同样要进行账套输出，当输出完成后系统提示"真要删除该账套吗？"，单击"是"按钮则可以删除该账套。

2.只有系统管理员（admin）有权进行账套输出。

3.正在使用的账套可以进行账套输出而不允许进行账套删除。

4.备份账套时应先建立一个备份账套的文件夹，以便将备份数据存放在目标文件夹中。

4.3　基础设置

为了将用友 ERP-U8 管理软件打造成为连接企业员工、客户及合作伙伴的综合性平台，实现系统资源的高效与合理利用，该软件开发了企业应用平台。这一平台为用户提供了一个统一的访问入口，使其能够便捷地获取个性化信息，定制业务操作，并规划专属的工作流程。此外，基础设置作为系统日常运行的基石，涵盖了总账系统的启动，部门档案的建立，人员类别与档案的设定，客户与供应商的分类及档案管理，以及数据权限的配置和单据设计的定制等关键功能，确保系统的顺畅运作和管理的规范化。

4.3.1　启用总账系统

用友 ERP-U8 管理系统是一个功能全面且灵活的企业资源计划系统，其产品组涵盖了财务会计、管理会计、供应链、生产制造、人力资源、集团应用、决策支持以及企业应用集成等多个领域。每个产品组下设有多个模块，这些模块既可以独立运行，也可以集成使用，但两种使用方式的流程存在一定差异。企业可以根据自身的管理需求和特点，选择性地采购不同的子系统；同时，也可以采取循序渐进的策略，有计划地先启用部分模块，待条件成熟后再逐步启用其他模块。系统启用功能为企业提供了极大的便利，它能够清晰地记录企业在何时启用了哪些子系统，并且只有经过启用的模块才能被登录和使用。

系统启用可以通过两种方式实现：一种是由系统管理员在建立账套时直接启用；另一种则是由账套主管在企业应用平台的基本信息中进行系统启用。在前一节的示例中，001 账套在建立后并未直接启用任何系统。接下来，我们将在企业应用平台中分别启用总账、应付及应收系统，以便后续的业务操作和管理。

【例 4-6】在企业应用平台中，启用总账系统、应收款管理系统和应付款管理系统。

操作步骤如下：

（1）执行"开始"→"程序"→"用友 U8 V10.1"→"企业应用平台"命令，打开"登录"对话框。

（2）录入操作员"101"（或刘威），密码为空，单击"账套"栏的下三角按钮，选择"[001]北极星公司"，如图 4-15 所示。

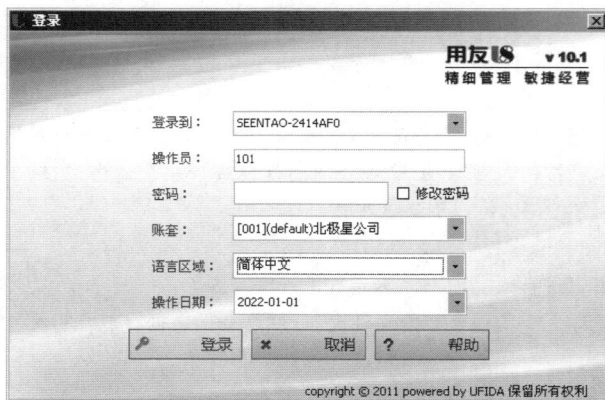

图 4-15　登录企业应用平台

（3）单击"登录"按钮，进入"企业应用平台"窗口。

（4）在"基础设置"选项卡中，执行"基本信息"→"系统启用"命令，打开"系统启用"对话框。

（5）选中"GL 总账"前的复选框，弹出"日历"对话框。

（6）选择"日历"对话框中的"2022 年 1 月 1 日"，如图 4-16 所示。

图 4-16　启用总账

（7）单击"确定"按钮，系统弹出"确实要启用当前系统吗?"信息提示框，单击"是"按钮，完成总账系统的启用。

（8）依此类推，分别启用"应收款管理"和"应付款管理"系统。

注意：

1.只有账套主管才有权在企业应用平台中进行系统启用。

2.各系统的启用时间必须不早于账套的启用时间。

4.3.2　设置部门档案

　　基础档案是系统日常业务处理中不可或缺的基础资料,也是系统高效运行的基石。其目的是将通用的 ERP 系统转变为满足企业核算要求的专用的 ERP 系统。一个账套通常由多个子系统组成,这些子系统共享统一的基础档案信息。在启用新账套之前,企业应根据自身的实际需求,结合系统对基础档案设置的具体要求,提前完成基础数据的准备工作。基础档案的内容主要包括人员信息、客户信息和供应商信息等关键数据。

　　【例 4 - 7】按照表 4 - 2 资料增加企业部门档案。

表 4 - 2　部门档案

部门编码	部门名称
1	综合部
2	财务部
3	市场部
301	采购部
302	销售部
4	加工车间

　　操作步骤如下:

　　(1)在"基础设置"选项卡中,执行"基础档案"→"机构人员"→"部门档案"命令,进入"部门档案"窗口。

　　(2)单击"增加"按钮,录入部门编码"1"、部门名称"综合部",如图 4 - 17 所示。

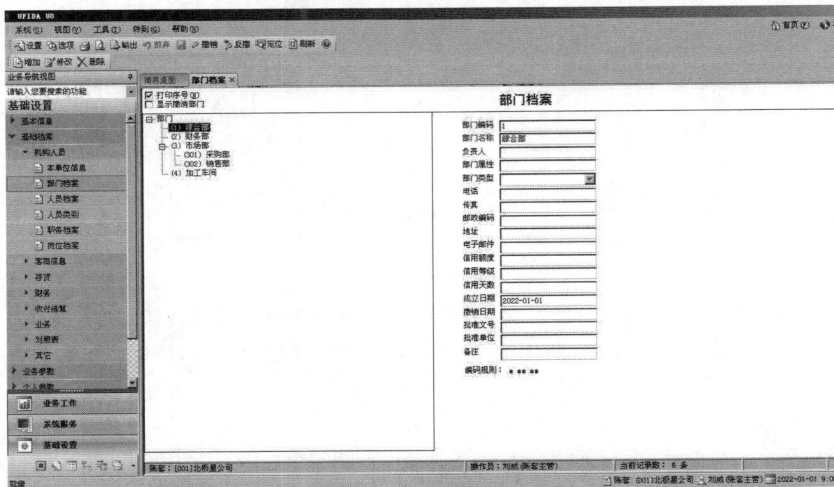

图 4 - 17　部门档案

　　(3)单击"保存"按钮。以此方法依次录入其他的部门档案。

　　注意:

　　1.部门编码必须符合在分类编码方案中定义的编码规则。

　　2.由于此时还未设置"人员档案",因此部门中的"负责人"暂时不能设置。如果需要设置,必须在完成"人员档案"设置后,再回到"部门档案"中以修改的方式补充设置。

4.3.3 设置人员类别

【例4-8】按照表4-3资料增加企业人员类别。

表4-3 人员类别

人员类别编码	人员类别名称
111	企业管理人员
112	采购人员
113	销售人员
114	其他人员

操作步骤如下：

(1)在"基础设置"选项卡中，执行"基础档案"→"机构人员"→"人员类别"命令，进入"人员类别"窗口。

(2)单击"增加"按钮，按实验资料增加人员类别，如图4-18所示。

图4-18 增加人员类别

注意：

1.人员类别与工资费用的分配、分摊有关，工资费用的分配及分摊是薪资管理系统的一项重要功能。人员类别设置的目的是为工资分摊生成与凭证设置相应的入账科目做准备，可以按不同的入账科目需要设置不同的人员类别。

2.人员类别是人员档案中的必选项目，需要在人员档案建立之前设置。

3.人员类别名称可以修改，但已使用的人员类别名称不能删除。

4.3.4 设置人员档案

【例4-9】按照表4-4资料增加企业人员档案。

表4-4 人员档案

人员编码	人员姓名	性别	行政部门	人员类别	是否业务员	是否操作员
0001	梁洪	男	综合部	企业管理人员	否	是

人员编码	人员姓名	性别	行政部门	人员类别	是否业务员	是否操作员
0002	江涛	男	综合部	企业管理人员	否	是
0003	刘威	男	财务部	企业管理人员	否	是
0004	李明	男	财务部	企业管理人员	否	是
0005	宋风	男	采购部	采购人员	是	是
0006	张伟	男	销售部	销售人员	是	是

操作步骤如下：

(1)在"基础设置"选项卡中，执行"基础档案"→"机构人员"→"人员档案"命令，进入"人员列表"窗口。

(2)单击左侧窗口中"部门分类"下的"综合部"。

(3)单击"增加"按钮，按实验资料输入人员信息，如图 4-19 所示。

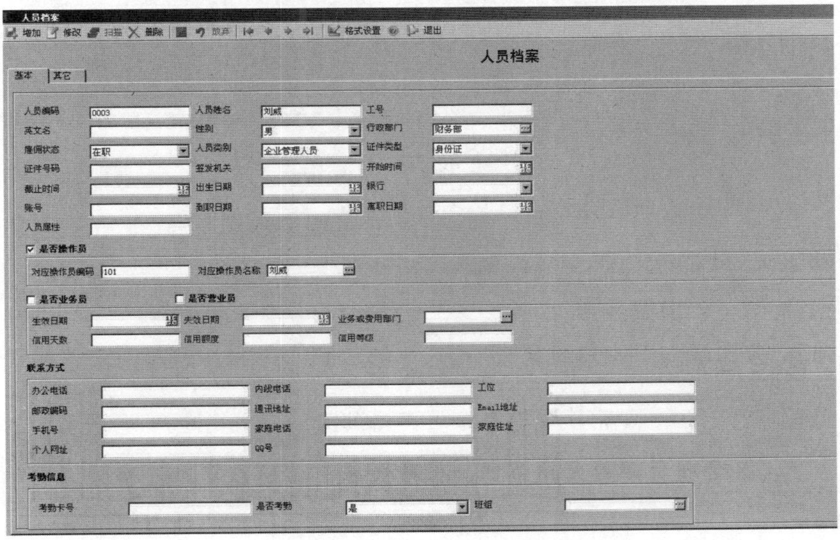

图 4-19　增加人员档案

(4)单击"保存"按钮。

(5)同理，依次输入其他人员档案。

注意：

1.此处的人员档案应该包括企业所有员工。

2.人员编码必须唯一，行政部门只能是末级部门。

3.如果该员工需要在其他档案或其他单据的"业务员"项目中被参照，需要选中"是否业务员""是否营业员"选项。

4.3.5　设置客户分类

【例 4-10】按照表 4-5 资料设置企业的客户分类。

表4-5　客户类别

类别编码	类别名称
1	本地
2	外地

操作步骤如下：

(1)在"基础设置"选项卡中，执行"基础档案"→"客商信息"→"客户分类"，进入"客户分类"窗口。

(2)单击"增加"按钮，按实验资料输入客户分类信息，如图4-20所示。

(3)单击"保存"按钮。

(4)同理依次录入其他的客户分类。

图4-20　客户分类

注意：

1.客户是否需要分类应在建立账套时确定。

2.客户分类编码必须符合编码规则。

4.3.6　设置客户档案

【例4-11】根据表4-6资料增加企业的客户档案。

表4-6　客户档案

客户编码	客户简称	所属分类
01	强盛公司	本地
02	通达公司	本地
03	北方公司	外地
04	唐元公司	外地

操作步骤如下：

(1)在"基础设置"选项卡中，执行"基础档案"→"客商信息"→"客户档案"命令，打开"客户档案"窗口。窗口分为左右两部分，左窗口显示已经设置的客户分类，单击鼠标选中某一客户分类，右窗口中显示该分类下所有的客户列表。

(2)单击"增加"按钮，打开"增加客户档案"窗口。窗口中共包括4个选项卡，即"基本""联系""信用"和"其它"，用于对客户不同的属性分别归类记录。

(3)按实验资料输入"客户编码""客户名称""客户简称""所属分类"等相关信息，如图4-21所示。

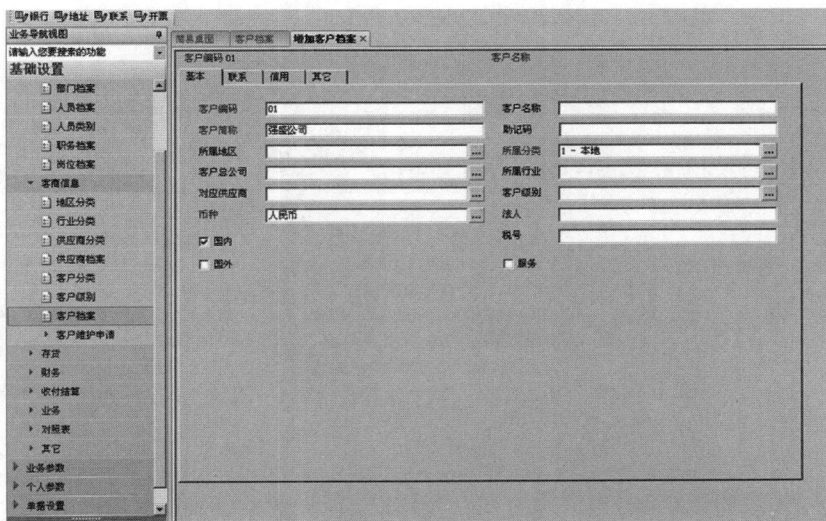

图 4-21　增加客户档案

（4）单击"保存"按钮。

（5）以此方法依次录入其他的客户档案。

注意：

1.之所以设置"分管部门""分管业务员"，是为了在应收应付款管理系统填制发票等原始单据时能自动根据客户显示部门及业务员信息。

2.如果要给客户开具增值税专用发票，必须录入税号及银行账号。

4.3.7　设置供应商档案

【例 4-12】根据表 4-7 的资料增加企业的供应商档案。

表 4-7　供应商档案

供应商编码	供应商简称	所属分类
01	丽兴公司	00
02	广明公司	00

操作步骤如下：

（1）在"基础设置"选项卡中，执行"基础档案"→"客商信息"→"供应商档案"命令，打开"供应商档案"窗口。窗口分为左右两部分，左窗口显示供应商无分类，右窗口中显示所有的供应商列表。

（2）单击"增加"按钮，打开"增加供应商档案"窗口，按实验资料输入供应商信息，如图 4-22 所示。

（3）同理，依次录入其他的供应商档案。

注意：

1.在录入供应商档案时，供应商编码及供应商简称必须录入。

2.由于该账套中并未对供应商进行分类，因此所属分类为无分类。

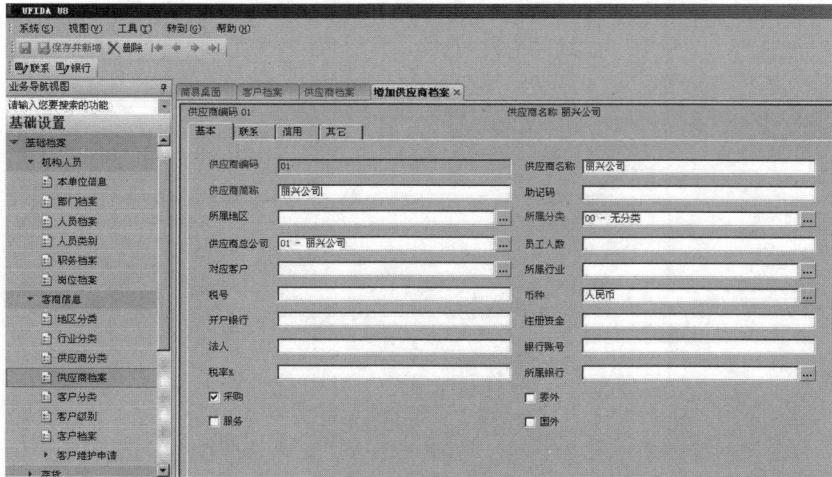

图 4 - 22   增加供应商档案

3.供应商是否分类应在建立账套时确定,此时不能修改,如若修改只能在未建立供应商档案的情况下,在系统管理中以修改账套的方式修改。

4.供应商编码必须唯一。

4.3.8   设置数据权限

在用友 ERP-U8 管理软件中,提供了 3 种不同性质的权限管理:功能权限、数据权限和金额权限。

功能权限在系统管理模块中进行配置,它主要规定了每个操作员对系统中各模块及其细分功能的操作权限。通过功能权限的设置,可以精确控制操作员能够访问和使用的系统功能,确保系统的安全性和操作的规范性。

数据权限则是针对业务对象进行的控制。它允许系统管理员对特定业务对象的某些项目和记录进行查询和录入的权限设置。数据权限的引入,使得企业能够根据实际业务需求,灵活地控制不同操作员对业务数据的访问和操作范围,从而保护敏感数据不被未授权人员访问。

金额权限在系统中扮演着重要的角色,主要体现在两个方面:首先,它允许系统管理员设置用户在填制凭证时,对特定科目允许输入的金额范围,从而防止因误操作或恶意操作导致财务数据的异常;其次,金额权限还可以设置用户在填制采购订单时,允许输入的采购金额范围,确保采购活动的合规性和合理性。

通过这三种权限管理的有机结合,用友 ERP-U8 管理软件为企业提供了一个全面、灵活且安全的内部控制体系,有效保障了企业信息系统的稳定运行和数据安全。

【例 4 - 13】设置操作员江涛有权对张强及刘威所填制的凭证进行查询、删改、审核、弃审以及关闭。

操作步骤如下:

(1)在"系统服务"选项卡中,执行"权限"→"数据权限分配"命令,进入"权限浏览"窗口。

(2)在左侧的"用户及角色"列表中选择"0002 江涛",再单击"授权"按钮,打开"记录权限设置"对话框。

（3）单击"业务对象"栏的下三角按钮，选择"用户"。

（4）单击"＞"按钮将"张强"从"禁用"列表中选择到"可用"列表中，以此方法选择"刘威"，如图 4-23 所示。

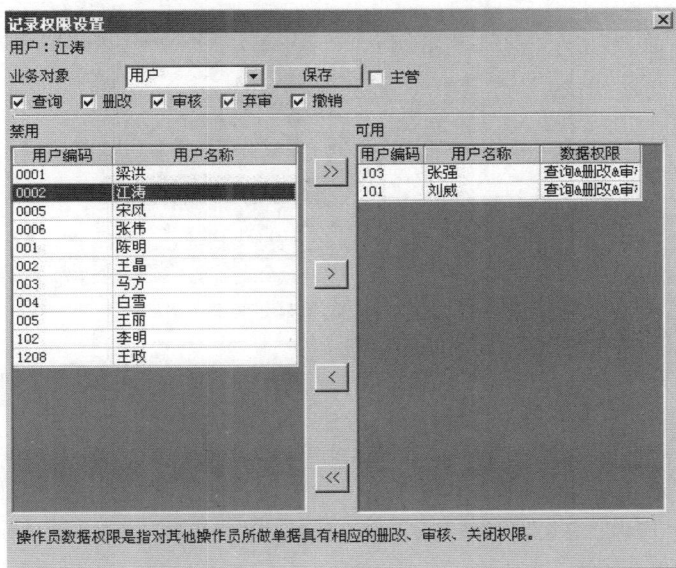

图 4-23　记录权限设置

（5）单击"保存"按钮，系统弹出"保存成功"信息提示框，单击"确定"按钮。

注意：

1. 必须在系统管理中定义角色或用户，并在分配完功能级权限后才能进行数据权限分配。

2. 数据权限包括记录级权限和字段级权限。可以分别进行授权。

3. 可以在"数据权限控制设置"中选择需要进行设置的数据权限。

4.3.9　单据设计

不同企业在处理各项业务时，所使用的单据可能存在细微差异。为满足企业的个性化需求，用友 ERP-U8 管理软件不仅预置了常用单据模板，还支持用户根据实际业务需求，对各类单据的显示模板和打印模板进行自定义设置，从而灵活定义符合企业规范的单据格式。

【例 4-14】利用单据设计功能将"应收单"表头中的"币种"项目和"汇率"项目删除。

操作步骤如下：

（1）在"基础设置"选项卡中，执行"单据设置"→"单据格式设置"命令，进入"单据格式设置"窗口。

（2）在左侧窗口中执行"应收款管理"→"应收单"→"显示"→"应收单显示模板"命令，进入"应收单"格式设置窗口，如图 4-24 所示。

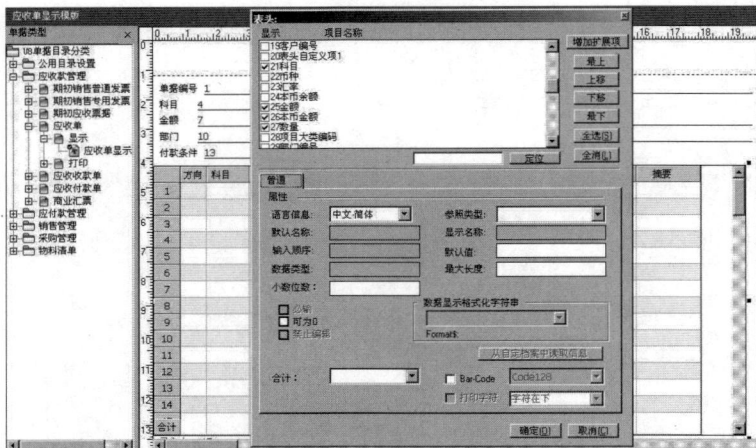

图 4-24　应收单显示模板

（3）单击表头项目按钮，打开"表头"对话框，去掉"22 币种"和"23 汇率"选中标记。

（4）单击"确定"按钮，系统弹出"模板已修改，是否保存？"信息提示框，单击"是"返回。

注意：

1.单据设计只能在"企业应用平台"中进行。

2.只有在启用了"应付""应收"系统或其他业务系统时，在"企业应用平台"的单据目录分类中才会列出与启用系统相对应的单据分类及内容。

3.单据设计功能可以分别进行不同模块中不同单据的显示格式和打印格式的设置。

4.可以分别就单据的显示格式和打印格式设置单据属性设计、表头项目设计、表体项目设计、单据项目属性设计、单据标题属性设计。

本章小结

本章主要学习了建立账套、设置操作员和权限，以及系统级基础档案的录入。建账和初始设置是会计核算工作由手工方式向计算机方式过渡必需的准备性工作，是正式使用会计电算化系统替代手工会计核算的基础。

上机实验一　系统管理

【操作准备】

修改系统时钟日期：2022-01-01

【操作要求】

1.建立账套

2.设置操作员

3.设置权限

【操作数据】

1.账套数据

账套代码：008

账套名称：黄河有限责任公司

单位名称:黄河有限责任公司,简称黄河公司

本币代码:RMB;本币名称:人民币

启用会计期:2022 年 1 月

企业类型:工业;行业性质:2007 年新会计准则,按行业性质预置科目

账套主管:默认值

存货、客户、供应商需要分类核算,外币核算;

会计科目编码:4-2-2-2

客户分类编码:2-2;收发类别编码:1-1-1;

部门编码:2-2;存货分类编码:1;

结算方式编码:1-2;

供应商分类编码:2-2,其他编码采用系统默认值;数据精度定义:2

系统启用:启用总账,启用时间为 2022-01-01。

2.操作员及权限(见表 4-8)

表 4-8　操作员及权限

编号	姓名	口令	职责	权限
LW	刘伟	1	负责系统日常运行管理	账套主管
LFP	李飞鹏	1	负责总账、工资管理、固定资产管理和报表	公用目录设置、总账、工资管理及固定资产所有权限
ZS	张顺	1	负责收付款凭证核对、管理日记账、日报、对账、编调节表	现金管理以及"总账"中的明细权限:出纳签字、查询凭证、日记账查询

上机实验二　基础设置

【操作准备】

可以引入"上机实验一"的备份数据。将系统日期改为 2022 年 1 月 1 日,由操作员"LW 刘伟(密码 1)"注册企业应用平台。

【操作要求】

1.设置部门档案

2.设置职员档案

3.设置客户、供应商分类

4.设置客户、供应商档案

【操作数据】

1.部门档案(见表 4-9)

表 4-9　部门档案

部门编码	部门名称
01	行政部

续表

部门编码	部门名称
0101	厂办
0102	财务部
02	生产部
0201	一车间
03	市场部
0301	采购部
0302	销售部

2.职员档案(见表4-10)

表4-10　人员档案

职员编号	职员姓名	所属部门	职员属性
001	王鹏飞(业务员)	厂办	管理人员
002	李东升(业务员)	厂办	管理人员
003	刘伟(操作员、业务员)	财务部	管理人员
004	张顺(操作员、业务员)	财务部	管理人员
005	李飞鹏(操作员、业务员)	财务部	管理人员
006	杨帆(业务员)	财务部	管理人员
007	李铭(业务员)	一车间	生产人员
008	王翠洁(业务员)	一车间	生产人员
009	曾清玥(业务员)	一车间	生产人员
010	杨柳(业务员)	采购部	采购人员
011	赵小静(业务员)	采购部	采购人员
012	王涛(业务员)	销售部	销售人员
013	李海波(业务员)	销售部	销售人员

3.客户分类(见表4-11)

表4-11　客户分类

分类编码	名称
01	省内客户
02	省外客户
03	国外客户

4.供应商分类(见表4-12)

表4-12　供应商分类

分类编码	名称
01	原材料供应商

续表

分类编码	名称
02	半成品供应商
03	辅料供应商

5.客户档案(见表 4－13)

表 4－13　客户档案

代码	名称	简称	分类码
01	陕西汉江公司	汉江公司	01
02	山东宝蓝公司	宝蓝公司	02
03	北京长虹公司	长虹公司	02

6.供应商档案(见表 4－14)

表 4－14　供应商档案

代码	名称	简称	分类码
01	上海黄河公司	上海黄河	01
02	西安天地公司	天地公司	02
03	天山公司	天山公司	01

第 5 章　总账系统

知识目标

通过本章学习,应掌握:

1.总账系统初始化、日常业务处理和期末业务处理的工作原理和操作方法;

2.总账处理的内容及作用;

3.总账系统初始化中设置会计科目、录入期初余额及设置各种分类、档案资料的方法;

4.总账系统日常业务处理的凭证处理和账簿处理的方法,包括制单、审核(出纳签字审核、审核员审核)、记账、查询及分析利用会计信息(账簿管理与内部管理报表生成)等;

5.出纳管理的内容和处理方法;

6.期末业务的内容和处理方法。

实践目标

通过本章学习,应会操作:

1.在总账系统初始化中设置会计科目、录入期初余额及设置相关分类、档案资料的方法;

2.在总账系统日常业务处理中凭证管理、出纳管理的基本操作方法;

3.自动转账、期末结账的基本操作方法。

5.1　总账系统的流程

总账系统,作为财务业务一体化管理软件的核心组成部分,适用于各行各业的账务核算与管理工作。它不仅能够独立运行,还能与其他系统协同工作,实现数据的无缝对接与共享。总账系统的核心任务是通过建立的会计科目体系,对输入的记账凭证进行处理,完成从记账、对账到结账的全过程,并生成总分类账、日记账、明细账及各类辅助账目。

该系统主要提供以下几项基本核算功能:凭证处理、账簿管理、出纳管理以及期末转账等。此外,还支持个人、部门、客户、供应商及项目核算等辅助管理功能,以满足不同管理层次的需求。

通过总账系统,企业能够实现财务数据的集中管理和高效处理,提升财务管理水平,为企业的稳健运营和持续发展奠定坚实的基础。

5.1.1　总账系统的日常账务处理结构图

总账系统的日常账务通常包括凭证业务、账簿业务、出纳业务,如图5-1所示。

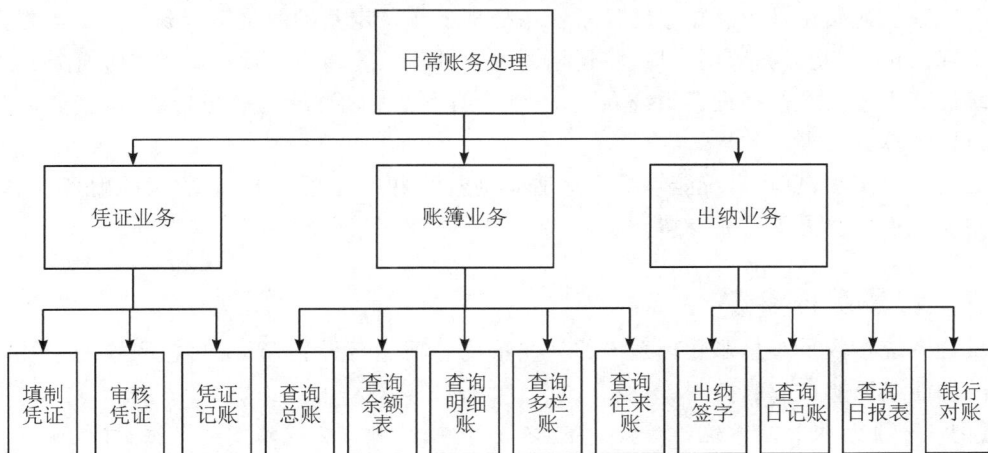

图 5-1　日常账务处理结构

5.1.2　总账系统日常账务处理的流程图

日常账务处理流程如图5-2所示,图中"其他子系统传来的机制凭证"是指固定资产子系统传来的折旧凭证、资产增减凭证等,工资子系统传来的工资费用分摊凭证,销售与应收子系统传来的销售应收凭证和收款凭证,采购和应付子系统传来的采购应付凭证和付款凭证等。

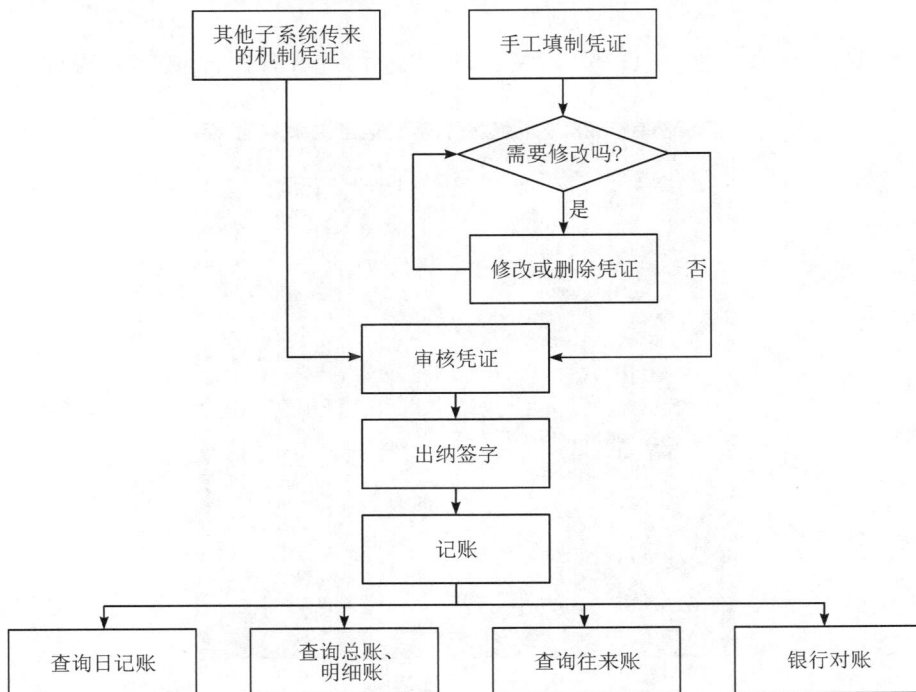

图 5-2　日常账务处理流程

5.2　总账系统初始化

总账系统初始化是为总账系统日常业务处理工作奠定基础的关键步骤。用户需根据企业的实际需求,搭建财务应用环境,将通用的账务处理系统转化为适合本单位业务特点的专用系统。其主要工作包括设置系统参数、设置会计科目体系、录入期初余额、设置凭证类别以及设置结算方式等。

通过以上步骤,总账系统能够更好地适应企业的财务管理需求,为后续的财务核算、报表编制及决策分析提供可靠支持。

5.2.1　设置系统参数

设置系统参数是对总账管理系统的一些系统选项进行设置,以便为总账管理系统配置相应的功能或设置相应的控制。

【例 5-1】总账管理系统的参数如下:不允许修改、作废他人填制的凭证;可以使用应收受控科目;可以使用应付受控科目。按照以上要求设置控制参数。

操作步骤如下:

(1)在企业应用平台"业务工作"选项卡中,执行"财务会计"→"总账"命令,打开总账系统。

(2)在总账系统中,执行"设置"→"选项"命令,打开"选项"对话框,单击"编辑"按钮。

(3)在"凭证"选项卡中选中"可以使用应收受控科目"复选框和"可以使用应付受控科目"复选框。

(4)在"权限"选项卡中,单击"编辑"按钮,取消选中"允许修改、作废他人填制的凭证"复选框,如图 5-3 所示。

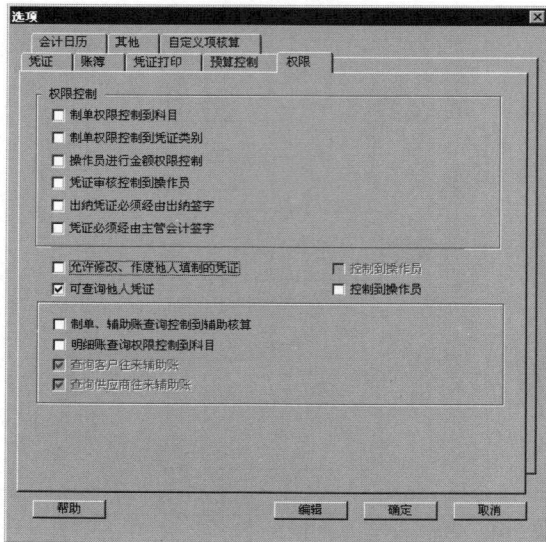

图 5-3　设置选项

（5）单击"确定"按钮保存并返回。

注意：总账系统的参数设置将决定总账系统的输入控制、处理方式、数据流向、输出格式等，设定后一旦被应用就不能随意改变。

5.2.2　设置会计科目

会计科目是对会计对象具体内容进行分类核算的标志或项目，是对会计要素具体内容进行的科学分类。狭义的会计对象会计科目设置包括指定会计科目、增加和修改会计科目。

1. 指定会计科目

指定会计科目，也就是指定现金、银行存款总账科目，以供出纳签字操作、查询现金日记账、查询银行存款日记账等使用。

【例 5 - 2】指定"现金（1001）"为现金总账科目，"银行存款（1002）"为银行总账科目。

操作步骤如下：

（1）在企业应用平台的"基础设置"选项卡中，执行"基础档案"→"财务"→"会计科目"命令，进入"会计科目"窗口。

（2）执行"编辑"→"指定科目"命令，打开"指定科目"对话框。

（3）单击"＞"按钮将"1001 库存现金"从"待选科目"窗口选入"已选科目"窗口。

（4）单击选择"银行科目"选项，单击"＞"按钮将"1002 银行存款"从"待选科目"窗口选入"已选科目"窗口，如图 5 - 4 所示。

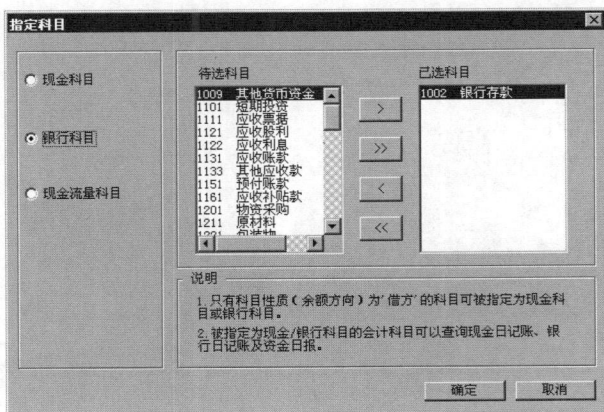

图 5 - 4　指定科目

注意：

1. 只有指定现金及银行总账科目才能进行出纳签字的操作。

2. 只有指定现金及银行总账科目才能查询现金日记账和银行存款日记账。

（5）单击"确定"按钮。

2. 增加会计科目

【例 5 - 3】按照表 5 - 1 的资料为企业增加会计科目。

表 5-1　会计科目

科目编码	科目名称	辅助账类型
100201	工行存款	日记账、银行账
122101	职工借款	个人往来
660201	办公费	部门核算
660202	差旅费	部门核算
660203	工资	部门核算
660204	折旧费	部门核算
660205	其他	
221101	应付工资	
221102	应付福利费	

操作步骤如下：

(1)在"会计科目"窗口中，单击"增加"按钮，打开"新增会计科目"对话框。

(2)录入科目编码"100201"→科目名称"工行存款"，如图 5-5 所示。

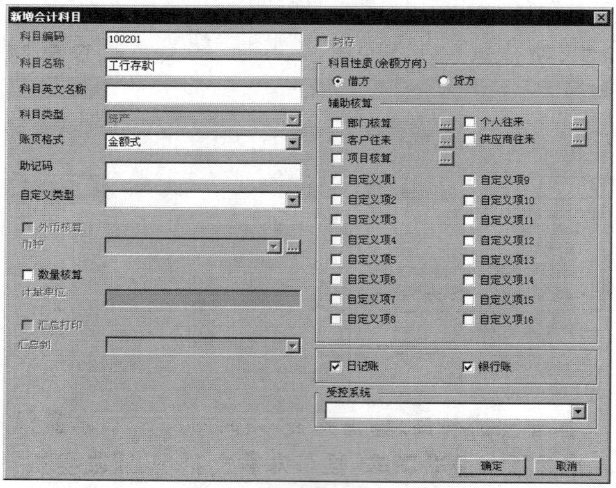

图 5-5　新增会计科目

(3)单击"确定"按钮。

(4)同理，依次增加其他的会计科目。

注意：

1.由于预置科目"1002"已经被设置为"日记账"及"银行账"，所以新增下级科目"100201"自动继承上级科目"日记账"及"银行账"。

2.会计科目编码应符合编码规则。

3.如果科目已经使用，则不能被修改或删除。

4.设置会计科目时应注意会计科目的"账页格式"，一般情况下应为"金额式"，也有可能是"数量金额式"等，如果是数量金额式还应继续设置计量单位，否则仍不能同时进行数量金额的核算。

5.如果新增科目与原有某一科目相同或类似则可采用复制的方法。

3. 修改会计科目

【例 5 - 4】按照以下要求修改企业的会计科目：

"应收账款(1122)"科目辅助账类型为"客户往来"(受控系统为应收管理系统)；

"应付账款(2202)"科目辅助账类型为"供应商往来"(受控系统为应付管理系统)；

"应收票据(1121)"科目辅助账类型为"客户往来"(受控系统为应收管理系统)；

"应付票据(2201)"科目辅助账类型为"供应商往来"(受控系统为应付管理系统)；

"预付账款(1123)"科目辅助账类型为"供应商往来"(受控系统为应付管理系统)；

"工程物资(1605)"科目及所属明细科目辅助账类型为"项目核算"。

操作步骤如下：

(1)在"会计科目"窗口中，双击"1122 应收账款"，或在选中"1122 应收账款"后单击"修改"按钮，打开"会计科目_修改"对话框。

(2)单击工具栏中"修改"按钮，选中"客户往来"前的复选框，受控系统为"应收系统"，如图 5 - 6 所示。

图 5 - 6　修改会计科目

(3)单击"确定"按钮。

(4)同理，修改其他科目。

注意：

1."无受控系统"即该账套不使用"应收"及"应付"系统，"应收"及"应付"系统业务均以辅助账的形式在总账系统中进行核算。

2.在会计科目使用前一定要先检查系统预置的会计科目是否能够满足需要，如果不能满足需要，则以增加或修改的方式，增加新的会计科目及修改已经存在的会计科目，如果系统预置的会计科目中有一些是并不需要的，可以采用删除的方法去掉这些会计科目。

3.凡是设置有辅助核算内容的会计科目，在填制凭证时都需填制具体的辅助核算内容。

5.2.3　设置项目目录

在企业财务管理中，项目核算的种类繁多，涵盖在建工程、对外投资、技术改造、融资成本、在产品成本、课题研究、合同订单等多个领域。为了满足企业的多样化需求,系统支持企业自定义多种项目核算类型。同时,可以将具有相似特性的项目归类为同一项目大类,以便统一管理和核算。以下是项目目录设置的具体步骤。

(1)设置科目辅助核算。在会计科目设置模块中,首先需要为相关科目启用项目核算功能。例如,对"生产成本"及其下级科目设置项目核算的辅助账类,以便后续按项目进行核算。

(2)定义项目大类。项目大类是对项目进行核算的分类框架。企业可以根据实际需求定义不同的项目大类。例如,新增"生产成本"项目大类,用于归集与生产成本相关的项目。

(3)指定核算科目。在定义项目大类后,需指定与该大类相关的核算科目。一个项目大类可以关联多个科目,但一个科目只能归属于一个项目大类。例如,将"直接材料""直接工资"和"制造费用"等科目指定为"生产成本"项目大类的核算科目。

(4)定义项目分类。为了便于统计和分析,可以在项目大类下进一步划分项目分类。例如,在"生产成本"项目大类下,可以细分"自行开发项目"和"委托开发项目"两类。

(5)定义项目目录。项目目录是将具体的项目信息录入系统的过程。企业需要在每个项目大类下输入具体的项目名称及相关信息。例如,在"生产成本"项目大类下,录入具体的生产项目名称、编号等信息。

【例5-5】按照下列资料设置项目目录:项目大类为"一号工程",核算科目为"工程物资"及明细科目,项目内容为"办公楼"和"商务楼",其中,"办公楼"包括"1号楼"和"2号楼"两项工程。

操作步骤如下:

第一步:新增项目大类

(1)在企业应用平台"基础设置"选项卡中,执行"基础档案"→"财务"→"项目目录"命令,打开"项目档案"对话框。

(2)单击"增加"按钮,打开"项目大类定义_增加"对话框。

(3)录入新项目大类名称"一号工程",如图5-7所示。

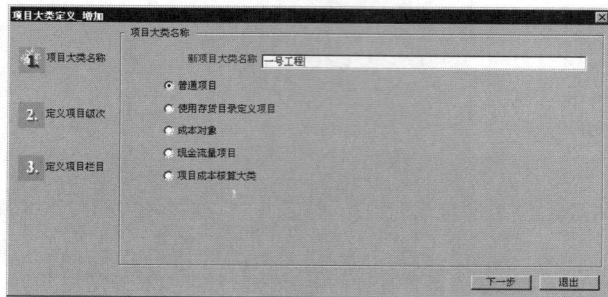

图5-7　定义项目大类名称

(4)单击"下一步"按钮,打开"定义项目级次"对话框,如图5-8所示。

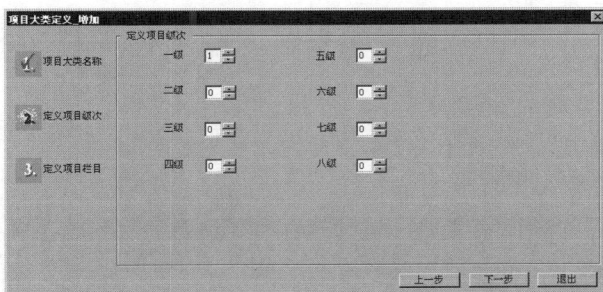

图 5 - 8　定义项目级次

(5)默认系统设置,单击"下一步"按钮,打开"定义项目栏目"对话框,如图 5 - 9 所示。

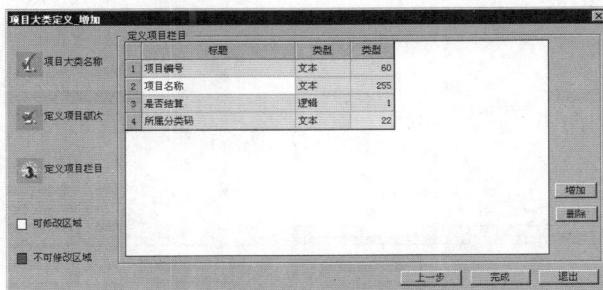

图 5 - 9　定义项目栏目

(6)在"定义项目栏目"对话框中,单击"完成"按钮,返回"项目档案"窗口。

第二步:指定项目核算科目

(1)单击"项目大类"栏的下三角按钮,选择"一号工程"项目大类。

(2)单击"核算科目"选项卡。

(3)单击"≫"按钮,将"工程物资"及其下级明细科目从"待选科目"列表中选入"已选科目"列表,如图 5 - 10 所示。

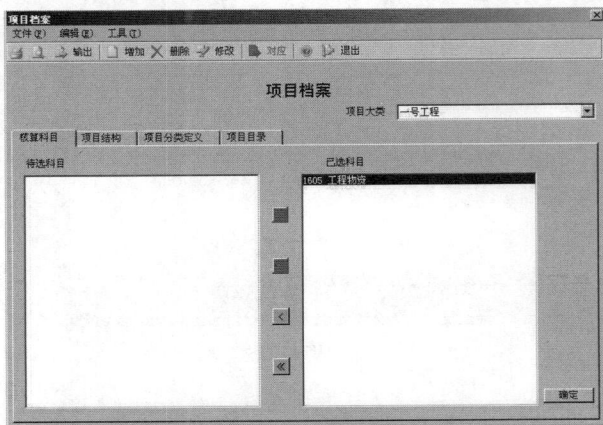

图 5 - 10　项目核算科目

(4)单击"确定"按钮确认。

第三步:项目分类定义

(1)单击"项目分类定义"选项卡。

(2)录入分类编码"1"→分类名称"办公楼",单击"确定"按钮。同理,增加"商务楼",并单击"确定"按钮,如图 5-11 所示。

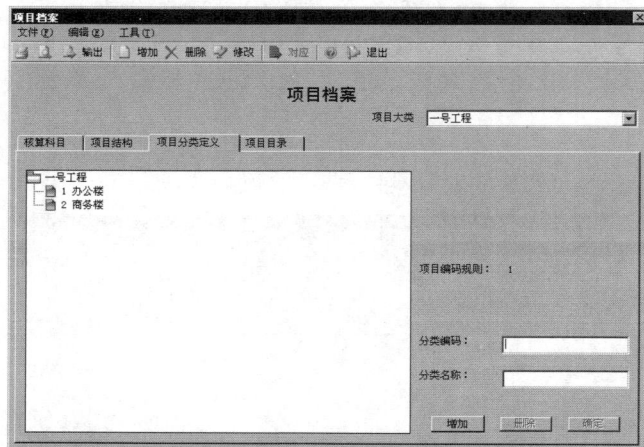

图 5-11　项目档案-项目分类定义

第四步:项目目录维护

(1)选中"项目目录"选项卡,单击"维护"按钮,进入"项目目录维护"窗口。

(2)单击"增加"按钮,录入项目编号"1"→项目名称"1 号楼",单击"所属分类码"栏参照按钮,选择"办公楼"。同理,增加"2 号楼"工程,如图 5-12 所示。

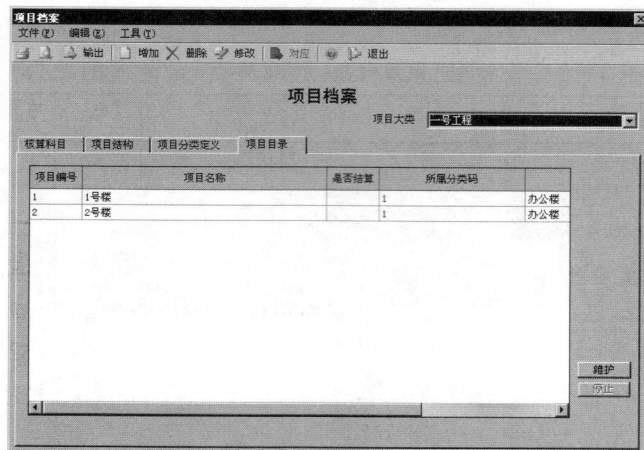

图 5-12　项目目录维护

(3)单击"退出"按钮。

注意:

1.一个项目大类可以指定多个科目,一个科目只能属于一个项目大类。

2.在每年年初应将已结算或不用的项目删除。

3.标识结算后的项目将不能再使用。

5.2.4　设置凭证类别

1.知识讲解

系统为企业提供了 5 种常用的凭证分类方式,用户可根据实际需求选择合适的分类。在制单时,系统允许对凭证类别设置科目限制条件,具体有以下 5 种限制类型可供选择。

(1)借方必有。制单时,此类凭证的借方至少有一个限制科目必须发生。

(2)贷方必有。制单时,此类凭证的贷方至少有一个限制科目必须发生。

(3)凭证必有。制单时,此类凭证的借方或贷方至少有一个限制科目必须发生。

(4)凭证必无。制单时,此类凭证的借方和贷方均不能有任何限制科目发生。

(5)无限制。制单时,此类凭证可以使用所有合法的科目,不受任何限制。

2.注意事项

(1)限制科目的设置。用户可手动输入限制科目,科目可以是任意级次,科目之间用逗号分隔,数量不限。用户也可以通过参照输入,但需注意避免重复录入。

(2)非末级科目的限制。若限制科目为非末级科目,则在制单时,其所有下级科目都将受到相同的条件限制。

【例 5-6】按照表 5-2 资料,设置企业的凭证类别。

表 5-2　凭证类别

类别名称	限制类型	限制科目
收款凭证	借方必有	1001,1002
付款凭证	贷方必有	1001,1002
转账凭证	凭证必无	1001,1002

操作步骤如下:

(1)在企业应用平台的"基础设置"选项卡中,执行"基础档案"→"财务"→"凭证类别"命令,打开"凭证类别预置"对话框。

(2)选中"收款凭证 付款凭证 转账凭证"前的单选按钮,如图 5-13 所示。

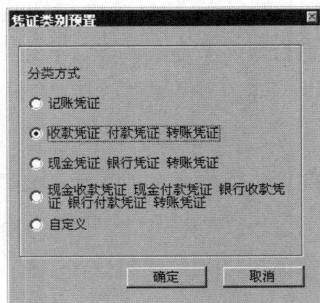

图 5-13　凭证类别设置

（3）单击"确定"按钮，打开"凭证类别"对话框。

（4）单击"修改"按钮，双击"收款凭证"所在行的"限制类型"栏，出现下三角按钮，从下拉列表中选择"借方必有"，在"限制科目"栏录入"1001,1002"，或单击限制科目栏参照按钮，分别选择"1001"及"1002"。同理，完成对付款凭证和转账凭证的限制设置，如图 5 - 14 所示。

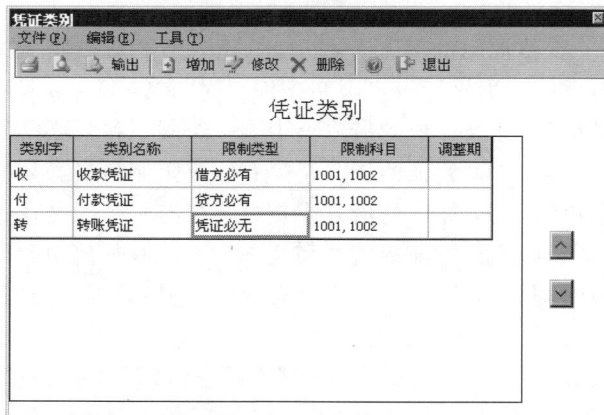

图 5 - 14　设置凭证类别

（5）单击"退出"按钮。

注意：

1. 已使用的凭证类别不能删除，也不能修改类别字。

2. 如果收款凭证的限制类型为借方必有"1001,1002"，则在填制凭证时系统要求收款凭证的借方一级科目至少有一个是"1001"或"1002"，否则系统会判断该张凭证不属于收款凭证类别，不允许保存。付款凭证及转账凭证也应满足相应的要求。

3. 如果直接录入限制科目编码，则编码间的标点符号应为英文状态下的标点符号，否则系统会提示科目编码有错误。

5.2.5　输入期初余额

在启动总账管理系统时，必须将手工账目整理后的期初余额输入系统，以保证当前系统与手工业务实现同步。如果企业在年初建立账目，则期初余额即为年初数据；若在年中启用总账系统，则需计算各账户当前的余额及从年初至启用期间的累计借贷发生额。例如，假设某企业于 2022 年 4 月开始使用总账管理系统，那么需要准备以下数据作为系统启用的初始输入：2022 年 3 月末各科目的期末余额；2022 年 1 月至 3 月的累计借贷发生额。系统将基于这些数据自动推算出年初余额。对于具有辅助核算的科目，还需准备各辅助项目的期初余额，以便一并录入系统。期初余额的录入分两部分：总账期初余额录入，辅助账期初余额录入。

【例 5 - 7】按照下列数据资料录入企业的期初余额。

库存现金：14000（借）；

工行存款：196000（借）；

职工借款—宋风：10000（借）；

库存商品：60000（借）；

短期借款:60000(贷);

实收资本:820000(贷);

固定资产:870000(借);

累计折旧:65259(贷);

利润分配—未分配利润:204741(贷)。

操作步骤如下:

(1)在总账系统中,选择"设置"→"期初余额"选项,进入"期初余额录入"窗口。

(2)白色的单元为末级科目,可以直接输入期初余额。如:库存现金 14000、银行存款—工行存款 196000、库存商品 60000、短期借款 60000、实收资本 820000、固定资产 870000、累计折旧 65259、利润分配—未分配利润 204741。如图 5-15 所示。

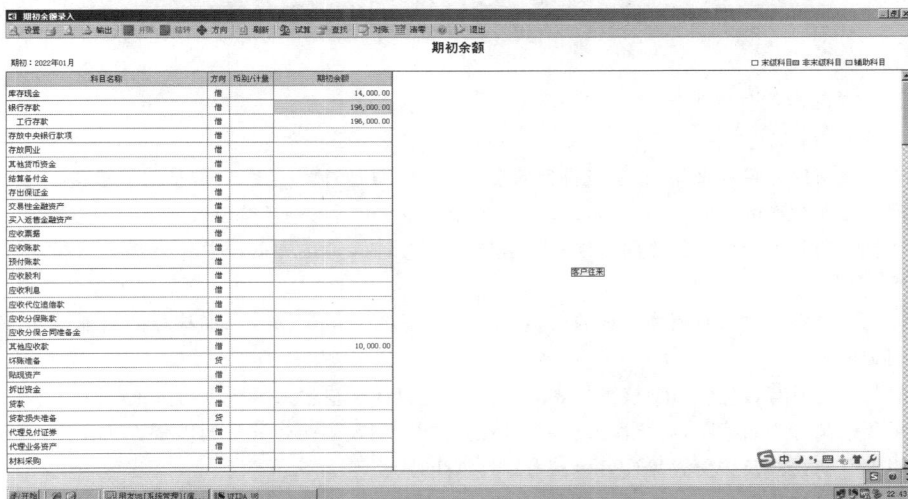

图 5-15　期初余额录入

注意:灰色的单元为非末级科目,不允许录入期初余额,待下级科目余额录入完成后自动汇总生成。

(3)黄色的单元代表对该科目设置了辅助核算,不允许直接录入余额,需要在该单元格中双击进入辅助账期初设置,在辅助账中输入期初数据,完成后自动返回总账期初余额表中。如双击"职工借款"所在行的"期初余额"栏,进入"辅助期初余额"窗口。

(4)单击"往来明细"按钮,进入"期初往来明细"窗口。单击"增行"按钮;单击"个人"栏参照按钮,选择"宋风";在"摘要"栏录入"出差借款",在"金额"栏录入"10000",如图 5-16 所示。

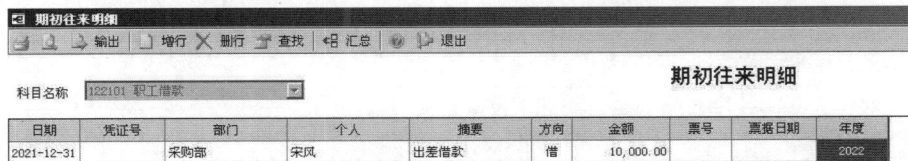

图 5-16　个人往来期初

(5)单击"汇总"按钮,提示"完成了往来明细到辅助期初表的汇总!",单击"确定"按钮后,再单击"退出"按钮。

（6）同理，录入其他带辅助核算的科目余额。

（7）单击"试算"按钮，系统进行试算平衡。试算结果如图 5－17 所示。

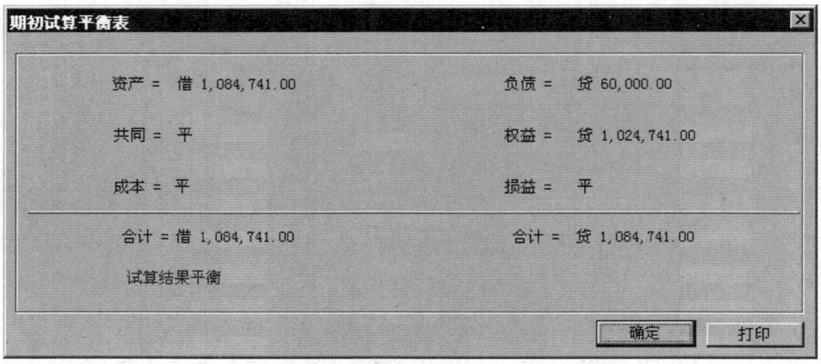

| 期初试算平衡表 | □ × |

资产 ＝ 借 1,084,741.00	负债 ＝ 贷 60,000.00
共同 ＝ 平	权益 ＝ 贷 1,024,741.00
成本 ＝ 平	损益 ＝ 平
合计 ＝ 借 1,084,741.00	合计 ＝ 贷 1,084,741.00
试算结果平衡	
	确定　打印

图 5－17　期初试算平衡表

（8）单击"确定"按钮。

注意：

1. 只需输入末级科目的余额，非末级科目的余额由系统自动计算生成，以保证上下级科目之间平衡。

2. 如果要修改余额的方向，可以在未录入余额的情况下，单击"方向"按钮改变余额的方向。

3. 总账科目与其下级科目的方向必须一致，如果所录明细余额的方向与总账余额方向相反，则用"一"（负号）表示。

4. 如果录入余额的科目有辅助核算的内容，则在录入余额时必须录入辅助核算的明细内容，而修改时也应修改明细内容。

5. 如果某一科目有数量（外币）核算的要求，则录入余额时还应输入该余额的数量（外币）。

6. 如果年中某月开始建账，需要输入启用月份的月初余额及年初到该月的借贷方累计发生额（年初余额由系统根据月初余额及借贷方累计发生额自动计算生成）。

7. 系统只能对月初余额的平衡关系进行试算，而不能对年初余额进行试算。

8. 如果期初余额不平衡，可以填制凭证但是不允许记账。

9. 凭证记账后，期初余额变为只读状态，不能再修改。

5.2.6　设置结算方式

该功能用来建立和管理企业在经营活动中所涉及的结算方式。它与财务结算方式一致，如现金结算、支票结算等。

【例 5－8】按照表 5－3 资料设置企业的结算方式。

表 5－3　结算方式

结算方式编码	结算方式名称	是否票据管理
1	现金结算	
2	现金支票结算	是
3	转账支票结算	是
4	商业承兑汇票结算	

操作步骤如下：

（1）在企业应用平台的"基础设置"选项卡中,执行"基础档案"→"收付结算"→"结算方式"命令,进入"结算方式"窗口。

（2）单击"增加"按钮,录入结算方式编码"1",录入结算方式名称"现金结算",单击"保存"按钮。以此方法继续录入其他的结算方式,如图5-18所示。

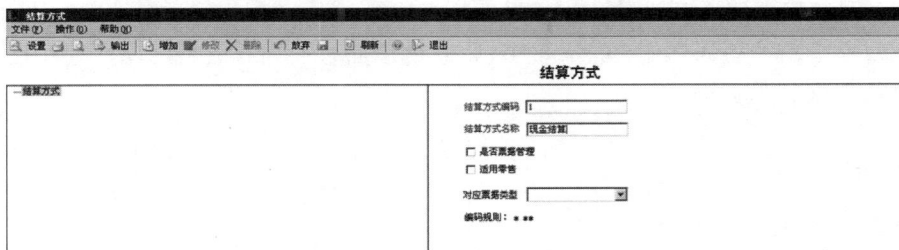

图5-18 设置结算方式

（3）单击"退出"按钮。

注意:在总账系统中,结算方式将会在使用"银行账"类科目填制凭证时使用,并可作为银行对账的一个参数。

5.2.7 设置常用摘要

在企业会计实务中,许多会计业务的摘要内容具有高度重复性或相似性。通过将常用摘要进行标准化存储,可以在填制会计凭证时快速调用,从而提升工作效率,减少重复劳动,并确保摘要内容的规范性和一致性。

【例5-9】按照表5-4资料设置企业的常用摘要。

表5-4 常用摘要

摘要编码	摘要内容
1	报销差旅费
2	提现金
3	业务借款

操作步骤如下:

（1）在企业应用平台的"基础设置"选项卡中,执行"基础档案"→"其他"→"常用摘要"命令,进入"常用摘要"窗口。

（2）单击"增加"按钮,录入摘要编码"1",录入摘要内容"报销差旅费",以此方法继续录入其他的常用摘要。

（3）单击"退出"按钮。

5.3 日常业务处理

在总账系统完成初始化配置后,即可开展日常业务处理工作。为确保系统数据的准确性和操作规范性,在正式开展日常业务前,需完成以下两项重要准备工作:①期初余额试算平衡检查;②操作员权限配置与核查。

　　日常业务处理主要包含以下三大核心模块:凭证管理、出纳管理和账簿查询。其中:凭证管理主要包括凭证录入、凭证修改、凭证审核、凭证记账和凭证查询;出纳管理主要包括现金、银行日记账管理和银行对账管理;账簿查询主要涉及会计信息的综合利用与分析,包括总账查询、明细账查询、辅助核算查询、报表分析功能。

　　通过以上模块的协同运作,可实现会计信息的全面管理和有效利用,为企业的财务管理和经营决策提供有力支持。

5.3.1　凭证管理

1.凭证录入

　　填制记账凭证,亦称制单,是手工操作中编制记账凭证的过程。日常账务处理构成了会计业务处理的核心,而编制记账凭证则是完整会计循环的起始环节,通常也是各项财务数据进入系统环境的唯一入口。相关操作内容包括:输入记账凭证内容;修改和删除记账凭证;冲销记账凭证;查询与打印记账凭证。

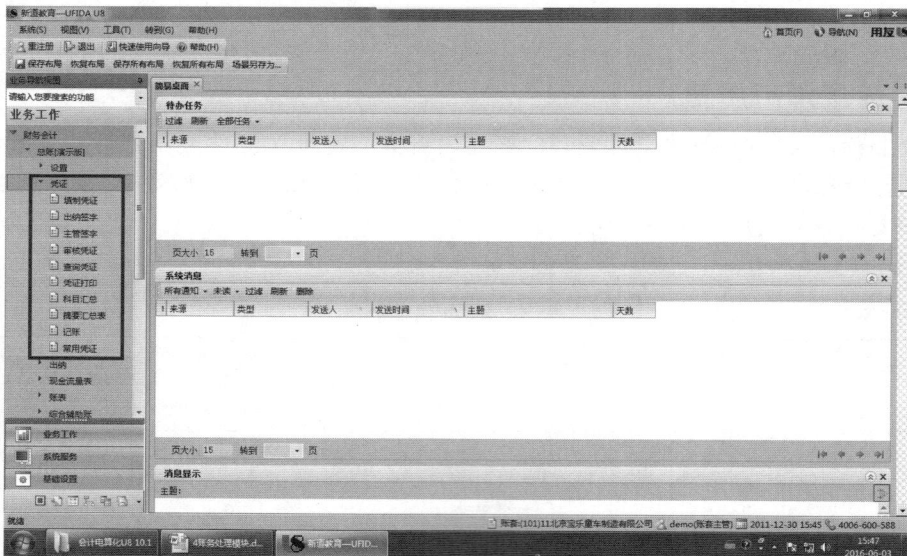

图 5-19　凭证管理包括的内容

　　制单工作是日常账务核算中业务量最大、最频繁的工作。没有合法、完整的凭证,就无法处理业务、登记账簿以及编制报表。凭证记载的会计信息的准确性是决定系统收集信息准确性的关键。在会计信息系统中,电子账簿的准确性与完整性完全依赖于记账凭证,因此在实际工作中,必须准确、完整地录入记账凭证。

　　记账凭证内容概括地讲由凭证头、分录(正文)、辅助项等三部分组成,具体内容包括:

　　(1)凭证类别。记账凭证类别是在系统初始化时设定的,在此只能按照初始设定选择凭证类别,可以使用系统提供的参照功能进行选择使用(可选项如收款凭证、付款凭证、转账凭证等)。

　　(2)凭证编号。凭证编号是凭证的唯一标识。凭证编号为必填内容,可以自动生成,也可以手工输入。记账凭证按类别连续编号,在日常账务处理中,凭证类别或类别代码一般由操作员输入,而序号则由软件自动按递增规则产生,这样可以防止出现断号或重号。

（3）制单日期。即填制会计凭证的日期。制单日期应小于或等于系统登录的操作日期,如登录日期为 1 月 31 日,则可以填写 1 月 1 日至 1 月 31 日每天的凭证。

（4）附单据数。该记账凭证所附原始凭证张数。

（5）摘要。在会计信息系统中,凭证每一行都有摘要,以反映该笔经济业务内容。可以相同可以不同,但不能为空。

（6）会计科目。由操作员输入科目名称或科目编码,也可采用参照功能来输入会计科目。要求只录末级科目。

（7）发生金额。发生金额可选择直接输入或计算产生。直接输入是在屏幕指定位置键入会计业务的发生额;计算产生是对于有数量外币核算要求的科目,根据屏幕提示输入数量外币等信息,由计算机根据初始设置时确定的方法及用户输入的数量、单价或外币、汇率等自动计算产生发生金额。

（8）辅助项。辅助项指动态显示在凭证左下方的结算方式、部门、客户、供应商、个人等信息,这里录入的辅助项内容将会保存在该科目的辅助账中,用于代替手工原有的明细账,这与手工会计有较大区别。如图 5-20 所示。

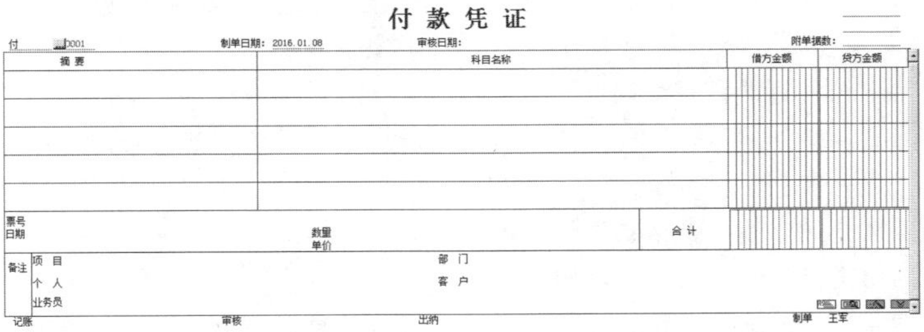

图 5-20　记账凭证样式

【例 5-10】填制凭证。1 月 8 日,以现金支付财务部报销的办公费 800 元。

操作步骤如下:

（1）以李明（会计）的身份注册进入系统,单击"业务工作"→"财务会计"→"总账"→"凭证"→"填制凭证",进入填制凭证的界面,如图 5-21 所示。

（2）单击"增加"按钮或按 F5 键,增加一张新的凭证。

（3）输入凭证头的相应内容,包括:凭证类型、凭证编号（自动产生）、制单日期、附件张数等,可通过双击凭证头行上的相应控件进入输入状态。

（4）输入凭证分录（或正文）的相应内容,包括:摘要、科目、借方金额、贷方金额等,可直接单击相应单元格进行输入;输入科目时,可以输入科目编码,可以输入科目名称,也可以参照输入,且必须是末级科目。

（5）输入凭证辅助项的相应内容,包括:结算方式、票号、发生日期、部门、职员、客户等;"辅助项"对话框通常会动态出现,其是否出现则依赖于分录科目本身性质及科目设置辅助核算与否的情况。

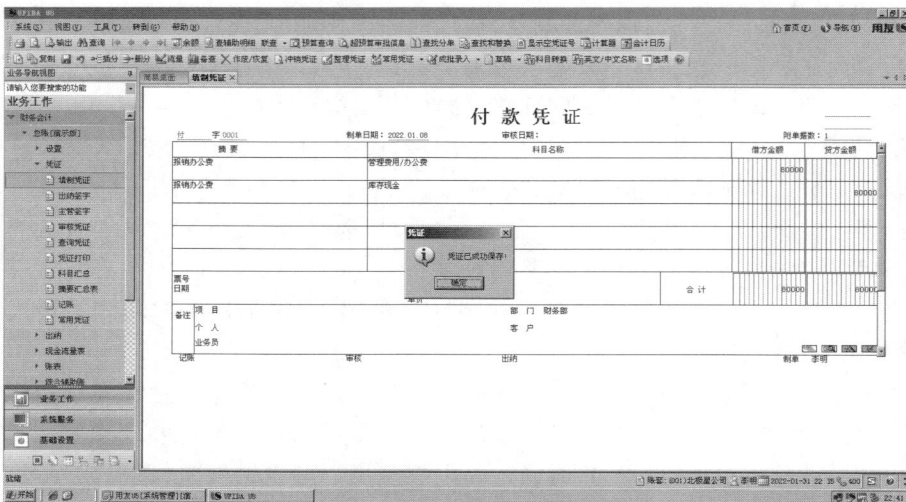

图 5-21　填制凭证

（6）单击"保存"，或单击"增加"，以便开始输入下一张。

注意：

1.摘要。每行都不能空，但可以相同，也可以不同，按回车键会自动复制当前行摘要内容到下行，摘要要求简洁明了，言简意赅。

2.科目。通常为末级科目的科目编码。

3.金额。不能为零，红字时可输入"－"（负号），调整借贷方向可按空格键，外币本位币自动折合，修改时需按 F11 键。

4.使用"＝"可计算差额。使用空格键可切换借贷方向。

5.分录行。增加单击"增行"，删除单击"删行"。

6.凭证编号。在一般情况下，由系统按凭证类别、按月自动编制，即每类凭证每月都从 0001 号开始。

7.附单据数。在"附单据数"处输入原始单据张数，输完后按"Enter"键。

8.输入的结算方式、票号和发生日期将在进行银行对账时使用。只有指定银行存款科目后，才能给银行存款科目录入相应结算方式。

9.填制记账凭证的相关操作，应由具有"制单"及其相关科目使用权限的会计人员进行。

2.凭证修改

在会计处理过程中，操作错误在所难免。因此，一般的会计软件都提供了有限条件下的凭证修改功能。例如，当凭证处于"已输入、保存，但未审核"状态时，允许制单人进行修改；否则，修改将受到限制。凭证的修改主要有以下几种情况：

（1）修改未审核或审核标错的凭证。对于未审核的凭证或审核标错的凭证，可以由填制人直接进行修改并保存。审核标错的凭证在修改正确后，出错的标记会消失。凭证可以修改的内容主要包括摘要、科目、金额及方向等。需要注意的是，凭证类别、编号不能修改，制单日期的修改也会受到限制。

（2）修改已审核未记账凭证。对于已审核但未记账的凭证，应由审核人员首先在审核模块取消审核标志，使凭证恢复到未审核状态，然后由制单人员对凭证进行修改。

（3）修改已经记账的凭证。对于已输入、已审核、已记账的凭证，如果发现有错误，可以采用"红字冲销法"与"补充登记法"进行修改。

在账务处理过程中,已记账的记账凭证发现有误时,可以进行"留有痕迹"的修改,即冲销记账凭证处理,以配合审计工作的需要。冲销记账凭证处理实际上是自动生成一张与原凭证内容"同科目、同方向、红字金额"的记账凭证。

【例 5 - 11】修改凭证。

操作步骤如下:

(1)确认相关制单人注册进入系统,进入填制凭证界面。

(2)单击"查询",并确定凭证查询条件。

(3)查找并显示欲改凭证。

(4)直接修改正文部分;双击修改辅助项部分。

(5)单击"保存"。

注意:凭证头的内容一般不允许修改;修改辅助项前必须先鼠标单击有关科目使得辅助项显示在凭证左下方,再鼠标双击鼠标辅助项。

【例 5 - 12】删除凭证。

操作步骤如下:

(1)确认相关制单人注册进入系统,进入填制凭证界面。

(2)单击"查询",并确认凭证查询条件。

(3)查询并显示欲删除的记账凭证。

(4)单击"作废/恢复",出现"作废"标记时即表示逻辑删除,如图 5 - 22 所示。

图 5 - 22　删除凭证

(5)如果需要再单击"整理凭证",即可物理删除。

注意:凭证"作废/恢复"具有双态功能;被逻辑删除的凭证,可恢复还原凭证;被逻辑删除的凭证,不需要审核便可作为空凭证参与记账;在实务工作中,应尽量避免删除凭证,尤其是物理删除。

【例 5 - 13】冲销凭证。

冲销凭证是指对已记账凭证进行修改和删除的一种红字凭证。特别要注意的是,只能对已记账进行冲销。

操作步骤如下:

(1)确认相关制单人注册进入系统,进入填制凭证界面。

(2)选择"冲销凭证"。

(3)输入欲冲销凭证号进行操作,注意红字凭证的摘要内容可填写为"冲销某某号凭证",金额为原金额的负数,如图 5 - 23 所示。

3.凭证审核

1)凭证审核的概念

凭证审核是指具备审核权限的操作员,对制单人所填制的记账凭证的合法性与合理性进行审查并签字确认的过程。其主要目的是防止错误和舞弊行为的发生。凭证审核通常包括出纳签字审核、审核员审核两个环节;审核方式则包括逐张审核、成批审核、对照审核三种方式。

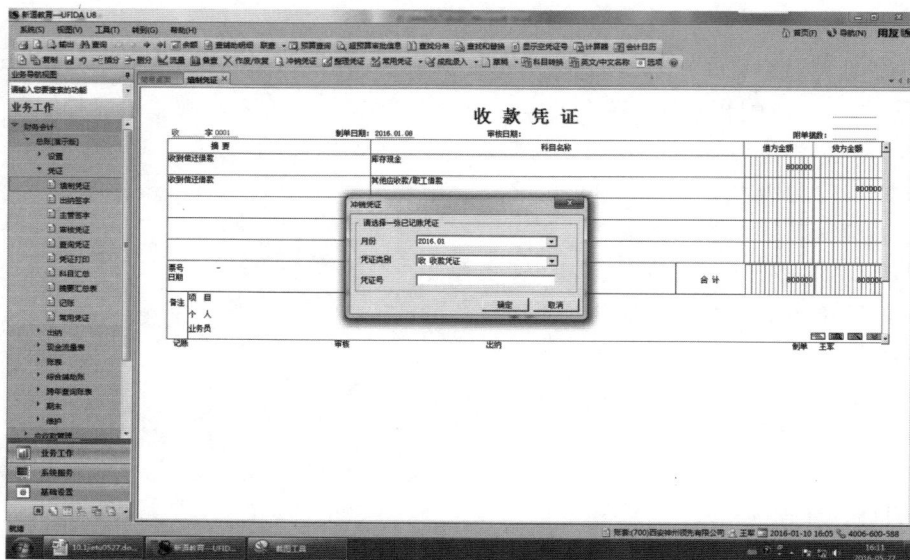

图 5-23 冲销凭证

2）凭证审核必须注意的事项

（1）审核操作。审核操作包括"出纳签字"和"凭证审核"两个部分。前者指针对所有涉及现金、银行存款的收付款凭证进行审核，后者指针对所有类型的记账凭证进行审核。

（2）审核的必要性。根据相关规定，记账凭证必须经过审核后方可作为记账依据，以确保账务处理的准确性和合规性。

（3）内部牵制机制。为加强内部控制，凭证审核员与制单员不得由同一人担任，以实现相互监督和牵制的作用。

（4）错误凭证处理。审核员在审查过程中发现错误或有异议的凭证，应退回给制单人员进行修改，修改完成后再重新审核。未经审核签字的凭证不得用于记账。

3）出纳签字权限设置

对于涉及现金与银行存款的收入与支出凭证，可以通过系统基础参数设置，授予出纳员签字权限。在系统初始设置时，需为出纳员指定可签字的科目，通常包括"现金"和"银行存款"。出纳员根据权限对涉及这些科目的凭证进行审核。若发现错误或有异议，应将凭证退回制单人员修改后重新核对，以强化对企业现金收支的管理。

总之，凭证审核是财务管理中的重要环节，通过严格的审核流程和权限设置，能够有效降低财务风险，确保账务处理的准确性和合规性。

【例 5-14】出纳签字。

操作步骤如下：

（1）以张强（出纳）的身份注册进入系统，单击"业务工作"→"财务会计"→"总账"→"凭证"→"出纳签字"，进入出纳签字的界面。

（2）进入"出纳签字"，屏幕显示出纳凭证选择条件窗口。

（3）输入选择条件后，屏幕显示出纳签字列表，如图 5-24 所示，

（4）在出纳签字列表中用鼠标双击某张凭证，则屏幕显示此张凭证，进入该凭证出纳签字界面，如图 5-25 所示。

（5）当屏幕显示待签字凭证时，出纳可进行签字，通过菜单"查看"下的"科目转换"可切换显示科目编码和科目名称，用"↑"或"↓"键在分录中移动时，凭证下将显示当前分录的辅助信息。

（6）出纳人员在确认该张凭证正确后，用鼠标单击"签字"将在出纳处自动签上出纳人员名字。

若想对已签字的凭证取消签字，可用鼠标单击"取消"来取消签字。也可成批进行出纳签字，操作过程如下：

（1）单击"凭证"→"出纳签字"。

（2）输入凭证选择的条件，单击"确认"。

（3）单击"签字"→"成批出纳签字"。

注意：如果出纳签字审核过程中，不能正常进行"出纳签字"操作，则需检查：财务分工、设置核算规则、指定会计科目等初始化环节是否正确完成。

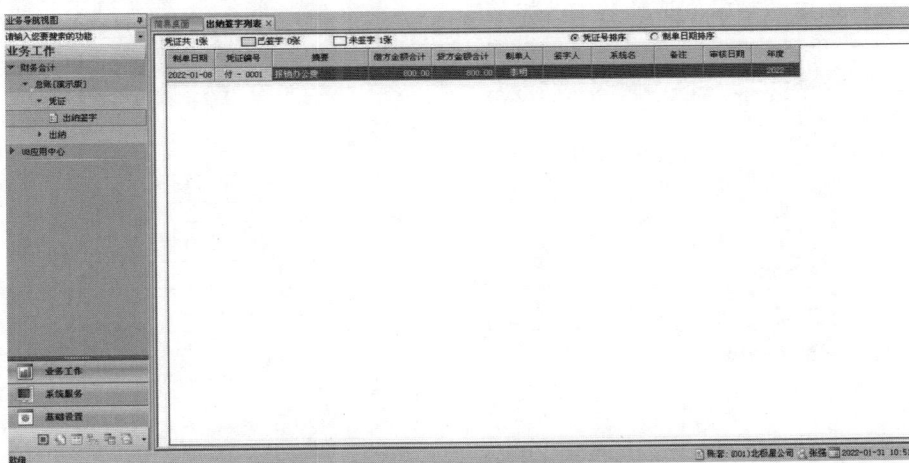

图 5-24　出纳签字列表

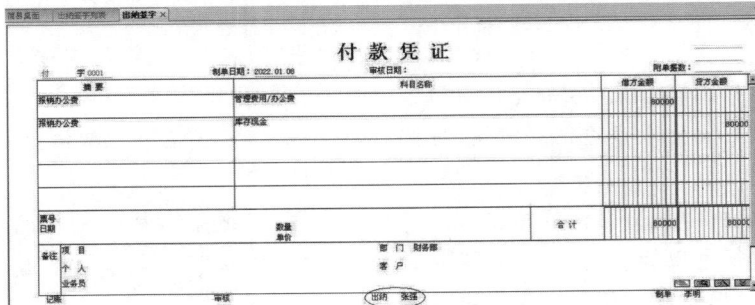

图 5-25　出纳签字

【例 5-15】审核凭证。

操作步骤如下:

(1)以刘威(审核)的身份注册进入系统,单击"业务工作"→"财务会计"→"总账"→"凭证"→"审核凭证",进入审核凭证的界面。

(2)进入"审核凭证",屏幕显示审核条件窗口,如图 5-26 所示。

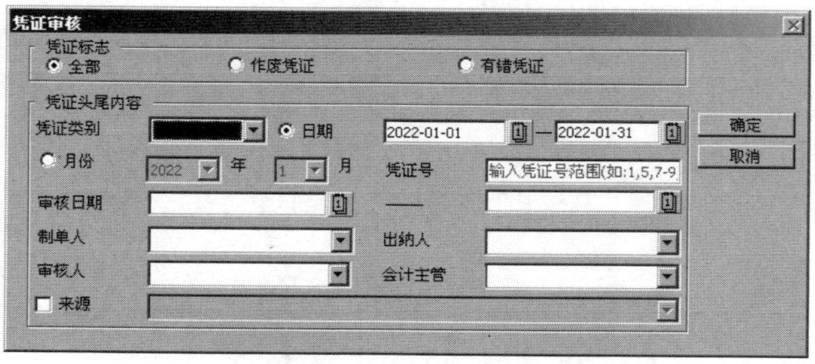

图 5-26 凭证审核条件

(3)输入审核凭证的条件后,屏幕显示审核凭证一览表。

(4)在凭证一览表中用鼠标双击某张凭证,则屏幕显示此张凭证,进入该凭证审核界面,如图 5-27 所示。

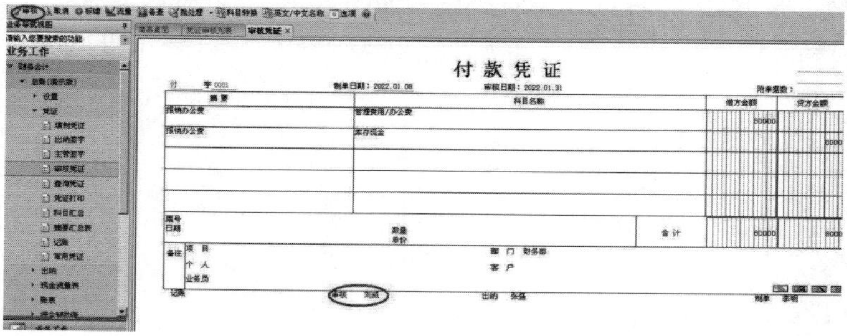

图 5-27 凭证审核

(5)当屏幕显示待审核凭证时,用户可进行审核,通过菜单"查看"下的"科目转换"可切换显示科目编码和科目名称,用"↑"或"↓"键在分录中移动时,凭证下将显示当前分录的辅助信息。

(6)审核人员在确认该张凭证正确后,用鼠标单击"审核"按钮将在审核处自动签上审核人员名字,该张凭证审核完毕,系统自动显示下一张待审核凭证。

(7)若审核人员发现该凭证有错误,可按"标错"按钮,对凭证进行标错,以便制单人可以对其进行修改。

若想对已审核的凭证取消审核,可用鼠标单击"取消"取消审核。也可成批进行审核签字,将未审核凭证打印输出,由审核员逐一审核,待审查工作完成后,再在系统内使用成批审核功能予以一次性签章。具体操作步骤如下:

(1)单击"凭证"→"审核签字"。

(2)输入凭证选择条件,单击"确认"。

(3)确认无误后,单击"签字"→"成批审核签字"。

注意:如果审核员审核过程中,不能正常进行"审核员签字"操作,则需检查:财务分工、设置核算规则、设置明细权限等初始化条件是否正确完成。

4. 凭证记账

记账凭证经过审核后,便可据以登记会计账簿。在会计信息系统中,登记会计账簿是指依据审核过的记账凭证,由审核员或会计人员在逻辑上完成各类账簿记录的过程,整个过程由系统自动执行。

在手工记账方式下,会计人员根据已审核的记账凭证及所附的原始凭证,逐笔或汇总后登记相关的总账和明细账。而在电算化方式下,记账是由具有记账权限的操作员发出记账指令,由计算机按照预先设计的记账程序自动进行合法性检查、科目汇总并登记账簿的过程。

通过电算化方式,记账过程更加高效、准确,减少了人为错误的可能性,同时提高了会计工作的整体效率。

【例 5 – 16】凭证记账。

操作步骤如下:

(1)以李明(会计)的身份注册进入系统,单击"业务工作"→"财务会计"→"总账"→"凭证"→"记账",进入凭证记账的界面,如图 5 – 28 所示。

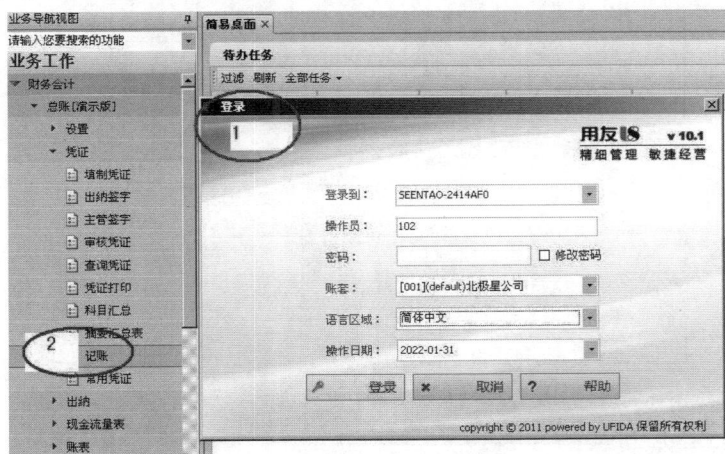

图 5 - 28　凭证记账

(2)屏幕上列出各期间的未记账凭证范围清单,并同时列出其中的空号与已审核凭证范围,若编号不连续,则用逗号分隔,若显示宽度不够,可用鼠标拖动表头调整列宽查看,如图 5 - 29 所示。

(3)选择完成后,有鼠标点击"下一步",系统先对凭证进行合法性检查,如果发现不合法凭证,系统将提示错误,如果未发现不合法凭证,屏幕显示所选凭证的汇总表及凭证的总数,以供核对。如果需要打印汇总表,可用鼠标单击"打印"按钮即可。

(4)核对无误后,用鼠标单击"下一步",单击"记账",系统开始登录有关的总账和明细账,包括总账、明细账、数量总账与明细账、外币总账与明细账、项目总账与明细账、部门总账与明细账、个人往来总账与明细账、银行账等有关账簿,如图 5 - 30 所示。

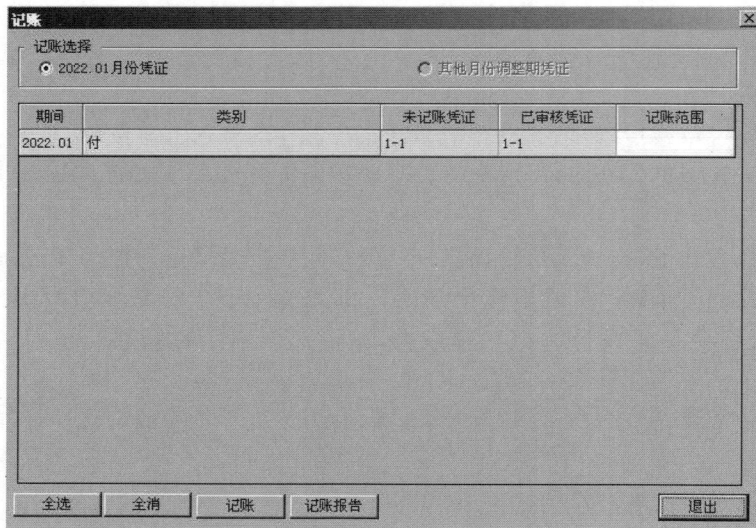

图 5 - 29　记账范围

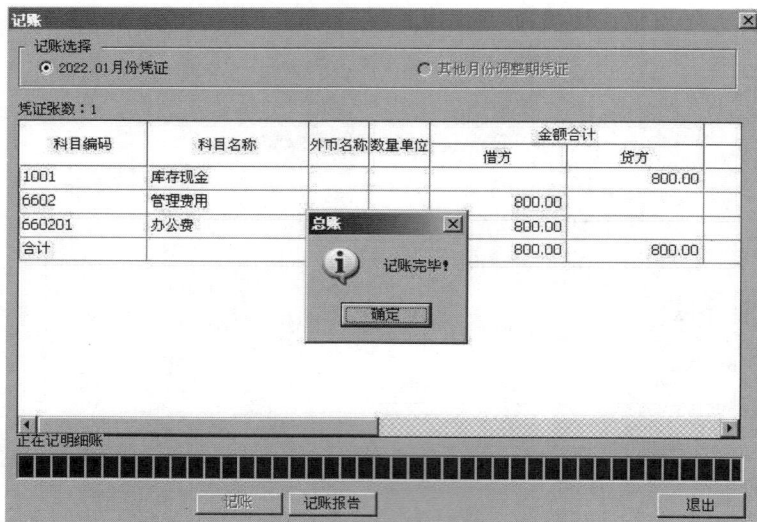

图 5 - 30　记账结果

注意:

1. 第一次记账时,若期初余额试算不平衡,系统将不允许记账。

2. 所选范围内的凭证如有未经审核的,系统将自动提示。审核后,才能记账。

3. 关于每月什么时候记账,可以登记多少次等,像手工会计系统一样,没有任何限制。但考虑到会计电算化系统的速度较快、实时查询科目并不依赖是否及时记账等原因,实务工作中,习惯上在期末结账处理前需要进行一次记账操作。

【例 5 - 17】取消记账。

操作步骤如下:

(1)确认账套主管或相关会计人员进入系统,单击"业务工作"→"财务会计"→"总账"→

"期末"→"对账",进入凭证对账的界面。

（2）按组合键"Ctrl＋H"。

（3）屏幕显示"恢复记账前状态功能已被激活",单击"确定"→"退出",如图 5－31 所示。

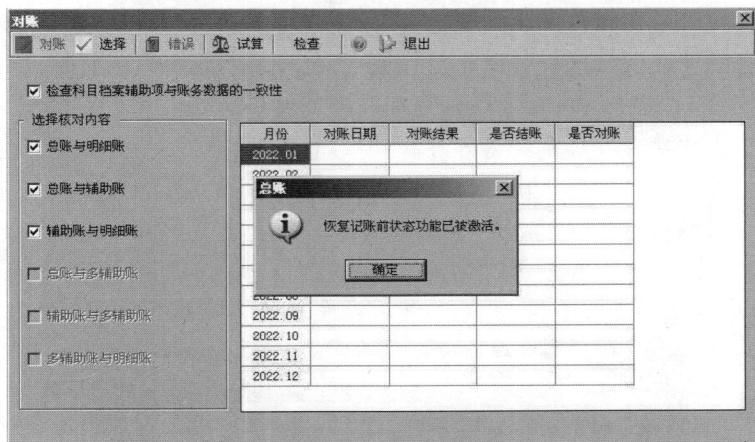

图 5－31　恢复记账功能激活

（4）单击"凭证"→"恢复记账前状态"。

（5）选择"最近一次"或"月初",并单击"确定"。

经过如上操作,可使凭证恢复到之前最近一次记账或月初的状态。

注意:

1.已结账月份数据不能取消记账。

2."Ctrl＋H"属于双态功能操作,首次操作时即可激活"凭证"菜单的"恢复记账前状态"菜单项,再操作时将隐藏此菜单项。

3.在实务中应慎用反记账操作,其主要原因在于:反记账具有一定风险,与相关法规相悖。

5.3.2　出纳管理

出纳管理是一套专为出纳人员设计的管理工具,主要用于管理现金和银行存款日记账、登记支票簿、进行银行对账,并提供长期未达账项的审计报告,如图 5－32 所示。

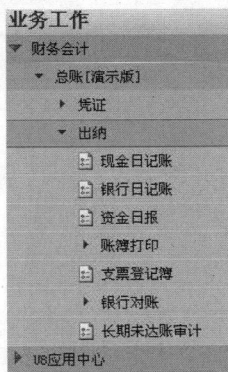

图 5－32　出纳管理

1. 查询现金账与银行账

出纳账簿管理功能支持查询和输出现金账、银行账、资金日报及支票登记簿等,相关操作由出纳人员完成。

"账证联查"技术是指在查询明细账记录时,用户可以通过单击记录行中的"凭证"按钮,直接跳转至相应的凭证窗口进行查询。在凭证查询窗口中,还可以通过单击分录行中的"明细"按钮,或直接单击"退出"按钮,返回到明细账查询窗口。

【例 5-18】查询现金日记账和银行存款日记账。

操作步骤如下:

(1)以张强(出纳)的身份注册进入系统,单击"业务工作"→"财务会计"→"总账"→"出纳"→"现金日记账",进入工作界面。

(2)输入现金日记账查询条件(可显示满足条件的记录),如图 5-33 所示。

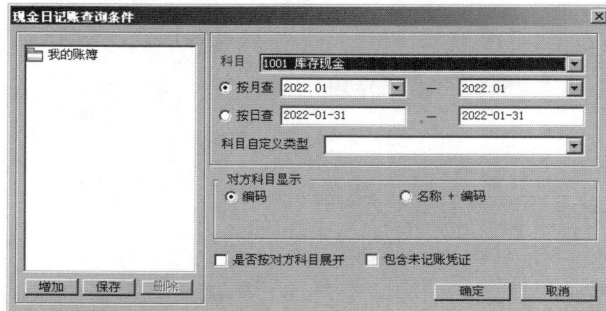

图 5-33　现金日记账查询条件

操作步骤如下:

(1)单击"出纳"→"银行日记账",进入工作界面。

(2)输入银行日记账查询条件,如输入查询日期,并单击"确认",如图 5-34 所示。

(3)将查询到的银行存款日记账的 1 月份的账页记录内容,采用".xsl"格式保存起来。确认显示查询结果;单击工作栏上"输出"按钮;在"另存为"窗口,选择文件夹,并输入文件名字、类型等;单击"保存"即可。

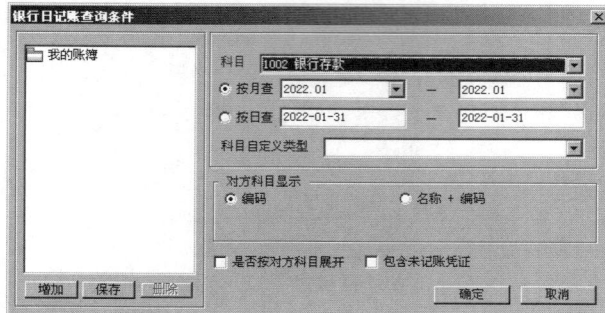

图 5-34　银行日记账查询条件

2. 银行对账

银行对账是企业财务管理中的一项关键工作，也是出纳人员的重要职责之一。企业的资金结算业务主要通过银行进行，但由于企业与银行在账务处理和入账时间上存在差异，常常会出现账面不一致的情况，即所谓的"未达账项"。为了准确掌握银行存款的实际余额，了解可动用的货币资金数额，并确保银行记账的准确性，企业必须定期进行银行对账。

银行对账的具体操作是企业定期将银行存款日记账与银行对账单进行核对（勾对），并编制银行余额调节表，以检查银行存款的收付及结存情况是否一致。核对的主要依据包括"结算方式、结算号、方向及金额"等信息。

银行对账工作通常由出纳人员负责。首次进行银行对账时，需执行银行对账期初功能模块，即完成初始化操作。在日常操作中，每月月末结账前，出纳人员需先录入银行对账单，然后通过系统自动勾对并结合人工核对，最终生成银行存款余额调节表，如图 5-35 所示。这一过程确保了企业资金账目的准确性和完整性。

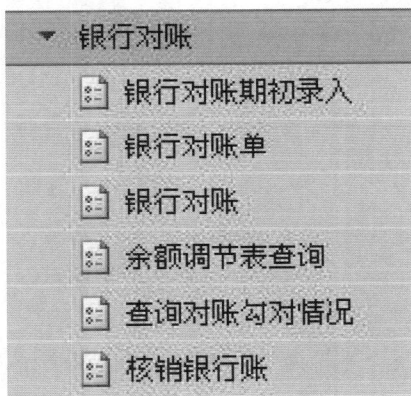

图 5-35　银行对账

（1）银行对账期初数据设置。银行对账期初数据设置是"银行对账"子系统的初始化工作，具有"一次性"特点。它仅在首次正式使用银行对账模块前进行，且只需操作一次。其核心任务是将企业方与银行方的银行存款日记账期初余额（调整前余额）及未达账项等数据录入系统，并判断双方期初余额调节后是否平衡。若平衡，则从技术角度确认双方银行存款日记账记录的正确性，标志着银行对账模块可正式投入使用。

（2）银行对账方式。银行对账采用自动勾对与手工勾对相结合的方式。

①自动勾对。依据"结算方式＋结算号＋方向＋金额"或"方向＋金额"进行匹配。对于核对一致的记录，系统会在银行存款日记账和银行对账单中标记"O"，视为已达账项；未标记的记录则视为未达账项。

为确保自动对账的准确性和彻底性，需保证对账数据的规范性和合理性。

②手工勾对。作为自动对账的补充，用于调整和勾销无法自动匹配的记录。手工勾对的记录标记为"√"。

以下四种情况中，仅第一种可通过自动勾对完成，后三种需手工勾对：

A. 对账单文件中一条记录与银行日记账未达账项文件中一条记录完全相同；

B.对账单文件中一条记录与银行日记账未达账项文件中多条记录完全相同;

C.对账单文件中多条记录与银行日记账未达账项文件中一条记录完全相同;

D.对账单文件中多条记录与银行日记账未达账项文件中多条记录完全相同。

（3）银行余额调节表输出。完成勾对后,系统可自动生成"银行余额调节表",用于判断银行存款记录是否存在错误。

（4）已达账项核销。对已达账项进行核销,确保系统数据的准确性和完整性。

【例5-19】银行对账。

期初数据:单位日记账余额为195000元,银行对账单期初余额为200000元,有银行已收而企业未收的未达账(2021年12月20日)5000元。

2022年1月份的银行对账单见表5-5:

表5-5　银行对账单

日　　　期	结算方式	票号	借方金额	贷方金额	余　　　额
2022.01.08	转账支票	1122		3000	197000
2022.01.22	转账支票	1234	6000		203000

第一步:设置银行对账期初数据。

操作步骤如下:

（1）确认张强(出纳)已注册登录进入总账子系统。

（2）单击"出纳"→"银行对账"→"银行对账期初"命令,以便打开"银行科目选择"对话框。

（3）选择科目"100201工行存款",单击"确定"按钮,以便进入"银行对账期初"窗口。

（4）确认启用日期"2022/01/01"。

（5）输入单位日记账的调整前余额"195000";输入银行对账单的调整前余额"200000"。

（6）输入银行方期初未达账项:单击"日记账期初未达账项"按钮,进入"企业方期初"窗口,单击"增加"按钮,输入单位日记账期初余额,单击"保存"→"退出"按钮。

（7）输入企业方期初未达账项,如5000:单击"对账单期初未达项"按钮,进入"银行方期初"窗口,单击"增加"按钮,输入银行对账单期初余额,单击"保存"→"退出"按钮。

（8）单击"退出"按钮。

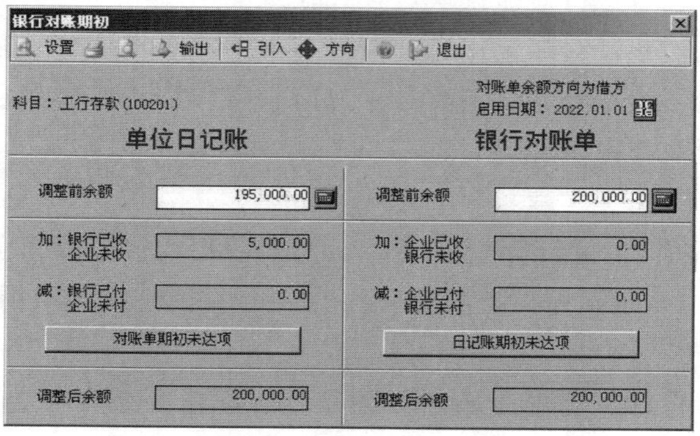

图5-36　银行对账期初

注意：

1.第一次使用银行对账功能前，系统要求录入日记账及对账单未达账项，银行对账之后不允许再录入未达账项。

2.在录入双方期初未达账项后，一般不能随意调整启用日期，尤其是向前调，这样可能会造成启用日期后的期初数不能再参与对账。

第二步：输入当期银行对账单。

操作步骤如下：

(1)确认张强(出纳)已注册登录进入总账子系统。

(2)单击"出纳"→"银行对账"→"银行对账单"命令，以便打开"银行科目选择"对话框。

(3)选择科目"100201 工行存款"，单击"确认"按钮以便进入"银行对账单"窗口。

(4)单击"增加"按钮。

(5)逐行输入银行对账单数据，最后，单击"保存"按钮。

(6)单击"退出"按钮。

第三步：自动勾对与手工辅助勾对。

操作步骤如下：

(1) 确认张强(出纳)已注册登录进入总账子系统。

(2) 单击"出纳"→"银行对账"→"银行对账"命令，以便打开"银行科目选择"对话框。

(3)选择科目"100201 工行存款"，单击"确认"按钮，以便进入"银行对账"窗口。

(4)单击"对账"按钮，以便打开"自动对账"条件对话框。

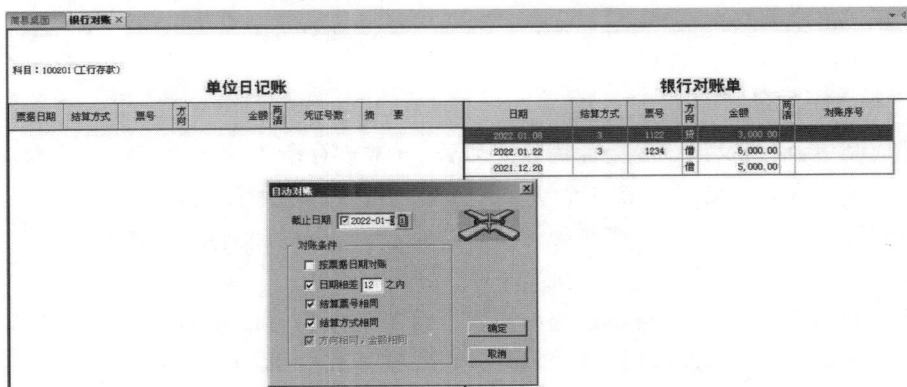

图 5-37　银行对账条件

(5)确认或输入截止日期，默认系统提供的其他对账条件。

(6)单击"确定"按钮，将显示自动对账结果。

注意：对于已达账项，系统自动在银行存款日记账和银行对账单双方的"两清"栏打上圆圈标志。

第四步：输出银行存款余款调节表。

操作步骤如下：

(1)确认张强(出纳)已注册登录进入总账子系统。

(2)单击"出纳"→" 银行对账"→"银行存款余额调节表"命令，以打开"银行存款余额调节表"窗口。

（3）双击科目"100201 工行存款"行上任意单元格（或先单击相应行，再单击"查看"按钮）即可显示该银行账户的银行存款余额调节表。

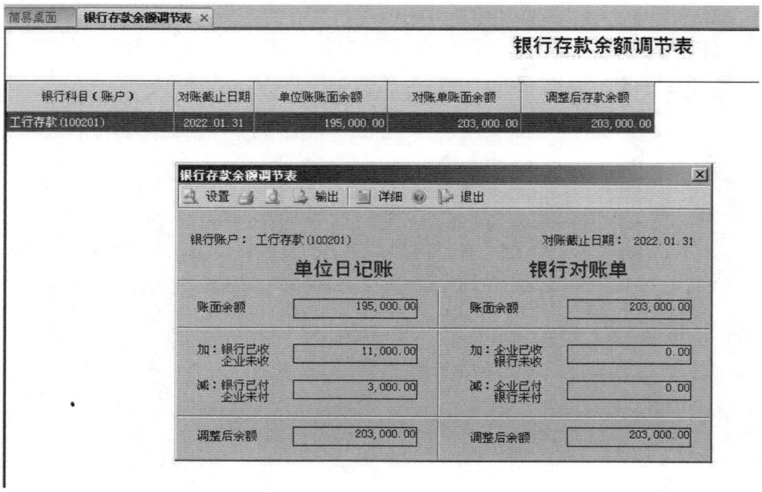

图 5-38　银行存款余额调节表

注意：如果余额调节表显示账面余额不平，可查看以下几处：

"银行期初录入"中的相关项目是否平衡？

"日记账期初未达项"→"银行对账单期初未达项"录入是否正确？

"银行对账"中勾选是否正确？对账是否平衡？如不正确，则进行调整。

5.3.3　账簿查询

在完成制单、审核及记账等会计核算活动后，日常核算所需的信息资料已全部生成，并以"账簿"的形式进行存储。账簿主要包括现金账、银行账、明细分类账、总分类账及辅助账等。此时，可通过"账簿管理"功能对会计信息进行查询、分析和利用，从而支持日常会计管理及决策需求。

账簿查询主要分为两类：科目账查询和辅助账查询。科目账查询用于查看各科目的明细及汇总信息，而辅助账查询则用于获取与辅助核算相关的详细信息，以满足不同管理需求。

1. 科目账查询

"科目账"目录中，包括查询"总分类账""明细分类账"等。

1）总分类账查询

总账查询不但可以查询各总账科目的年初余额、各月发生额合计和月末余额，而且还可查询明细科目的年初余额、各月发生额合计和月末余额。

操作步骤如下：

在总账系统中，单击"账表"→"科目账"→"总账"，弹出"总账查询条件"窗口，手工或参照输入要查询的总账科目并选择科目级次，单击"确认"，即可进行相应总账科目的查询，如图 5-39、图 5-40 所示。

注意：

1. 科目范围：可输入起止科目范围，为空时，系统认为是所有科目。

2. 科目级次：在确定科目范围后，可以按该范围内的某级科目，如将科目级次输入为 1－1，则只查一级科目，如将科目级次输为 1－3，则只查一至三级科目。如果需要查所有末级科目，则用鼠标选择“末级科目”即可。

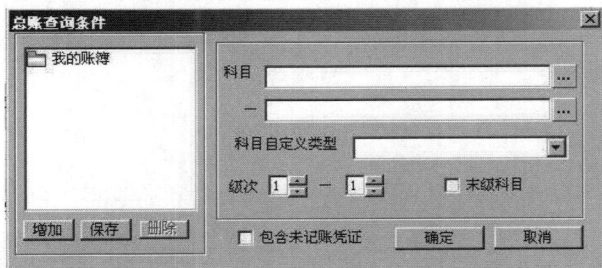

图 5－39　总账查询

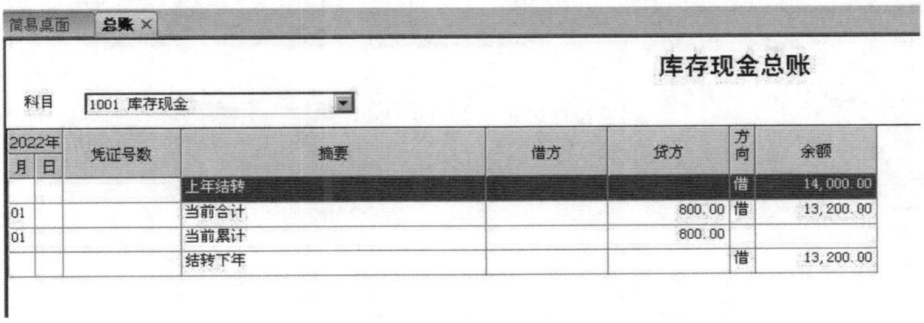

2022年 月	日	凭证号数	摘要	借方	贷方	方向	余额
			上年结转			借	14,000.00
01			当前合计		800.00	借	13,200.00
01			当前累计		800.00		
			结转下年			借	13,200.00

图 5－40　“库存现金”总账

2）明细账查询

系统提供三种明细账查询格式，方便用户查询各账户的明细发生情况：

（1）普通明细账。用于查询各账户的明细发生情况，展示具体交易记录。

（2）按科目排序明细账。适用于按非末级科目查询，系统会按有发生的末级科目进行排序展示。

（3）月份综合明细账。按非末级科目查询，同时包含非末级科目的总账数据及末级科目的明细数据，提供更全面的账务信息。

注意：

1. 科目范围。可输入起止科目范围，为空时，系统认为是所有科目。

2. 月份范围。选择起止月份，当只查某个月时，应将起止月都选择为同一月份，如查 2022 年 1 月，则月份范围应选择为 2022.01－2022.01. 若要查询包含未记账凭证的明细账，可选择“包含未记账凭证”。查询结果中的未记账业务将用颜色加以区别。

若希望在查询未分级科目明细账时，能看到该科目的明细账分别按其下级科目分别列示，则可选择“按科目排序”。若同时查看某月份末级科目的明细账及其上级科目的总账数据，则可选择“月份综合明细账”。具体操作步骤如下：

在总账系统中，单击“账表”→“科目账”→“明细账”，弹出“明细账查询条件”窗口；手工参照输入需要查询的明细科目，单击“确认”即可查询，如图 5－41 所示。

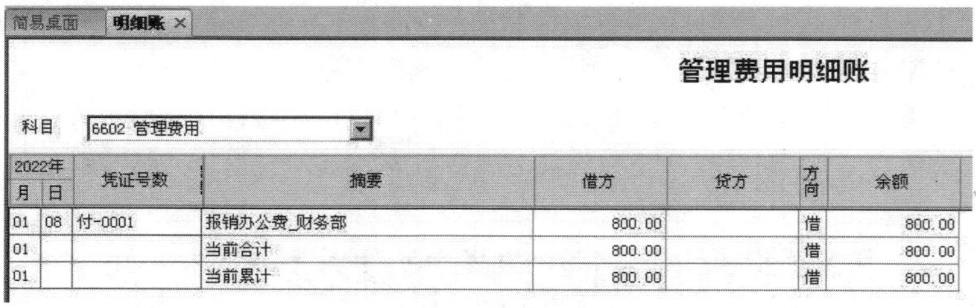

管理费用明细账

2022年 月	日	凭证号数	摘要	借方	贷方	方向	余额
01	08	付-0001	报销办公费_财务部	800.00		借	800.00
01			当前合计	800.00		借	800.00
01			当前累计	800.00		借	800.00

图 5-41 “管理费用”明细账

3)余额表查询

余额表是代替总账打印输出的一类特殊账簿,每月企业要想得到总账数据只需要输出余额表即可。

单击“科目账”→“余额表”。弹出“发生额及余额查询条件”,手工或参照输入要查询余额与发生额的科目,单击“确认”,如图 5-42 所示。

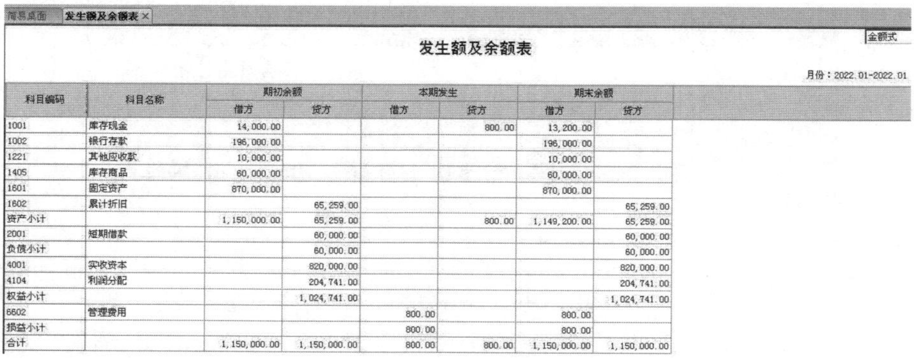

发生额及余额表

科目编码	科目名称	期初余额		本期发生		期末余额	
		借方	贷方	借方	贷方	借方	贷方
1001	库存现金	14,000.00			800.00	13,200.00	
1002	银行存款	196,000.00				196,000.00	
1221	其他应收款	10,000.00				10,000.00	
1405	库存商品	60,000.00				60,000.00	
1601	固定资产	870,000.00				870,000.00	
1602	累计折旧		65,259.00				65,259.00
资产小计		1,150,000.00	65,259.00		800.00	1,149,200.00	65,259.00
2001	短期借款		60,000.00				60,000.00
负债小计			60,000.00				60,000.00
4001	实收资本		820,000.00				820,000.00
4104	利润分配		204,741.00				204,741.00
权益小计			1,024,741.00				1,024,741.00
6602	管理费用			800.00		800.00	
损益小计				800.00		800.00	
合计		1,150,000.00	1,150,000.00	800.00	800.00	1,150,000.00	1,150,000.00

图 5-42 发生额及余额表

4)多栏式账页的设置与查询

多栏式账页是一种在账户的借方和贷方分别设置多个专栏,以便进行明细核算的账簿格式。与普通的三栏式账页相比,多栏式账页的格式较为特殊,通常需要会计人员根据实际需求预先设置或定义账页格式,之后才能进行数据查询和记录。

(1)多栏式账页设置的基本原理。如果某一科目(如科目 A)包含多个下级明细科目(如 a1、a2、a3 等),这些明细科目可以作为多栏式账户 A 的栏目。例如,在“应交增值税(222101)”这一多栏式账户下,可以设置以下明细科目作为栏目:进项税额(22210101),销项税额(22210102),出口退税(22210103),已交税金(22210104)。

(2)栏目借贷性质的确定。根据会计基本原理,资产类和费用类栏目通常设置在借方,而负债类和收入类栏目则多设置在贷方。同时,系统允许用户根据实际业务需求对栏目的借贷性质进行适当调整,以确保账务处理的准确性和灵活性。

通过合理设置多栏式账页,会计人员可以更高效地进行明细核算和数据分析,从而提升财务管理的精细化水平。

【例 5-20】“管理费用”多栏式账簿查询。

操作步骤如下:

（1）单击"科目账"→"多栏账"。

（2）单击"增加"按钮。

（3）输入"核算科目"值，如 6602。

（4）单击"自动编制"按钮，以便自动指定"核算科目"所属的下一级明细科目都作为其栏目，如 660201、660202、660203 等，如图 5-43 所示。

（5）单击"选项"按钮，并单击"分析栏目设置"单选按钮，以便进入方向调整状态。需要说明的是，本例题不需要调整分析栏目位置，其自动根据科目性质设置为"分析栏目后置"。

（6）单击"方向"属性与相应栏目的交叉处，适当调整栏目借、贷方向。本步骤可以省略。

（7）单击"确定"按钮，即可。

到此，已经完成了"核算科目"管理费用多栏式账页的设置，同时在"多栏账"窗口可以看到显示条目（如"管理费用多栏账……"）

完成多栏式账页的设置后，如果需要进一步查询多栏式账页，可以继续操作：

（1）单击"账表"→"科目账"→"多栏账"。

（2）单击"管理费用多栏账"。

（3）单击"查询"按钮等，如图 5-44 所示。

图 5-43　多栏账的定义

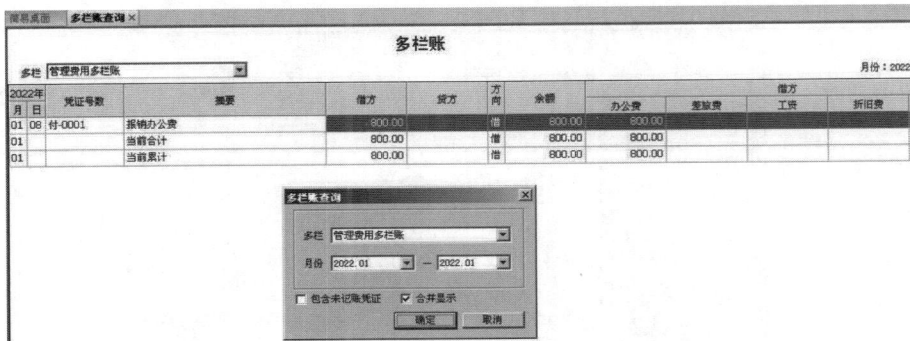

图 5-44　多栏账的查询

2. 辅助账查询

辅助账是指在常规科目账户之外,根据部门、客户、供应商、个人、项目等设立的用于辅助核算的"账簿"。当某科目在设置时选择了相应的"辅助核算"(通过复选框选择),系统在进行科目核算的同时,会自动按照部门、客户等"辅助核算"账户进行核算。这种核算方式提供了横向和纵向的查询统计功能,能够为企业管理者提供多样化的辅助管理会计信息,从而真正实现管理为决策服务的功能。

部门核算辅助账主要包括部门辅助明细账及部门辅助总账的查询与打印,以及部门收支分析表的生成。部门总账主要用于按部门查询其业务收支的明细情况。收支分析表是部门辅助核算的核心,它按部门(列方向)和科目(行方向)对应汇总指定期间内的收入和支出情况,旨在对所有部门辅助核算的科目(如管理费用等)的发生额、余额按部门(如综合部等)进行统计分析,从而加强对各部门收支情况的管理。

企业的往来款项包括客户往来款项、供应商往来款项、个人往来款项等,这些款项源于赊销、赊购、借款等活动。加强企业往来款项的管理是一项重要的工作。ERP 总账子系统通过往来辅助账管理,提供了强大的企业往来款项管理功能。下面将重点讨论客户往来辅助账管理功能,关于供应商及个人往来款项的功能,请读者自行学习了解。

客户往来辅助账管理包括客户往来账龄分析、明细账、余额表、两清、催款单等。客户往来账龄分析是对企业应收账款(客户拖欠账款)及其时间期限(从往来业务发生之日到结清之日的时间)进行整理、归类、汇总等分析。客户往来明细账作为辅助账,主要反映客户欠款、还款的明细记录情况,包括客户明细账、客户业务员明细账、客户地区分类明细账等。客户往来余额表包括客户余额表、客户科目余额表、客户部门余额表、客户业务员余额表等。客户往来两清是指采用自动勾对和手工勾对方式,按照部门两清、项目两清、票号两清等依据,对已结清业务打上"标记"。客户往来催款单是以对账单方式,告知客户检查付款情况,督促客户清还欠款。

【例 5-21】"部门收支分析表"查询。

操作步骤如下:

(1) 单击"账表"→"部门辅助账"。

(2) 单击"部门收支分析"。

(3) 选择分析科目,并单击"下一步"。

(4) 选择分析部门,并单击"下一步",如图 5-45 所示。

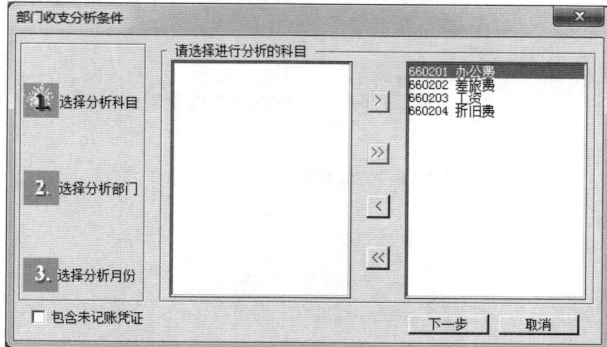

图 5-45　部门收支分析条件

（5）选择分析月份，输入起始月份、终止月份。

（6）单击"完成"。

【例 5-22】"客户往来账龄分析表"查询。

操作步骤如下：

（1）单击"账表"→"客户往来辅助账"。

（2）单击"客户往来账龄分析"。

（3）在"客户往来账龄"条件窗口确认或输入客户往来账龄分析相关参数，如截止日期等，并单击"确定"。如图 5-46 所示。

（4）在"往来账龄分析"分析窗口，单击"详细"按钮，可查各个客户账龄的详细情况。

（5）在"往来账龄分析"分析窗口，单击"确定"按钮，可查客户账龄区间段的金额占总额的百分比情况。

在操作过程中，如果需要改变账龄区间，可以：

（1）确认显示"客户往来账龄分析"对话框窗口。

（2）单击选择"天数"值，如"100"。

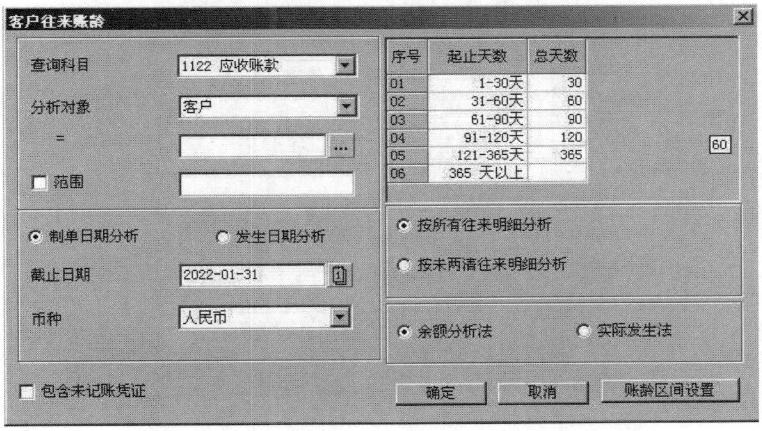

图 5-46　客户往来账龄分析条件

5.4　期末业务处理

在日常核算业务处理完成后，会计部门将进入期末业务处理阶段。这一阶段的工作主要包括计提、分摊、结转、对账、转账和结账等，虽然业务量不大，但种类繁多且时间紧迫。期末业务处理是指在将所有本月发生的经济业务登记入账后，会计部门在月末进行的一系列会计活动。在会计信息系统环境下，这些操作主要包括转账设置、转账生成和结账等步骤。

5.4.1　自动转账

自动转账是指根据预先设置的转账分录，将分录中涉及的科目的余额或本期发生额从账簿中取到转账分录中，自动生成转账凭证。自动转账可以视为一个独立的业务处理模块，其工作内容包括初始设置(即转账设置或定义转账)和转账生成。转账定义只需在初次操作时定义一次即可,此后每月月末只需转账生成凭证。

1. 转账定义

转账定义涉及设置或定义转账记账凭证的编制方法,包括借贷方的摘要、科目、金额计算公式等,这是进行转账生成的基础,也是实现自动转账的"初始化"工作。转账定义的类型包括自定义转账设置、对应转账设置、销售成本结转设置、汇兑损益转账设置和期间损益结转设置等。

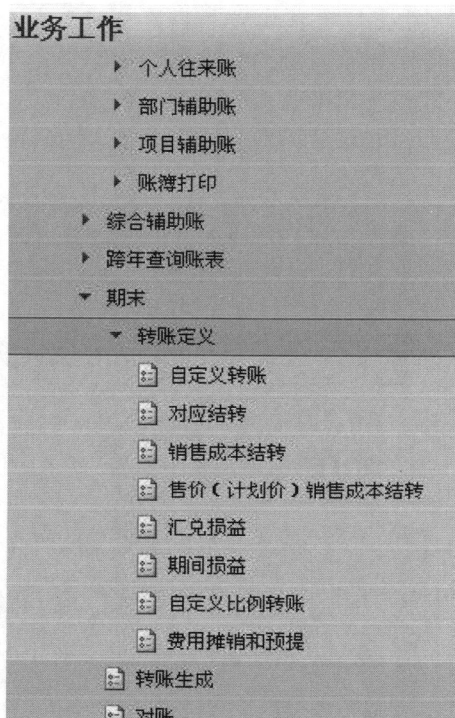

图 5-47 转账定义

(1)自定义转账设置。要求输入借方和贷方分录的完整信息,由会计人员灵活决定。此功能适用于费用分配、费用分摊、税金计算、提取各项费用及辅助核算的结转等。

(2)对应转账设置。涉及两个科目之间的一对一或一对多结转,要求结转科目的下级科目结构一致,且辅助账类对应。

(3)销售成本结转设置。涉及根据月末商品销售数量和库存商品平均单价计算销售成本,并进行结转。

(4)汇兑损益转账设置。确定如何自动计算外币账户的汇兑损益,并进行相应的转账设置。

(5)期间损益结转设置。用于在会计期间结束时,将损益类科目的余额结转到"本年利润"科目中。

首次使用总账系统时,应先进行"转账定义",即设置自动转账分录。定义完成后,以后各月只需调用"转账生成"功能即可快速生成转账凭证。但若转账凭证的转账公式有变化,需先在"转账定义"中修改内容,然后再进行转账。

转账设置的关键在于设计金额的计算公式。在自定义转账设置中,计算公式由算术运算符连接常量、变量、函数等组成,其中函数多指 U8 中的账务函数,这些账务函数公式目的是将账簿数据取到凭证中来。账务函数的格式通常为函数名(科目编码,会计期间,方向,辅助项 1,辅助项 2),例如 QM("2101",月)等。转账设置的操作通常由会计主管或会计在"总账"→"期末"→"转账定义"中进行。

【例 5-23】转账业务:计提短期借款利息,其中年利率 6%。

操作步骤如下:

(1)以李明(会计)的身份注册进入系统,单击"业务工作"→"财务会计"→"总账"→"期末"→"转账定义"→"自定义转账",进入工作界面。

(2)单击"增加"按钮,以便进入"转账目录"对话框窗口。

(3)输入"转账目录"内容:序号、说明、凭证类别,如 0001、计提短期借款利息转账凭证;再单击"确认"按钮,如图 5-48 所示。

(4)设置借方分录信息:科目"6603",方向"借",金额公式"QM(2001,月)*0.06/12",如图 5-49 所示。

(5)单击"增行"按钮。

(6)设置贷方分录信息:科目"2231",方向"贷",金额公式"JG()"。如图 5-50 所示。

(7)单击"保存"→"退出",如图 5-51 所示。

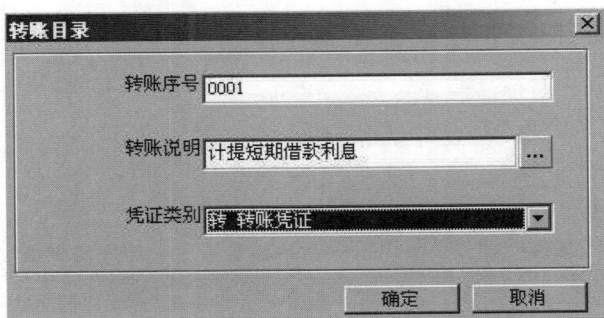

图 5-48　自定义结转设置

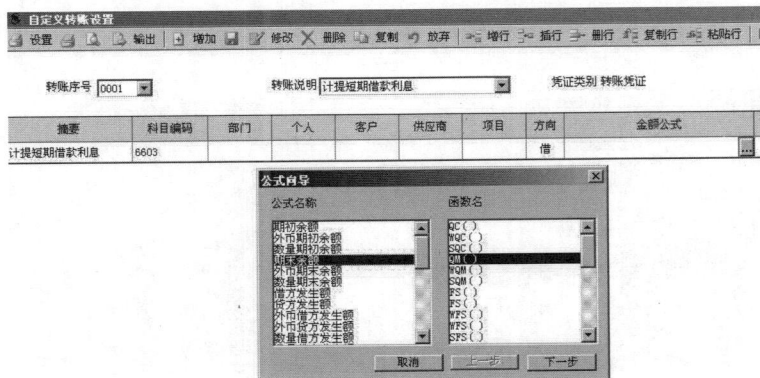

图 5-49　函数公式向导

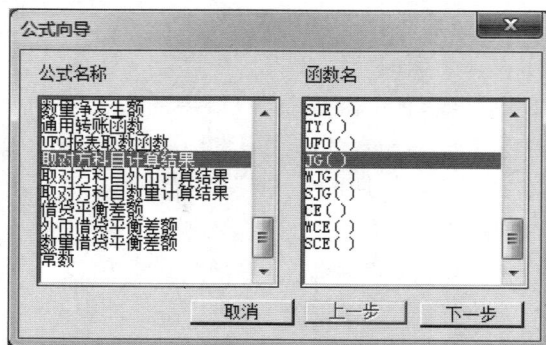

图 5-50 取对方科目计算结果

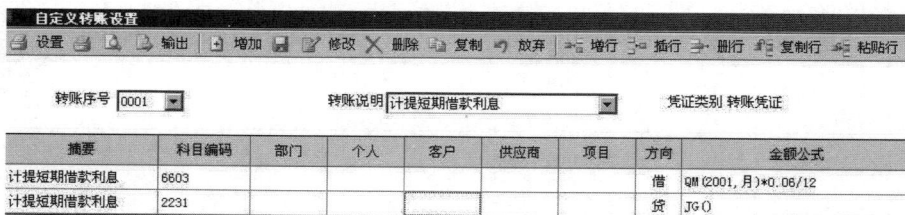

图 5-51 转账分录设置完成

【例 5-24】期间损益结转设置。

操作步骤如下：

(1)以李明(会计)的身份注册进入系统，单击"业务工作"→"财务会计"→"总账"→"期末"→"转账定义"→"期间损益"，进入工作界面。

(2)确认凭证类别"转账凭证"→"本年利润"科目"4103"。

(3)单击"确认"按钮。如图 5-52 所示。

图 5-52 期间损益结转设置

2. 转账生成

在完成自动转账的初始化工作(即转账设置或转账定义)后,每月月末 ERP 会计信息系统可自动生成相应的转账记账凭证,这一过程称为转账生成。

转账生成是自动转账功能在正常使用阶段的核心工作,其依据预先定义的"转账设置",由系统在期末自动生成相应的转账凭证。此类凭证通常被称为机制记账凭证,以区别于人工填制的记账凭证。

需要注意的是,机制记账凭证生成后仍需经过审核并据以记账,才能真正完成结转工作。由于转账操作是基于已记账的数据进行计算,因此在执行月末转账工作前,必须确保当期所有未记账凭证均已记账;否则,生成的转账凭证数据可能会出现错误。

特别强调:①对于每一组"转账生成"操作,必须严格按照顺序进行转账生成、审核和记账;② 通常,"期间损益结转"的转账生成、凭证审核和记账应安排在所有其他转账生成操作之后。③对于同一"转账设置",每一期末不得重复进行转账生成,以避免数据重复或错误。

通过以上步骤,可以确保转账生成过程的准确性和效率,为财务管理工作提供可靠支持。

【例 5 - 25】 自定义转账凭证的生成。

操作步骤如下:

(1)以李明(会计)的身份注册进入系统,单击"业务工作"→"财务会计"→"总账"→"期末"→"转账生成",进入工作界面。

(2)确认或单击"自定义转账"→"全选"→"确定"单选按钮。即可显示机制转账凭证,如图 5-53 所示。

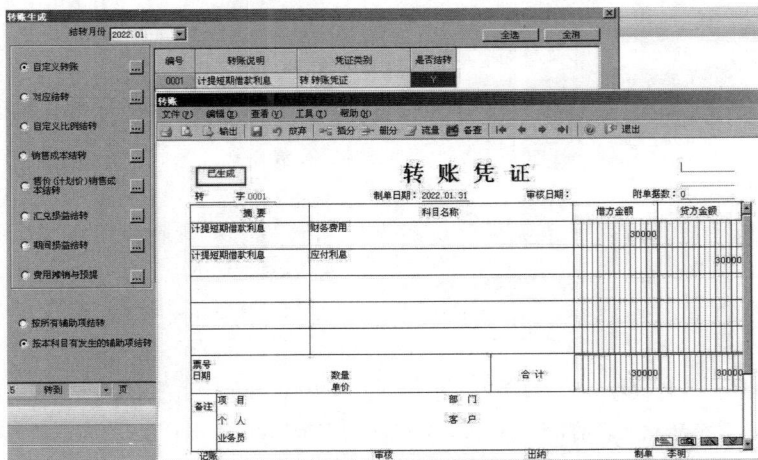

图 5-53　自定义结转生成

(3)单击"保存"按钮,以便系统自动追加当期机制转账凭证到未记账凭证库中。

(4)单击"退出"按钮。

(5)由"刘威"审核岗将生成的机制转账凭证,进行审核并记账处理。

到此,自定义结转转账凭证(计提短期借款利息)已经生成,并进行了审核,记账处理。

注意：

1. 转账生成之前，注意转账月份为当前月份。

2. 进行转账生成之前，先将相关经济业务的记账凭证登记入账。

3. 转账凭证每月只生成一次。

4. 若使用应收、应付系统，则总账系统中，不能按客户、供应商进行结转。

5. 生成的转账凭证，仍需审核，才能记账。

【例 5－26】期间损益结转转账凭证的生成。

操作步骤如下：

（1）以李明（会计）的身份注册进入系统，单击"业务工作"→"财务会计"→"总账"→"期末"→"转账生成"，进入工作界面。

（2）确认或单击"期间损益结转"→"全选"→"确定"单选按钮。即可显示机制转账凭证，如图 5－54 所示。

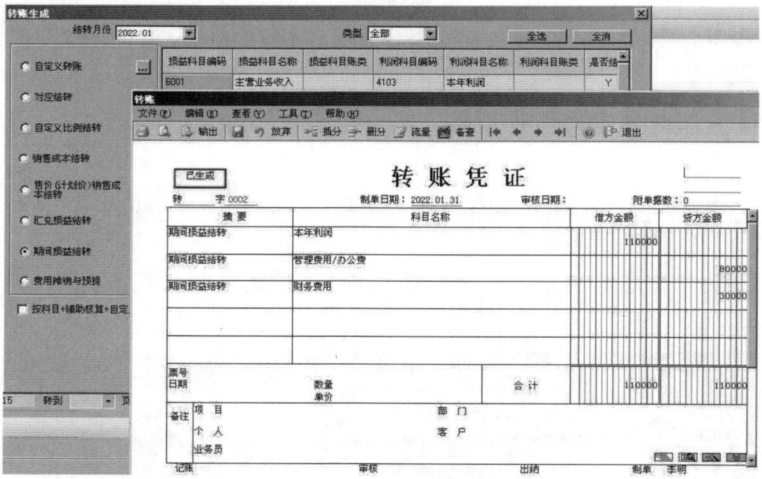

图 5－54　期间损益结转生成

（3）单击"保存"按钮，以便系统自动追加当期机制转账凭证到未记账凭证库中。

（4）单击"退出"按钮。

（5）由张三 C（审核员）审核岗生成的机制转账凭证，并进行记账处理。

注意：

1. 期间损益结转，既可以按收入类科目、支出类科目分别结转，也可以全部类型同时结转。

2. 生成期间损益结转凭证之前，应先将所有未记账凭审核记账；否则，生成的凭证数据有可能有遗漏。

5.4.2　期末结账

期末结账是指月末对各个账户的发生额和期末余额进行结算（计算），并将本期期末余额转入下期期初，同时终止本期的账务处理。在会计信息系统中，结账工作通常由计算机自动完成。

（1）在期末结账过程中，常用的概念包括：

①试算平衡。试算平衡是指根据会计平衡公式"借方余额＝贷方余额"，对系统中所有科目的期末余额进行平衡检验，并输出科目余额表及平衡信息。试算平衡是确保账务数据

准确性的重要步骤。

②对账。对账是指对各账簿数据进行核对,以检查对应记账数据是否正确以及账簿是否平衡。对账主要通过核对总账与明细账、总账与辅助账等数据来完成账账核对。

③结账。每月月底都需要进行结账处理。结账的核心是计算各账簿的本期发生额和期末余额,并终止本期的账务处理工作。结账是一种成批数据处理操作,每月只进行一次,主要目的是限制当月的日常处理,并对下月的账簿进行初始化。结账工作由计算机自动完成。

④反结账。反结账,又称"倒结账"或"环境恢复",是指将已经复核记账并结账的会计账簿恢复到以前月份的发生额和余额状态。如果结账后出现数据被破坏的情况(如非法操作或计算机病毒等原因),可以使用反结账功能取消结账。在"结账—开始结账"对话框中,选择需要反结账的月份,按下"CTRL+SHIFT+F6"键即可取消结账。

(2)结账前需要进行以下检查:

①检查本月业务是否全部记账。如果存在未记账凭证,则不能结账。

②检查上月是否已结账。如果上月未结账,则本月不能结账。

③核对账务数据。核对总账与明细账、主体账与辅助账、总账管理系统与其他子系统数据是否一致。如果数据不一致,则不能结账。

④损益类账户结转。确保所有损益类账户已结转完毕,月末无余额,否则本月不能结账。

⑤子系统结账检查。如果与其他子系统联合使用,需检查其他子系统是否已结账。如果未结账,则本月不能结账。

结账前应进行数据备份,结账后不得再录入本月凭证,并终止各账户的记账工作。结账时,系统会计算本月各账户的发生额合计和期末余额,并将余额结转至下月月初。如果结账后发现错误,可以通过"反结账"功能取消结账标志,修正错误后重新进行结账工作。

【例 5-27】对账处理。

操作步骤如下:

(1)以刘威(账套主管)的身份注册进入系统,单击"业务工作"→"财务会计"→"总账"→"期末"→"对账",进入工作界面。

(2)单击选择欲对账月份,并单击"选择"按钮,如图 5-55 所示。

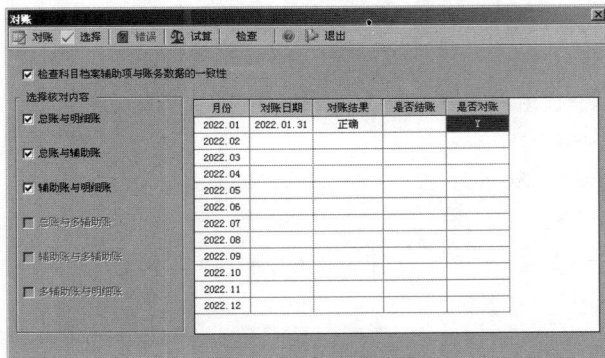

图 5-55　对账处理

(3)单击"对账"按钮,即可开始自动对账,并显示对账结束。

（4）单击"试算"按钮，可以对各科目类别余额进行试算平衡。

（5）单击"确认"按钮。

【例 5-28】期末结账处理。

操作步骤如下：

（1）以刘威（账套主管）的身份注册进入系统，单击"业务工作"→"财务会计"→"总账"→"期末"→"对账"，进入工作界面。

（2）单击"期末"，"结账"。

（3）单击要结账月份"2022.01"，单击"下一步"按钮。

（4）单击："对账"按钮，系统对要结账的月份进行账账核对。

（5）单击"下一步"按钮，系统显示"1月工作报告"。

（6）查看工作报告后，单击"下一步"按钮。

（7）单击"结账"按钮，系统将进行结账，如图 5-56 所示。

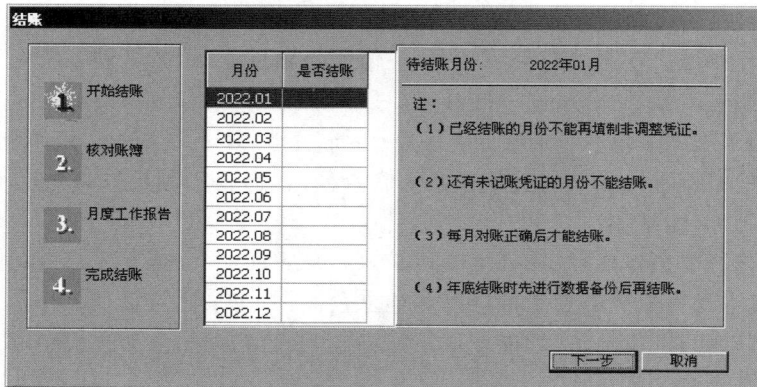

图 5-56　结账处理

注意：

1.结账只能由有结账权限的人进行。

2.本月还有未记账凭证时，本月不能结账。

3.结账必须按月连续进行，上月未结账，则本月不能结账。

4.若对账不正确，则不能结账。

5.如果与其他系统联合使用，其他子系统未全部结账，则本月不能结账。

6.结账前，要进行数据备份。

【例 5-29】拓展训练：取消结账。

操作步骤如下：

（1）以刘威（账套主管）的身份注册进入系统，单击"业务工作"→"财务会计"→"总账"→"期末"→"对账"，进入工作界面。

（2）单击要反结账月份"2022/1"。

（3）按组合键"ctrl+shift+F6"键激活"取消结账"功能。

（4）输入账套主管口令，单击"确认"按钮。

（5）单击"取消"按钮。

本章小结

通过本章的学习,掌握了日常业务处理与期末处理等账务处理工作的核心要点。凭证处理的关键在于如何收集完整且准确的会计信息,而账簿处理的重点则在于如何根据用户需求对数据进行有效处理,并输出符合用户需求的信息。同时可深刻认识到,自动化与智能化的会计信息系统逐步取代人工完成会计核算工作,已成为不可逆转的趋势。这一趋势不仅提升了工作效率,也为会计行业的发展注入了新的动力。

上机实验三   账务处理模块初始化

【操作准备】

引入"上机实验二"的备份数据。将系统日期改为 2022 年 1 月 1 日,由操作员"LW 刘伟(密码 1)"注册企业应用平台。

【操作要求】

1.会计科目的增加、修改

2.期初余额录入

3.设置凭证类别

4.设置结算方式

【操作数据】

1.会计科目

(1)指定"1001 库存现金"为现金总账科目,"1002 银行存款"为银行总账科目。

(2)增加会计科目(见表 5-6)。

表 5-6   会计科目

科目代码	科目名称	辅助账类型
100201	工行存款	日记账、银行账
100202	建行存款	日记账、银行账
122101	应收职工借款	个人往来
222101	应交增值税	
22210101	进项税额	
22210102	销项税额	
22210103	未交增值税	
500101	甲产品	
500102	乙产品	
660201	办公费	部门核算
660202	差旅费	部门核算
660203	工资	部门核算
660204	折旧费	

(3)修改会计科目。

加辅助核算类型：1122　应收账款　辅助核算类型为客户往来

2202　应付账款　辅助核算类型为供应商往来

2.凭证类别(见表5-7)

表5-7　凭证类别

类别字	类别名称	限制类型	限制科目
收	收款凭证	借方必有	1001,1002
付	付款凭证	贷方必有	1001,1002
转	转账凭证	凭证必无	1001,1002

3.期初余额(见表5-8)

表5-8　期初余额

科目编码	科目名称	方向	金额
1001	库存现金	借	15000
100201	工行存款	借	185000
1220101	应收职工借款(见表注)	借	10000
1405	库存商品	借	60000
2001	短期借款	贷	50000
4001	实收资本	贷	220000

注：应收职工借款(1220101)期初数据：发生日期：2021-12-31

个人：王鹏飞

摘要：个人借款

方向：借　金额：10000

4.结算方式(见表5-9)

表5-9　结算方式

编号	名称
1	现金结算
2	现金支票
3	转账支票
4	银行汇票

上机实验四　日常业务处理

【操作准备】

引入"上机实验三"的备份数据。将系统日期改为2022年1月31日。

【操作要求】

(1)由操作员"LW 刘伟(密码 1)"设置常用摘要、审核凭证和记账;由操作员"LFP 李飞鹏(密码 1)"填制凭证,修改、删除、查询、冲销凭证;由"ZS 张顺(密码 1)"出纳签字。

(2)设置常用摘要。

(3)填制凭证。

(4)审核凭证。

(5)将第 0003 号付款凭证的金额修改为 8000 元。

(6)删除第 0002 号付款凭证并整理断号。

(7)出纳签字。

(8)记账。

(9)查询已记账凭证,条件是:金额大于 300 元的转账凭证。

(10)冲销第 0001 号付款凭证,并将冲销凭证审核记账。

【操作数据】

1.常用摘要(见表 5-10)

表 5-10　常用摘要

摘要编码	摘要内容
1	报销差旅费
2	借会议费款

2.2022 年 1 月发生以下经济业务:

调整总账参数:可以使用应收、应付受控科目。

(1)1 月 5 日,以现金支付办公费 500 元。

借:管理费用——办公费(660201)(财务部)　500

　　贷:库存现金(1001)　　　　　　　　　　　　500

(2)1 月 7 日,以建行存款 1500 元支付销售部费用。(转账支票号 1001)

借:销售费用(6601)　　　　　　　　　1500

　　贷:银行存款——建行存款(100202)　　　1500

(3)1 月 8 日,采购西安天地公司材料一批,货款 60000 元,税金 10200 元,款项尚未支付。

借:材料采购(1401)　　　　　　　　　　　　　　60000

　　应交税费——应交增值税——进项税(22210101)　　10200

　　贷:应付账款(2202)　　　　　　　　　　　　70200

(4)1 月 10 日,收到杨柳偿还的借款 6500 元。

借:库存现金(1001)　　　　　　　6500

　　贷:其他应收款——应收职工借款(杨柳)(122101)　　6500

(5)1 月 20 日,销售给陕西汉江公司库存商品一批,货款 16984 元,税款 2887.28 元,价税合计 19871.28 元,收到工行转账支票一张,票号 6879。

借:银行存款——工行存款(100201)　　　19871.28

　　　　贷:主营业务收入(6001)　　　　　　　　　　　16984

　　　　　　应交税费——应交增值税——销项税(22210102)　　2887.28

(6)1月22日,以工行转账支票支付生产车间设备修理费6432元,票号4567。

　　　　借:制造费用(5101)　　　　　　　　6432

　　　　　　贷:银行存款——工行存款(100201)　　6432

上机实验五　　出纳业务

【操作准备】

引入"上机实验四"的备份数据。将系统日期改为2022年1月31日,由操作员"ZS张顺(密码1)"注册企业应用平台。

【操作要求】

(1)查询现金、银行存款日记账。

(2)查询资金日报表。

(3)银行对账。

(4)生成余额调节表。

【操作数据】

2022年1月工行(100201)对账单(见表5-11)

表5-11　银行对账单

日期	结算方式	票号	借方金额	贷方金额
2022.1.5	转账支票	1122	100000	
2022.1.8	转账支票	1189		60000
2022.1.21	转账支票	6879	19871.28	
2022.1.24	转账支票	4567		8000

上机实验六　　期末业务处理

【操作准备】

引入"上机实验四"的备份数据。将系统日期改为2022年1月31日,由操作员"LW刘伟(密码1)"注册企业应用平台。

【操作要求】

(1)自定义结转。

(2)定义"对应结转"关系。

(3)定义期间损益结转。

(4)生成转账凭证(特别注意:转账生成顺序,应先生成其他转账凭证,并审核记账后,最后生成结转损益凭证)。

(5)用"LFP李飞鹏(密码1)"进行审核记账。

【操作数据】

(1)转账序号:0001,转账说明:计提短期借款利息。

转账分录：

借：财务费用　QM(2001,月)×0.002

　　贷：应付利息　　JG()

（2）用"对应结转"的方法，将"制造费用"发生额中的 30％结转至"生产成本——甲产品"，70％结转至"生产成本——乙产品"。转账凭证编号 0001，摘要：制造费用转生产成本。

（3）将所有期间损益科目余额转入"本年利润"。

上机实验七　账簿查询

【操作准备】

引入"上机实验六"的备份数据。将系统日期改为 2022 年 1 月 31 日，由操作员"LW 刘伟(密码 1)或 LFP 李飞鹏(密码 1)"注册企业应用平台。

【操作要求】

（1）查询"2202 应付账款"总账，并联查明细账和 1 号转账凭证。

（2）查询 2022 年 1 月余额表，要求包含未记账凭证。

（3）查询"6602 管理费用"多栏账。

（4）查询采购部杨柳的个人往来明细账。

第 6 章　报表模块

6.1　报表系统的结构和流程

　　会计报表是企业财务状况、经营成果和现金流量信息的综合反映,是企业经营活动的总结性文件。报表系统的核心任务包括设计报表格式、编制计算公式,从总账系统或其他业务系统中提取相关会计信息,自动生成各类会计报表,并对报表进行审核、汇总、生成分析图表,最终按预定格式输出报表。

6.1.1　报表系统结构图

　　报表系统主要由两种类型的报表构成:一种是自定义报表,另一种是企业会计报表模板。具体结构如图6-1所示。

6.1.2　报表系统流程

　　会计报表分为自定义报表和模板式报表,其处理流程主要分为两个阶段:格式设计(即报表初始化阶段)和日常报表生成阶段。在格式设计阶段,自定义报表和模板式报表的流程有所不同;而在日常报表生成阶段,两者的流程则完全一致。具体流程如图6-2所示。

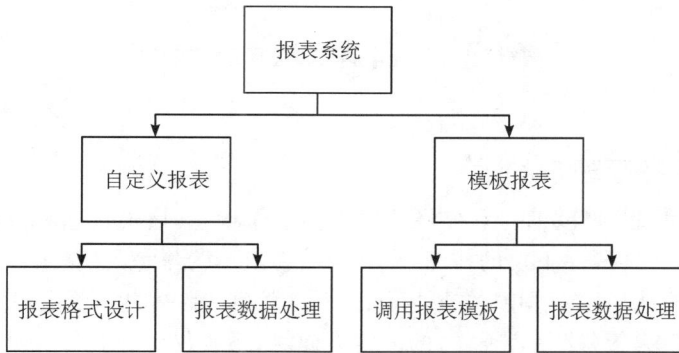

图 6-1　报表系统结构图

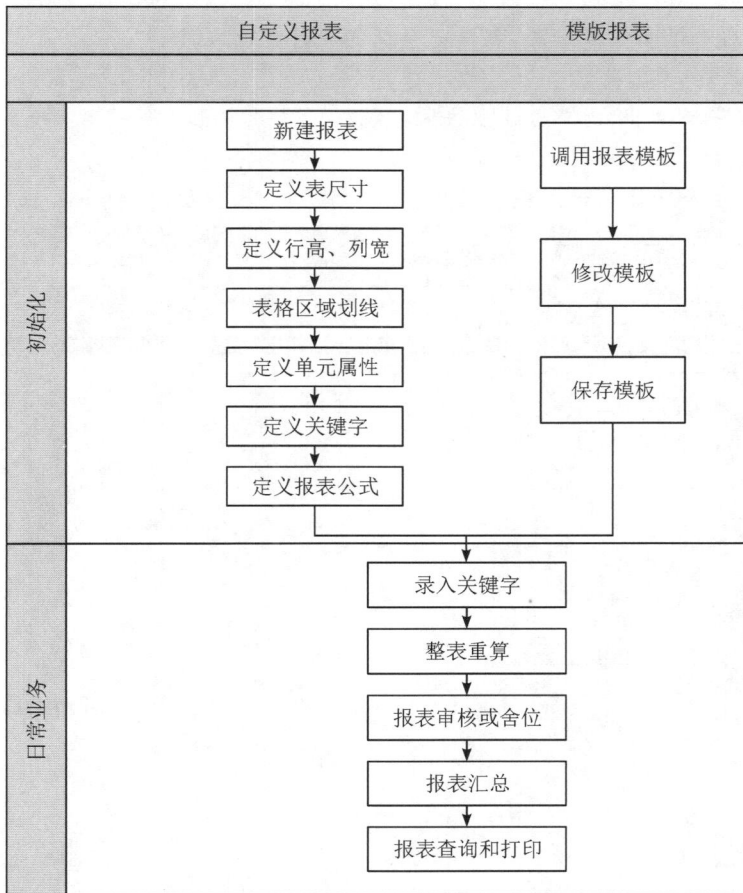

图 6-2　报表系统流程

6.2　自定义报表

6.2.1　启动报表管理系统

启动 UFO 报表编制模块后,系统将呈现两种工作状态:格式状态和数据状态。这两种状态的显著区别在于屏幕左下角的按钮显示:当按钮显示为红色的"格式"字样时,表示当前处于格式状态。"格式"菜单可用,在数据状态下,"数据"菜单的菜单项可用。在格式状态下,屏幕将展示报表模板(即报表表样)的内容。此时,系统仅允许会计人员进行与报表格式设置及公式定义相关的操作,而禁止执行生成报表数据页的操作。

用户可以通过单击"格式"或"数据"按钮,在格式状态与数据状态之间自由切换。

【例 6 - 1】启动报表管理系统,创建一个新的会计报表文件。

操作步骤如下:

(1)以刘威(账套主管)的身份注册进入系统,单击"业务工作"→"财务会计"→"UFO 报表",进入报表模块的工作界面。

(2)单击"文件→新建",进入报表编辑窗口,如图 6 - 3 所示。

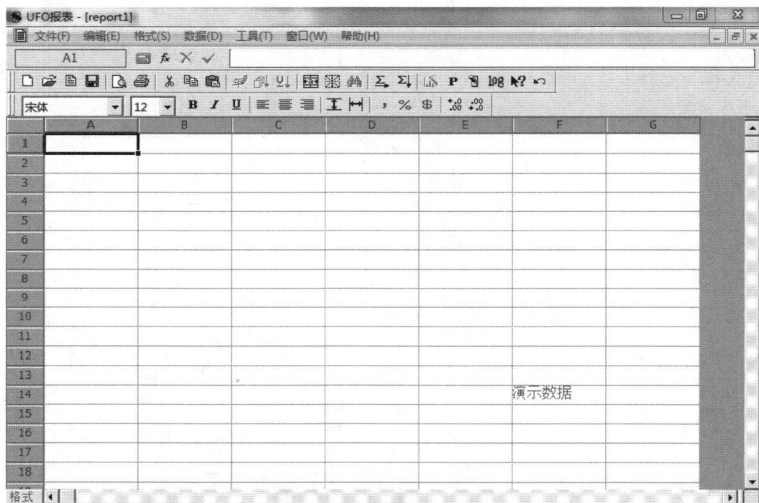

图 6 - 3　报表模块

6.2.2　格式设计

在完成新表的创建之后,应着手进行报表的格式设计。报表格式设计是制作报表的基础步骤,它决定了报表的整体外观和结构。设置报表格式的操作是在"格式"状态下,通过"格式"菜单项中的命令来完成的。

报表的格式设计包括以下操作:

(1)新建一个表页。一个 UFO 报表最多可容纳 99999 张表页,每张表页由多个单元组成。报表中的所有表页具有相同的格式,但数据不同。表页的序号在表页下方以标签形式显示,称为"页标"。页标以"第 1 页"至"第 99999 页"表示。

(2)设置表尺寸。通过设定报表的行数和列数来定义报表的大小。

(3)画表格线。为报表添加表格线,使其结构更加清晰。

(4)定义组合单元。即合并单元格,以便在报表中创建更大的单元区域。

(5)输入报表中项目。该项目包括表头、表体和表尾(关键字除外)。在格式状态下定义的单元内容默认为表样型,定义为表样型的单元在数据状态下不允许修改和删除。

(6)定义行高列宽。根据内容需求调整报表的行高和列宽。

(7)设置单元风格。设置单元的字形、字体、字号、颜色、图案等,以美化报表的外观。

(8)设置单元属性。单元属性包括数值单元、字符单元和表样单元。

①数值单元。数值单元的内容可以是任何一个 15 位的有效数字,数字可以直接输入或由单元中存放的单元公式运算输出。建立一个新表时,所有单元的类型缺省为数值。

②字符单元。在数据状态下输入其内容可以是汉字、字母、数字及各种键盘可输入的符号组成的一串字符。

③表样单元。一旦单元被定义为表样,那么在其中输入的内容对所有表页都有效。表样在格式状态下输入和修改,在数据状态下不允许修改。

【例 6-2】自定义报表——货币资金表格式。

货币资金表

编制单位: 年 月 日 单位:元

项目	行次	期初数	期末数
库存现金	1		
银行存款	2		
合计	3		

制表人:

操作步骤如下:

查看空白报表底部下角的"格式/数据"按钮,确保当前状态为"格式"状态。

第一步:设置报表尺寸

(1)执行"格式""表尺寸"命令,打开"表尺寸"对话框。

(2)输入行数"7",列数"4",单击"确认"按钮,如图 6-4 所示。

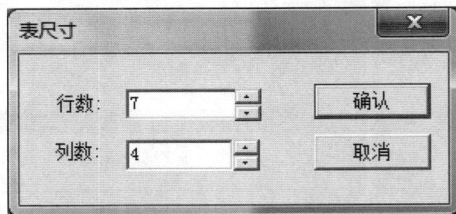

图 6-4 设置报表尺寸

第二步:定义组合单元

(1)选择需合并的区域"A1:D1"。

（2）执行"格式"的"组合单元"命令，打开"组合单元"对话框，如图6-5所示。

（3）选择组合方式"整体组合"或"按行组合"，该单元即合并成一个单元格。

（4）同理，定义"A2：D2"单元为组合单元。

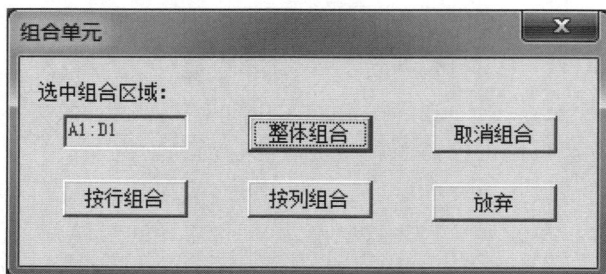

图6-5　组合单元

第三步：画表格线

（1）选中报表需要画线的区域"A3：D6"。

（2）执行"格式"→"区域画线"命令，打开"区域画线"对话框。

（3）选择"网线"，单击"确认"按钮，将所选区域画上表格线，如图6-6所示。

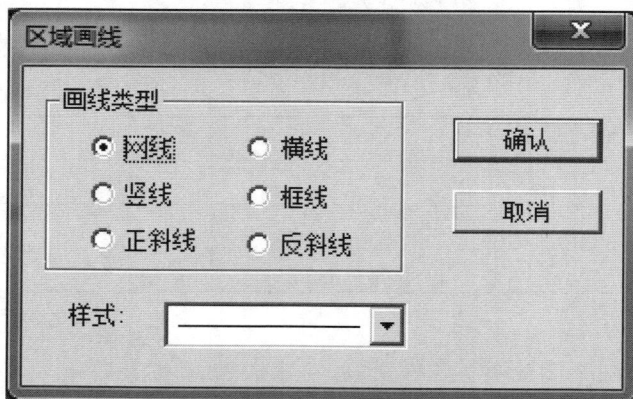

图6-6　区域划线

第四步：输入报表项目

（1）选中需要输入内容的单元或组合单元。

（2）在该单元或组合单元中输入相关文字内容，如在A1组合单元输入"货币资金表"，如图6-7所示。

图6-7　输入表项目

注意：

1. 表项目是指报表的文字内容，主要包括表头内容、表体项目、表尾项目等，不包括关键字。

2. 编制单位、日期一般不作为文字内容输入，而是需要设置为关键字。

第五步：定义报表行高和列宽

(1)选中需要调整的单元所在行"A1"。

(2)执行"格式"→"单元属性"合令，打开"单元格属性"对话框。

(3)输入行高"15"，单击"确定"按钮，如图 6-8 所示。

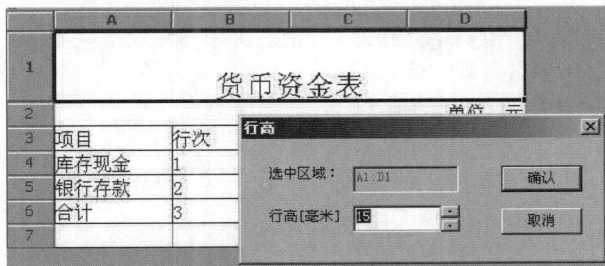

图 6-8　行高设置

(4)选中需要调整的单元所在列，执行"格式"→"列宽"命令，可设置该列宽度。

注意：行高、列宽的单位是毫米。

第六步：设置单元风格

(1)选中标题所在组合单元"A1"。

(2)执行"格式"→"单元属性"命令，打开"单元格属性"对话框。

(3)单击"字体图案"选项卡，设置字体"黑体"，字号"14"，如图 6-9 所示。

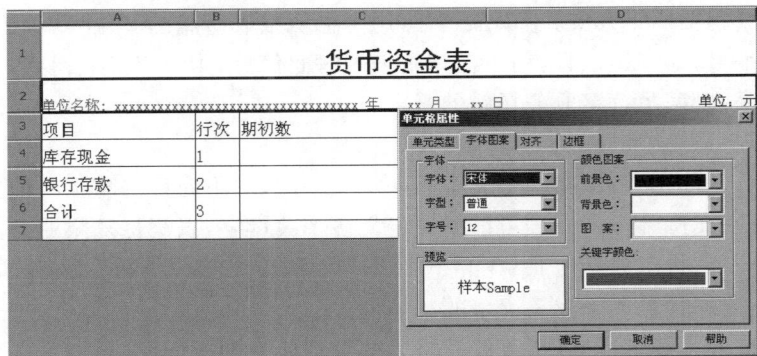

图 6-9　单元风格

(4)单击"对齐"选项卡，设置对齐方式"居中"，单击"确定"按钮。

第七步：定义单元属性

(1)选定单元格"D7"。

(2)执行"格式"→"单元属性"命令，打开"单元格属性"对话框，如图 6-10 所示。

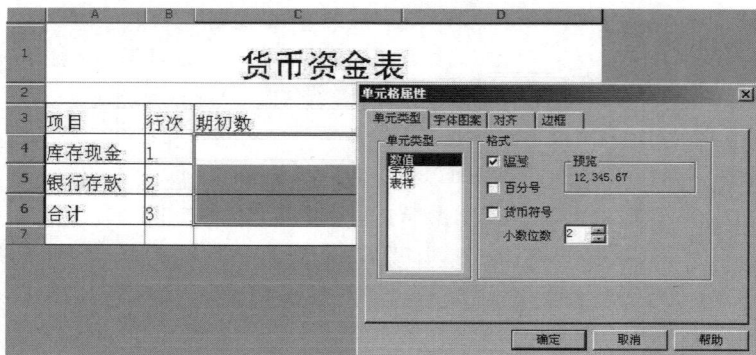

图 6-10　单元属性

（3）单击"单元类型"选项卡，单击"字符"选项，单击"确定"按钮。

注意：

1.格式状态下输入内容的单元均默认为表样单元，未输入数据的单元均默认为数值单元，在数据状态下可输入数值。若希望在数据状态下输入字符，应将其定义为字符单元。

2.字符单元和数值单元输入后只对本表页有效，表样单元输入后对所有表页有效。

6.2.3　设置关键字

关键字是一种游离于单元之外的特殊数据单元，用于唯一标识一个表页，以便在大量表页中快速定位和选择目标表页。关键字的定义主要包括两个步骤：设置关键字和调整关键字在表页上的位置。

1.关键字类型

关键字主要包括以下几类：①单位名称，用于标识报表所属的单位；②单位编号，用于标识单位的唯一编号；③年、月、日，用于标识报表的时间信息；④自定义关键字，根据实际需求自定义的关键字，以满足特定业务场景的需求。

2.设置规则

（1）唯一性。每个关键字在同一表中只能定义一次，即不允许出现重复的关键字。

（2）多关键字支持。每张报表可以同时定义多个关键字，以满足复杂业务需求。

（2）状态分离。状态分离包括：①格式状态，在格式状态下设置关键字的位置和样式；②数据状态，在数据状态下录入关键字的具体值。

通过合理设置关键字，可以显著提升报表的管理效率和查询便捷性。

【例 6-3】接例 6-2，设置并调整关键字。

操作步骤如下：

（1）选中需要输入关键字的组合单元"A2"。

（2）执行"数据"→"关键字"→"设置"命令，打开"设置关键字"对话框，如图 6-11 所示。

（3）单击"单位名称"单选按钮，单击"确定"按钮。

（4）同理，设置"年""月""日"关键字。

（5）执行"数据"→"关键字"→"偏移"命令，打开"定义关键字偏移"对话框，如图 6-12 所示。

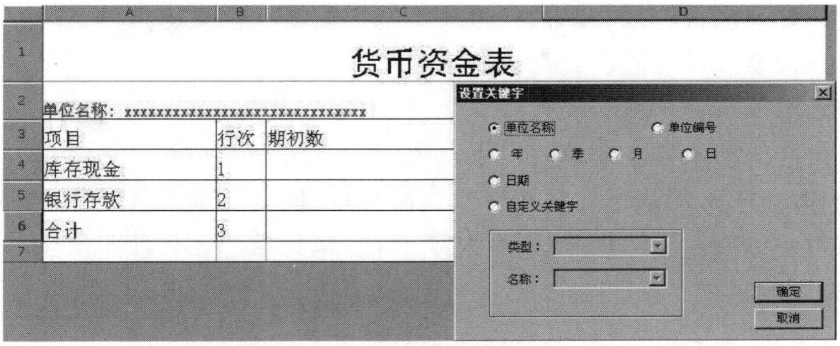

图 6-11　关键字设置

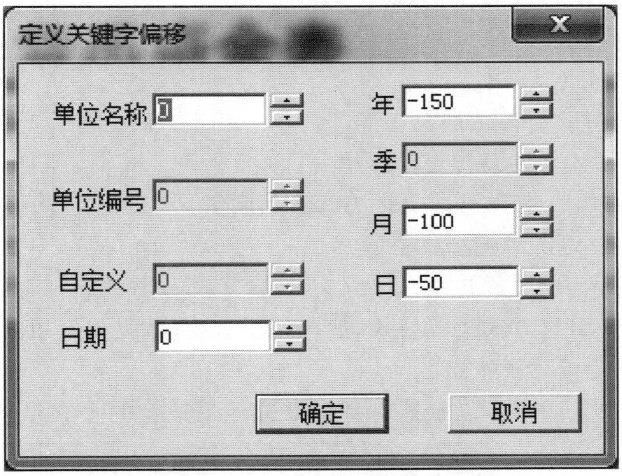

图 6-12　关键字偏移设置

（6）在需要调整位置的关键字后面输入偏移量。

（7）单击"确定"按钮。

注意：

1.每个报表可以同时定义多个关键字。

2.如果要取消关键字，须执行"数据"→"关键字"→"取消"命令。

3.关键字的位置可以用偏移量来表示，负数值表示向左移，正数值表示向右移。在调整时，可以通过输入正或负的数值来调整。

4.关键字偏移量单位为像素。

6.2.4　报表公式设置

1.定义单元公式

单元公式是报表编制过程中用于确定表单元数据来源的关键函数。其核心功能在于从指定的账套中提取数据并进行运算，最终将结果填充至相应的表单元中。单元公式的设置是报表编制中不可或缺的一环。

函数的作用在于简化报表数据来源的定义，为用户提供一套高效的数据提取工具。报表系统的编制能力在很大程度上取决于其提供的取数函数的丰富程度。取数函数越丰富，报表系统的数据处理能力越强。函数在报表系统中扮演着桥梁的角色,连接着不同系统、不同表页以及不同报表文件之间的数据传递。

1)单元公式所涉及的函数

单元公式所涉及的函数主要分为以下几类。

(1)账务函数。账务函数主要包括期初余额函数、期末余额函数、发生额函数等。

基本格式为:函数名("科目编码",会计期间,["账套号"],[会计年度],[编码1],[编码2])。

(2)本表页取数函数。本表页取数函数主要包括:①数据合计——PTOTAL();②平均值——PAVG();③最大值:PMAX();④最小值——PMIN()。

(3)本表其他表页取数函数。主要函数为:SELECT()。

(4)其他报表取数函数。

2)单元公式的实现方式

单元公式的实现方式有以下两种:

(1)键盘直接录入公式。

① 优点:输入速度快,适合对系统较为熟悉的用户。

② 缺点:需要用户熟练掌握公式格式。

(2)函数向导引导输入。

①优点:系统通过引导方式生成公式,适合初学者使用,操作简单易学。

② 缺点:编辑速度相对较慢。

通过以上两种方式,用户可以根据自身需求选择最适合的公式设置方法,以实现高效、准确的报表编制。

【例6-4】接例6-3,定义单元公式——直接输入公式。

操作步骤如下:

(1)选定需要定义公式的单元"C4",即"工资"的发生额。

(2)执行"数据"→"编辑公式"→"单元公式"命令,打开"定义公式"对话框。

(3)在定义公式对话框内直接输入总账期初函数公式:QC("1001",月),单击"确认"按钮,如图6-13所示。用向导方式设置公式,如图6-14至图6-17所示。

图6-13　手工公式设置

(4)同理输入其他公式,如图6-18。

注意:

1.单元公式中涉及的符号均为英文半角字符。

2.单击"fx"按钮或双击某公式单元或按"="键,都可打开"定义公式"对话框。

3.如果未进行账套初始,那么账套号和会计年度需要直接输入。

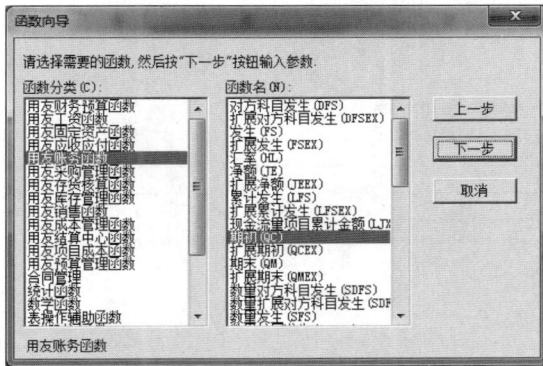

图 6-14　向导方式设置公式 1

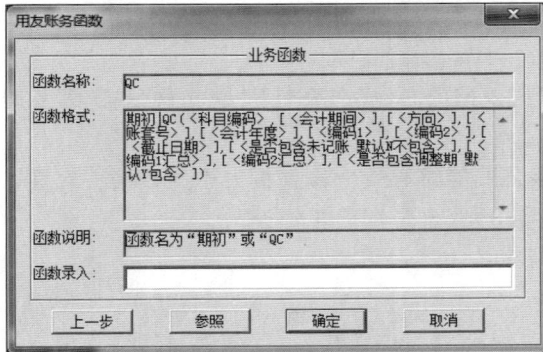

图 6-15　向导方式设置公式 2

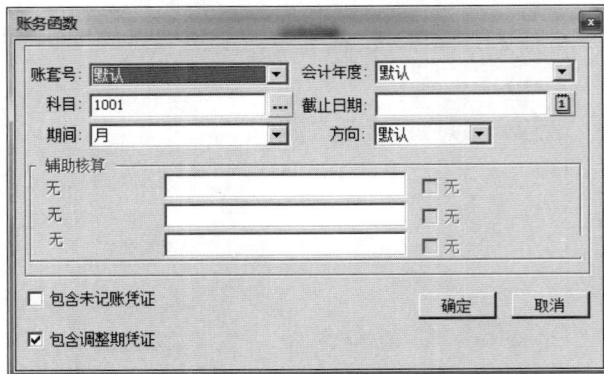

图 6-16　向导方式设置公式 3

图 6-17　向导方式设置公式 4

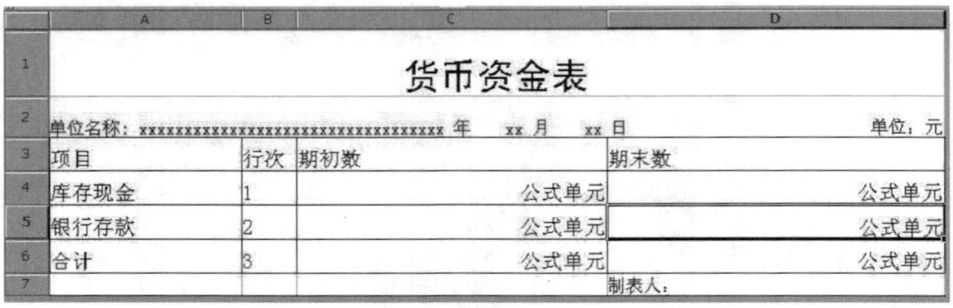

图 6-18　公式设置完毕

2.定义审核公式

报表审核公式是用于验证报表数据之间勾稽关系是否正确的检查公式。其主要用途包括:在报表数据来源定义完成后,审核报表的合法性;在报表数据生成后,审核报表数据的正确性。需要注意的是,审核公式并非必须定义。

审核公式由关系公式和提示信息组成。

基本格式为:C12＝F12 MESS"资产合计数期初数≠负债及所有者权益合计数期初数"。

通过这种格式,审核公式能够有效地检查报表中的数据一致性,并在发现不一致时提供明确的提示信息,帮助用户快速定位和修正错误。

【例 6-5】定义审核公式。

操作步骤如下:

(1)执行"数据"→"编辑公式"→"审核公式"命令,打开"审核公式"对话框。

(2)在审核关系列表框中输入 c6＝d6 mess "哈哈,测试审核公式的!",如图 6-19 所示。

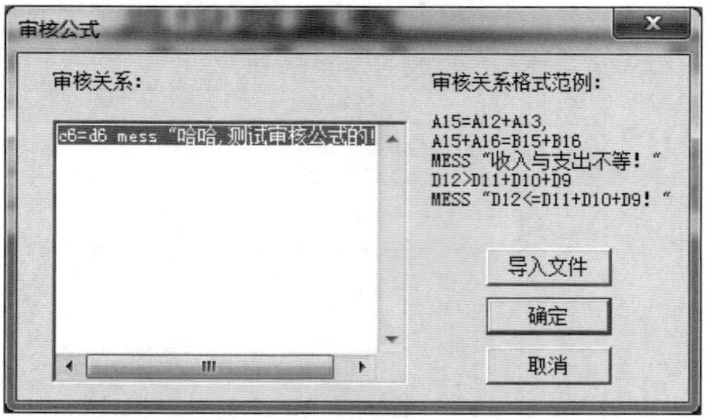

图 6-19　审核公式设置

(3)单击"确定"按钮。

3.定义舍位公式

舍位公式是一种用于对报表数据进行位数转换的操作,通常将数据从"元"单位转换为"千元"或"万元"单位,这一过程称为舍位操作。舍位操作后,原始数据的平衡关系可能会因小数位的四舍五入而被破坏。因此,需要对舍位后的数据重新调整平衡关系,以确保其符合指定的平衡公式。这种用于舍位操作并重新调整数据平衡关系的公式称为舍位平衡公式。需要注意的是,舍位公式并非必须设置。

舍位平衡公式的设定需要明确要舍位的表名、舍位范围、舍位位数、平衡公式。

【例 6 - 6】接例 6 - 5,定义舍位平衡公式,生成"千元"为单位的报表并平衡。

操作步骤如下:

(1)执行"数据"→"编辑公式"→"舍位公式"命令,打开"舍位平衡公式"对话框。

(2)确定如下信息。舍位表名"QYB",舍位范围"C4:D6",舍位位数"3",平衡公式"C6＝C4＋C5,D6＝D4＋D5",如图 6 - 20 所示。

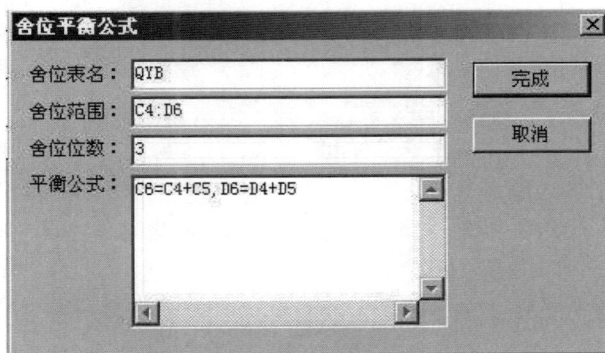

图 6 - 20　舍位平衡公式设置

(3)单击"完成"按钮。

注意:

1. 舍位平衡公式是指用来重新调整报表数据舍位后的小数位平衡关系的公式。

2. 每个公式一行,各公式之间用逗号","(半角)隔开,最后一条公式不用写逗号,否则公式无法执行。

3. 等号左边只能为一个单元(不带页号和表名)。

4. 舍位公式中只能使用"＋""－"符号,不能使用其他运算符及函数。

6.2.5　报表数据生成

报表数据生成是制作报表过程中至关重要的一环。它依托于预先设定好的报表格式,通过单元公式从相关数据源中提取数据,并将其填充到相应的单元格中,最终形成完整的报表数据。这一过程在人工监督下由计算机自动执行,确保了数据的准确性和效率。

特别需要指出的是,会计报表往往与日期紧密相关。在定义报表结构时,虽然可以不设定具体日期,但在实际生成报表时,必须明确报表的日期范围。例如,资产负债表和利润表等会计报表,通常只能在月末结账后才能生成。若在月中尝试生成报表,即便所有公式设置无误,也会因数据不完整而导致报表错误。

会计报表的输出方式多样,主要包括以下几种:

(1)屏幕显示输出。这种方式主要用于用户检查报表的定义和编制是否正确。为了突出显示关键内容,通常会省略不必要的表格线,以便更清晰地展示数据。

(2)打印输出。打印输出提供的是符合正式要求的报表。在打印过程中,用户可以进行页面设置和打印设置等操作。例如,库存现金日记账和银行存款日记账通常需要每日打印,而资产负债表和利润表等月报则每月打印一次,现金流量表则通常在中期期末和年末打印。

（3）图形输出。为了更直观地分析和理解报表数据,系统支持将数据以图形形式展示。UFO图表格式提供了多种图表类型,如直方图、圆饼图、折线图和面积图等,便于用户进行数据对比、趋势分析和结构分析。

此外,系统还支持其他输出方式,如磁盘输出、网络传送等,以满足不同场景下的需求。这些多样化的输出方式为用户提供了灵活的选择,确保报表数据能够以最合适的形式呈现和传递。

【例6-7】 基于自己的账套取数,生成2022年1月份报表数据页。

操作步骤如下:

查看空白报表底部下角的"格式/数据"按钮,使当前状态为"数据"状态。

第一步:打开报表。

（1）启动UFO系统,执行"文件"→"打开"命令。

（2）选择需要打开的报表文件"货币资金表.rep",单击"打开"按钮。

（3）单击空白报表底部左下角的"格式/数据"按钮,使当前状态为"数据"状态。

注意:报表数据处理必须在"数据"状态下进行。

第二步:输入关键字值。

（1）执行"数据"→"关键字"→"录入"命令,打开"录入关键字"对话框。

（2）输入单位名称"北极星公司",年"2022",月"1",日"31",如图6-21所示。

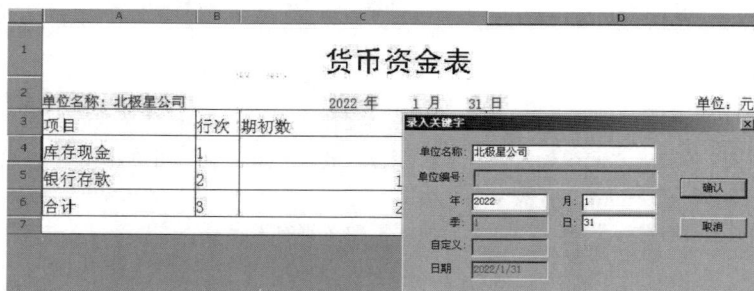

图6-21　录入关键字

（3）单击"确认"按钮,弹出"是否重算第1页?"对话框。

（4）单击"是"按钮,系统会自动根据单元公式计算1月份数据开始整表计算;单击"否"系统不计算1月份数据,以后可利用"表页重算"功能生成1月数据。

注意:

1.每一张表页均对应不同的关键字值,输出时随同单元一起显示。

2.日期关键字可以确认报表数据取数的时间范围,即确定数据生成的具体日期。

第三步:表页重算。

（1）执行"数据"→"表页重算"命令,弹出"是否重算第1页?"提示框。

（2）单击"是"按钮,系统会自动在初始的账套和会计年度范围内根据单元公式计算生成数据。

以下步骤不是必须操作的:

1. 报表舍位操作

(1)执行"数据"→"舍位平衡"命令。

(2)系统会自动根据前面定义的舍位公式进行舍位操作。

2. 报表审核操作

(1)执行"数据"→"审核"命令。

(2)系统会自动根据前面定义的审核公式进行审核操作。

3. 报表汇总操作

(1)执行"数据"→"汇总"命令。

(2)系统会自动汇总各表页的数据,可生成新表,也可以汇总到最后的表页。

6.3　模板报表

通过报表格式定义和公式定义,用户可以创建个性化的自定义报表。用友 UFO 报表系统不仅提供了多个行业的标准化财务报表模板,还支持用户根据实际需求灵活设计报表。

利用系统内置的报表模板,用户可以快速生成符合要求的财务报表。此外,对于企业常用但模板中未提供的报表,用户可以在自定义报表格式和公式后,将其保存为新的报表模板,便于日后直接调用,提高工作效率。

【例 6-8】利用报表模板生成利润表。

操作步骤如下:

第一步:调用利润表模板。

执行"格式"→"报表模板"命令,打开"报表模板"对话框,如图 6-22 所示。

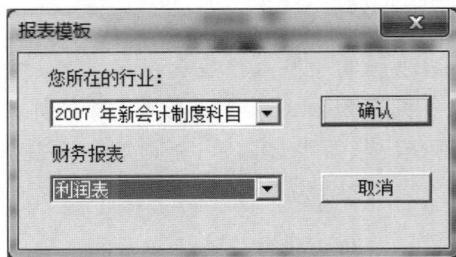

图 6-22　调用报表模板

(2)选择你所在的行业,财务报表"利润表"。

(3)单击"确认"按钮,弹出"模板格式将覆盖本表格式!是否继续?"提示框。

(4)单击"确定"按钮,即可打开"利润表"模板。如图 6-23 所示。

第二步:调整报表模板。

(1)单击"数据"→"格式"按钮,将"利润表"处于格式状态。

(2)根据本单位的实际情况,调整报表格式,修改报表公式,如在格式状态下,添加关键字"单位名称"。

(3)保存调整后报表模板。

第三步:生成利润表数据。

	A	B	C	D
1	利润表			
2				会企02表
3	编制单位:	xxxx 年	xx 月	单位:元
4	项　　目	行数	本期金额	上期金额
5	一、营业收入	1	公式单元	公式单元
6	减：营业成本	2	公式单元	公式单元
7	营业税金及附加	3	公式单元	公式单元
8	演示数据 销售费用	4	公式单元	公式单元
9	管理费用	5	公式单元	公式单元
10	财务费用	6	公式单元	公式单元
11	资产减值损失	7	公式单元	公式单元
12	加：公允价值变动收益（损失以“-”号填列）	8	公式单元	公式单元
13	投资收益（损失以“-”号填列）	9	公式单元	公式单元
14	其中:对联营企业和合营企业的投资收益	10		
15	二、营业利润（亏损以“-”号填列）	11	公式单元	公式单元
16	加：营业外收入	12	公式单元	公式单元

格式

图 6-23　利润表模板

(1)在数据状态下，执行“数据”→“关键字”→“录入”命令，打开“录入关键字”对话框。

(2)输入关键字：单位名称“北极星公司”，年“2022”，月“1”，日“31”。

(3)单击“确认”按钮，弹出“是否重算第 1 页?”提示框。

(4)单击“是”按钮，系统会自动根据单元公式计算 1 月份数据；单击“否”按钮系统不计算 1 月份数据，以后可利用“表页重算”功能生成 1 月数据。

第四步：另存为“北极星公司利润表.rep”，保存并关闭报表。

本章小结

通过本章的学习，我们应深刻认识到现代信息技术在会计领域的广泛应用，使得企业能够自动编制并审核会计报表，从而更加便捷地对外提供真实、完整的财务会计报告。本章重点介绍了报表子系统下会计报表编制的基本流程和一般功能，包括报表格式的设置与编制方法、报表的生成与输出，以及报表数据的图形化表示。与传统的会计报表手工处理方式相比，会计信息系统在报表设置、审核、图形化显示、查询等方面展现出显著的优越性，极大地提升了工作效率和准确性。

上机实验八　自定义报表

【操作准备】

引入“上机实验六”的备份数据。将系统日期改为 2022 年 1 月 31 日，由操作员“LW 刘伟(密码 1)”注册信息门户。

【操作要求】

(1)设计“固定资产状况表”的格式。

(2)设计“固定资产状况表”的计算公式。

(3)保存报表格式至“我的文档”中，文件名：GDZC.rep。

(4)打开“我的文档”中文件名为 GDZC.rep 的报表文件。

(5)生成 2022 年 1 月 31 日，黄河有限责任公司“固定资产状况表”的数据，并保存。

【操作数据】

固定资产状况表

编制单位：　　　　　　　　　　××年 ××月 ××日　　　　　　　　　　单位:元

项目	期初数	期末数
固定资产		
累计折旧		
净值		

说明:编制单位、年、月、日设置为关键字。

B4 固定资产期初数公式:QC("1601",月)

C4 固定资产期末数公式:QM("1601",月)

B5 累计折旧期初数公式:QC("1602",月)

C5 累计折旧期末数公式:QM("1602",月)

B6 净值期初数公式:B4－B5

C6 净值期末数公式:C4－C5

上机实验九　模板报表

【操作准备】

同上机实验八

【操作要求】

(1)按"一般企业(2007 年新会计准则)",生成 2022 年 1 月,黄河有限责任公司的"资产负债表""利润表"。

(2)保存"资产负债表"到 ZCFZ.rep 文件,"利润表"到 LRB.rep 文件。

上机实验十　账务处理综合训练

【操作要求】

这是一套阶段性自测题,希望读者能在 60 分钟之内完成此账务综合训练,看看自己是否熟练掌握操作账务处理系统。

【操作数据】

先将电脑时钟调整到 2022－1－1,然后做如下题目:

1.新建账套

(1)账套信息。账套号:555;账套名称:自己姓名＋公司;采用默认账套路径;启用会计期:2022 年 1 月;会计期间设置:1 月 1 日至 12 月 31 日。

(2)单位信息。单位名称:自己姓名＋公司;

(3)核算类型。该企业的记账本位币为人民币(RMB);企业类型为工业;行业性质为 2007 新会计准则;账套主管为 demo;按行业性质预置科目。

(4)基础信息。该企业有外币核算,进行经济业务处理时,不需要对存货、客户、供应商进行分类。

（5）分类编码方案。科目编码级次：4222；其他均设置为默认。

（6）数据精度。该企业对存货数量、单价小数位定为2。

（7）系统启用。"总账"模块的启用日期为"2022年1月1日"。

2. 增加用户及权限

编号	姓名	口令	所属部门
01	自己的姓名	11	财务部
02	张明	22	财务部

（1）自己：账套主管，具有系统所有模块的全部权限。

（2）张明：会计，具有"总账""财务报表""工资""固定资产"的全部权限。

3. 基础资料设置

（1）公司部门：

代码	名称
1	办公室
2	财务科

（2）职员：

编码	姓名	部门
001	张一	办公室

（3）客户资料：

客户代码	客户名称
001	长城公司

（4）供应商资料：

供应商代码	供应商名称
001	腾达公司

（5）币别资料：

代码	名称	汇率
HKD	港币	1.01（固定汇率）
USD	美元	6.85（固定汇率）

（6）凭证字：【记】。

（7）结算方式：1　承兑，2　支票。

4. 增加或修改会计科目：

指定科目：现金和银行存款

科目代码	科目姓名	外币核算	核算项目
100201	建行		银行、日记

续表

科目代码	科目姓名	外币核算	核算项目
100202	招行	美元	银行、日记
1221	其他应收款		个人往来
1122	应收账款		客户往来
2202	应付账款		供应商往来
6602	管理费用		部门
660201	差旅费		部门
660202	折旧费		部门

5.科目期初余额：

科目	方向	期初余额
现金(1001)	借	5000
银行存款(1002)	借	1105000
建行(100201)	借	1105000
应收账款(1122)	借	80000(长城公司)
固定资产(1501)	借	740000
短期借款(2101)	贷	1859060
应付账款(2202)	贷	70940(腾达公司)

6.记账凭证的录入

调整总账参数：可以使用应收、应付受控科目。

(1)1 月 5 日,付员工张一差旅费用 500,用现金支付。

　　　借:管理费用——差旅费(办公室张一)

　　　　　贷:库存现金

(2)1 月 6 日,收到长城公司的欠款,20000 元支票入建行账户。

　　　借:银行存款——建行(支票,票号 1234)

　　　　　贷:应收账款(长城公司)

(3)1 月 7 日,收到投资款 300000 美元,入招行账户。

　　　借:银行存款——招行(支票,票号 9876)

　　　　　贷:实收资本

(4)1 月 31 日,按固定资产原值 0.5%计提折旧。

　　　借:管理费用——折旧费(办公室)

　　　　　贷:累计折旧

7.审核凭证

8.凭证记账

9.将本月的损益类科目的本期余额全部自动转入本年利润科目,自动生成结转损益记账凭证注意：转账前，先定义转账凭证，设置"本年利润"科目代码。后生成转账凭证。最后要将生成的凭证审核记账。

10.进行期末结账处理

11.定义如下简易"资产负债表"

资产负债表

编制单位：　　　　　　　　　　　年　　月　　日　　　　　　　　　　　单位:元

资产	行次	期初数	期末数
流动资产：	1		
货币资金	2		
应收账款	3		
资产合计	4		

说明：编制单位、年、月、日设置为关键字。

12.考试结束，打开报表显示数据并打开总账余额表等待老师评分。祝好运！！！

第7章　薪资管理

知识目标

通过本章学习,应掌握:

1.薪资系统初始化、日常业务处理的主要流程;

2.工资账套和企业账套的区别;

3.工资项目、工资计算公式、个人所得税税率、五险一金等薪资相关概念。

实践目标

通过本章的学习与实践,您应掌握以下技能:

1.工资账套的建立。能够独立完成工资账套的创建与设置。

2.工资类别与人员类别的管理。掌握工资类别和人员类别的建立方法,以及工资项目和计算公式的设置技巧。

3.工资数据与个人所得税的计算。熟练进行工资数据的计算,并掌握个人所得税的计算方法。

4.工资分摊与转账凭证生成。能够完成工资分摊操作,并生成相应的转账凭证。

5.账表查询与统计分析。熟悉工资相关账表的查询方法,并能对数据进行统计分析。

7.1　薪资管理流程

薪资核算与管理是企业人力资源管理的核心环节,其准确性与公正性直接关系到员工的切身利益,对激发员工积极性、协调企业与员工之间的经济关系具有深远影响。作为企事业单位中频繁使用的功能模块,薪资管理在用友 ERP-U8 管理软件中被整合为人力资源管理系统的一个子系统。该子系统以员工薪资原始数据为基础,执行应发工资、扣款小计及实发工资的计算,编制工资结算单;按部门及人员类别进行汇总,计算个人所得税;提供多样化的查询与打印功能,包括薪资发放表、各类汇总表及个人工资条;并负责工资费用的分配与计提,实现自动转账处理。

7.1.1 工资系统结构图

工资系统的架构包含初始化、日常业务处理、凭证生成、账表查询及月末处理五大模块。特别地,凭证生成模块专注于工资费用分摊凭证的创建,其作为工资系统与总账系统的桥梁,凸显了其重要性。工资系统的整体结构如图7-1所示。

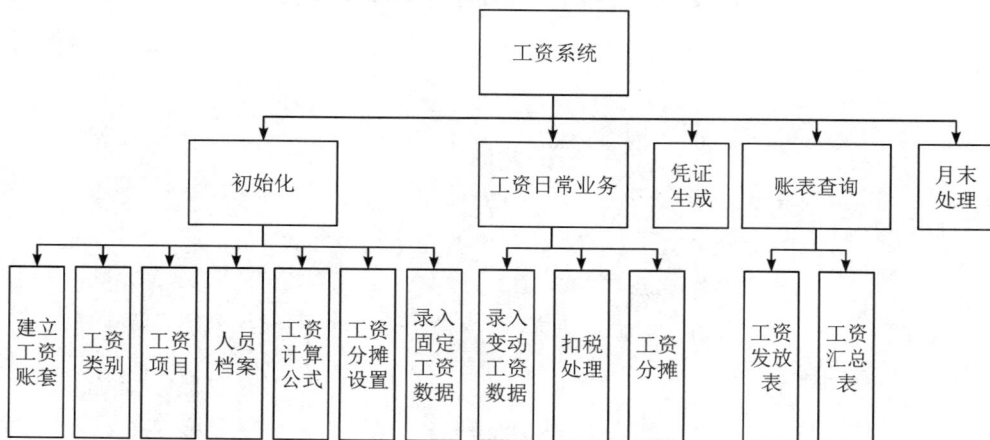

图7-1 工资系统结构

7.1.2 工资系统流程图

在工资系统的操作流程中,关键步骤包括:首先,需预先定义工资项目以设置计算公式,而设置公式的前提是必须建立完整的人员档案。其次,工资的计算与汇总是进行工资费用分摊的前提,分摊过程中系统将自动生成相应的会计凭证。工资系统的详细流程如图7-2所示。

7.2 工资系统初始化

工资系统的计算机处理流程与手工操作类似,但用户需进行初始设置。这些设置包括部门、人员类别、工资项目、计算公式、个人工资信息、个人所得税设置、银行代发设置以及各种报表模板的定义等。一旦设置完成,每月只需对变动部分进行调整,系统将自动进行计算和汇总,生成各类报表。工资管理系统的初始设置主要分为建立工资账套和基础信息设置两大部分。

7.2.1 启用工资系统

1. 知识讲解

企业在建立账套时,通常不会立即启用所有相关系统。因此,当需要使用工资系统时,必须先手动启用该系统。需要注意的是,子系统的启用日期应等于或晚于账套的启用日期。

2. 操作步骤

(1)以账套主管身份登录企业应用平台。

工资系统

初始化

建立工资账套

设置工资类别

设置工资项目　　　设置人员档案

定义计算公式

录入固定工资数据　　　工资分摊设置

录入变动工资数据

计算汇总　　　扣税处理

工资费用分摊

生成凭证

传递到账务处理系统审核记账

工资系统结账

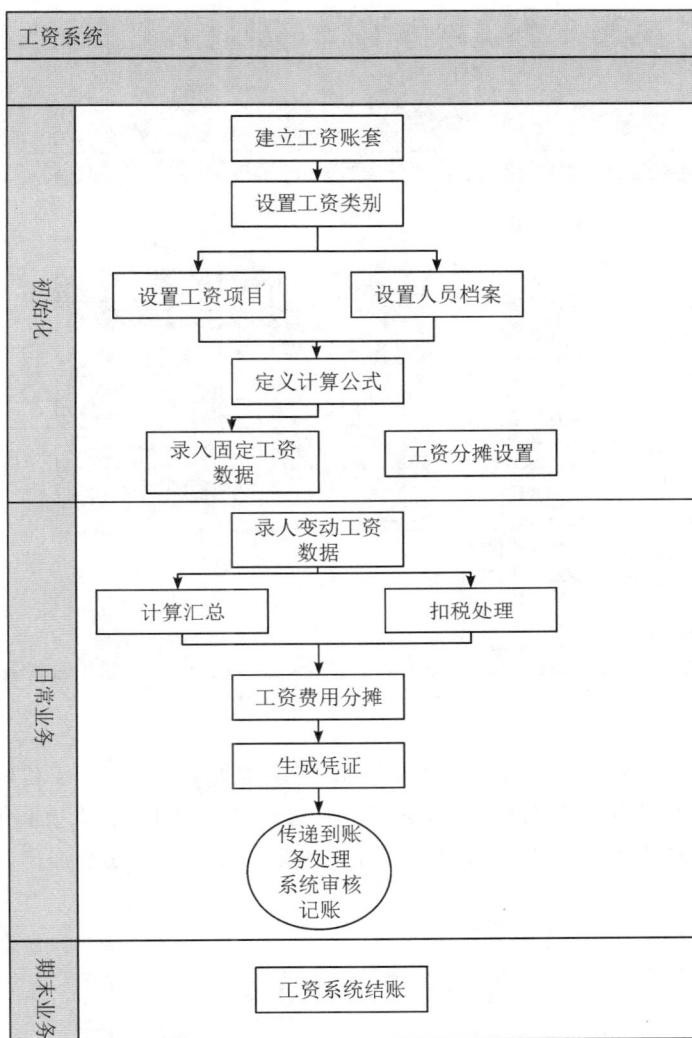

图 7-2　工资系统流程

（2）依次执行"基础设置"→"基本信息"→"系统启用"命令，进入系统启用界面。

（3）在"薪资管理"所在行的复选框内打"√"，并选择启用日期为"2022-01-01"。系统将弹出提示："确实要启用当前系统吗？"点击"是"按钮，即可完成工资系统的启用，如图 7-3 所示。

通过以上步骤，企业可以顺利启用工资系统，为后续的工资计算和管理打下基础。

7.2.2　建立工资账套

工资账套与系统管理中的账套是两个不同的概念。系统管理中的账套是针对整个核算系统的，而工资账套则是专门针对薪资管理子系统的。要建立工资账套，首先需要在系统管理中为本单位建立核算账套。建立工资账套时，可以按照建账向导的指引，分四个步骤进行：参数设置、扣税设置、扣零设置和人员编码。

图 7 - 3　启用薪资系统

【例 7 - 1】001 账套薪资系统的参数如下：工资类别有两个；工资核算本位币为人民币；不核算计件工资；自动代扣个人所得税；进行扣零设置且扣零到元；人员编码长度采用系统默认。工资类别为"基本人员"和"编外人员"，并且基本人员分布各个部门，而编外人员只属于综合部门。

操作步骤如下：

(1)在企业应用平台中，执行"人力资源"→"薪资管理"命令，打开"建立工资套—参数设置"对话框。

(2)选择本账套所需处理的工资类别个数为"多个"，如图 7 - 4 所示。

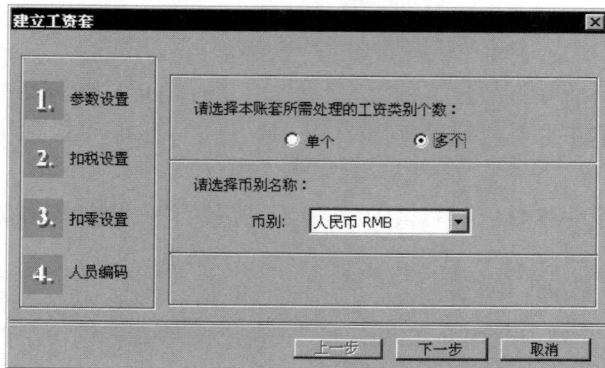

图 7 - 4　建立工资套—参数设置

（3）单击"下一步"按钮，打开"建立工资套一扣税设置"对话框，选中"是否从工资中代扣个人所得税"复选框，单击"下一步"按钮，打开"建立工资套一扣零设置"对话框。

（4）单击选中"扣零"前的复选框，再选择"扣零至元"，如图 7-5 所示。

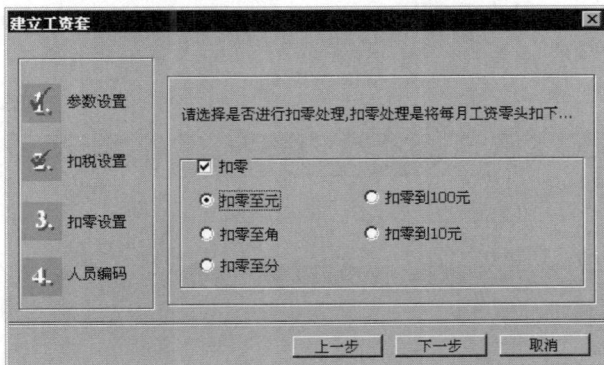

图 7-5　建立工资套—扣零设置

（5）单击"下一步"按钮，如图 7-6 所示。

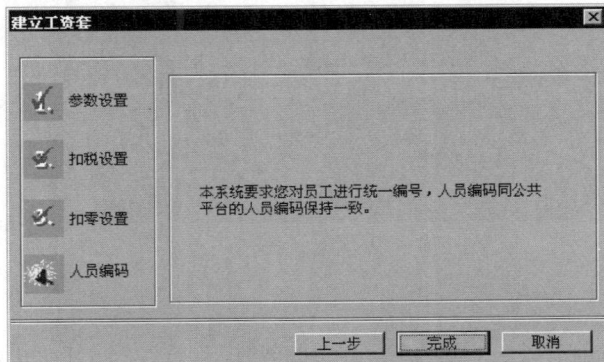

图 7-6　建立工资套—人员编码

（6）单击"完成"按钮，完成建立工资套的过程。

注意：

1. 如果单位按周或每月多次发放薪资，或者是单位中有多种不同类别（部门）人员，工资发放项目不尽相同，计算公式也不相同，但需要进行统一工资核算管理，应选择"多个"工资类别。反之，如果单位中所有人员工资按统一标准进行管理，而且人员的工资项目、工资计算公式全部相同，则选择"单个"工资类别。

2. 选择代扣个人所得税后，系统将自动生成工资项目"代扣税"，并自动进行代扣税金的计算。

3. 扣零处理是指每次发放工资时将零头扣下，积累取整，在下次发放工资时补上，系统在计算工资时将依据扣零类型（扣零至元、扣零至角、扣零至分）进行扣零计算。一旦选择了"扣零处理"，系统会自动在固定工资项目中增加"本月扣零"和"上月扣零"两个项目，扣零的计算公式将由系统自动定义，不用设置。

4. 建账完成后，部分建账参数可以在"设置"→"选项"中进行修改。

7.2.3　设置人员附加信息

此项设置可增加人员信息，丰富人员档案的内容，便于对人员进行更加有效的管理。例如,增加设置人员的性别、民族、婚否等。

【例7-2】设置人员附加信息为"学历"和"技术职称"。

操作步骤如下:

(1)执行"设置"→"人员附加信息设置"命令,打开"人员附加信息设置"对话框。

(2)单击"增加"按钮,单击"栏目参照"栏的下三角按钮,选择"学历";同理,增加"技术职称",如图7-7所示。

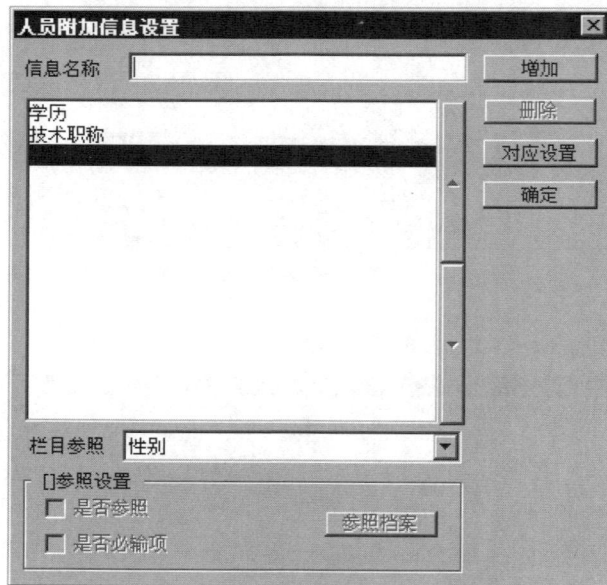

图7-7　人员附加信息设置

注意:

1.如果工资管理系统提供的有关人员的基本信息不能满足实际需要,可以根据需要进行人员附加信息的设置。

2.已使用过的人员附加信息可以修改,但不能删除。

3.不能对人员的附加信息进行数据加工,如公式设置等。

7.2.4　设置工资项目

工资项目是工资发放的核心组成部分,涵盖了应发、扣款及实发等各类项目。其设置内容包括项目名称、类型、宽度、小数位数以及增减项属性。系统中预设了一些固定项目,这些项目是工资核算中不可或缺的,包括"应发合计""扣款合计"和"实发合计"。这些固定项目不可删除或重命名,以确保工资核算的准确性和完整性。

除固定项目外,用户可根据实际需求自定义或参照增加其他工资项目。例如,常见的自定义项目包括基本工资、奖励工资、请假天数等。需要注意的是,在此设置的工资项目将适用于所有工资类别,即全局生效。

特别说明:所有增项(如奖金、津贴等)会自动汇总至"应发合计"中,而所有减项(如社保、公积金等)则会合计到"扣款合计"中。这种设计确保了工资核算的自动化和准确性,减少了人工操作的复杂性。

【例 7 - 3】按照表 7 - 1 的资料设置企业的工资项目。

表 7 - 1 工资项目

工资项目名称	类型	长度	小数	增减项
基本工资	数字	8	2	增项
职务补贴	数字	8	2	增项
福利补贴	数字	8	2	增项
交通补贴	数字	8	2	增项
奖金	数字	8	2	增项
缺勤扣款	数字	8	2	减项
住房公积金	数字	8	2	减项
缺勤天数	数字	8	2	其他

操作步骤如下:

(1)执行"设置"→"工资项目设置"命令,打开"工资项目设置"对话框。

(2)单击"增加"按钮,从"名称参照"下拉列表中选择"基本工资",默认类型为"数字",小数位为"2",增减项为"增项"。以此方法继续增加其他的工资项目,如图 7 - 8 所示。

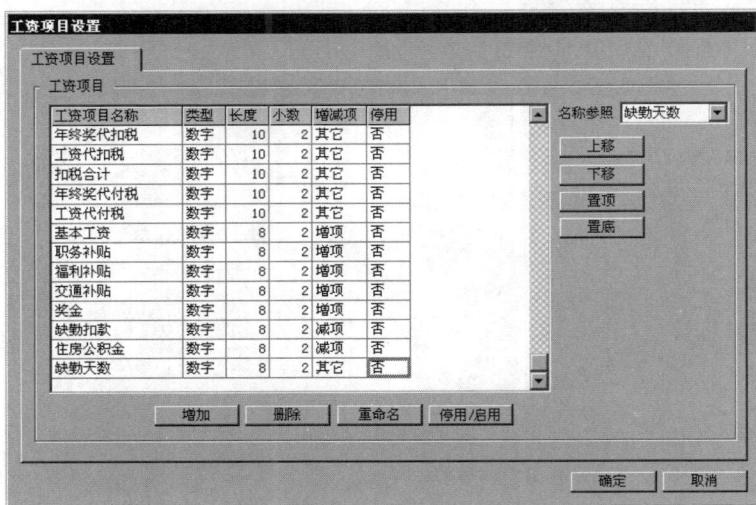

图 7 - 8 工资项目设置

注意:对于"名称参照"下拉列表中没有的项目可以直接输入;或者从"名称参照"中选择一个类似的项目后再进行修改。其他项目可以根据需要修改。

(3)单击"确定"按钮,系统弹出"工资项目已经改变,请确认各工资类别的公式是否正确。否则计算结果可能不正确"信息提示框,如图 7 - 9 所示。

(4)单击"确定"按钮。

注意:

1.此处所设置的工资项目是针对所有工资类别所需要使用的全部工资项目。

2. 系统提供的固定工资项目不能修改、删除。

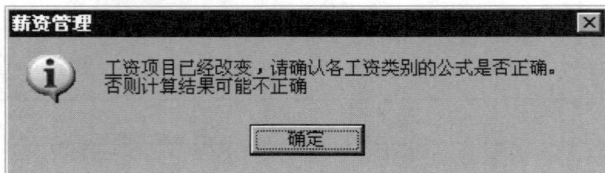

图 7 - 9　薪资管理提示

7.2.5　设置银行名称

在工资发放系统中,可根据实际需求设置多个银行名称。此处的银行名称设置适用于所有工资类别。例如:同一工资类别中的人员可能因工作地点不同,需要在不同的银行代发工资;不同的工资类别可能需要由不同的银行代发工资。

在上述情况下,均需预先设置相应的银行名称,以确保工资发放的准确性和效率。

【例 7 - 4】银行编码为 0101,银行名称为"工商银行",账号长度为 11 位,录入时自动带出的账号长度为 8 位。

操作步骤如下:

(1)在企业应用平台"基础设置"选项卡中,执行"基础档案"→"收付结算"→"银行档案"命令,打开"增加银行档案"窗口。

(2)按实验资料修改已有银行名称信息,如图 7 - 10 所示。

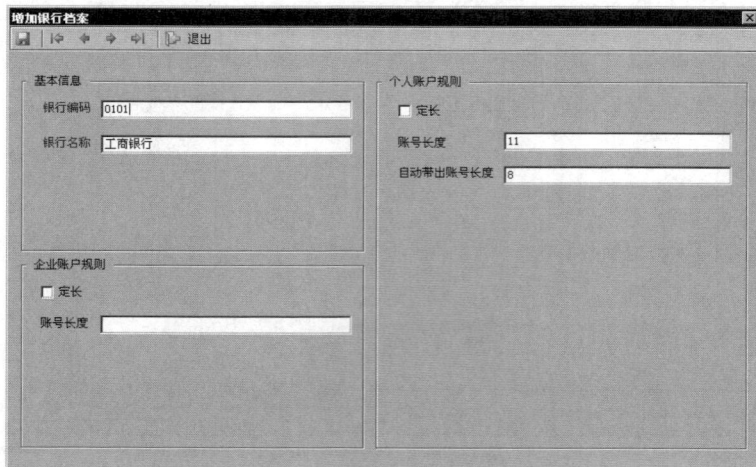

图 7 - 10　设置银行名称

(3)单击"保存"按钮并退出。

注意:

1. 系统预置了 16 个银行名称,如果不能满足需要可以在此基础上删除或增加新的银行名称。

2. 如果修改账号长度,则必须按键盘上的回车键确认。

7.2.6　工资类别管理

薪资管理系统是按工资类别来进行管理。每个工资类别下有职工档案、工资变动、工资数据、报税处理、银行代发等。对工资类别的维护包括建立工资类别、打开工资类别、删除工资类别、关闭工资类别和汇总工资类别等。

【例 7-5】工资类别为基本人员和编外人员（注：如果在建立了工资账套后已经设置了"基本人员"的工资类别，此处只需要设置"编外人员"的工资类别，否则两处工资类别均需要在此处设置）。

操作步骤如下：

(1)在薪资管理系统中，执行"工资类别"→"新建工资类别"命令，打开"新建工资类别"对话框。

(2)输入工资类别名称"基本人员"，如图 7-11 所示。

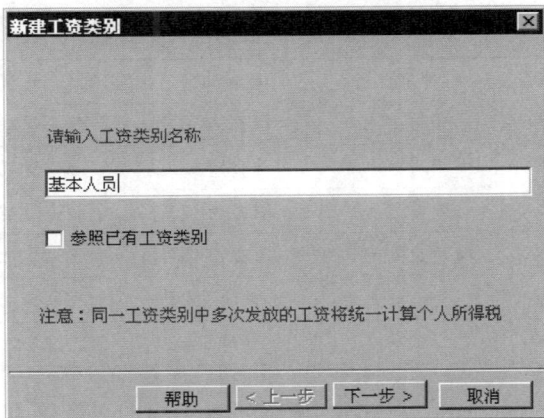

图 7-11　新建工资类别

(3)单击"下一步"按钮，打开"新建工资类别—请选择部门"对话框。

(4)分别单击选中各部门，也可单击"选定全部部门"按钮，如图 7-12 所示。

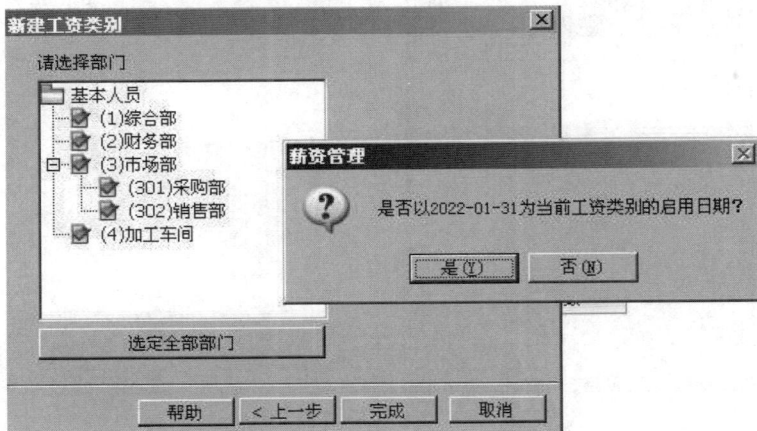

图 7-12　"新建工资类别—请选择部门"对话框

（5）单击"完成"按钮，系统提示"是否以 2022-01-31 为当前工资类别的启用日期？"，单击"是"返回。

（6）执行"工资类别"→"关闭工资类别"命令，关闭基本人员工资类别。

（7）执行"工资类别"→"新建工资类别"命令，建立"编外人员"工资类别。重复步骤（2）—（5）。

7.2.7　设置基本人员档案

人员档案的设置用于登记工资发放人员的姓名、职工编号、所在部门、人员类别等信息，此外员工的增减变动也必须在本功能中处理。人员档案的操作是针对某个工资类别的，即应先打开相应的工资类别。人员档案管理包括增加、修改、删除人员档案，人员调离与停发处理，查找人员等。

【例 7-6】按照表 7-2 的资料设置基本人员工资类别的人员档案。

表 7-2　基本人员类别的人员档案

职员编号	人员姓名	学历	职称	所属部门	人员类别	银行代发账号
0001	梁洪	大学	经济师	综合部(1)	企业管理人员	11022088001
0002	江涛	大学	经济师	综合部(1)	企业管理人员	11022088002
0003	刘威	大学	会计师	财务部(2)	企业管理人员	11022088003
0004	李明	大专	助理会计师	财务部(2)	企业管理人员	11022088004
0005	宋风	大学		采购部(301)	采购人员	11022088005
0006	张伟	大专		销售部(302)	销售人员	11022088006

操作步骤如下：

（1）执行"工资类别"→"打开工资类别"命令，打开"打开工资类别"对话框，如图 7-13 所示。选择"基本人员"工资类别，单击"确定"按钮。

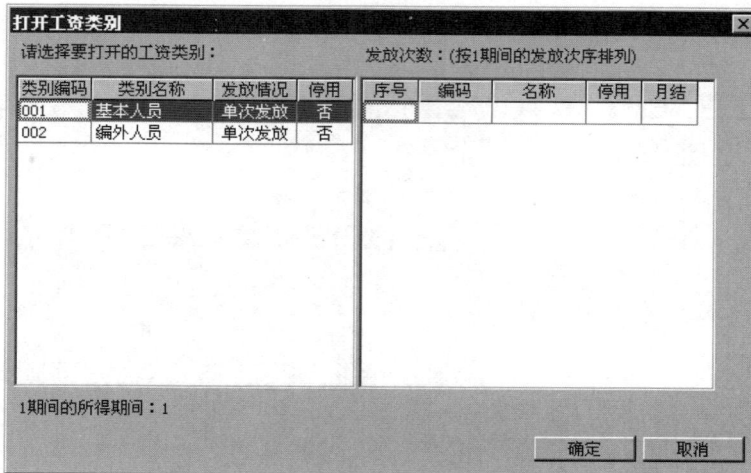

图 7-13　"打开工资类别"对话框

（2）执行"设置"→"人员档案"命令，进入"人员档案"窗口。

（3）单击"批增"按钮，打开"人员批量增加"对话框。

（4）在左窗口中分别单击选中基本人员所在部门，单击"查询"按钮，出现人员列表，如图7-14所示。单击"确定"按钮，返回"人员档案"窗口。

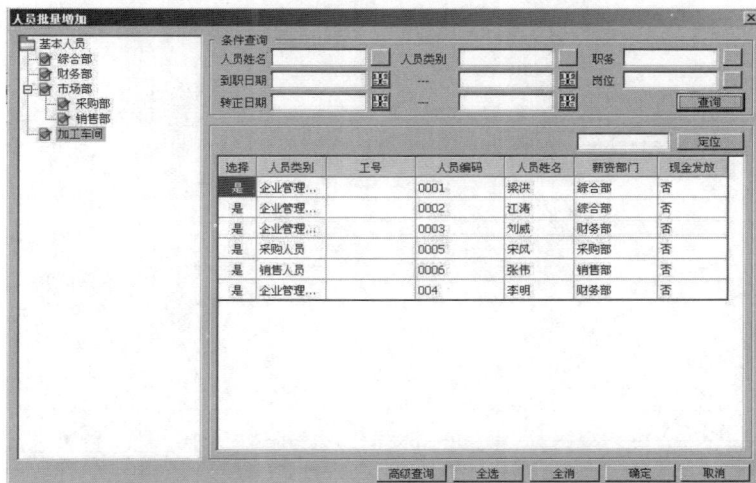

图 7-14　批量增加人员

（5）双击人员档案记录，打开"人员档案明细"对话框。在"基本信息"选项卡中，补充录入"银行名称"和"银行账号"信息。单击"附加信息"选项卡，录入"学历""技术职称"信息，如图7-15、图7-16所示。

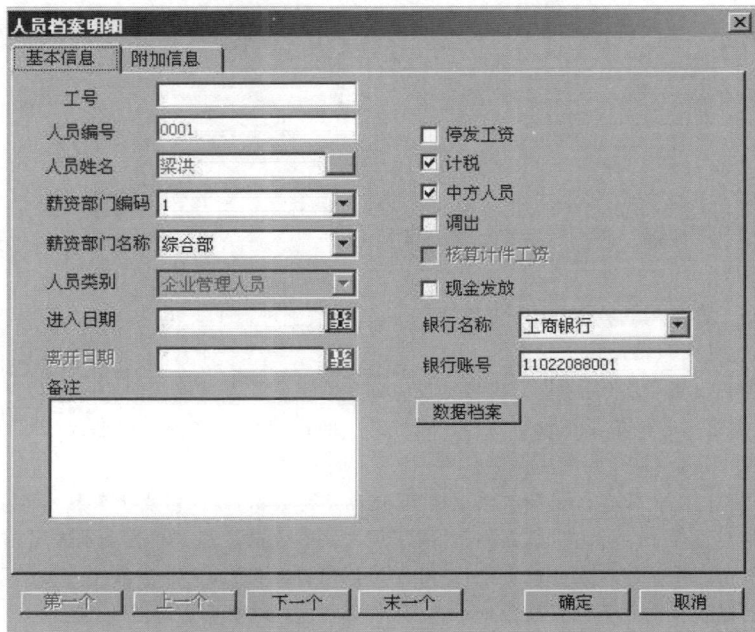

图 7-15　设置人员档案明细信息

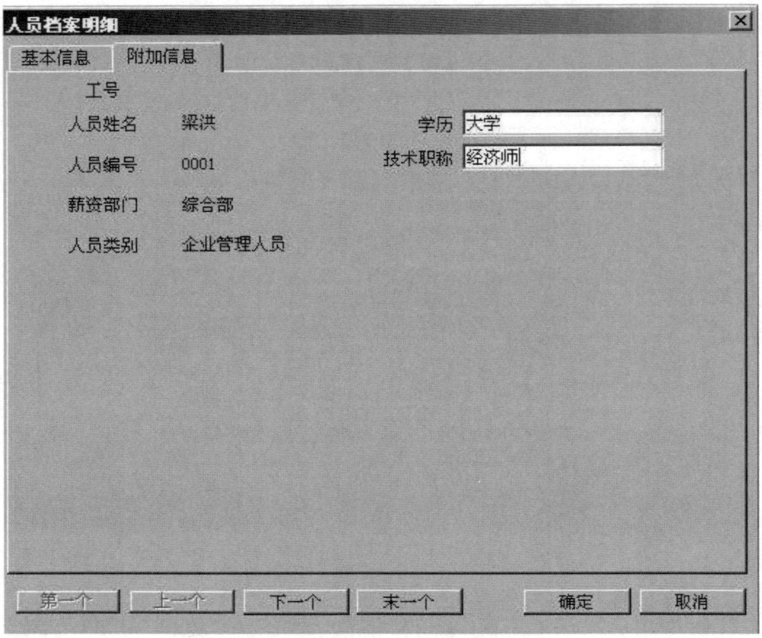

图 7－16　设置人员附加信息

(6)单击“确定”按钮,系统弹出“写入该人员档案信息吗?”信息提示框,单击“是”。

(7)继续录入其他的人员档案,录入完成后如图 7－17 所示。

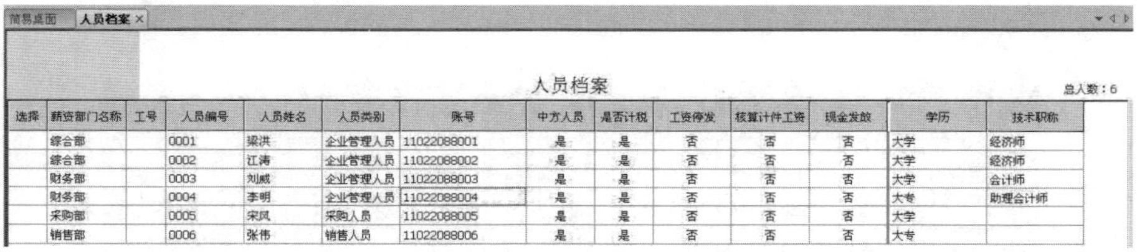

简易桌面　人员档案

人员档案　　总人数:6

选择	薪资部门名称	工号	人员编号	人员姓名	人员类别	账号	中方人员	是否计税	工资停发	核算计件工资	现金发放	学历	技术职称
	综合部		0001	梁洪	企业管理人员	11022088001	是	是	否	否	否	大学	经济师
	综合部		0002	江涛	企业管理人员	11022088002	是	是	否	否	否	大学	经济师
	财务部		0003	刘威	企业管理人员	11022088003	是	是	否	否	否	大学	会计师
	财务部		0004	李明	企业管理人员	11022088004	是	是	否	否	否	大专	助理会计师
	采购部		0005	宋凤	采购人员	11022088005	是	是	否	否	否	大学	
	销售部		0006	张伟	销售人员	11022088006	是	是	否	否	否	大专	

图 7－17　人员档案

(8)单击“退出”按钮,退出“人员档案”对话框。

注意:

1.人员类别与工资费用的分配、分摊相关,便于按人员类别进行工资汇总计算。人员类别的数据已在初始化部分设置,此处可直接使用。

2.若在银行名称设置中启用了“银行账号定长”功能,则在输入人员档案的银行账号时,输入第一个人员的银行账号后,系统会自动带出已设定的银行账号定长格式,后续只需输入剩余部分即可。

3.若账号长度不符合要求,则无法保存。

4.新增人员档案时,“停发”“调出”和“数据档案”选项不可编辑,需在修改状态下才能操作。

5.在人员档案对话框中,可点击“数据档案”按钮录入薪资数据。若需修改个别人员档案,可直接在对话框中进行调整。若需批量修改某一薪资项目,可使用数据替换功能,将符合条件人员的薪资项目统一替换为指定数据。若被替换的薪资项目已设置计算公式,则在重新计算时以公式为准。

7.2.8　设置基本人员工资项目

在系统初始化阶段,已配置了涵盖本单位所有工资类别所需的工资项目。鉴于不同工资类别在发放项目和计算公式上的差异性,需针对特定工资类别进行工资项目的个性化设置,并定义该类别下的工资数据计算公式。值得注意的是,此处的工资项目仅限于系统初始化时预设的项目,不支持手动输入。同时,工资项目的类型、长度、小数位数及增减项等属性为固定设置,不可进行修改。

【例 7-7】将【例 7-3】中新增加的工资项目全部设置为基本人员工资类别的工资项目,编外人员工资类别的工资项目暂不考虑设置。

操作步骤如下:

(1)执行"设置"→"工资项目设置"命令,打开"工资项目设置"对话框。

(2)单击"增加"按钮,再单击"名称参照"栏的下三角按钮,选择"基本工资",并以此方法再增加其他的工资项目。

(3)单击选中"基本工资",单击"上移"按钮,将基本工资移动到工资项目名称栏的第一行,再继续移动其他的工资项目到相应的位置,如图 7-18 所示。

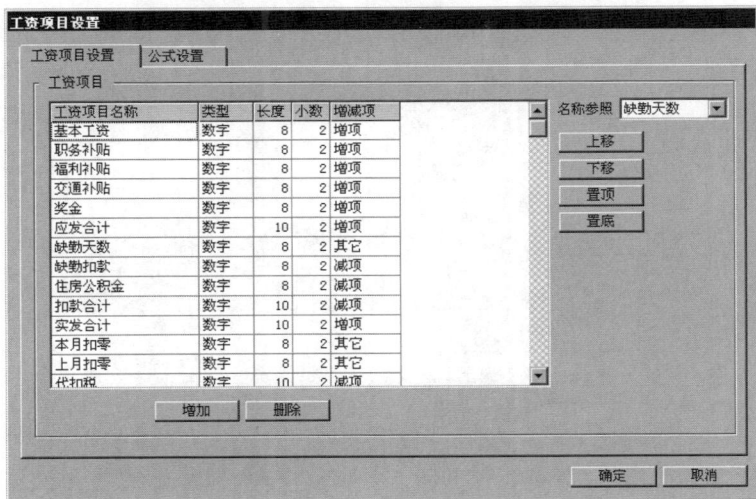

图 7-18　基本人员工资项目设置

注意:

1.在未打开任何工资账套前,可设置所有工资项目。打开某一工资账套后,可根据该账套的需求,从已设置的工资项目中进行选择,并调整其排列顺序。

2.工资项目不可重复选择。

3.已选择的工资项目可进行公式定义。

4.未选择的工资项目不得出现在计算公式中。

5.不能删除已输入数据的工资项目和已设置计算公式的工资项目。

6.若所需工资项目不存在,需先关闭当前工资类别,新增工资项目后,再重新打开该工资类别进行选择。

7.2.9　设置计算公式

该功能用于定义特定工资项目的计算公式,并明确各工资项目之间的运算关系。通过公式,可以直观地展示工资项目的实际计算过程,从而灵活地进行工资计算。用户可通过选择工资项目、运算符、关系符、函数等元素,组合生成所需的计算公式。

【例 7-8】基本人员工资类别的相关计算公式如下:

缺勤扣款＝(基本工资/22)×缺勤天数

住房公积金＝(基本工资＋职务补贴＋福利补贴＋交通补贴＋奖金)×0.08

操作步骤如下:

(1)在"工资项目设置"对话框中单击"公式设置"选项卡,打开"工资项目设置——公式设置"对话框。

(2)单击"增加"按钮,从下拉列表中选择"缺勤扣款"工资项目。

(3)单击"缺勤扣款公式定义"区域,在下方的"工资项目"列表中单击选中"基本工资",再单击选中"运算符"区域中的"/",在"缺勤扣款公式定义"区域中继续录入"22",单击选中"运算符"区域中的"×",再单击选中"工资项目"列表中的"缺勤天数",如图 7-19 所示。

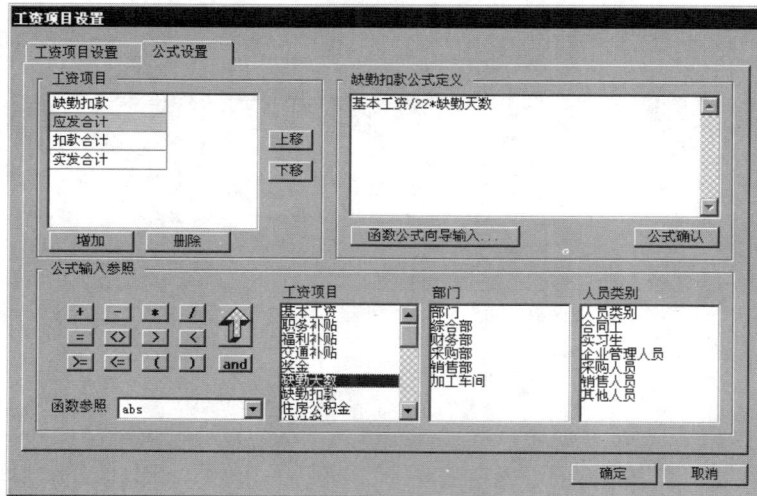

图 7-19　缺勤扣款计算公式设置

(4)单击"公式确认"按钮。以此方法设置"住房公积金"的计算公式。

7.2.10　设置函数计算公式

【例 7-9】基本人员工资类别中采购人员和销售人员的交通补贴为 300 元,其他人员的交通补贴为 100 元,按照以上要求设置交通补贴的计算公式。

操作步骤如下:

(1)在"工资项目设置——公式设置"界面中,单击"增加"按钮,从下拉列表框中选择"交通补贴"工资项目。

(2)单击"函数公式向导输入"按钮,打开"函数向导——步骤之 1"对话框。

（3）单击选中"函数名"列表中的"iff"，如图 7 - 20 所示。

（4）单击"下一步"按钮，打开"函数向导——步骤之 2"对话框。

（5）单击"逻辑表达式"栏的参照按钮，打开"参照"对话框。

（6）单击"参照列表"栏的下三角按钮，选择"人员类别"，再单击选中"采购人员"，如图
7 - 21 所示。

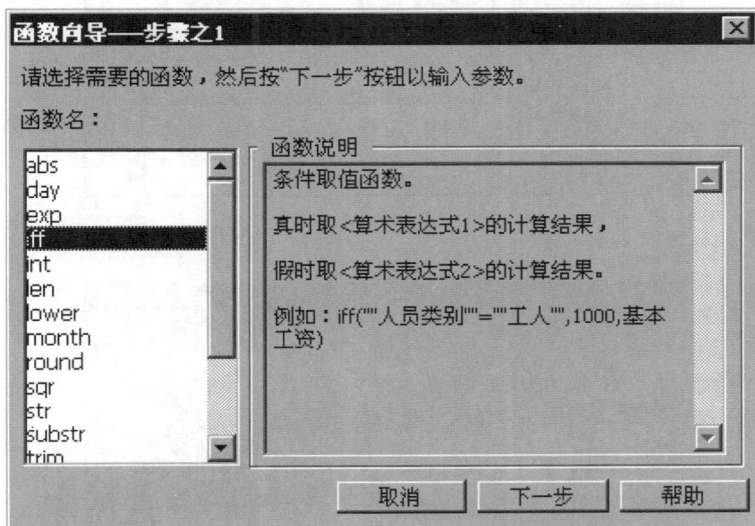

图 7 - 20　函数向导—步骤之 1

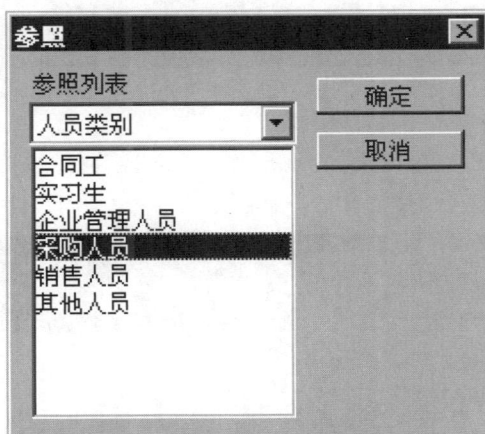

图 7 - 21　选择人员类别

（7）单击"确定"按钮，返回"函数向导——步骤之 2"对话框。

（8）在已生成的逻辑表达式后面输入"or"，注意前后必须空格，如图 7 - 22 所示。

（9）继续单击参照按钮，选择人员类别为"销售人员"。在"算术表达式 1"文本框中录入
"300"，在"算术表达式 2"文本框中输入"100"，如图 7 - 23 所示。

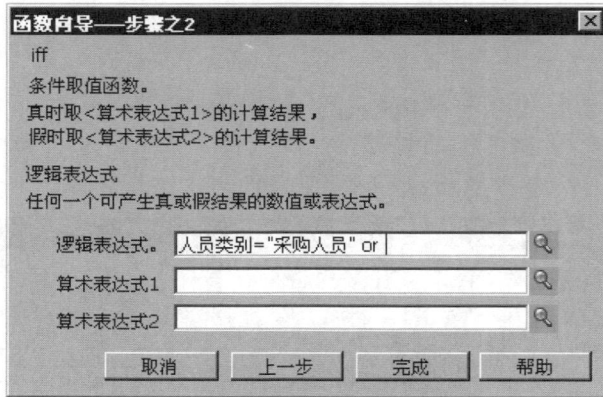

图 7 - 22　函数向导—步骤之 2

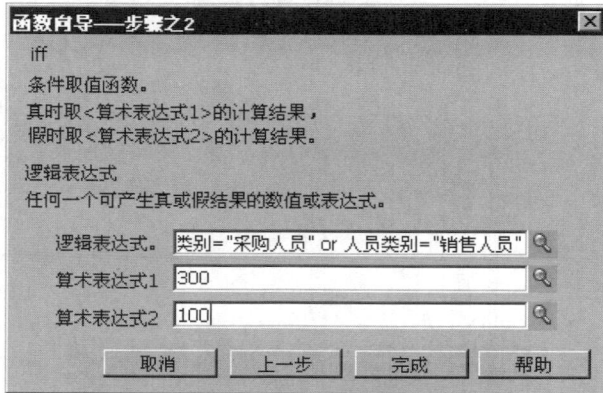

图 7 - 23　设置算术表达式

（10）单击"完成"按钮返回公式设置界面，如图 7 - 24 所示。

（11）单击"公式确认"按钮，然后单击"确定"按钮。

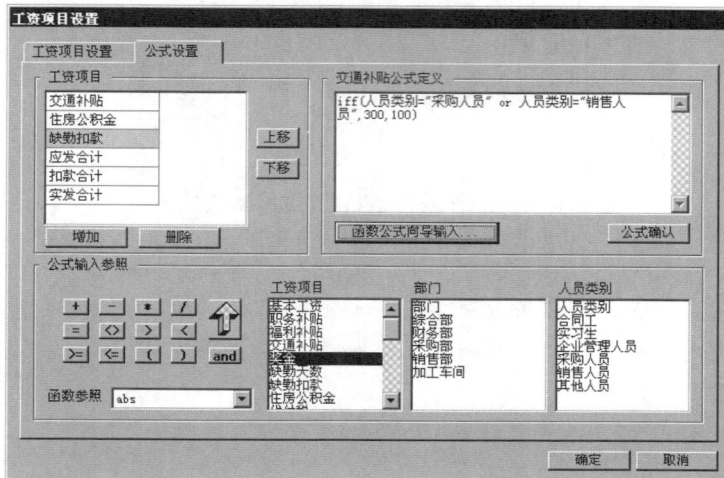

图 7 - 24　交通补贴公式设置

注意：

1. 在定义公式时，可以使用函数公式向导输入、函数参照输入、工资项目参照、部门参照和人员类别参照编辑输入该工资项目的计算公式。其中函数公式向导只支持系统提供的函数。

2. 工资中没有的项目不允许在公式中出现。

3. 公式中可以引用已设置公式的项目，相同的工资项目可以重复定义公式、多次计算，以最后的运行结果为准。

4. 定义公式时要注意先后顺序。

7.3　工资系统日常业务处理

在完成系统初始化设置后，即可进入工资系统的日常业务处理阶段。该阶段的主要工作包括个人所得税的计提设置、工资数据的修改与计算、工资汇总、相关账表的查询以及工资分摊等操作。

7.3.1 设置个人所得税参数

为减轻企事业单位在计算职工工资薪金所得税时的工作负担，用友 ERP-U8 软件的薪资管理子系统提供了个人所得税自动计算功能。用户只需根据实际需求自定义所得税率和计提基数，系统即可自动完成个人所得税的计算，大幅提升工作效率。

【例 7-10】 个人所得税相关项目设置为个人收入所得税按照“实发工资”扣除 5000 元后计税。

操作步骤如下：

(1) 在用友 ERP-U8 企业应用平台中，选择“人力资源”中的“薪资管理”，打开“打开工资类别”对话框。

(2) 选择“基本人员”工资类别，单击“确定”按钮。

(3) 执行“设置”→“选项”命令，打开“选项”对话框，单击“编辑”按钮。

(4) 单击“扣税设置”选项卡，再单击“税率设置”按钮，打开“个人所得税申报表——税率表”对话框，如图 7-25 所示。

(5) 查看系统预置的所得税纳税基数是否为“5000”，税率表是否与国家现行规定一致，若不一致则需要按国家规定修订。

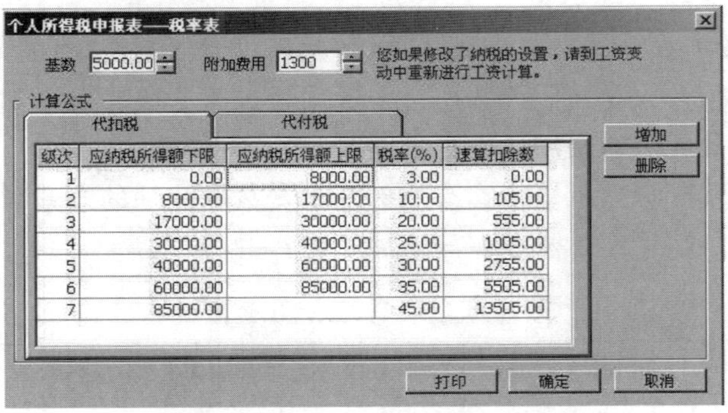

级次	应纳税所得额下限	应纳税所得额上限	税率(%)	速算扣除数
1	0.00	8000.00	3.00	0.00
2	8000.00	17000.00	10.00	105.00
3	17000.00	30000.00	20.00	555.00
4	30000.00	40000.00	25.00	1005.00
5	40000.00	60000.00	30.00	2755.00
6	60000.00	85000.00	35.00	5505.00
7	85000.00		45.00	13505.00

图 7-25　税率表

（6）单击"确定"按钮返回。

注意：

1.个人所得税扣缴应在"工资变动"后进行，但是如果目前个人所得税的计提基数与系统中预置的不同，则应先核对个人所得税计提基数后，再进行工资变动处理。如果先进行工资变动处理，再修改个人所得税的计提基数，就应该在修改了个人所得税的计提基数后再进行一次工资变动处理，否则工资数据将不正确。

2.系统默认以"实发合计"作为扣税基数，如果想以其他工资项目作为扣税标准，则需要在定义工资项目时单独为应税所得，设置一个工资项目。

3.在"工资变动"中，系统默认以"实发合计"作为扣税基数，所以在执行完个人所得税计算后，需要到"工资变动"中，执行"计算"和"汇总"功能，以保证"代扣税"这个工资项目正确地反映出单位实际代扣个人所得税的金额。

4.在当月工资数据生成后，可通过执行"业务处理"→"扣缴所得税"命令，打开"个人所得税申报模板"对话框，选择"个人所得税年度申报表"，打开"所得税申报"对话框，单击"确定"按钮，进入"系统扣缴个人所得税年度申报表"窗口进行相关查看。

7.3.2 录入并计算工资数据

首次使用薪资管理系统时，需将所有员工的基本工资数据录入系统。此后，每月如有工资数据变动，也需在此进行调整。为确保工资数据录入的快速与准确，系统提供了以下功能。

1.筛选和定位

如需对部分员工的工资数据进行修改，建议采用数据过滤功能。首先，通过筛选功能定位到需要修改的员工，随后进行工资数据的调整。修改完成后，需执行"重新计算"和"汇总"操作，以确保数据的准确性。

2.页编辑

工资变动窗口设有"编辑"按钮，便于对选定员工的工资数据进行快速录入。通过点击"上一人""下一人"按钮，可轻松切换至其他员工，继续录入或修改其工资数据。

3.替换

此功能允许对符合特定条件的员工的某一工资项目数据进行批量替换。例如，可将所有管理人员的奖金统一上调 100 元。

4.过滤器

若仅需修改工资项目中的某一项或几项，可利用过滤器功能，将需要修改的项目筛选出来。例如，仅针对事假天数和病假天数两个工资项目进行修改。对于常用的过滤条件，可保存为特定名称，便于日后快速调用。不再需要时，也可将其删除。

通过以上功能，薪资管理系统能够有效提升工资数据处理的效率和准确性。

【例 7-11】2022 年 1 月份有关工资数据见表 7-3：

表 7-3 2022 年 1 月工资数据

职员编号	姓名	所属部门	人员类别	基本工资/元	职务补贴/元	福利补贴/元	奖金/元	缺勤天数
0001	梁洪	综合部（1）	企业管理人员	4500	2000	200	1800	

续表

职员编号	姓名	所属部门	人员类别	基本工资/元	职务补贴/元	福利补贴/元	奖金/元	缺勤天数
0002	江涛	综合部(1)	企业管理人员	3000	1500	200	800	
0003	刘威	财务部(2)	企业管理人员	4000	1500	200	800	
0004	李明	财务部(2)	企业管理人员	2000	900	200	700	3
0005	宋凤	采购部(301)	采购人员	2000	900	200	1200	
0006	张伟	销售部(302)	销售人员	1900	800	200	1100	

操作步骤如下：

(1)执行"业务处理"→"工资变动"命令,打开"工资变动"窗口。

(2)单击"全选"按钮,在人员记录的选择栏出现选中标记"Y"。

(3)单击"替换"按钮,打开"工资项数据替换"对话框,选择将工资项目"福利补贴"替换成"200",如图7-26所示。单击"确定"返回,系统弹出"数据替换后将不可恢复,是否继续?",单击"是"按钮,系统继续提示"6条记录被替换,是否重新计算?",单击"是"按钮返回。

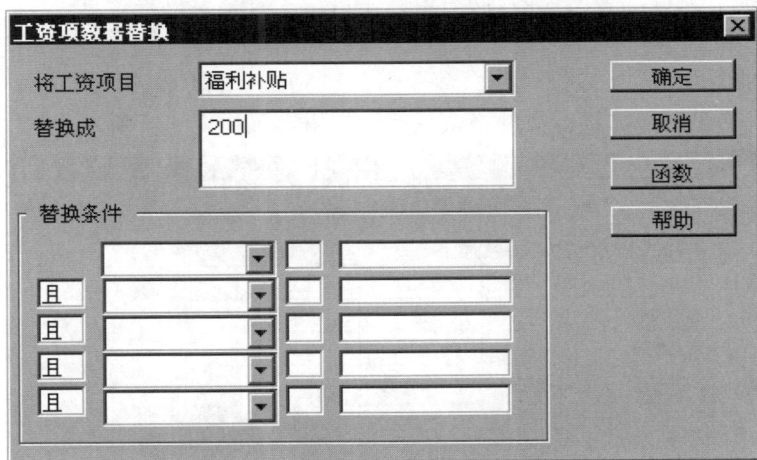

图 7-26　替换工资项目

(4)分别录入基本工资、职务补贴、福利补贴、奖金、缺勤天数等工资项目内容,如图7-27所示。

图 7-27　录入工资数据

(5)单击"计算"按钮,再单击"汇总"按钮,计算全部工资项目内容。

(6)单击"退出"按钮。

注意：

1. 第一次使用工资系统必须将所有人员的基本工资数据录入系统。工资数据可以在录入人员档案时直接录入，需要计算的内容再在此功能中进行计算；也可以在工资变动功能中录入，当工资数据发生变动时应在此录入.

2. 如果工资数据的变化具有规律性，可以使用"替换"功能进行成批数据替换。

3. 在修改了某些数据、重新设置了计算公式、进行了数据替换或在个人所得税中执行了自动扣税等操作后，必须调用"计算"和"汇总"功能对个人工资数据重新计算，以确保数据正确。

4. 如果对工资数据只进行了"计算"的操作，而未进行"汇总"操作，则退出时系统提示"数据发生变动后尚未进行汇总，是否进行汇总？"，如果需要汇总则单击"是"按钮，否则，单击"否"按钮即可。

7.3.3 查看银行代发一览表

目前许多单位选择通过银行代发的方式发放员工工资。具体流程如下：单位每月末需按照银行规定的文件格式提供工资数据（通常以电子文件形式提交），银行根据这些数据将工资直接转入员工的工资卡中。这种方式不仅减轻了财务部门发放工资的工作负担，还避免了财务人员提取大额现金的风险，同时增强了员工工资信息的保密性。

1. 操作步骤

(1)执行"业务处理"→"银行代发"命令，打开"请选择部门范围"对话框。选择所有部门，单击"确定"按钮，打开"银行文件格式设置"对话框，如图 7-28 所示。

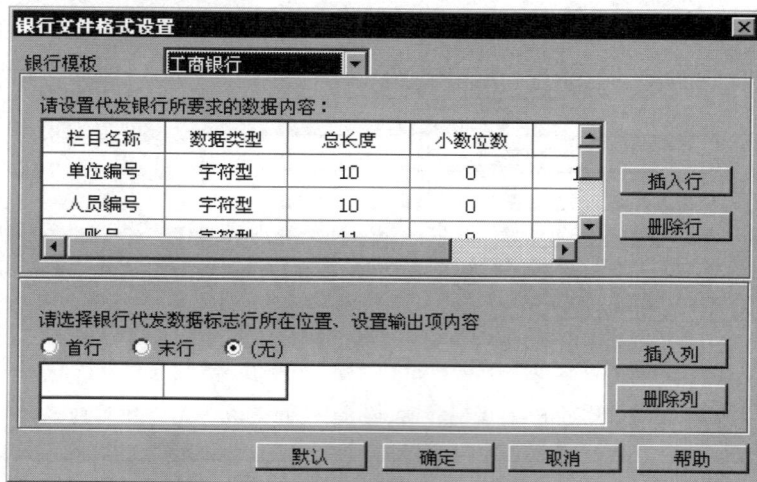

图 7-28　"银行文件格式设置"对话框

(2)单击"确定"按钮，系统弹出"确认设置的银行文件格式？"信息提示框。

(3)单击"是"按钮，进入"银行代发一览表"窗口，如图 7-29 所示。

(4)单击"退出"按钮。

2. 注意事项

银行文件格式可以进行设置，并且可以分别以 TXT、DAT 及 DBF 文件格式输出。

银行代发一览表

名称：工商银行

单位编号	人员编号	账号	金额	录入日期
1234934325	0001	11022088001	8490.00	2022131
1234934325	0002	11022088002	5580.00	2022131
1234934325	0003	11022088003	6550.00	2022131
1234934325	0004	11022088004	3800.00	2022131
1234934325	0005	11022088005	4600.00	2022131
1234934325	0006	11022088006	4300.00	2022131
合计			33,320.00	

图 7-29　银行代发一览表

7.3.4　工资分摊

工资分摊是指根据员工所属部门，将发放的工资按不同费用核算科目进行分配的过程。具体而言，工资分摊包括对工资总额的计提计算、分配以及相关经费（如社保、公积金等）的计提，并据此编制转账凭证，以便后续登记账簿和财务处理。这一过程确保了工资费用的准确归集和核算，为企业财务管理提供了清晰的依据。

1. 第一步：工资分摊设置

【例 7-12】按照表 7-4 资料设置工资分摊，并按照工资总额的 14%计提福利费。

表 7-4　设置计提工资及福利费

计提类型	部门名称	人员类别	项目	借方科目	贷方科目
应付工资	综合部	企业管理人员	应发合计	管理费用——工资(660203)	应付职工薪酬——应付工资(221101)
	财务部	企业管理人员	应发合计	管理费用——工资(660203)	
	采购部	采购人员	应发合计	销售费用(6601)	
	销售部	销售人员	应发合计	管理费用——工资(660203)	
应付福利费	综合部	企业管理人员	应发合计	管理费用——工资(660203)	应付职工薪酬——应付福利费(221102)
	财务部	企业管理人员	应发合计	管理费用——工资(660203)	
	采购部	采购人员	应发合计	销售费用(6601)	
	销售部	销售人员	应发合计	管理费用——工资(660203)	

操作步骤如下：

(1)执行“业务处理”→“工资分摊”命令，打开“工资分摊”对话框，如图 7-30 所示。

(2)单击“工资分摊设置”按钮，打开“分摊类型设置”对话框。

(3)单击"增加"按钮,打开"分摊计提比例设置"对话框,在"计提类型名称"栏录入"应付工资",如图7-31所示。

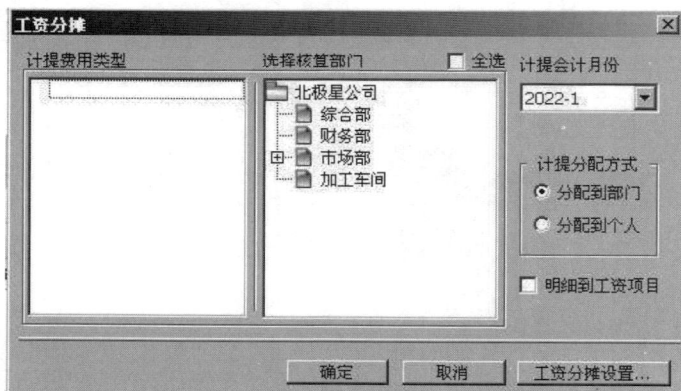

图7-30 "工资分摊"对话框

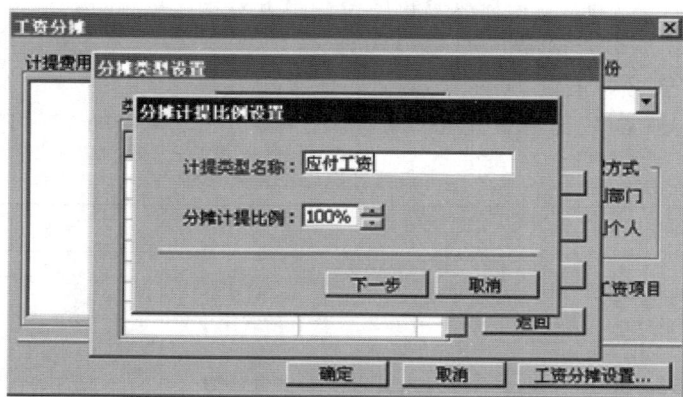

图7-31 "分摊计提比例设置"对话框

(4)单击"下一步"按钮,打开"分摊构成设置"对话框。在"分摊构成设置"对话框中,分别选择分摊构成的各个项目内容,如图7-32所示。

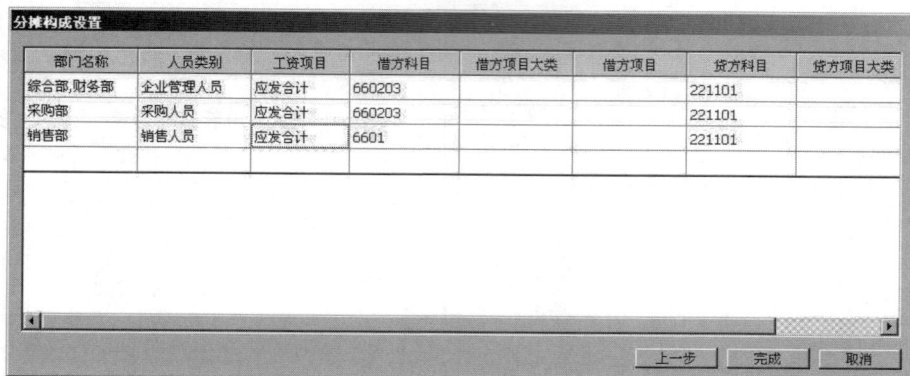

部门名称	人员类别	工资项目	借方科目	借方项目大类	借方项目	贷方科目	贷方项目大类
综合部,财务部	企业管理人员	应发合计	660203			221101	
采购部	采购人员	应发合计	660203			221101	
销售部	销售人员	应发合计	6601			221101	

图7-32 "分摊构成设置"对话框

（5）单击"完成"按钮，返回到"分摊类型设置"对话框。

（6）单击"增加"按钮，在"计提类型名称"栏录入"应付福利费"，在"分摊计提比例"栏录入"14％"，如图 7-33 所示。

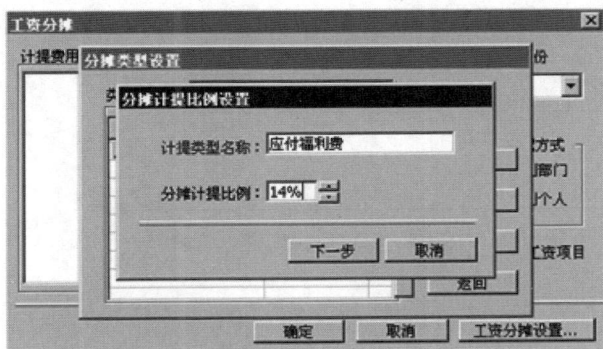

图 7-33　分摊计提比例设置

（7）单击"下一步"按钮，打开"分摊构成设置"对话框，在"分摊构成设置"对话框中分别选择分摊构成的各个项目内容。

（8）单击"完成"按钮，返回到"分摊类型设置"对话框。

注意：

1.所有与工资相关的费用及基金均需建立相应的分摊类型名称及分类比例。

2.不同部门、相同人员类别可以设置不同的分摊科目。

3.不同部门、相同人员类别在设置时，可以一次选择多个部门。

2.第二步：工资分摊并生成转账凭证

操作步骤如下：

（1）执行"业务处理"→"工资分摊"命令，打开"工资分摊"对话框。

（2）分别选中"应付工资"及"应付福利费"前的复选框，并单击选中各个部门，选中"明细到工资项目"复选框，如图 7-34 所示。

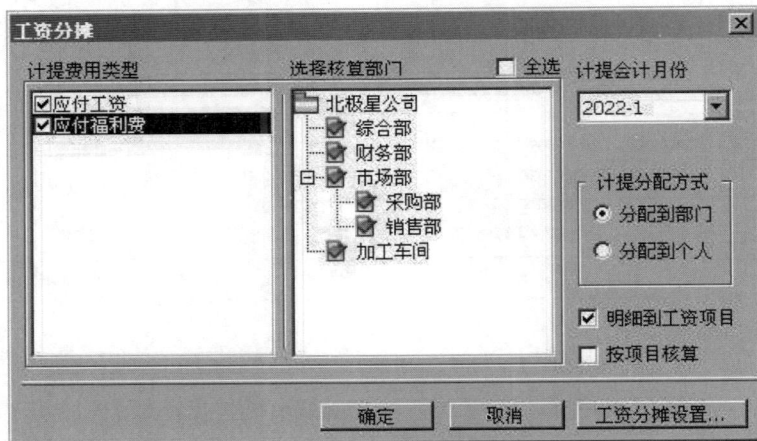

图 7-34　"工资分摊"对话框

(3)单击“确定”按钮，进入“应付工资一览表”窗口，如图7-35所示。

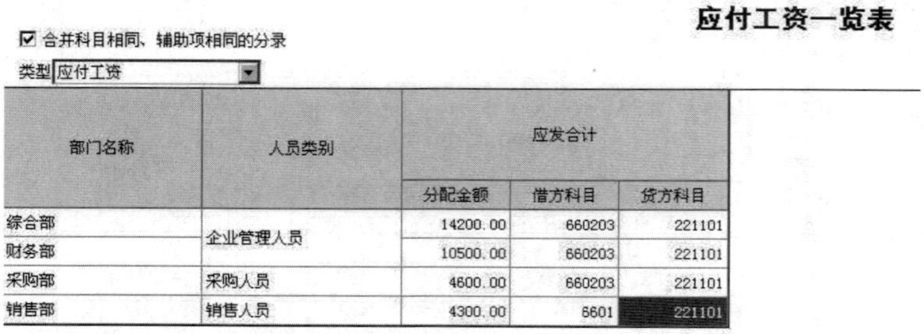

应付工资一览表

☑ 合并科目相同、辅助项相同的分录

类型 应付工资

部门名称	人员类别	应发合计		
		分配金额	借方科目	贷方科目
综合部	企业管理人员	14200.00	660203	221101
财务部		10500.00	660203	221101
采购部	采购人员	4600.00	660203	221101
销售部	销售人员	4300.00	6601	221101

图7-35 应付工资一览表

(4)选中“合并科目相同、辅助项相同的分录”前的复选框。

(5)单击“制单”按钮，选择凭证类别为“转账凭证”，单击“保存”按钮，结果如图7-36所示。

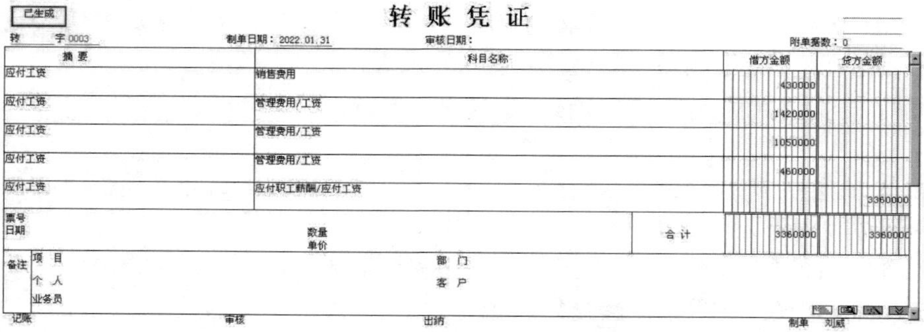

已生成

转账凭证

转 字 0003 制单日期：2022.01.31 审核日期： 附单据数：0

摘要	科目名称	借方金额	贷方金额
应付工资	销售费用	430000	
应付工资	管理费用/工资	1420000	
应付工资	管理费用/工资	1050000	
应付工资	管理费用/工资	460000	
应付工资	应付职工薪酬/应付工资		3360000
票号 日期	数量 单价 合计	3360000	3360000

备注 项目 部门 个人 客户 业务员

记账 审核 出纳 制单 刘威

图7-36 应付工资分摊转账凭证生成

(6)单击“退出”按钮，返回“应付工资一览表”窗口。

(7)单击“类型”栏的下三角按钮，选择“应付福利费”，生成应付福利费分摊转账凭证，如图7-37所示。

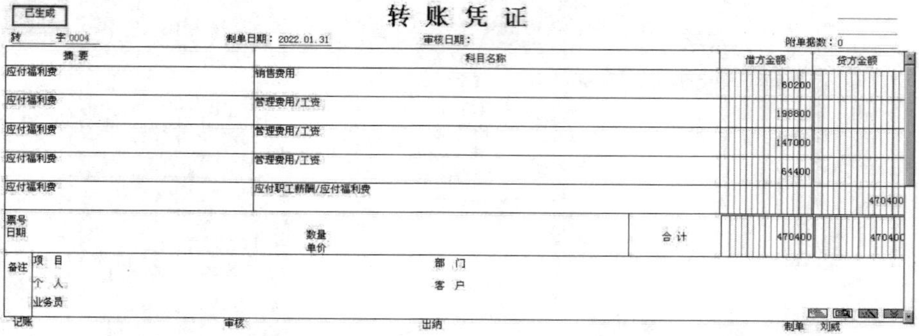

已生成

转账凭证

转 字 0004 制单日期：2022.01.31 审核日期： 附单据数：0

摘要	科目名称	借方金额	贷方金额
应付福利费	销售费用	60200	
应付福利费	管理费用/工资	198800	
应付福利费	管理费用/工资	147000	
应付福利费	管理费用/工资	64400	
应付福利费	应付职工薪酬/应付福利费		470400
票号 日期	数量 单价 合计	470400	470400

备注 项目 部门 个人 客户 业务员

记账 审核 出纳 制单 刘威

图7-37 应付福利费分摊转账凭证生成

注意：

1.工资分摊应按分摊类型依次进行。

2.在进行工资分摊时,如果不选择"合并科目相同、辅助项相同的分录",则在生成凭证时将每一条分录都对应一个贷方科目;如果单击"批制"按钮,可以一次将所有参与本次分摊的"分摊类型"所对应的凭证全部生成。

7.4 期末业务处理

月末处理是指将当月的各项数据进行整理和结算,并顺利过渡至下一个月。在每月工资数据处理完成后,即可执行月末结转操作。考虑到工资项目中存在一些变动性项目,这些项目的数据每月都有所不同,在处理每月工资时,需要先将这些项目的数据重置为零,然后再录入当月的最新数据。这些需要周期性重置的项目被称为清零项目。鉴于月末处理功能涉及数据的重大变更,仅限系统主管人员有权执行,因此,在操作此功能前,务必确保以主管的身份登录系统,以确保数据的安全性和准确性。

7.4.1 月末处理

1.操作步骤

(1)执行"业务处理"→"月末处理"命令,打开"月末处理"对话框,如图 7-38 所示。

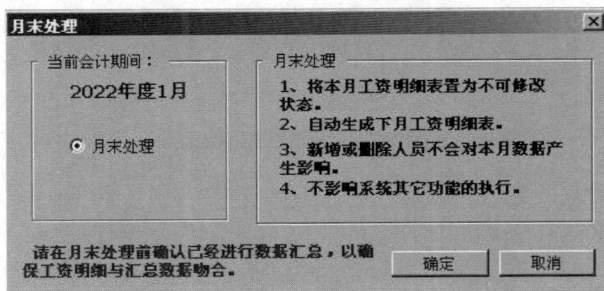

图 7-38 "月末处理"对话框

(2)单击"确定"按钮,系统提示"月末处理之后,本月工资将不许变动! 继续月末处理吗?",如图 7-39 所示。

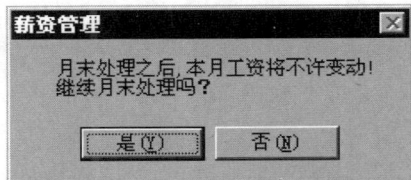

图 7-39 薪资月末处理系统提示

(3)单击"是"按钮,系统提示"是否选择清零项?",单击"否"按钮,系统提示"月末处理完毕!",单击"确定"按钮。

2. 注意事项

(1)月末处理只有在会计年度的 1 月至 11 月进行。

(2)如果处理多个工资类别,则应分别打开工资类别,分别进行月末处理。

(3)如果本月工资数据未汇总,系统将不允许进行月末处理。

(4)进行月末处理后,当月数据将不再允许变动。

(5)月末处理功能只有账套主管才能执行。

(6)在进行月末处理后,如果发现还有一些业务或其他事项要在已进行月末处理的月份进行账务处理,可以由账套主管以下月日期登录,使用反结账功能,取消已结账标记。

(7)有下列情况之一不允许反结账:总账系统已结账;汇总工资类别的会计月份与反结账的会计月相同,并且包括反结账的工资类别。

(8)本月工资分摊、计提凭证传输到总账系统,如果总账系统已审核并记账,需做红字冲销后,才能反结账;如果总账系统未做任何操作,只需删除此凭证即可。 如果凭证已由出纳或主管签字,应在取消出纳签字或主管签字,并删除该张凭证后才能反结账。

7.4.2　查看薪资发放条

1. 操作步骤

(1)执行"统计分析"→"账表"→"工资表"命令,打开"工资表"对话框。

(2)单击选中"工资发放条",如图 7-40 所示。

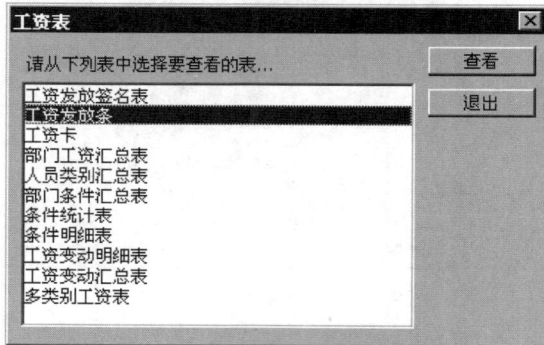

图 7-40　选中"工资发放条"

(3)单击"查看"按钮,打开"工资发放条"对话框。

(4)单击选中各个部门,并单击"选定下级部门"前的复选框。

(5)单击"确定"按钮,进入"工资发放条"窗口,如图 7-41 所示。

图 7-41　工资发放条

（6）单击"退出"按钮退出。

2. 注意事项

（1）工资业务处理完成后，相关工资报表数据同时生成，系统提供了多种形式的反映工资核算的结果，如果对报表的格式不满意还可以进行修改。

（2）系统提供的工资报表主要包括"工资发放签名表""工资发放条""部门工资汇总表""人员类别汇总表""部门条件汇总表""条件统计表""条件明细表"及"工资变动明细表"等。

（3）工资发放条是发放工资时交给职工的工资项目清单。系统提供了自定义工资发放打印信息和工资项目打印位置格式的功能，提供固化表头和打印区域范围的"工资套打"格式。

7.4.3　查看部门工资汇总表

1. 操作步骤

（1）执行"统计分析"→"账表"→"工资表"命令，打开"工资表"对话框。

（2）单击选中"部门工资汇总表"，单击"查看"按钮，打开"部门工资汇总表－选择部门范围"对话框。

（3）单击选中各个部门，并单击"选定下级部门"前的复选框，再单击"确定"按钮。

（4）单击"确定"按钮，进入"部门工资汇总表"窗口，如图 7-42 所示。

部门工资汇总表
2022 年 1 月

会计月份 一月 ▼

部门	人数	应发合计	扣款合计	实发合计	本月扣零	工资代扣款	扣税合计	基本工资	职务补贴	福利补贴	交通补贴	奖金	缺勤扣款	住房公积金	缺勤天数	代扣税
综合部	2	14,200.00	126.00	14,070.00	4.00	126.00	126.00	7,500.00	3,500.00	400.00	200.00	2,600.00				126.00
财务部	2	10,500.00	138.91	10,350.00	11.09	48.00	48.00	6,000.00	2,400.00	400.00	200.00	1,500.00	90.91		1.00	48.00
市场部	2	8,900.00		8,900.00				3,900.00	1,700.00	400.00	600.00	2,300.00				
采购部	1	4,600.00		4,600.00				2,000.00	900.00	200.00	300.00	1,200.00				
销售部	1	4,300.00		4,300.00				1,900.00	800.00	200.00	300.00	1,100.00				
加工车间	0															
合计	6	33,600.00	264.91	33,320.00	15.09	174.00	174.00	17,400.00	7,600.00	1,200.00	1,000.00	6,400.00	90.91		1.00	174.00

图 7-42　部门工资汇总表

（5）单击"退出"按钮退出。

2. 注意事项

（1）部门工资汇总表提供按单位（或各部门）进行工资汇总的查询。

（2）可以选择部门级次，可以查询当月部门工资汇总表，也可以查询其他各月的部门工资汇总表。

7.4.4　进行工资分析

1. 操作步骤

（1）执行"统计分析"→"账表"→"工资分析表"命令，打开"工资分析表"对话框。

（2）单击"确定"按钮，打开"选择分析部门"对话框。

（3）在"选择分析部门"对话框中，单击选中各个部门。

（4）单击"确定"按钮，打开"分析表选项"对话框。

（5）在"分析表选项"对话框中，单击">>"按钮，选中所有的薪资项目内容，如图 7-43 所示。

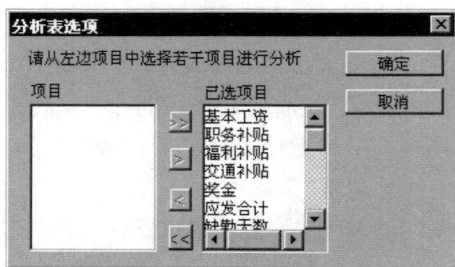

图 7-43　"分析表选项"对话框

（6）单击"确定"按钮，进入"工资项目分析表（按部门）"窗口。

（7）单击"部门"栏的下三角按钮，选择"财务部"，即可查看财务部工资项目构成情况。

（8）单击"退出"按钮退出。

2. 注意事项

对于工资项目分析，系统仅提供单一部门的分析表，用户可以在分析界面中单击"部门"栏的下三角按钮，查看该部门的工资项目构成分析。

7.4.5　查询记账凭证

1. 操作步骤

（1）执行"统计分析"→"凭证查询"命令，打开"凭证查询"对话框，如图 7-44 所示。

图 7-44　"凭证查询"对话框

（2）在"凭证查询"对话框中，单击选中"应付福利费"所在行。

（3）单击"凭证"按钮，打开计提应付福利费的转账凭证。

（4）单击"退出"按钮退出。

2. 注意事项

（1）薪资管理系统中的凭证查询功能可以对薪资管理系统生成的转账凭证进行查询、删除或冲销。而在总账系统中，对薪资管理系统中传递过来的转账凭证只能进行查询、审核或记账等操作，不能进行修改或删除。

（2）在凭证查询功能中单击"单据"按钮，可以查看该张凭证所对应的单据。

（3）如果要进行工资数据的上报或采集或者进行不同工资类别之间的人员变动,应在"工资数据维护"功能中完成。

（4）在"工资数据维护"功能中还可以进行"人员信息复制"及"工资类别汇总"的操作。

本章小结

本章内容从分析薪资管理的重要性开始讲起,在操作中能体会到自动计算工资、自动分摊工资并产生机制记账凭证传到总账系统中,大大减轻了会计人员薪资核算的工作量,为企业管理决策服务。

上机实验十一　工资业务初始化

【操作准备】

引入"上机实验六"的备份数据。将系统日期改为 2022 年 1 月 1 日,由操作员"LW 刘伟(密码 1)"注册企业应用平台。

【操作要求】

（1）启用"工资"模块(在"系统管理"中用 LW 的身份启用,启用日期:2022 年 1 月)。

（2）建立工资账套。

（3）设置人员附加信息。

（4）设置工资项目。

（5）设置银行名称、人员类别。

（5）设置人员档案。

（6）设置计算公式。

【操作数据】

1. 工资账套参数

工资类别为"单个",工资核算本位币为"人民币",从工资中代扣所得税,进行扣零设置扣零至元,人员编码长度 5 位,工资系统的启用日期为"2022 年 1 月 1 日"。

2. 人员附加信息

人员的附加信息为"学历"和"技术职称"。

3. 工资项目(见表 7 - 5)

表 7 - 5　工资项目

工资项目名称	类型	长度	小数	增减项
基本工资	数字	8	2	增项
职务补贴	数字	8	2	增项
福利补贴	数字	8	2	增项
交通补贴	数字	8	2	增项
奖金	数字	8	2	增项
缺勤扣款	数字	8	2	减项
住房公积金	数字	8	2	减项
缺勤天数	数字	4	1	其他

4.银行名称

银行名称为"建设银行",账号长度为 11 位,录入时自动带出的账号长度为 8 位。

5.人员类别

人员类别为管理人员、采购人员、销售人员和车间管理人员。

6.人员档案(见表 7-6)

表 7-6　人员档案

职员编号	人员姓名	学历	职称	所属部门	人员类别
001	王鹏飞	大学	经济师	厂办	管理人员
002	李东升	大学	经济师	厂办	管理人员
003	刘伟	大学	会计师	财务部	管理人员
004	张顺	大学	会计师	财务部	管理人员
005	李飞鹏	大学	会计师	财务部	管理人员
006	杨帆	大专	会计师	财务部	管理人员
007	李铭	大专	工程师	一车间	车间管理人员
008	王翠洁	大专	助理工程师	一车间	车间管理人员
009	曾清玥	大专	助理工程师	一车间	车间管理人员
010	杨柳	大专		采购部	采购人员
011	赵小静	大学		采购部	采购人员
012	王涛	大学		销售部	销售人员
013	李海波	大专		销售部	销售人员

7.计算公式

缺勤扣款＝基本工资/22×缺勤天数

销售人员的交通补助为 200 元,其他人员的交通补助为 100 元。用 iff( )函数。

住房公积金＝(基本工资＋职务补贴＋福利补贴＋交通补贴＋奖金)×0.12

上机实验十二　工资日常业务

【操作准备】

引入"上机实验十一"的备份数据。将系统日期改为 2022 年 1 月 31 日,由操作员"LW 刘伟(密码1)"注册企业应用平台。

【操作要求】

(1)录入并计算 1 月份的工资数据。

(2)扣缴所得税,并重新计算汇总 1 月份工资。

(3)分摊工资并生成转账凭证,用 LFP 李飞鹏的身份审核记账。

(4)查询工资发放表。

(5)月末处理。

【操作数据】

1.计税

个人所得税按照"实发工资"扣除"5000"基数后计税。税率采用默认的级距。

2.工资

2022 年 1 月有关职工工资数据如表 7－7 所示：

表 7－7　2022 年 1 月份工资数据

职员编号	人员姓名	所属部门	人员类别	基本工资	职务补贴	福利补贴	奖金	缺勤天数
001	王鹏飞	厂办	管理人员	4000	2000	200	800	
002	李东升	厂办	管理人员	4000	1500	200	800	3
003	刘伟	财务部	管理人员	4500	1500	200	800	
004	张顺	财务部	管理人员	3500	2000	200	1000	
005	李飞鹏	财务部	管理人员	3000	1500	200	1200	
006	杨帆	财务部	管理人员	3000	1000	200	1000	
007	李铭	一车间	车间管理人员	2800	1000	200	800	2
008	王翠洁	一车间	车间管理人员	2900		200	800	
009	曾清玥	一车间	车间管理人员	2800		200	800	
010	杨柳	采购部	采购人员	1500		200	800	3
011	赵小静	采购部	采购人员	1800		200		
012	王涛	销售部	销售人员	1600		200	800	5
013	李海波	销售部	销售人员	1600		200		

3.工资分摊类型

工资分摊的类型为"应付工资"和"工会经费"。

有关计提标准：按工资总额的 2％ 计提工会经费。

分摊设置如表 7－8 所示：

表 7－8　设置计提工资及福利费

计提类型名称	部门名称	人员类别	借方科目	贷方科目
应付工资	厂办	管理人员	管理费用——工资(660203)	应付职工薪酬(2211)
	财务部	管理人员	管理费用——工资(660203)	应付职工薪酬(2211)
	采购部	采购人员	管理费用——工资(660203)	应付职工薪酬(2211)
	销售部	销售人员	销售费用(6601)	应付职工薪酬(2211)
	一车间	车间管理人员	制造费用(5101)	应付职工薪酬(2211)
工会经费	厂办	管理人员	管理费用——工资(660203)	其他应付款(2241)
	财务部	管理人员	管理费用——工资(660203)	其他应付款(2241)
	采购部	采购人员	管理费用——工资(660203)	其他应付款(2241)
	销售部	销售人员	销售费用(6601)	其他应付款(2241)
	一车间	车间管理人员	制造费用(5101)	其他应付款(2241)

第8章 固定资产管理

8.1 固定资产系统结构与流程

8.1.1 固定资产系统结构

固定资产系统采用模块化架构,各功能模块既独立运行又协同工作,主要包括以下核心模块:固定资产初始化、卡片管理、凭证生成、账表查询和固定资产期末处理。它们实现了资产增加、资产减少、资产变动和计提折旧等系统功能(见图8-1)。

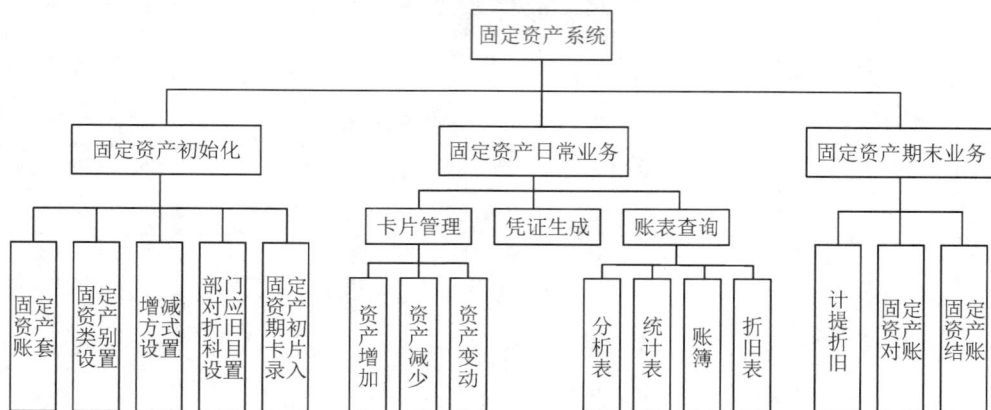

图8-1 固定资产系统结构

8.1.2　固定资产系统流程

　　固定资产管理系统遵循标准的财务处理流程,可分为初始化、日常业务和期末业务三个阶段。其中:初始化包括建立固定资产账套、部门对应折旧科目设置、资产类别设置、固定资产增减方式设置、录入固定资产原始卡片等;日常业务包括卡片管理、资产增加、资产变动、资产减少等;期末业务包括计提折旧、对账、结账等。要注意的是:当月减少的资产要照提折旧,因此应先提折旧再减少资产卡片;固定资产系统生成的增加、减少、折旧凭证都要传递到账务处理系统中审核、记账。固定资产系统流程如图 8-2 所示。

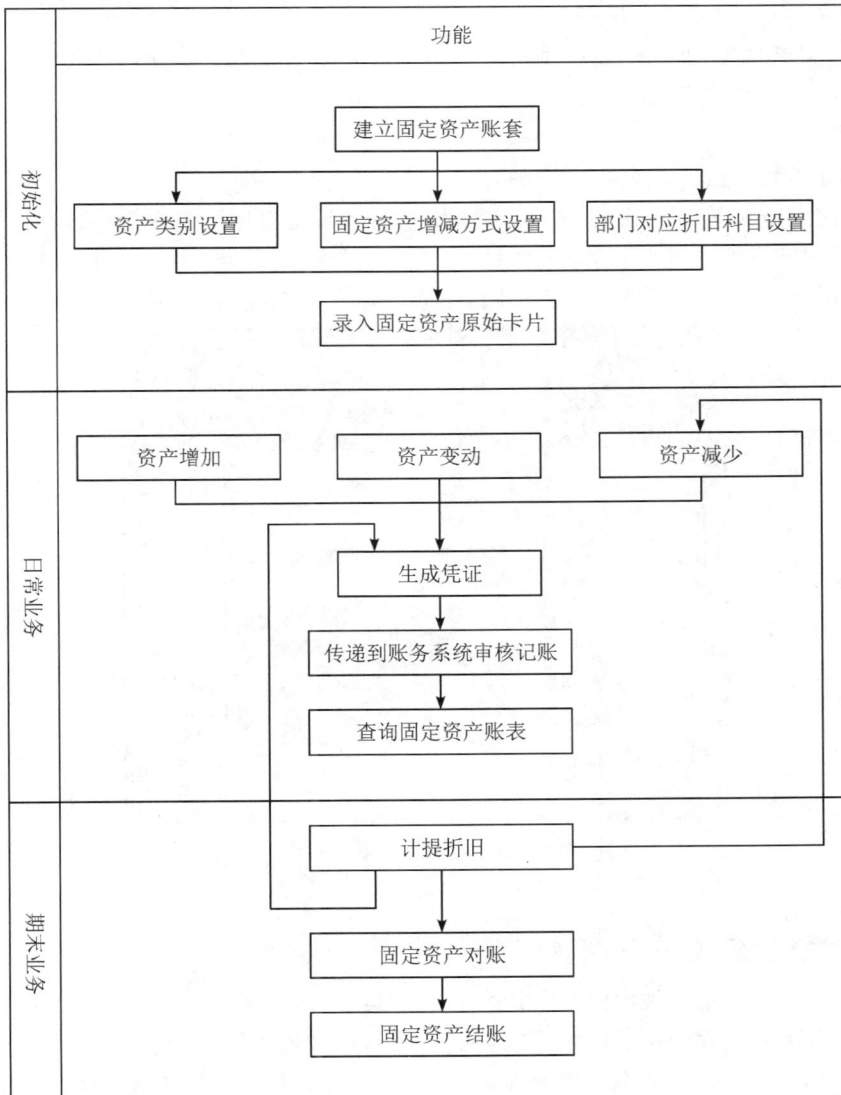

图 8-2　固定资产系统流程

8.2　固定资产系统初始化

固定资产系统初始化是指企业在已有会计核算账套的基础上，根据实际业务需求建立专用固定资产子账套的过程。初始化流程主要包括以下步骤：①启用固定资产系统；②建立固定资产子账套；③基础设置（含选项设置、部门对应折旧科目、资产类别、减值方式配置）；④原始卡片录入。

8.2.1　启用固定资产系统

企业创建账套时，默认不会启用所有子系统。需由账套主管手动启用特定系统（如固定资产系统）后方可使用相关功能。

操作步骤

（1）账套主管注册登录企业应用平台。

（2）依次点击菜单："基础设置"→"基本信息"→"系统启用"，进入启用界面。

（3）在"固定资产"所在行的方框中打"√"，并选择启用日期"2022-01-01"，系统提示："确实要启用当前系统吗？"单击"是"按钮，完成固定资产系统启用，如图8-3所示。

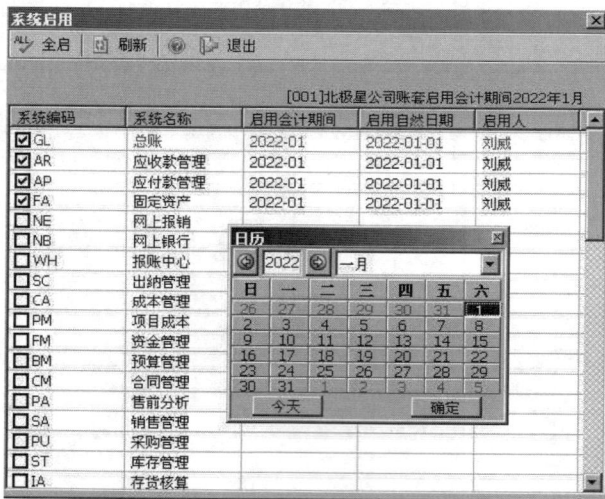

图8-3　固定资产系统启用

8.2.2　建立固定资产子账套

控制参数包括约定与说明、启用月份、折旧信息、编码方式，以及财务接口等。这些参数在初次启动固定资产管理系统时设置，其他参数可以在"选项"中补充设置。

【例8-1】根据表8-1中给定的参数，在固定资产系统中建立固定资产的子账套。

表 8 - 1　固定资产管理系统设置参数

控制参数	参数设置
约定与说明	我同意
启用月份	2022 - 01
折旧信息	本账套计提折旧 主要折旧方法：平均年限法（一） 折旧汇总分配周期：1 个月 当"月初已计提月份＝可使用月份－1"时，将剩余折旧全部提足
编码方式	资产类别编码方式：2-1-1-2 固定资产编码方式：按"类别编码＋序号"自动编码 序号长度为 5
账务接口	与账务系统进行对账 对账科目：固定资产对账科目为"固定资产（1601）" 　　　　　累计折旧对账科目为"累计折旧（1602）" 对账不平衡的情况下允许固定资产月末结账
补充参数	固定资产缺省入账科目：1601 累计折旧缺省入账科目：1602 减值准备缺省入账科目：1603 增值税进项税额缺省入账科目：22210101 固定资产清理缺省入账科目：1606

操作步骤如下：

（1）在企业应用平台中，选择"财务会计"中的"固定资产"，系统弹出"这是第一次打开此账套，还未进行过初始化，是否进行初始化？"信息提示对话框，如图 8-4 所示。

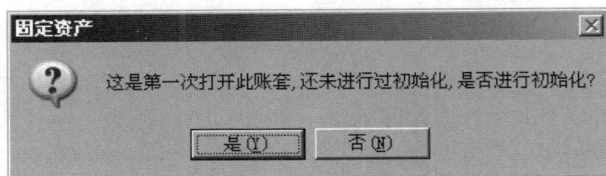

图 8-4　固定资产系统初始化提示信息

（2）单击"是"按钮，打开固定资产"初始化账套向导——约定及说明"对话框，如图 8-5 所示。

（3）选择"我同意"单选按钮，单击"下一步"按钮，打开固定资产"初始化账套向导——启用月份"对话框，如图 8-6 所示。

（4）单击"下一步"按钮，打开固定资产"初始化账套向导——折旧信息"对话框，选择主要折旧方法为"平均年限法（一）"，如图 8-7 所示。

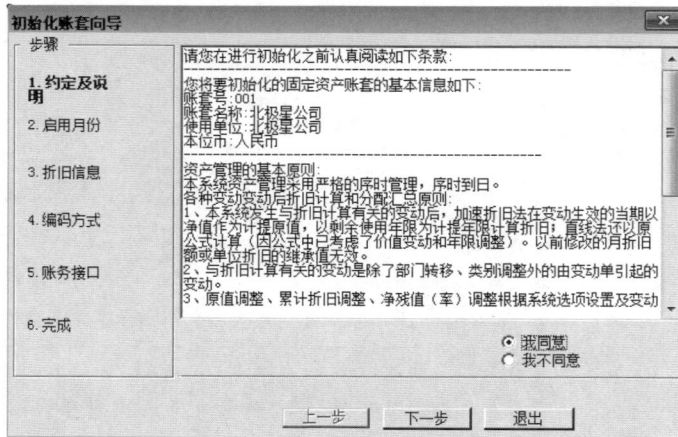

图 8-5　固定资产"初始化账套向导——约定及说明"对话框

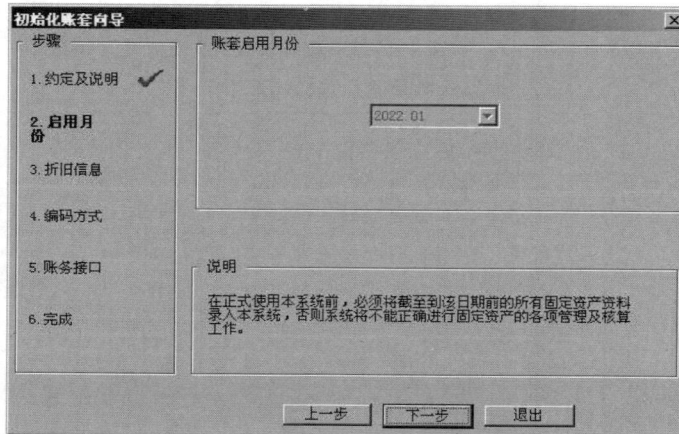

图 8-6　固定资产"初始化账套向导——启用月份"对话框

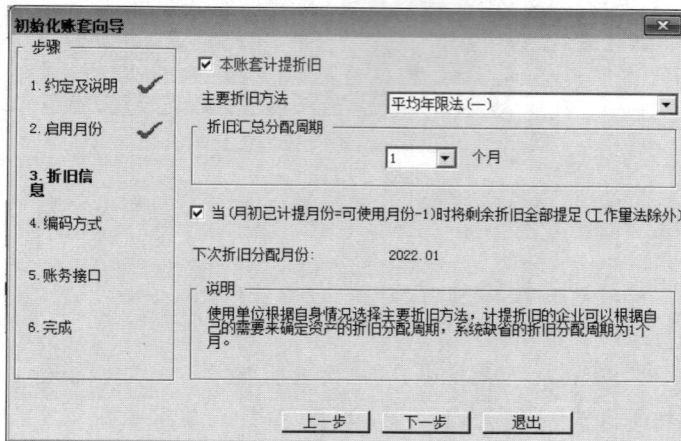

图 8-7　固定资产"初始化账套向导——折旧信息"对话框

(5)单击"下一步"按钮,打开固定资产"初始化账套向导——编码方式"对话框,选择固定资产编码方式为"自动编码"和"类别编码＋序号",序号长度为"5",如图 8－8 所示。

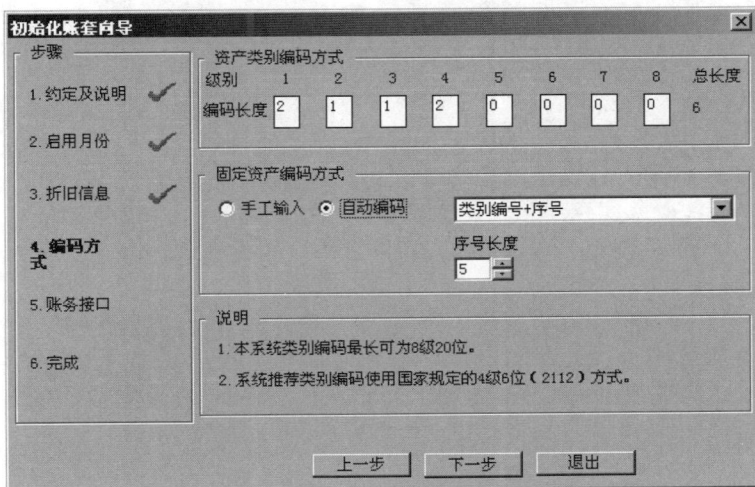

图 8－8　固定资产"初始化账套向导——编码方式"对话框

(6)单击"下一步"按钮,打开固定资产"初始化账套向导——账务接口"对话框。

(7)在"固定资产对账科目"栏录入"1601",在"累计折旧对账科目"栏录入"1602",取消选中"在对账不平情况下允许固定资产月末结账"复选框,如图 8－9 所示。

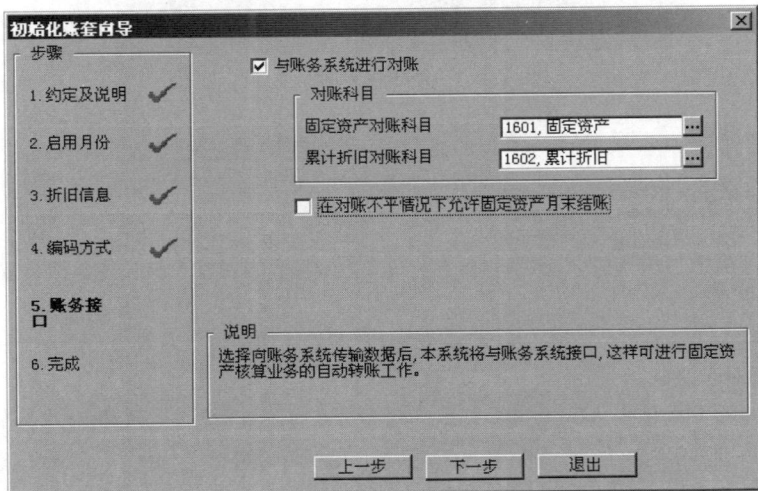

图 8－9　固定资产"初始化账套向导——账务接口"对话框

(8)单击"下一步"按钮,打开固定资产"初始化账套向导——完成"对话框,如图 8－10所示。

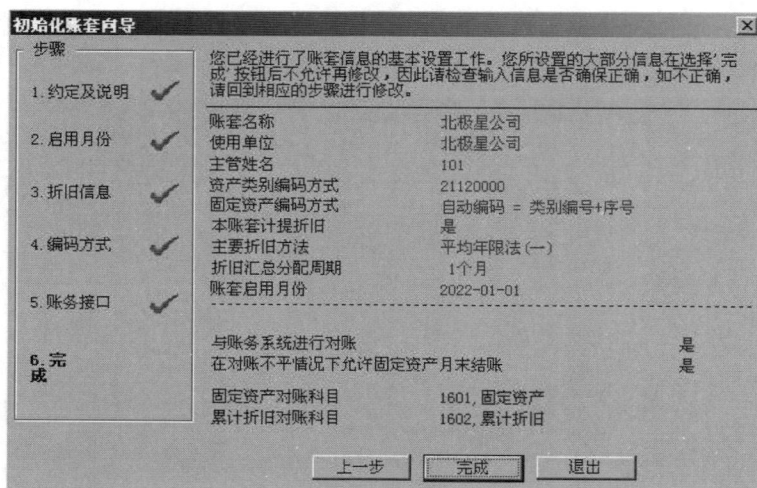

图 8-10　固定资产"初始化账套向导——完成"对话框

（9）单击"完成"按钮，系统弹出"已经完成了新账套的所有设置工作，是否确定所设置的信息完全正确并保存对新账套的所有设置？"信息提示，如图 8-11 所示。

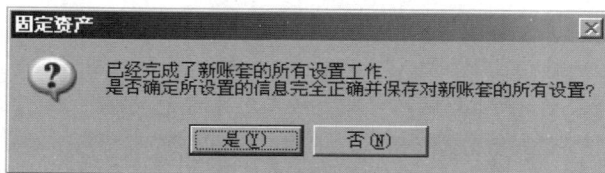

图 8-11　固定资产子账套建立完成信息提示

（10）单击"是"按钮，系统提示"已成功初始化本固定资产账套！"。

（11）单击"确定"按钮，完成固定资产建账。

注意：

1.固定资产账套的启用日期一旦确定，在该日期之前的所有固定资产都将作为期初数据，在当前启用月份开始进行计提折旧。

2.固定资产的编码方式有"手工输入"和"自动编码"两种选择。每一个账套只能确定一种自动编码方式，一旦确定不得修改。

3.资产类别编码方式确定以后，一旦设置某一级类别，则该级的长度不能修改，没有使用过的各级长度可以修改。

4.初始化设置完成后，有些参数不能修改，所以要慎重。如果发现参数有错，必须改正，只能通过固定资产管理系统"维护"→"重新初始化账套"命令实现，该操作将清空对该子账套所做的一切工作。

5.固定资产对账科目和累计折旧对账科目应与账务系统内的对应科目一致。

8.2.3　补充参数设置

大部分参数在初次启动固定资产管理系统时设置，但是有些参数需要在"选项"中补充，比如固定资产和累计折旧的缺省入账科目的设置。

【例 8-3】根据表 8-1 中补充参数部分提供的数据，进行选项设置。

操作步骤如下：

(1)执行"设置"→"选项"命令,进入"选项"窗口。

(2)单击"编辑"按钮,打开"与财务系统接口"选项卡,设置固定资产缺省入账科目为1601,累计折旧缺省入账科目为1602,减值准备缺省入账科目为1603,增值税进项税额缺省入账科目为22210101,固定资产清理缺省入账科目为1606,如图8-12所示。

(3)单击"确定"按钮。

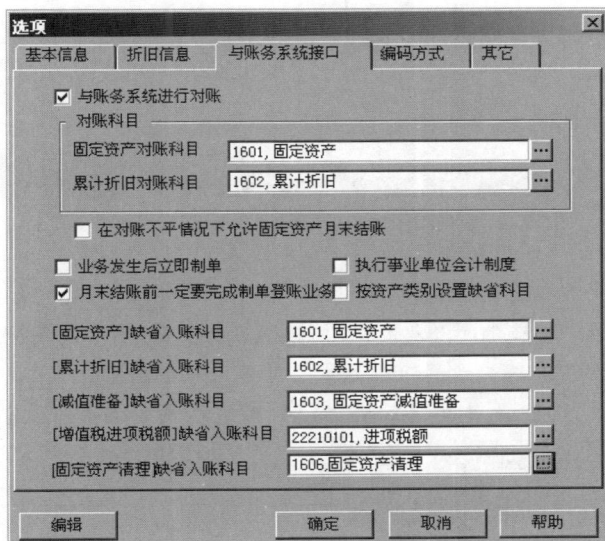

图 8 - 12　补充参数设置

8.2.4　设置部门对应折旧科目

对应折旧科目是指折旧费用的入账科目。资产计提折旧后必须把折旧归入成本或费用,根据不同企业的具体情况,有按部门归集的,也有按类别归集的。部门对应折旧科目的设置就是给每个部门选择一个折旧科目,这样在输入卡片时,该科目自动添入卡片中,不必一个一个输入。如果对某一上级部门设置了对应的折旧科目,下级部门继承上级部门的设置。

【例8-4】请根据表8-2的内容设置系统的部门对应折旧科目。

表 8 - 2　部门对应折旧科目

部门名称	贷方科目
综合部	管理费用——折旧费(660204)
财务部	管理费用——折旧费(660204)
采购部	管理费用——折旧费(660204)
销售部	销售费用(6601)
加工车间	制造费用(5101)

(1)执行"设置"→"部门对应折旧科目"命令,进入"部门对应折旧科目——列表视图"窗

口,如图 8-13 所示。

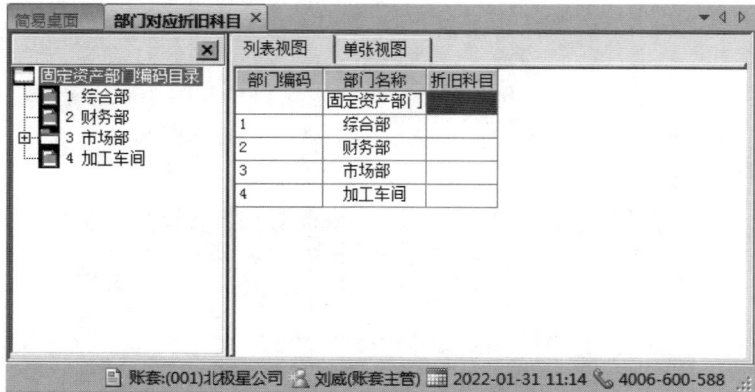

图 8-13　"部门对应折旧科目——列表视图"窗口

（2）选择"综合部"所在行,单击"修改"按钮,打开"单张视图"窗口（也可以直接选中部门编码目录中的"综合部",单击打开"单张视图"选项卡,再单击"修改"按钮）。

（3）在"折旧科目"栏录入或选择"660204",如图 8-14 所示。

（4）重复以上步骤,依次设置其他对应部门的对应折旧科目,直到全部设置完毕。

图 8-14　"部门对应折旧科目——单张视图"窗口

注意:

1.由于系统录入卡片时,只能选择明细级部门,所以设置折旧科目时也只能设置明细科目与之对应。

2.设置部门对应的折旧科目时,必须选择末级会计科目。若上级部门设置了对应的折旧科目,则下级部门自动继承上级部门的设置,但是下级部门也可以选择不同的科目,即上下级部门的折旧科目可以相同,也可以不同。

8.2.5　固定资产类别设置

固定资产的种类繁多,规格不一,要强化固定资产管理,及时准确做好固定资产核算,必须科学地设置固定资产的分类,为核算和统计管理提供依据。

【例 8-5】根据表 8-3 提供的数据设置系统的固定资产类别。

表 8 - 3　固定资产类别

类别编码	类别名称	使用年限	净残值率	计提属性	折旧方法	卡片样式
01	房屋及建筑物	30	2%	正常计提	平均年限法(一)	通用样式
011	办公楼	30	2%	正常计提	平均年限法(一)	通用样式
012	厂房	30	2%	正常计提	平均年限法(一)	通用样式
02	机器设备			正常计提	平均年限法(一)	通用样式
021	办公设备	5	3%	正常计提	平均年限法(一)	通用样式
022	生产线	10	3%	正常计提	平均年限法(一)	通用样式

操作步骤如下：

(1)执行"设置"→"资产类别"命令,进入"资产类别——列表视图"窗口,如图 8-15 所示。

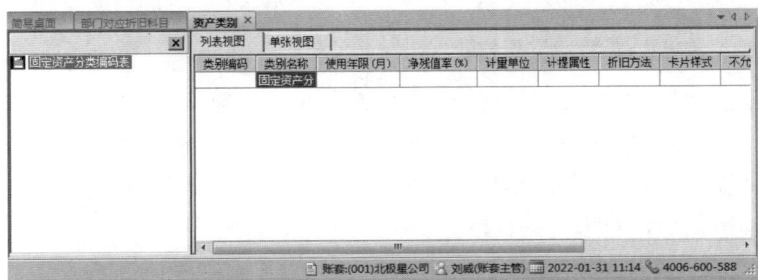

图 8-15　"资产类别——列表视图"窗口

(2)单击"增加"按钮,打开"资产类别——单张视图"窗口。

(3)在"类别名称"栏录入"房屋及建筑物",在"使用年限"栏录入"30",在"净残值率"栏录入"2",单击"保存"按钮,如图 8-16 所示。

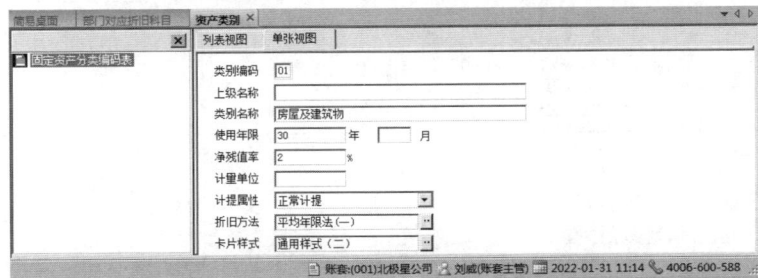

图 8-16　"资产类别——单张视图"窗口

(4)单击选中"固定资产分类编码表"中的"01 房屋及建筑物"分类,再单击"增加"按钮,在"类别名称"栏录入"办公楼",单击"保存"按钮,如图 8-17 所示。

(5)重复以上步骤,继续录入其他的固定资产分类,直到全部设置完毕。

注意：

1.先建立上级固定资产类别后,建立下级固定资产类别。由于在建立上级类别时已经设置了使用年限、净残值率等相关属性,其下级类别如果与上级类别的设置相同,可自动继承不用修改;如果下级类别与上级类别设置不同,可以修改。

2. 类别编码、名称、计提属性、折旧方法及卡片样式为必录项,不能为空。

3. 系统已使用的类别不允许增加下级、删除和修改。

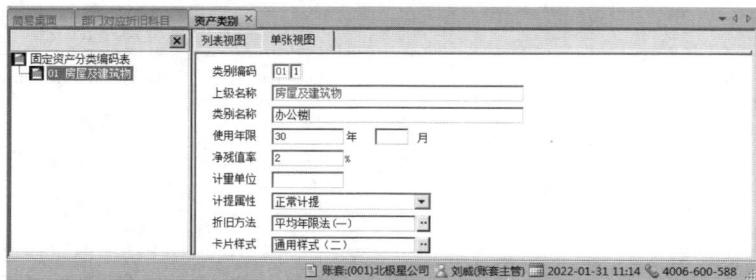

图 8-17　"资产类别下级分类设置——单张视图"窗口

8.2.6　固定资产增减方式设置

增减方式包括增加方式和减少方式两类。系统内置的增加方式有直接购买、投资者投入、捐赠、盘盈、在建工程转入、融资租入 6 种。系统内置的减少方式有出售、盘亏、投资转出、捐赠转出、报废、毁损、融资租出 7 种。用友软件系统固定资产的增减方式可以设置两级,也可以根据需要自行增加。

【例 8-6】根据表 8-4 提供的数据,设置系统的固定资产增减方式。

表 8-4　固定资产增减方式

增加方式	对应入账科目	减少方式	对应入账科目
直接购入	银行存款——工行存款(100201)	出售	固定资产清理(1606)
投资者投入	实收资本(4001)	投资转出	长期股权投资(1511)
捐赠	营业外收入(6301)	捐赠转出	固定资产清理(1606)
盘盈	待处理财产损溢(1901)	盘亏	待处理财产损溢(1901)
在建工程转入	在建工程(1604)	报废	固定资产清理(1606)

操作步骤如下:

(1)执行"设置"→"增减方式"命令,打开"增减方式"窗口,如图 8-18 所示。

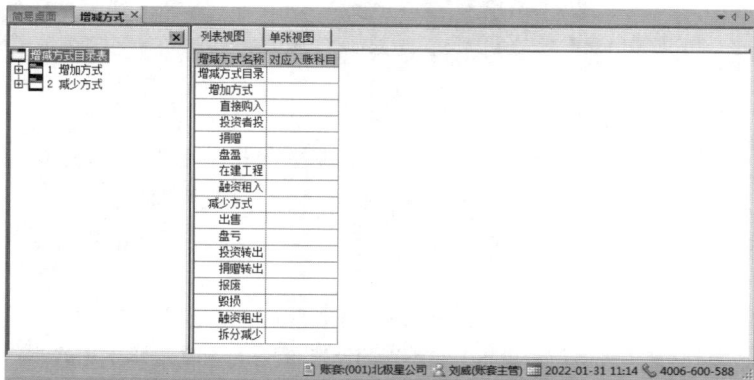

图 8-18　"增减方式"窗口

（2）单击选中"直接购入"所在行,再单击"修改"按钮,打开"增减方式——单张视图"窗口,在"对应入账科目"栏录入"100201",如图 8-19 所示。

（3）单击"保存"按钮。以此方法继续设置其他增减方式对应的入账科目。

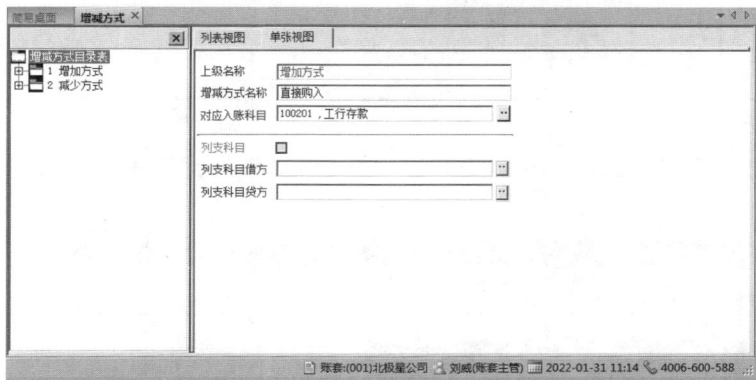

图 8-19　"增减方式——单张视图"窗口

注意:

1. 在资产增减方式中所设置的对应入账科目是为了生成凭证时默认。

2. 因为本系统提供的报表中有固定资产盘盈盘亏报表,所以增减方式中"盘盈""盘亏""毁损"不能修改和删除。

3. 非明细增减方式不能删除,已使用的增减方式不能删除。

4. 生成凭证时,如果入账科目发生了变化,可以即时修改。

8.2.7　录入固定资产原始卡片

固定资产卡片是固定资产核算和管理的基础依据,为保持历史资料的连续性,必须将建账日期以前的数据输入到系统中。原始卡片不要求必须在第一个期间结账前输入,任何时候都可以输入原始卡片。

【例 8-7】根据表 8-5 提供的数据,录入固定资产原始卡片。

表 8-5　固定资产原始卡片

卡片编号	固定资产编号	固定资产名称	类别编号	类别名称	部门名称	增加方式	使用状况	使用年限	折旧方法	开始使用日期	币种	原值/元	净残值率	累计折旧	对应折旧科目
00001	01100001	1号楼	011	办公楼	综合部	在建工程转入	在用	30年	平均年限法（一）	2019-01-08	人民币	400000	2%	37800	管理费用——折旧费
00002	01200001	2号楼	012	厂房	加工车间	在建工程转入	在用	30年	平均年限法（一）	2020-03-10	人民币	450000	2%	25515	制造费用
00003	02100001	计算机	021	办公设备	财务部	直接购入	在用	5年	平均年限法（一）	2021-06-01	人民币	20000	3%	1944	管理费用——折旧费

卡片编号	固定资产编号	固定资产名称	类别编号	类别名称	部门名称	增加方式	使用状况	使用年限	折旧方法	开始使用日期	币种	原值/元	净残值率	累计折旧	对应折旧科目
00004	02200001	生产线	022	生产线	加工车间	在建工程转入	在用	10年	平均年限法(一)	2020-05-08	人民币	180000	3%	5400	制造费用

操作步骤如下：

(1)执行"卡片"→"录入原始卡片"命令,打开"固定资产类别档案"对话框,如图8-20所示。

图8-20　"固定资产类别档案"对话框

(2)选择"011办公楼"前的复选框,回车或单击"确定"按钮,进入"固定资产卡片[录入原始卡片:00001号卡片]"窗口,在"固定资产名称"栏录入"1号楼",如图8-21所示。

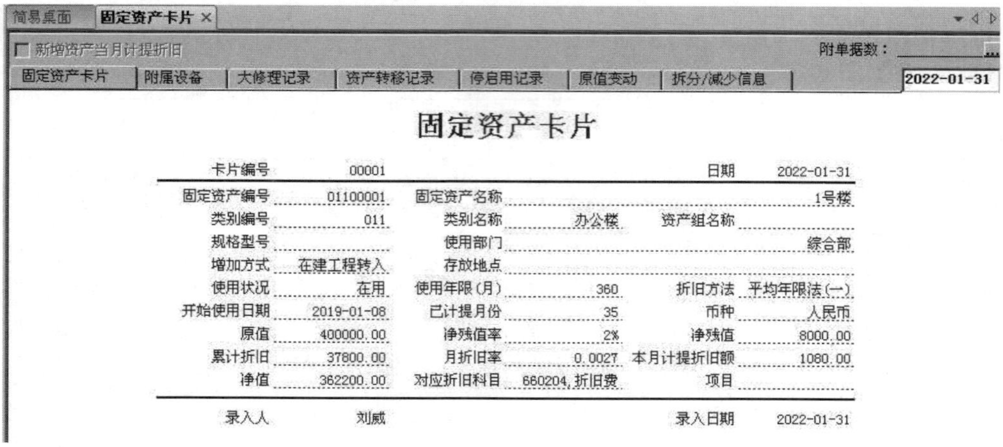

图8-21　"固定资产卡片[录入原始卡片:00001号卡片]"窗口

（3）单击"使用部门"栏，再单击"使用部门"按钮，打开"固定资产——本资产部门使用方式"对话框，如图 8-22 所示。

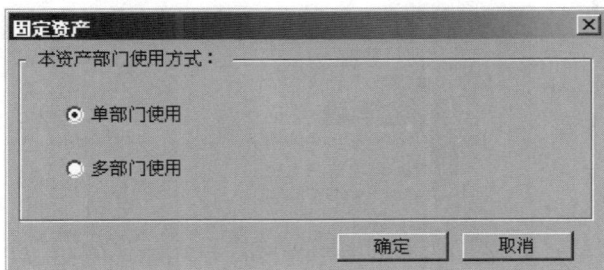

图 8-22　"固定资产——本资产部门使用方式"对话框

（4）单击"确定"按钮，打开"部门基本参照"窗口，如图 8-23 所示。

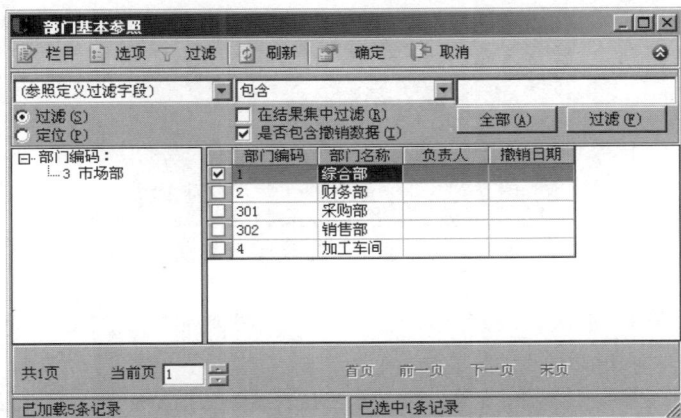

图 8-23　"部门基本参照"窗口

（5）选择"综合部"双击确认或单击"确认"按钮。

（6）单击"增加方式"栏，再单击"增加方式"按钮，打开"固定资产增加方式"对话框，选择"105 在建工程转入"，双击确认，如图 8-24 所示。

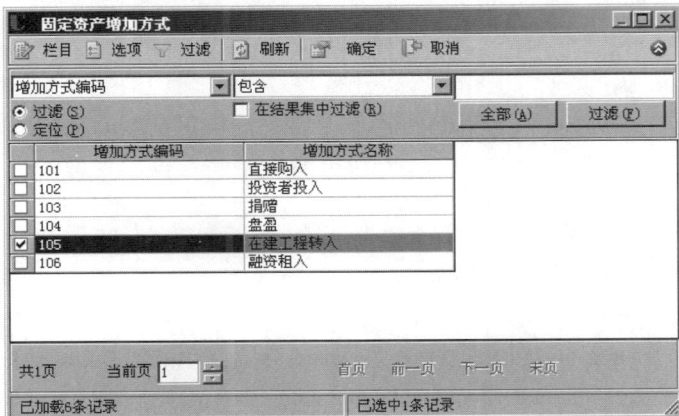

图 8-24　"固定资产增加方式"对话框

（7）单击"使用状况"栏，再单击"使用状况"按钮，打开"使用状况参照"对话框。默认"在用"，单击"确定"按钮，如图 8－25 所示。

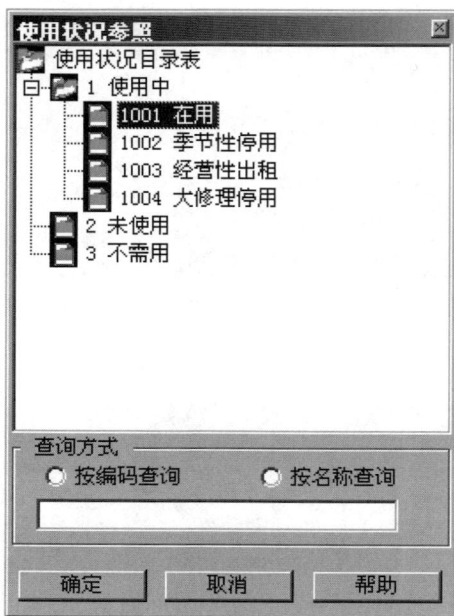

图 8－25 "使用状况参照"对话框

（8）在"开始使用日期"栏录入"2019—01—08"，在"原值"栏录入"400000"，在"累计折旧"栏录入"37800"，如图 8－26 所示。

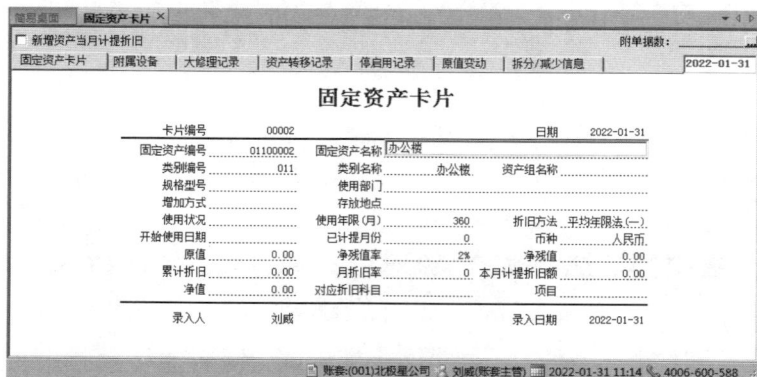

图 8－26 录入原始卡片

（9）单击"保存"按钮，系统提示"数据成功保存！"

（10）单击"确定"按钮。以此方法继续录入其他的固定资产卡片。

注意：

1.在"固定资产卡片"界面中，除"固定资产卡片"选项卡外，还有若干的附属选项卡。

2.附属选项卡上的信息只供参考，不参与计算也不回溯。

3.在执行原始卡片录入或资产增加功能时，可以为一个资产选择多个使用部门。

4. 当资产为多部门使用时,原值、累计折旧等数据可以在多部门间按设置的比例分摊。

5. 单个资产对应多个使用部门时,卡片上的"对应折旧科目"处不能输入,默认为选择使用部门时设置的折旧科目。

6. 录入完成后,可以执行"处理"→"对账"命令,验证固定资产系统中录入的固定资产明细资料是否与总账中的固定资产数据一致。

8.3   固定资产日常业务处理

固定资产管理系统主要完成企业固定资产日常业务的核算和管理,生成固定资产卡片,按月反映固定资产的增加、减少、原值变化及其他变动,并输出相应的增减变动明细账,按月自动计提折旧,生成折旧分配凭证,同时输出一些同设备管理相关的报表和账簿。

固定资产的日常业务处理主要包括资产增减、资产变动,生成凭证和账表查询。固定资产管理系统中资产的增加、减少以及原值和累计折旧的调整都要将有关数据通过记账凭证的形式传输到总账管理系统,同时通过对账保持固定资产账目与总账的平衡。在固定资产系统生成的凭证,只能在固定资产系统中修改、删除。

8.3.1   修改固定资产卡片

当发现卡片录入错误,或资产使用过程中需更新信息时,可通过卡片修改功能进行调整。

【例 8-8】参考提供的数据,完成固定资产卡片的修改。

2022 年 1 月 10 日将卡片编号为 00003 的固定资产(计算机)的折旧方式由"平均年限法(一)"修改为"双倍余额递减法"。

操作步骤如下:

(1)执行"卡片"→"卡片管理"命令,打开"查询条件选择——卡片管理"对话框,修改开始使用日期为"2019-01-01",如图 8-27 所示。

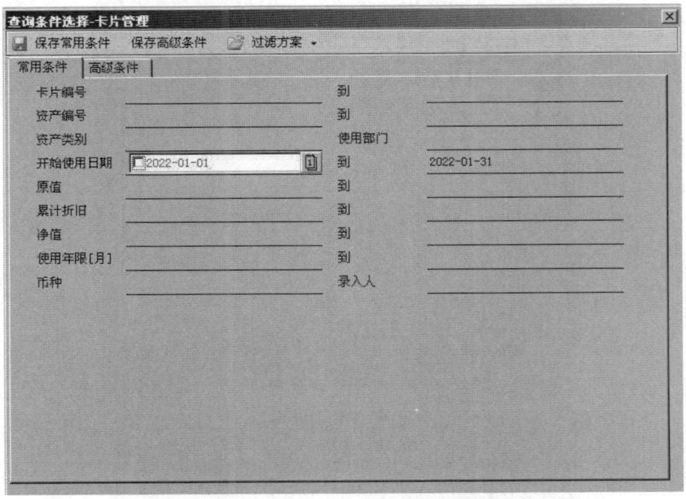

图 8-27   "查询条件选择——卡片管理"对话框

（2）单击"确定"按钮，进入"卡片管理"窗口，如图8-28所示。

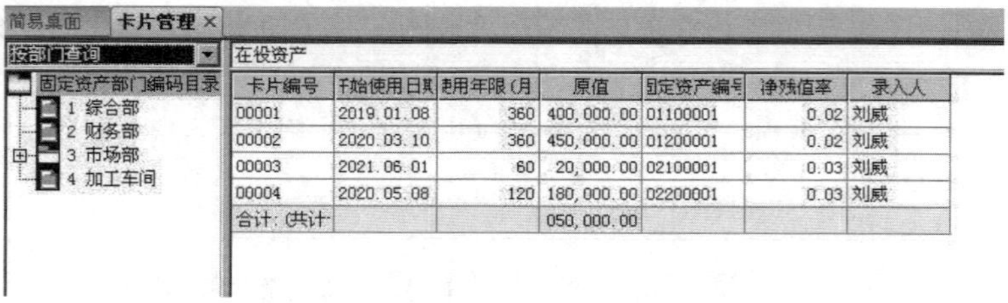

图8-28 "卡片管理"窗口

（3）选中"00003"所在行，再单击"修改"按钮，进入"固定资产卡片"窗口，如图8-29所示。

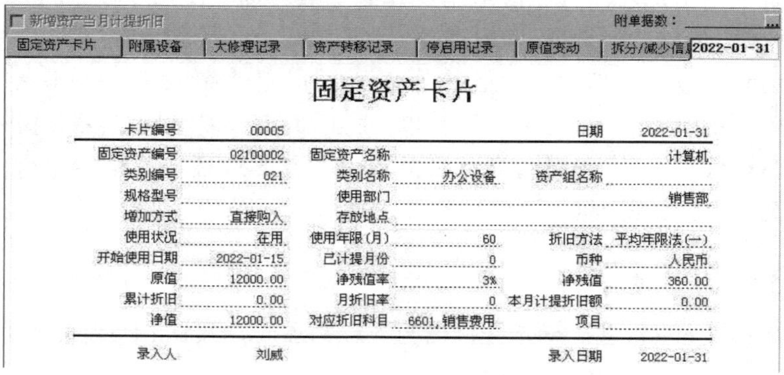

图8-29 "固定资产卡片"窗口

（4）单击"折旧方法"栏，再单击"折旧方法"按钮，打开"折旧方法参照"对话框，如图8-30所示。

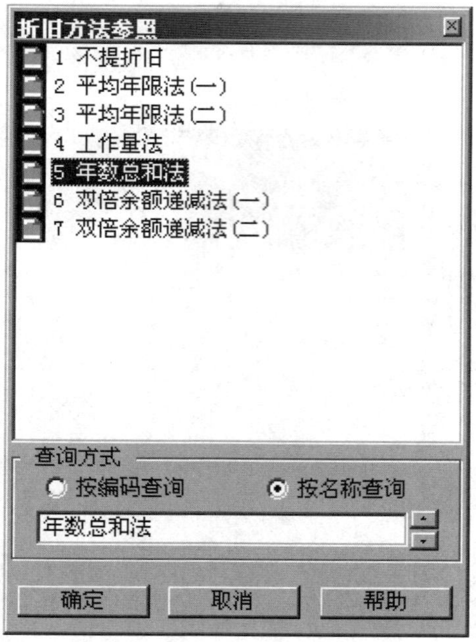

图8-30 "折旧方法参照"对话框

（5）选中"年数总和法"，单击"确定"按钮。

（6）单击"保存"按钮，系统提示"数据成功保存！"

（7）单击"确定"按钮返回"卡片管理"窗口。

注意：

1．原始卡片的原值、使用部门、工作总量、使用状况、累计折旧、净残值（率）、折旧方法、使用年限、资产类别在没有做变动单或评估单的情况下，录入当月可以无痕迹修改；如果做过变动单，只有删除变动单才能无痕迹修改；若各项目做过一次月末结账，则只能通过变动单或评估单调整，不能通过卡片修改功能改变。

2．通过资产增加录入系统的卡片在没有制作凭证和变动单、评估单的情况下，录入当月可以无痕迹修改；如果做过变动单，只有删除变动单才能无痕迹修改；如果已制作凭证，要修改原值或累计折旧，则必须删除凭证后，才能无痕迹修改；卡片上的其他项目，任何时候均可无痕迹修改。

3．非本月录入的卡片不能删除，卡片做过一次月末结账后不能删除，做过变动单或评估单的卡片在删除时会提示先删除相关的变动单或评估单。

8.3.2　资产增加

资产增加是指购进或通过其他方式增加企业资产。资产增加需要输入一张新的固定资产卡片，与固定资产期初输入相对应。

【例 8-9】参考提供的数据，完成固定资产的增加。

2022 年 1 月 15 日直接购入并交付销售部使用一台计算机，预计使用年限为 5 年，原值为 12000 元，净残值率为 3%，采用"平均年限法（一）"计提折旧。

操作步骤如下：

（1）执行"卡片"→"资产增加"命令，打开"固定资产类别档案"对话框。

（2）双击"021 办公设备"，进入"固定资产卡片"窗口。

（3）在"固定资产名称"栏录入"计算机"，选择使用部门为"销售部"，增加方式为"直接购入"，使用状况为"在用"，选择折旧方法为"平均年限法（一）"，在"原值"栏录入：12000，如图 8-31 所示。

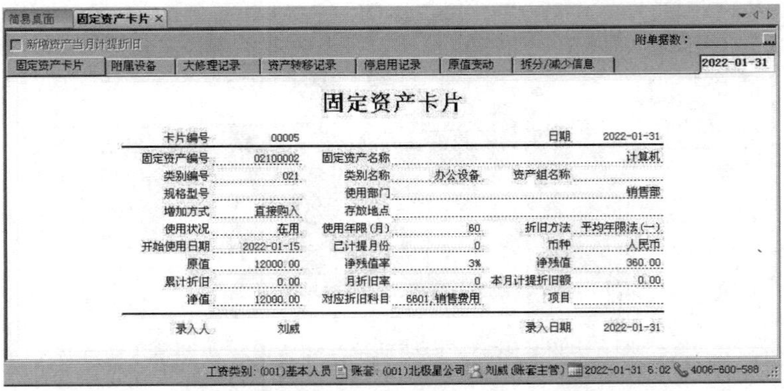

图 8-31　固定资产卡片

（4）单击"保存"按钮，系统提示"数据成功保存！"

（5）单击"确定"按钮，完成新增固定资产录入。

注意：

1.新卡片录入的第一个月不提折旧，折旧额为空或为零。

2.原值录入的必须是卡片录入月初的价值，否则将会出现计算错误。

3.如果录入的累计折旧、累计工作量大于零，说明是旧资产，该累计折旧或累计工作量是进入本单位前的值。

4.已计提月份必须严格按照该资产在其他单位已经计提或估计已计提的月份数，不包括使用期间停用等不计提折旧的月份。

5.只有当资产开始计提折旧后才可以使用资产减少功能，否则，减少资产只有通过删除卡片来完成。

8.3.3　资产变动

资产变动主要是指对固定资产原值变动、部门转移、使用状况变动、使用年限调整、折旧方法调整、净残值（率）调整、工作总量调整、累计折旧调整等项目变动的管理。资产变动要求输入相应的"变动单"来记录资产调整结果。其他项目，比如，名称、编号、自定义项目等的变动等可直接在固定资产卡片上进行，也就是可以通过修改固定资产卡片来实现。

【例8-10】根据提供的数据，完成固定资产的变动。

2022年1月28日，根据企业需要，将卡片号码为"00004"号的固定资产（生产线）的折旧方法由"平均年限法（一）"更改为"工作量法"，工作总量为60000小时，累计工作量为10000小时。

操作步骤如下：

(1)执行"卡片"→"变动单"→"折旧方法调整"命令，打开"固定资产变动单"窗口。

(2)在"卡片编号"栏录入"00004"，或单击"卡片编号"栏，选择"00004"。

(3)单击"变动后折旧方法"栏，再单击"变动后折旧方法"按钮，选择"工作量法"。

(4)单击"确定"按钮，打开"工作量输入"对话框，如图8-32所示。

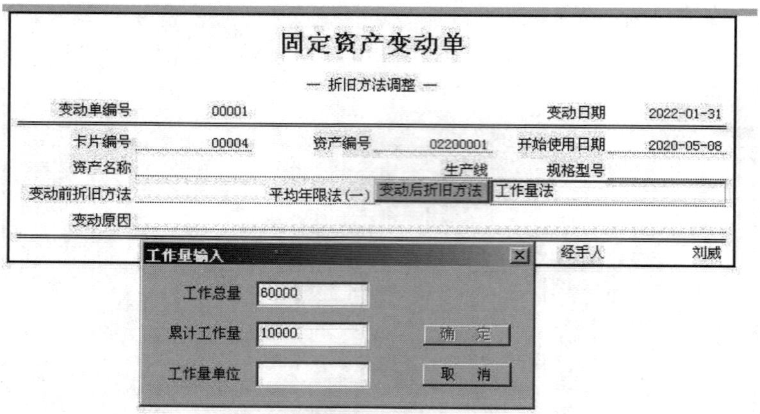

图8-32　固定资产变动单——折旧方法调整

(5)在"工作量输入"对话框中，在"工作总量"栏输入"60000"，在"累计工作量"栏输入"10000"，在"工作量单位"栏输入"小时"，单击"确定"按钮。

(6)在"变动原因"栏录入"工作需要"。

（7）单击"保存"按钮，系统提示"数据成功保存！"，单击"确定"按钮。

注意：

1．资产折旧方法在一年之内很少改变，但是遇到特殊情况需改变调整的可以调整。

2．变动单管理可以对系统制作的变动单进行查询、修改、制单、删除等处理。

3．固定资产管理系统中，本月录入的卡片和本月增加的资产不允许进行变动处理，只能在下月进行。

8.3.4　资产减少

资产减少是指资产在使用过程中，会由于多种原因，如毁损、出售、盘亏等，退出企业，此时要做资产减少处理。资产减少需输入资产减少卡片并说明减少原因。

【例 8-11】根据提供的数据，完成固定资产的减少。

2022 年 1 月 31 日将财务部使用的电脑"00003"号固定资产捐赠给希望工程。

操作步骤如下：

（1）执行"卡片"→"资产减少"命令，打开"资产减少"对话框。

（2）在"卡片编号"栏录入"00003"，或单击"卡片编号"栏对照按钮，选择"00003"。

（3）单击"增加"按钮，双击"减少方式"栏，再单击"减少方式"栏参照按钮，选择"204 捐赠转出"，如图 8-33 所示。

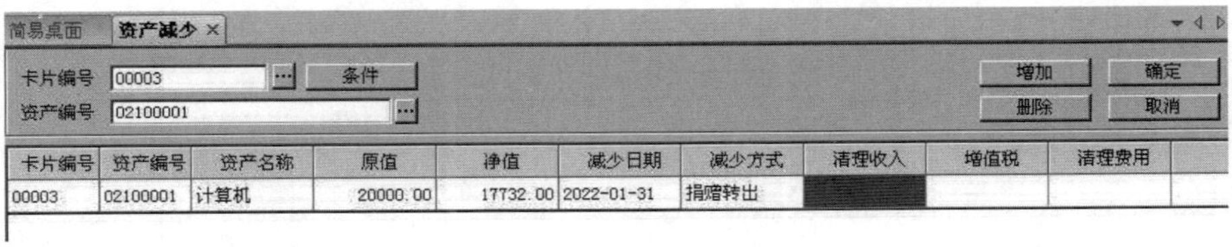

图 8-33　"资产减少"窗口

（4）单击"确定"按钮，系统提示"所选卡片已经减少成功！"。

（5）单击"确定"按钮。

注意：

1．只有当账套开始计提折旧后才可以使用资产减少功能，否则减少资产只有通过删除卡片来完成。

2．对于误减少的资产，可以使用系统提供的纠错功能来恢复。只有当月减少的资产才可以恢复。如果资产减少操作已制作凭证，必须删除凭证后才能恢复。

3．只要卡片未被删除，就可以通过卡片管理中"已减少资产"来查看减少的资产。

8.3.5　制单处理

固定资产管理系统和总账管理系统之间存在着数据的自动传输，这种传输是由固定资产管理系统通过记账凭证向总账管理系统传递有关数据，例如资产增加、减少、累计折旧调整以及折旧分配等记账凭证。制作记账凭证可以采取"立即制单"或"批量制单"的方法实现。

1．操作步骤

（1）执行"处理"→"批量制单"命令，打开"查询条件选择"对话框，单击"确定"按钮，进入"批量制单"窗口。

（2）单击"全选"按钮，或双击"选择"栏，选中要制单的业务，如图8-34所示。

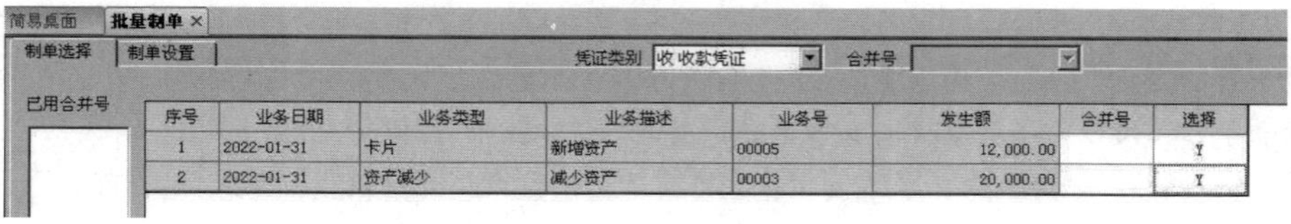

图8-34　制单选择

（3）单击打开"制单设置"选项卡，查看制单科目设置，如图8-35所示。

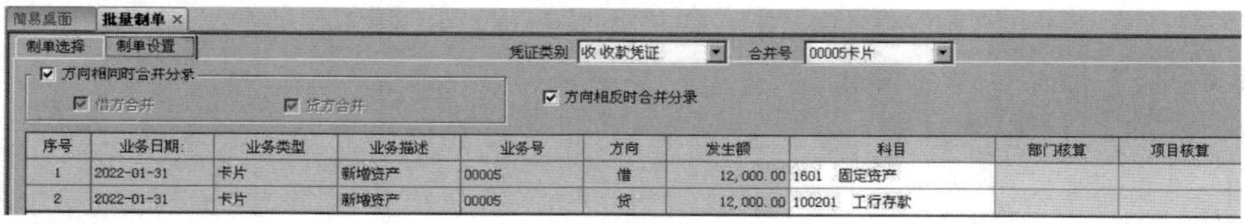

图8-35　查看制单设置

（4）单击"凭证"按钮，修改凭证类别，录入摘要，单击"保存"按钮，依次生成凭证，如图8-36、图8-37所示。

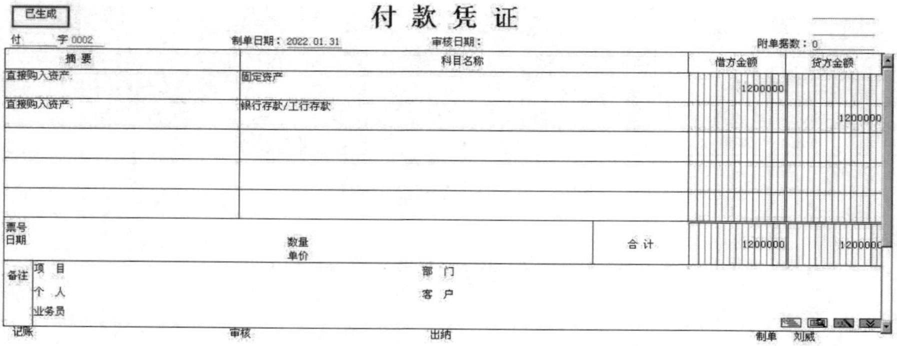

图8-36　购入固定资产凭证生成

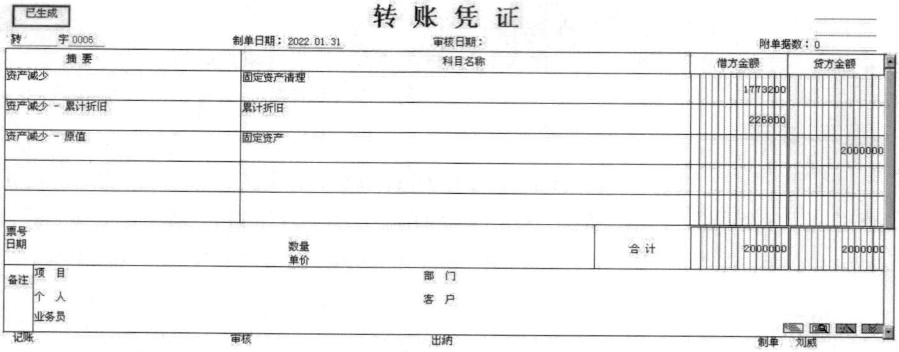

图8-37　资产减少凭证生成

（5）单击"退出"按钮退出。

2.注意事项

（1）"批量制单"功能可以同时将一批需要制单的业务连续制作凭证传递到总账系统。凡是业务发生时没有制单的，该业务自动排列到批量制单表中，表中列示应制单而没有制单的业务发生日期、类型、原始单据编号、默认的借贷方科目和金额，以及制单选择标志。

（2）如果在选项中选择"业务发生时立即制单"，摘要才根据业务情况自动输入；如果使用批量制单方式，则摘要为空，需要手工输入。

（3）修改凭证时，能修改的内容仅限于摘要、用户自行增加的凭证分录、系统默认的分录的折旧科目，而系统默认的分录的金额与原始的不能修改。

8.3.6　账表查询

可以通过系统提供的账表管理功能，及时掌握资产的统计、汇总和其他各方面的信息。账表包括账簿、折旧表、统计表、分析表 4 类。如果所提供的报表种类不能满足需要，系统还提供了自定义报表功能，可以根据实际要求进行设置。

【例 8-11】请使用本系统提供的账表管理功能查询固定资产原值一览表。

操作步骤如下：

（1）执行"账表"→"我的账表"命令，进入固定资产"报表"窗口。

（2）单击"账簿"中的"统计表"，如图 8-38 所示。

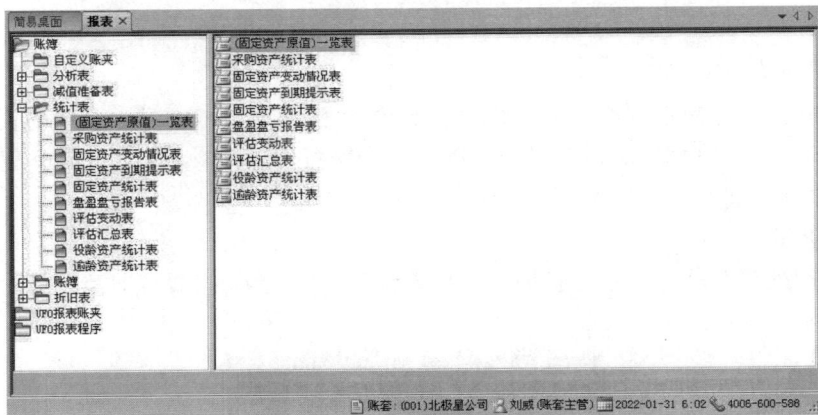

图 8-38　固定资产统计表

（3）双击"（固定资产原值）一览表"，打开"条件——（固定资产原值）一览表"对话框，如图 8-39所示。

图 8-39　"条件——（固定资产原值）一览表"对话框

(4)单击"确定"按钮,进入"(固定资产原值)一览表"窗口,如图8-40所示。

图8-40 (固定资产原值)一览表

(5)单击"退出"按钮退出。

注意:在固定资产系统中提供了9种统计表,包括"固定资产原值一览表""固定资产变动情况表""固定资产到期提示表""固定资产统计表""评估汇总表""评估变动表""盘盈盘亏报告表""逾龄资产统计表""役龄资产统计表"。这些表从不同的侧面对固定资产进行统计分析,使管理者可以全面细致地了解企业对资产的管理、分布情况,为及时掌握资产的价值、数量以及新旧程度等指标提供依据。

8.4 固定资产的期末处理

完成固定资产的日常业务处理之后,便可进入固定资产的期末处理阶段。固定资产管理系统的期末处理工作主要包括计提折旧、对账、月末结账等。

8.4.1 计提固定资产折旧

自动计提折旧是固定资产管理系统的主要功能之一,可以根据录入系统的资料,利用系统提供的"折旧计提"功能,对各项资产每期计提一次折旧,并自动生成折旧分配表,然后制作记账凭证,将本期的折旧费用自动登账。

1. 操作步骤

(1)执行"处理"→"计提本月折旧"命令,系统弹出"是否要查看折旧清单?"对话框,如图8-41所示。

图8-41 固定资产计提折旧信息提示1

(2)单击"是"按钮,系统提示:"本操作将计提本月折旧,并花费一定时间,是否继续?"如图8-42所示。

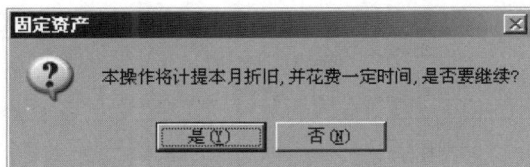

图 8-42　固定资产计提折旧信息提示 2

（3）单击"是"按钮，打开"折旧清单"窗口，如图 8-43 所示。

卡片编号	资产编号	资产名称	原值	计提原值	本月计提折旧额	累计折旧	本年计提折旧	减值准备	净值	净残值	折旧率
00001	01100001	1号楼	000.00	400,000.00	1,080.00	38,680.00	1,080.00	0.00	120.00	8,000.00	0.0027
00002	01200001	2号楼	000.00	450,000.00	1,215.00	26,730.00	1,215.00	0.00	270.00	9,000.00	0.0027
00003	02100001	计算机	000.00	20,000.00	324.00	2,268.00	324.00	0.00	732.00	600.00	0.0162
00004	02200001	生产线	000.00	180,000.00	1,458.00	6,858.00	1,458.00	0.00	142.00	5,400.00	0.0081
合计			000.00	050,000.00	4,077.00	74,736.00	4,077.00	0.00	264.00	3,000.00	

图 8-43　折旧清单

（4）单击"退出"按钮，打开"折旧分配表"窗口，如图 8-44 所示。

类别编号	类别名称	项目编号	项目名称	科目编号	科目名称	折旧额
011	办公楼			660204	折旧费	1,080.00
012	厂房			5101	制造费用	1,215.00
021	办公设备			660204	折旧费	539.32
022	生产线			5101	制造费用	1,692.00
合计						4,526.32

图 8-44　折旧分配表

（5）单击"凭证"按钮，生成一张记账凭证。

（6）修改凭证类别为"转账凭证"。

（7）单击"保存"按钮，凭证左上角出现"已生成"字样，表示凭证已传递到总账，如图 8-45 所示。

（8）单击"退出"按钮退出。

2. 注意事项

（1）计提折旧功能对各项资产每期计提一次折旧，并自动生成折旧分配表，然后制作记账凭证。

（2）部门转移和类别调整的资产当月计提的折旧分配到变动后的部门和类别。

（3）在一个期间内可以多次计提折旧，每次计提折旧后，只是将计提的折旧累加到月初

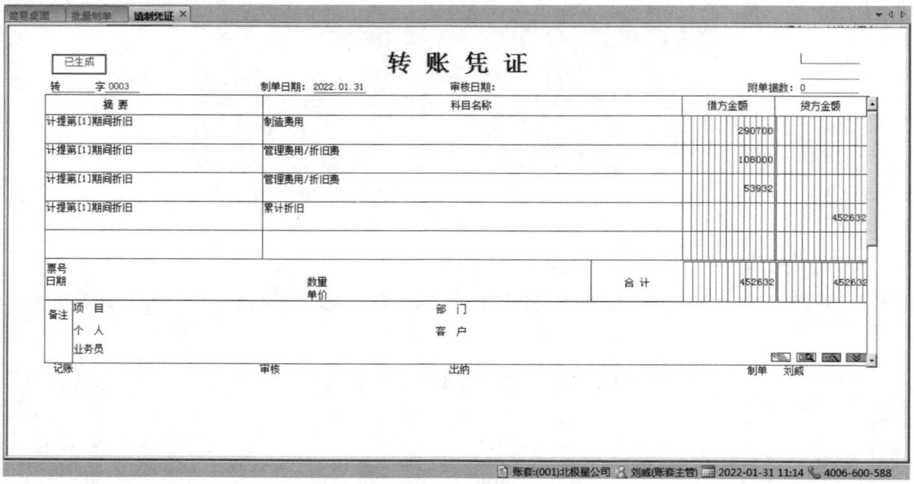

图 8-45 计提折旧转账凭证生成

的累计折旧上,不会重复累计。

（4）若上次计提折旧已制单并已传递到总账系统,则必须删除该凭证才能重新计提折旧。

（5）如果计提折旧后又对账套进行了影响折旧计算或分配的操作,必须重新计提折旧,否则系统不允许结账。

（6）资产的使用部门和资产折旧要汇总的部门可能不同,为了加强资产管理,使用部门必须是明细部门,而折旧分配部门不一定分配到明细部门。不同的单位处理可能不同,因此要在计提折旧后、分配折旧费用时作出选择。

（7）在折旧费用分配表的界面中,可以单击"制单"按钮制单,也可以以后利用"批量制单"功能进行制单。

8.4.2 对账

月末按照系统初始设置的账务系统接口,自动与账务系统进行对账。只有在初次启动固定资产的参数设置,或选项中的参数设置选择了"与账务系统对账"参数,才可使用本系统的对账功能。

为保证固定资产管理系统的资产价值与总账管理系统中固定资产科目的数值相等,可随时使用对账功能对两个系统进行审查。系统在执行月末结账时自动对账一次,并给出对账结果。

操作步骤

（1）执行"处理"→"对账"命令,打开"与账务对账结果"对话框,如图 8-46 所示。

（2）单击"确定"按钮。

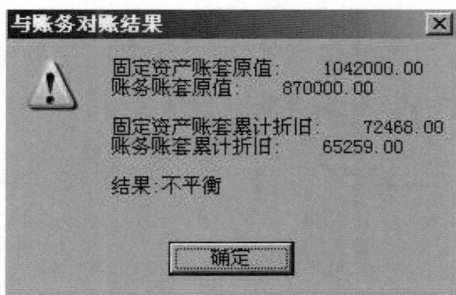

图 8-46　与账务对账结果

注意：

1. 只有设置账套参数时选择了"与账务系统进行对账"，本功能才能操作。

2. 如果对账不平，需要根据初始化是否选中"在对账不平情况下允许固定资产月末结账"来判断是否可以进行结账处理。

例：本期增加一台电脑，原值为 12000 元，已经在固定资产系统中填制了记账凭证并传递到了总账系统，但是总账系统尚未记账，所以出现相差 12000 元原值的结果。

3. 查明对账不平原因后，由相应的操作员登陆总账系统，将两张由固定资产系统生成的记账凭证在总账中审核并记账。

（3）回到固定资产系统中，执行"处理"→"对账"命令，出现"与账务对账结果"对话框，如图 8-47 所示。

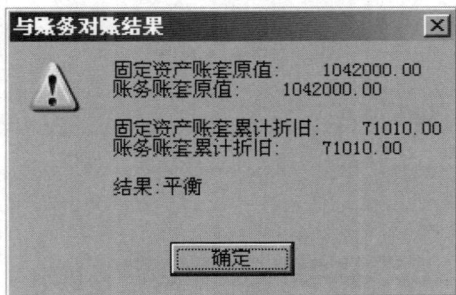

图 8-47　与账务对账结果

（4）单击"确定"按钮。

8.4.3　结账

固定资产管理系统完成了本月全部制单业务后，可以进行月末结账。月末结账每月进行一次，结账后当期数据不能修改。如有错必须修改，可通过系统提供的"恢复月末结账前状态"功能反结账，再进行相应修改。

本期不结账，将不能处理下期的数据，结账前一定要进行数据备份，否则数据一旦丢失，将造成无法挽回的后果。

1. 操作步骤

(1)执行"处理"→"月末结账"命令,打开"月末结账"对话框,如图 8 – 48 所示。

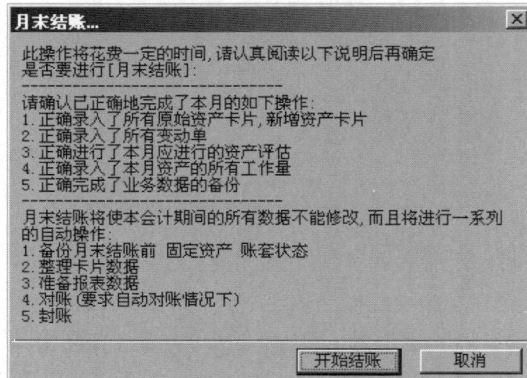

图 8 – 48　"月末结账"对话框

(2)单击"开始结账"按钮,出现"与总账对账结果"对话框,如图 8 – 49 所示。

图 8 – 49　"与总账对账结果"对话框

(3)单击"确定"按钮,出现系统提示,如图 8 – 50 所示。

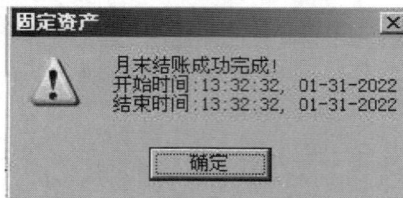

图 8 – 50　"月末结账成功完成!"提示信息

(4)单击"确定"按钮,出现系统月末结账后系统提示信息,如图 8 – 51 所示。

图 8 – 51　固定资产系统月末结账后系统提示信息

2. 注意事项

(1)如果结账后发现有未处理的业务或者需要修改的事项,可以通过系统提供的"恢复月末结账前状态"功能进行反结账。但是不能跨年度恢复数据,即本系统年末结转后,不能利用本功能恢复年末结转。

(2)恢复到某个月月末结账前状态后,本账套对该结账后所做的所有工作都可以无痕迹删除。

本章小结

通过本章学习,我们掌握了固定资产管理系统的初始化、日常业务和期末业务的处理。了解了固定资产增加、减少、变动、计提折旧等业务处理规则。体会到了系统根据固定资产相关原始单据自动生成记账凭证,从而提高会计人员工作效率和质量,为企业资产管理决策服务。

上机实验十三　固定资产初始化

【操作准备】

引入"上机实验十二"的备份数据。将系统日期改为 2022 年 1 月 1 日,由操作员"LW刘伟(密码1)"注册企业应用平台。

【操作要求】

(1)启用"固定资产"系统(启用日期:2022 年 1 月)。

(2)建立固定资产账套。

(3)设置部门对应折旧科目。

(4)设置固定资产类别。

(5)设置固定资产增减对应入账科目。

(6)设置固定资产原始卡片。

【操作数据】

1.固定资产账套核算参数如下:

(1)启用月份:2022.1;

(2)固定资产用平均年限法一、计提折旧,折旧汇总分配周期为一个月,当"月初已计提月份＝可使用月份－1"时,要求将剩余折旧全部提足。

(3)固定资产类别编码方式:2－1－1－2;固定资产编码方式:自动编码,按"类别编码＋序号",卡片序号长度为5。

(4)与账务系统对账,固定资产对账科目:1601;累计折旧对账科目:1602,与总账对账不平衡时允许结账。

2.部门对应折旧科目(见表 8－6)

表 8－6　部门对应折旧科目

部门	对应折旧贷方科目
厂办	管理费用——折旧费(660204)
财务部	管理费用——折旧费(660204)

续表

部门	对应折旧贷方科目
采购部	销售费用(6601
销售部	销售费用(6601)
生产车间	制造费用(5101)

3. 固定资产类别(见表8-7)

表8-7　固定资产类别

编码	类别名称	使用年限	净残值率	计提属性	折旧方法	卡片式样
01	房屋及建筑物				平均年限法(一)	通用
011	办公楼	50	2%	正常计提	平均年限法(一)	通用
012	厂房	50	2%	正常计提	平均年限法(一)	通用
02	机器设备				平均年限法(一)	通用
021	办公设备	5	3%	正常计提	平均年限法(一)	通用

4. 固定资产增减方式(见表8-8)

表8-8　固定资产增减方式

增加方式	对应入账科目
直接购入	银行存款——工行(100201)
投资者投入	实收资本(4001)
盘盈	待处理财产损益(1901)
在建工程转入	在建工程(1604)

减少方式	对应入账科目
出售	银行存款——工行(100201)
报废	固定资产清理(1606)
投资转出	长期股权投资(1511)
盘亏	待处理财产损益(1901)

5. 固定资产原始卡片(见表8-9)

表8-9　固定资产原始卡片

卡片编号	资产类别	资产名称	部门	增加方式	使用状况	开始日期	原值	累计折旧	使用年限	折旧方法
00001	办公楼	1号楼	厂办	在建工程转入	在用	2010-01-01	400000	86240	50年	平均年限法(一)
00002	厂房	装配车间	厂办	在建工程转入	在用	2020-01-01	450000	17640	50年	平均年限法(一)
00003	办公设备	电脑	财务部	直接购入	在用	2020-01-01	5000	1940	5年	平均年限法(一)

上机实验十四　固定资产业务处理

【操作准备】

引入"上机实验十三"的备份数据。将系统日期改为 2022 年 1 月 31 日,由操作员"LW 刘伟(密码 1)"注册企业应用平台。

【操作要求】

(1)修改固定资产卡片。

(2)增加固定资产。

(3)计提折旧并生成凭证。

(4)减少固定资产。

(5)生成增加、减少资产凭证。

(6)用"LFP 李飞鹏"的身份,在总账系统中对生成凭证进行审核记账。

(7)月末结账。

(8)查询 2022 年 1 月固定资产使用状况变动表。

【操作数据】

1.修改固定资产卡片

将卡片编号"00003"的固定资产(电脑)的折旧方式由"平均年限法(一)"改为"双倍余额递减法"。

2.增加固定资产

2022 年 1 月 25 日直接购入一台复印机并交付销售部门使用,预计使用年限 5 年,原值为 12000 元,进项税为 2040 元,净残值为 3%,采用"年数总和法"计提折旧。

3.计提折旧

计提 2022 年 1 月份折旧,生成折旧分配表,生成凭证。

4.减少固定资产

2022 年 1 月 31 日将卡片编号"00003"的固定资产(电脑)的报废。

第9章　采购与应付款管理系统

知识目标

通过本章学习，应掌握以下内容：

1. 供应链的基本概念；
2. 采购系统和其他 ERP 子系统的联系；
3. 采购管理的业务类型及业务流程；
4. 采购业务和应付款财务的一体化处理流程；
5. 请购单、采购订单、到货单、入库单、发票、结算等概念。

实践目标

通过本章练习，应当能够完成以下操作：

1. 用友 ERP-U8 供应链中，采购管理的初始化设置、日常采购业务处理、期末处理与结账；
2. 用友 ERP-U8 财务会计中，应付款管理的初始化设置、日常应付业务处理、月末结账与对账。

9.1　供应链管理概述

在全球化日益深化的背景下，中国作为制造业大国迅速崛起，已成为全球供应链中不可或缺的重要角色。然而，随着国际竞争加剧，中国企业逐渐意识到："未来的竞争不再是企业间的孤立对抗，而是供应链之间的系统竞争。"这一理念的普及，凸显了供应链作为企业核心生存网络的关键性，也使供应链管理成为现代企业研究的核心课题之一。

9.1.1　供应链的定义

供应链是什么？在市场经济中，企业无法独立存在，必然与上下游伙伴（如供应商、客户）形成协同网络。这种由关联企业构成的系统即为供应链。根据美国生产与库存管理协会（APICS）的定义：供应链（supply chain management，SCM）指从原材料获取到最终将产品与服务交付客户的整体流程，涵盖所有合作伙伴，并通过物流、信息流与资金流的整合实现协同。供应链概念如图 9-1 所示。

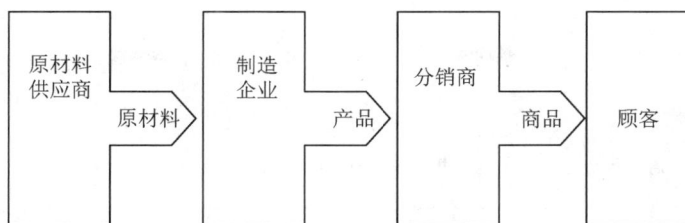

图 9-1　供应链示意

按照不同的描述对象,供应链可分为广义供应链和狭义供应链:

1. 广义供应链

广义供应链是从社会或全球维度构建的集成化网络体系。其特点表现为:

(1)网络化结构。突破单一线性模式,形成以核心企业为中心,涵盖"供应商的供应商→供应商→核心企业→用户→用户的用户"的立体功能网链,如图 9-2 所示。

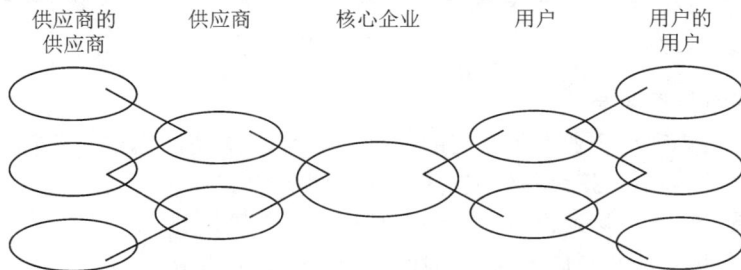

图 9-2　广义供应链概念示意

(2)全流程覆盖。通过拆除企业间壁垒,实现从原材料采购、生产制造到终端消费的全链条协同。具体包括:①上游,原材料供应、外协加工。②中游,生产组装、物流运输。③下游,批发零售、客户服务。

(3)全球化协作。依托信息技术实现跨国资源整合,各节点企业通过供需关系形成动态价值网络。

2. 狭义供应链

狭义供应链指企业内部的物料流转系统。其典型特征为:①空间范围。限于单一企业实体。②流程构成。原材料采购→生产加工→产品销售→客户交付的闭环过程。③管理重点。内部资源优化配置。

供应链的核心特征如下:

(1)网链属性。多主体参与的复杂网络系统。

(2)环境依赖性。受宏观经济、政策法规等外部因素影响。

(3)价值增值。通过加工、物流等环节实现物料价值提升,具体表现为物理增值(形态改变)、时空增值(高效流转)、信息增值(数据赋能)。

9.1.2　案例解析:沃尔玛供应链管理体系

作为从区域性零售商发展为全球连锁巨头的典型代表,沃尔玛的成长轨迹被学术界称为"沃尔玛现象"。其成功核心在于构建了全球领先的供应链与物流管理体系,通过整合配送中心、零售终端、运输网络及上下游合作伙伴,形成了高效协同的产供销网络系统(见图9-3)。

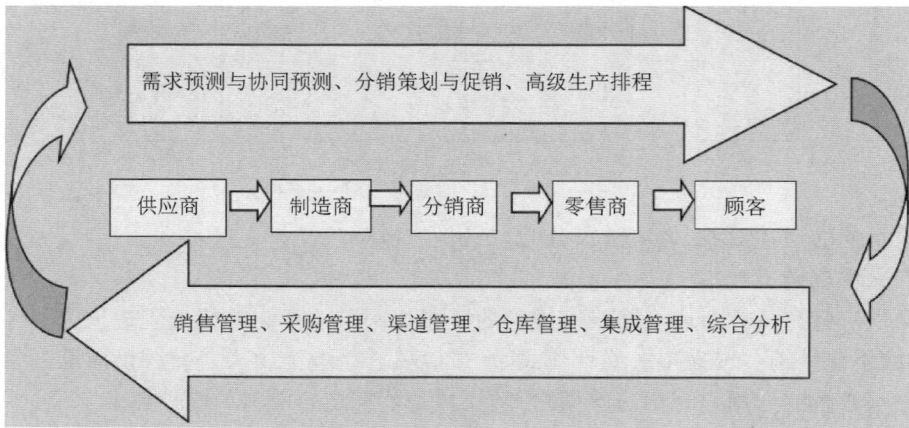

图 9-3　供应链总体流程示例

1. 供应商深度协同机制

沃尔玛突破传统零售企业与供应商的简单买卖关系,建立了三级合作体系:

(1)生产计划协同。直接参与供应商的生产排期与产品规划。

(2)研发、质量介入。协助供应商开展新品研发与质量控制。

(3)供货周期优化。共同制定动态供货方案,实现 JIT 供应。

2. 客户需求驱动系统

区别于行业常规的被动反馈机制,沃尔玛构建了双向实时响应系统:

(1)建立消费者行为数据分析平台,实现需求信号的数字化捕捉;

(2)开发供应商协同门户,将市场反馈转化为可执行的产品改进方案;

(3)形成"销售数据→生产调整"的闭环管理系统,响应速度较同业提升 60%。

3. 智能物流与信息系统

(1)信息系统架构:①集成数据采集、分析决策、流程管控三大功能模块;②实现供应链全节点数据可视化与智能预警;③支持全球 20000＋合作伙伴的实时协同。

(2)物流网络优势:①85% 商品通过区域配送中心直供门店;②库存周转周期较行业平均缩短 7.2 天;③运输成本控制在营收的 1.5% 以内。

4. 全球供应链生态构建

沃尔玛通过 SCM 系统实现了三大突破:

(1)管理边界延伸。整合 ERP 系统与外部供应链,形成端到端管理体系。

(2)资源动态配置。基于实时数据优化人财物等要素的全球调度。

(3)价值创造提速。将原材料到终端商品的转化周期压缩 40%。

实施 SCM 系统为沃尔玛带来了显著价值:①运营层面。库存准确率提升至 99.2%,缺货率下降至 0.8%。②财务层面。资金周转率提高 3.5 倍,物流成本占比下降 2.3 个百分点。③战略层面。形成以数据为纽带的产业生态圈,增强渠道控制力。

本章后续将详细阐述供应链管理的采购管理模块及其应用实践。

9.2　采购管理系统简介

9.2.1　采购业务概述

在现代企业中,采购成本占总成本的比重较高,因此企业对采购管理的控制极为严格,高层管理者也尤为重视。然而,部分管理者仅关注采购成本的表面降低,而忽视了总成本优化的核心目标,导致"见树不见林"的管理误区。

采购管理需平衡生产需求与库存合理性,在保障生产连续性的同时降低采购成本。若采购策略不当,可能引发资金浪费或负债增加。由于采购业务频次高、环节复杂,极易出现管理漏洞。如何协调生产、采购与库存的关系,已成为企业亟待解决的关键问题。

ERP 系统中的采购管理系统通过标准化采购流程,实现对采购业务的有效管控,助力企业降低采购成本、提升竞争力。简言之,采购管理是企业为完成生产及销售计划,从合格供应商处以合理价格、适时采购适量物资的全流程管理活动。

9.2.2　采购管理系统的主要功能

不同行业及生产类型的企业采购形式各异:生产企业需采购价格合理、质量合格的原材料以保障生产;商业企业需采购适销对路的商品以最大化销售收入。

采购管理系统具有以下主要功能:

(1)供应商管理。①分类维护供应商档案及供应商——存货对照表;②建立稳定采购渠道,定期评估供应商交货时效、质量及价格,淘汰不合格供应商。

(2)采购成本控制。严格管理采购价格,降低综合成本。

(3)订单管理。①依据采购计划、请购单或销售订单生成采购订单(支持手动录入);②平衡生产供应、客户交付与库存成本。

(4)到货与质检。登记采购到货单并联动质检部门。

(5)财务协同。接收采购发票并完成结算,同步财务部门记账及付款。

(6)执行分析。跟踪采购订单执行情况并生成分析报告。

9.2.3　采购管理系统与其他系统之间的数据关系

采购管理系统可独立运行,亦可与 ERP 供应链各模块集成(如 MPS/MRP 计划、库存管理、质量管理等),并与财务系统的应付模块深度联动(见图 9-4)。

采购管理系统为售前分析系统 ATP 模式提供预计收入量,为模拟报价提供供应商存货价格。

1. 与生产计划系统的交互

(1)采购计划生成请购单或采购订单,支持批量生单;

(2)已审核订单数据为 MRP 运算提供预计入库量。

2. 与销售管理系统的协同

直运业务中,采购订单需参照销售订单生成,发票需匹配对应订单。

3. 与库存管理的联动

采购入库单可基于订单或到货单生成,支持手工录入。

4. 与财务系统的对接

采购发票经应付款模块登记入账,付款核销信息实时回传。

5. 与质量管理的闭环

到货单触发质检流程,检验结果(合格/不合格数量)回写至系统。

6. 与售前分析的关联

提供 ATP 模式的预计收入量及供应商存货价格数据。

与出口管理、合同管理、决策管理、资金管理系统的数据关系如图 9-4 所示。

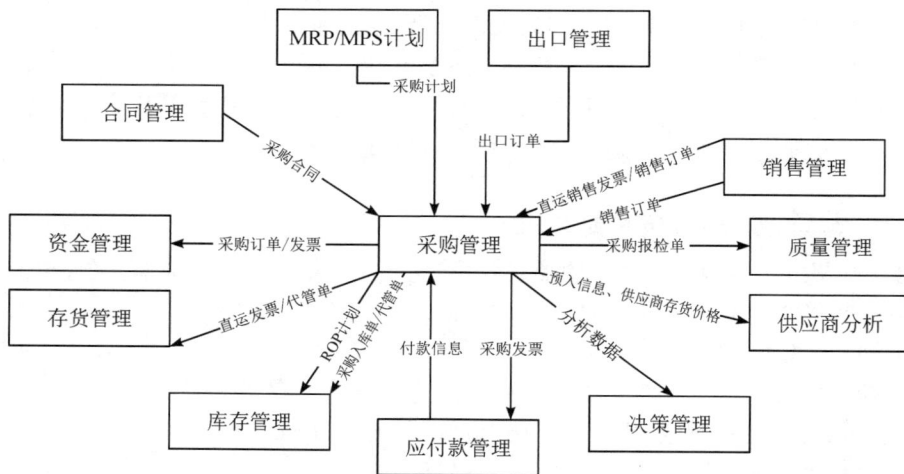

图 9-4　采购管理系统与其他系统之间的关系

9.2.4　采购管理流程

采购管理流程包含请购、订购、到货验收、入库、采购发票录入及结算六个核心环节(见图 9-5)。各环节具体规范如下。

1. 请购处理

(1)流程说明。作为采购业务的起点环节(可省略),主要包括:①需求汇总。整合 MRP 系统生成的采购建议计划及其他部门零星采购需求。②供应商询价。基于确定的采购品项与数量进行比价,优化采购成本。

(2)订单生成路径。经审批的请购单可转换为采购订单,但存在其他生成方式。

2. 采购订货

(1)执行规范。采购部门依据以下要素执行:①请购汇总数据;②交货周期要求;③供应商评估结果。

(2)订单生成来源(五类):①采购合同转化;②直运业务关联的销售订单;③已审核请购单;④MRP/MPS 计划派生;⑤ROP 计划触发。

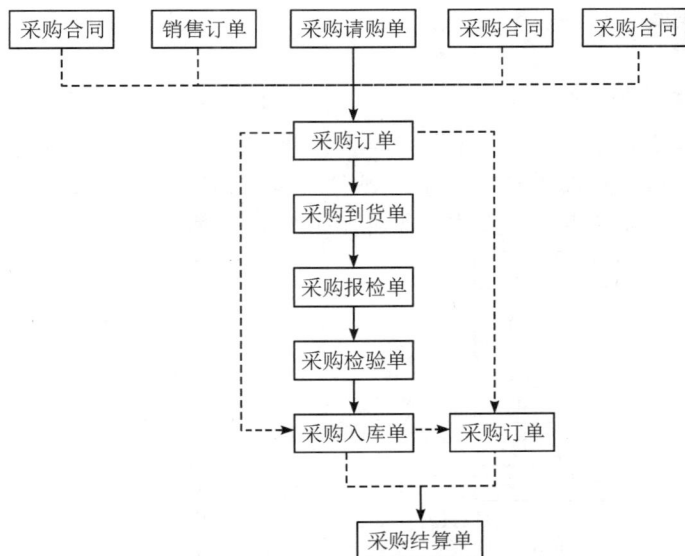

图 9 - 5 采购管理流程

3. 到货验收

(1)质量控制程序。①检验标准:物料规格/质量/数量容差;②处置方式:合格品入库,瑕疵品退货。

(2)单据管理。采购到货单作为中间凭证,具有以下特征:①由采购员基于送货信息填制;②载明货物明细及价格条款;③作为仓库收货的法定依据。

4. 采购入库

(1)强制流程规范。所有采购必须完成入库程序,实施方式取决于系统配置:①集成库存系统时,通过库存管理系统执行;②独立运行时,在采购系统内完成。

(2)业务类型。①常规流程:质检合格后入库;②特殊情形:免检直接入库。

5. 采购发票管理

(1)票据功能。作为成本确认与应付账款核算的法定凭证。

(2)发票分类。①业务性质:蓝字发票/红字发票;②票据类型:增值税专用发票/普通发票/运费发票。

6. 采购结算

(1)核心职能。通过采购入库单与发票的匹配,核算实际采购成本。

(2)结算方式。①自动结算:系统自动匹配;②手工结算:人工干预调整;③专项结算:运费发票单独处理。

9.3 采购业务类型分析

在企业日常采购活动中,由于采购方式、物品所有权等因素的差异,采购流程呈现多样化特点,进而形成了不同的业务应用模式。基于企业实践,本教材将采购管理系统归纳为以下 7 种常用业务模式：

9.3.1　普通采购业务

　　普通采购业务指企业依据标准采购管理流程开展的常规采购活动,适用于大多数企业的通用采购需求。需特别说明的是,其他采购业务模式均以普通采购业务为基础,通过调整部分环节来满足特定业务需求。具体业务流程如图 9-6 所示。

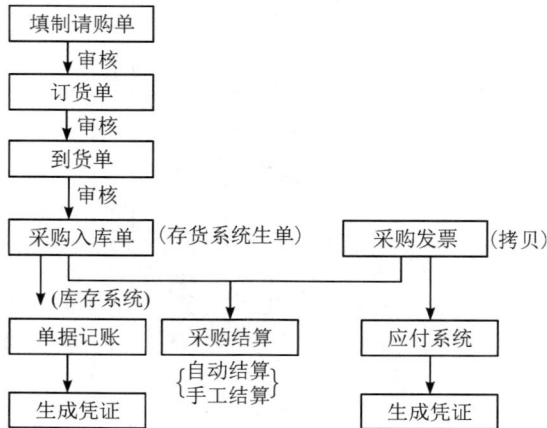

图 9-6　普通采购流程

　　具体操作步骤见本章 9.5、9.6。

9.3.2　现付业务

　　现付业务指在采购业务发生时,由供货单位开具发票并立即支付货款(即现付)。其业务流程如图 9-7 所示。

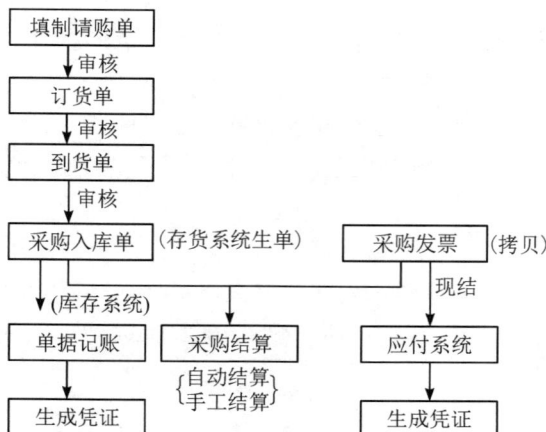

图 9-7　现付业务流程

具体操作流程如下：

(1)填制采购订单并审核,由有采购权限的用户在【企业应用平台】里执行【业务工作】【供应链】【采购管理】【采购订货】【采购订单】点击【增加】按钮,选择销售类型为【正常采购】,录入订单信息。点击保存并审核。

(2)生成采购到货单并审核。采购主管以业务日期进入【采购管理系统】中,执行【采购到货】【到货单】,打开到货单窗口,参照采购订单生成到货单,点击保存并审核。

(3)生成入库单并审核。仓库主管以业务日期进入到【库存管理系统】执行【入库业务】【采购入库单】窗口点击【生单】按钮下拉箭头,参照到货单生成,点击保存并审核。

(4)生成采购发票。采购主管进入【企业应用平台】执行【业务工作】【供应链】【采购管理】【采购发票】【专用采购发票】,可根据审核过的入库单生成采购专用发票。并单击【现付】按钮,输入结算方式和结算金额,点击保存。

(5)采购结算。【企业应用平台】里,执行【业务工作】【供应链】【采购管理】【采购结算】【手工结算】。

9.3.3　比价采购

比价采购指在生成采购订单时,系统自动对比供应商报价,在同等条件下优先选择价格最低的供应商,并生成对应采购订单。该流程通过自动化减少人工录入错误和风险。U8系统除了采购比价生成订单外,还有根据 MRP(物料需求计划)/MPS(主生产计划)生成订单、根据 ROP 计划(再订货点)生成订单、齐套生单、配额生单。比价采购流程如图 9-8所示。

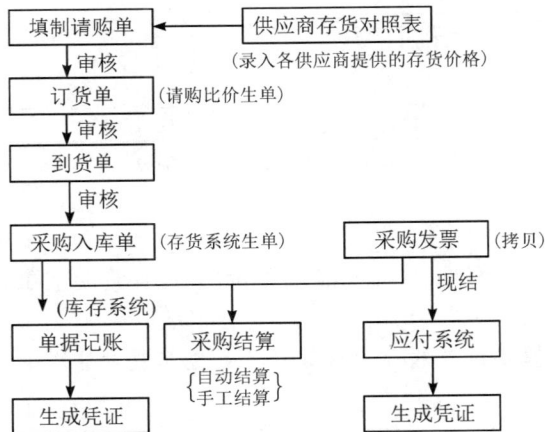

图 9-8　比价采购流程

具体操作流程如下：

在已有采购请购单的条件下,可以选择【业务工作】【供应链】【采购管理】【采购订货】,选择【请购比价生单】菜单,在订单列表窗口中点击【比价】按钮,将自动填写订单供应商及价格信息,核对无误后点击【生单】按钮,即可生成订单。

9.3.4　暂估业务

暂估业务是指存货已入库但采购发票未到、无法确定实际成本时,在月末为准确核算库存成本而进行的暂估入账操作,需生成暂估凭证。针对此类业务,系统提供了三种不同的处理方法,即月初回冲、单到回冲和单到补差。

1.月初回冲

月初回冲指先暂估入账,次月初自动红字冲回,待收到发票后重新按实际金额入账。

月初冲回业务流程如图9-9所示。

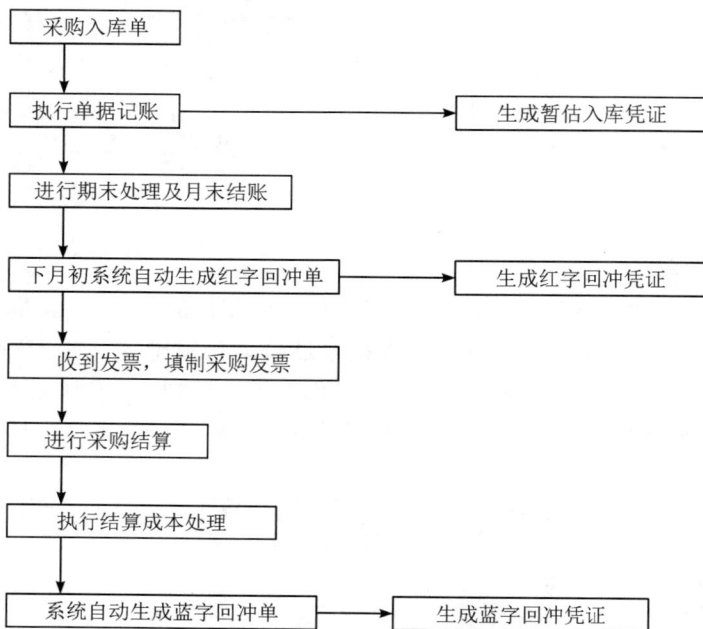

```
采购入库单
   │
执行单据记账 ──────────→ 生成暂估入库凭证
   │
进行期末处理及月末结账
   │
下月初系统自动生成红字回冲单 ──────→ 生成红字回冲凭证
   │
收到发票,填制采购发票
   │
进行采购结算
   │
执行结算成本处理
   │
系统自动生成蓝字回冲单 ──────→ 生成蓝字回冲凭证
```

图9-9　月初冲回业务流程

分三步:

第一步:暂估阶段(本月月底)。填写暂估单价,登记存货明细账,生成暂估入库凭证。

操作具体如下:

(1)选择【业务工作】【供应链】【存货核算】【业务核算】【暂估成本录入】,在暂估成本录入窗口,录入单价。

(2)选择【存货核算】【业务核算】【正常单据记账】,将已填写暂估单价的入库单记账处理。

(3)选择【存货核算】【财务核算】【生成凭证】,将暂估入库单生成暂估凭证。

第二步:红字冲回(次月月初)。上月存货核算模块月结后,系统自动生成与暂估入库单完全相同的"红字回冲单",冲减上月暂估金额。登记存货明细账,冲回暂估库存。对"红字回冲单"制单,冲销上月暂估凭证。

具体操作如下:

将系统自动生成次月月初红字回冲单生成凭证。选择【业务工作】【供应链】【存货核算】

【财务核算】【生成凭证】,选红字回冲单生成凭证。

第三步:发票入账(收到发票后)。录入采购发票,与采购入库单进行结算。在存货核算系统中执行"暂估处理",系统按发票金额生成"蓝字回冲单",登记存货明细账(增加库存)。对"蓝字回冲单"制单,生成正式入库凭证。

具体操作如下:

(1)录入采购发票。进入【企业应用平台】执行【业务工作】【供应链】【采购管理】【采购发票】【专用采购发票】,录入并保存。

(2)采购结算。【企业应用平台】里,执行【业务工作】【供应链】【采购管理】【采购结算】【手工结算】。

(3)生成蓝字回冲单。选择【业务工作】【供应链】【存货核算】【业务核算】【结算成本处理】,点击【暂估】按钮。

(4)对"蓝字回冲单"制单。选择【业务工作】【供应链】【存货核算】【财务核算】【生成凭证】,选蓝字回冲单生成凭证。

2. 单到回冲

单到回冲当月暂估入账,待发票到达后直接红字冲回原暂估记录。其流程分为以下两步。

第一步:暂估阶段(当月货到票未到)。暂估入库单单价,完成暂估记账。

具体操作如下:

在【企业应用平台】里执行【业务工作】【供应链】【采购管理】【存货核算】【财务核算】【生成凭证】,选择采购入库单(暂估记账),点击确定,生成凭证如下:

借:库存商品

　　贷:应付账款——暂估应付款

第二步:发票冲回(次月发票到达后)。红字冲回原暂估入库单,按发票金额重新入账。

具体操作如下:

选择【业务工作】【供应链】【存货核算】【业务核算】【结算成本处理】,点击【暂估】按钮。生成红字回冲单和蓝字回冲单。红字回冲单的金额为原入库单据的暂估金额,方向与原暂估凭证相反。蓝字回冲单的金额为现入库单的报销金额及发票金额。

3. 单到补差

单到补差指暂估入账后,收到发票时仅调整差额(不生成红蓝字单据)。其流程分为以下两步。

第一步:暂估阶段(当月货到票未到)。暂估入库单单价并记账。

具体操作如下:

(1)填制采购订单并审核,由有采购权限的用户在【企业应用平台】里执行【业务工作】【供应链】【采购管理】【采购订货】【采购订单】点击【增加】按钮,选择销售类型为【正常采购】,录入订单信息。点击保存并审核。

(2)生成采购到货单并审核。采购主管以业务日期进入【采购管理系统】中,执行【采购到货】【到货单】,打开到货单窗口,参照采购订单生成到货单,点击保存并审核。

(3)生成入库单并审核。仓库主管以业务日期进入到【库存管理系统】执行【入库业务】

【采购入库单】窗口点击【生单】按钮下拉箭头,参照到货单生成,点击保存并审核。

（4）生成暂估凭证。在【企业应用平台】里执行【业务工作】【供应链】【采购管理】【存货核算】【财务核算】【生成凭证】,选择采购入库单（暂估记账）,点击确定,生成凭证如下:

借:库存商品

　　贷:应付账款——暂估应付款

第二步:发票调整（次月收到发票后）。录入发票并完成采购结算。在存货核算系统中执行"暂估处理":①差额≠0,生成调整单,更新存货明细账,并制单生成凭证。②差额＝0,不生成调整单。

注:此模式不产生红蓝字回冲单。

具体操作如下:

（1）生成采购发票。采购主管进入【企业应用平台】执行【业务工作】【供应链】【采购管理】【采购发票】【专用采购发票】,可根据审核过的入库单生成采购专用发票。

（2）采购结算。【企业应用平台】里,执行【业务工作】【供应链】【采购管理】【采购结算】【手工结算】。

（3）结算成本处理。财务人员在【企业应用平台】执行【业务工作】【供应链】【存货核算】【业务核算】【结算成本处理】,点击【暂估】,提示暂估完成。

（4）自动生成入库调整单并记账。存货核算人员在【企业应用平台】【供应链】【存货核算】【日常业务】中找到【入库调整单】。业务核算下正常单据已经记账。

（5）存货系统生成凭证。存货核算人员在【企业应用平台】【供应链】【存货核算】【财务核算】【生成凭证】点击选择【确定】选中入库调整单,生成一张凭证,修改贷方科目为应付账款暂估应付款。凭证如下:

借:库存商品

　　贷:应付账款——暂估应付款

（6）应付款管理制单。会计人员在【企业应用平台】【应付款管理】【应付单据处理】【应付单据审核】审核采购发票。审核后点击制单处理,选择应付单制单,点击制单生成一张凭证,修改借方科目应付账款暂估应付款,凭证如下:

借:应付账款暂估应付款

　　应交税费——应交增值税（进项税额）

　　　　贷:应付账款

9.3.5　受托代销业务

受托代销业务是一种"先销售后结算"的采购模式。企业接受其他单位委托代销其商品,商品所有权仍归委托方;待商品售出后,双方进行结算,委托方开具正式发票并转移商品所有权。

只有在建账时选择企业类型为"商业",才能处理受托代销业务。对于受托代销商品,必须在存货档案中将"是否受托代销"复选框选中,并且把存货属性设置为"外购""销售"。另外,采购管理系统参数设置时,必须勾选【开启代销业务】。

第一步:接收代销商品。受托方按约定结算价确认代销商品成本（不确认应付账款）。

具体操作如下：

（1）仓库主管以业务日期进入到【库存管理系统】执行【入库业务】【采购入库单】窗口,点击【增加】按钮录入采购入库单,采购类型修改为"受托代销"。

（2）在存货核算模块执行正常单据记账,并生成凭证。存货核算人员在【企业应用平台】【供应链】【存货核算】【业务核算】【正常单据记账】,然后再选择【财务核算】【生成凭证】点击选择【确定】,生成分录如下：

借:受托代销商品
　　贷:受托代销商品款

第二步:销售代销商品。受托方对外销售代销品,在视同买断方式下受托方有销售定价权,可以按照自定的售价销售,同时确认收入并结转成本。U8 软件处理过程同正常的销售业务。

具体步骤请参考第 10 章内容。业务分录如下：

借:应收账款
　　贷:主营业务收入
　　　　应交税费——应交增值税（销项税额）
借:主营业务成本
　　贷:受托代销商品

第三步:结算与开票。受托方向委托方提供售出清单,委托方据此开具销售发票。受托方在系统中完成【受托代销结算】,自动生成:受托代销发票（需在应付系统审核制单）、受托代销结算单。

具体操作如下：

（1）采购结算。【企业应用平台】里,执行【业务工作】【供应链】【采购管理】【采购结算】【手工结算】。

（2）应付款管理制单。会计人员在【财务会计】【应付款管理】【应付单据处理】【应付单据审核】,审核采购发票。审核后点击制单处理选择应付单制单点击制单生成一张凭证。

分录如下：

借:受托代销商品款
　　应交税费——应交增值税（进项税额）
　　贷:应付账款

第四步:支付代销款项。在应付模块录入付款单,审核并生成凭证。

具体操作如下：

应付款管理制单。会计人员在【企业应用平台】【应付款管理】【付款单据处理】【付款单据审核】,审核付款单。审核后系统提示自动生成一张凭证

业务分录如下：

借:应付账款
　　贷:银行存款

9.3.6　直运业务

直运业务是指商品不经过企业仓库，由供应商直接发送至客户，企业仅参与购销结算的商业模式。在此过程中，货物流向为供应商→客户，财务结算通过直运销售发票和直运采购发票完成，企业分别与供应商、客户进行资金清算。直运业务适合与大型电器、汽车、设备等产品的销售。

直运业务具有以下特点：①无实物出入库。商品不经过企业仓储环节，降低物流成本。②双向结算。企业与供应商、客户分别结算采购与销售款项。

直运业务适用于大宗商品或高价值产品（如大型电器、汽车、设备等）的销售，可减少中间环节损耗及仓储费用。

直运业务具体流程详见第10章"直运销售业务"。

9.3.7　采购退货业务

采购退货业务是指因采购货物的规格、质量或数量不符合合同约定要求，而将已验收货物退还给供应商的商业行为。不同业务场景下的处理方式如下。

1. 货已收到，已填写到货单但尚未录入采购入库单

处理方式：直接填写退货单，无须额外操作。

具体操作如下：

采购主管以业务日期进入【采购管理系统】中，执行【采购到货】【采购退货单】，打开退货单窗口，参照采购订单生成退货单或录入退货单，录入退货数量为负数，点击保存并审核。

2. 已录入"采购入库单"，未录入"采购发票"

处理方式：填写退货单并生成红字入库单。

具体操作如下：

（1）采购主管以业务日期进入【采购管理系统】中，执行【采购到货】【采购退货单】，打开退货单窗口，参照采购订单生成退货单或录入退货单，录入退货数量为负数，点击保存并审核。

（2）生成入库单并审核。仓库主管以业务日期进入到【库存管理系统】执行【入库业务】【采购入库单】窗口点击【生单】按钮下拉箭头，参照退货单生成红字入库单，点击保存并审核。

3. 已录入"采购入库单"和"采购发票"，但未结算

处理方式：填写退货单；生成红字入库单；根据退货单或红字入库单生成红字发票（用于冲销原发票）。

具体操作如下：

前两步参照第二种情况操作，生成红字发票的操作：采购主管进入【企业应用平台】执行【业务工作】【供应链】【采购管理】【采购发票】【红字专用（普通）采购发票】，可根据审核过的入库单生成采购专用发票。

通过上述退货业务可以发现，操作步骤和普通采购业务没太多区别，只需要将填写到货单的操作，转变成退货单的操作即可，其他操作流程不变。

9.3.8　以订单为核心的采购业务模式

这是一种标准化、规范化的采购管理模式,以采购订单为业务核心。所有采购执行过程的数据都将回写至订单,确保全流程可追溯。通过采购订单,企业能够实时跟踪采购业务的完整生命周期。

9.4　采购与应付业务流程

9.4.1　应付款管理概述

应付款是指企业因采购材料、商品或接受劳务供应等业务而产生的未支付款项。作为采购与支出循环的核心环节,应付款管理主要包括以下两类业务:①采购应付。由采购业务直接产生的应付款项。②其他应付。与采购无关的应付往来款项(如费用分摊、保证金等)。

在 ERP 系统中,应付款管理的业务流程可分为以下四个环节,形成完整的采购与支出管理闭环:①应付单据录入与审核。登记采购发票等应付凭证,并完成审批。②付款单据录入与审核。记录付款信息并核对资金计划。③付款核销。将付款单与应付单匹配,冲销往来账。④期末处理。生成应付账款报表,完成账务结转。

该模块生成的凭证(如采购发票、付款单)将自动传递至总账系统,确保财务数据一致性。

9.4.2　采购与应付款管理流程

1. 采购申请

(1)采购员填写"采购申请单",明确需求物料、数量及预算;

(2)采购主管审核申请单,触发后续流程。

2. 采购订单生成

(1)系统根据已审核的采购申请单生成"采购订单",内容包括:①物料名称、规格、数量;②供应商信息、单价、交货日期;③付款条款(如账期、支付方式)。

(2)采购主管审核订单后,发送至供应商。

3. 发货与入库

(1)供应商按订单发货,采购员在系统中录入"到货单"。

(2)仓库验收货物后,库存管理员填写"采购入库单",更新库存台账。

4. 应付确认与付款

(1)收到供应商发票后,系统关联采购订单生成"应付单",确认负债;

(2)财务人员在应付款模块中审核发票并生成会计凭证;

(3)付款时填制"付款单",核销对应应付账款,完成资金结算。

完整的采购与应付流程见图 9-10。

采购管理	库存管理	存货核算	应付款管理

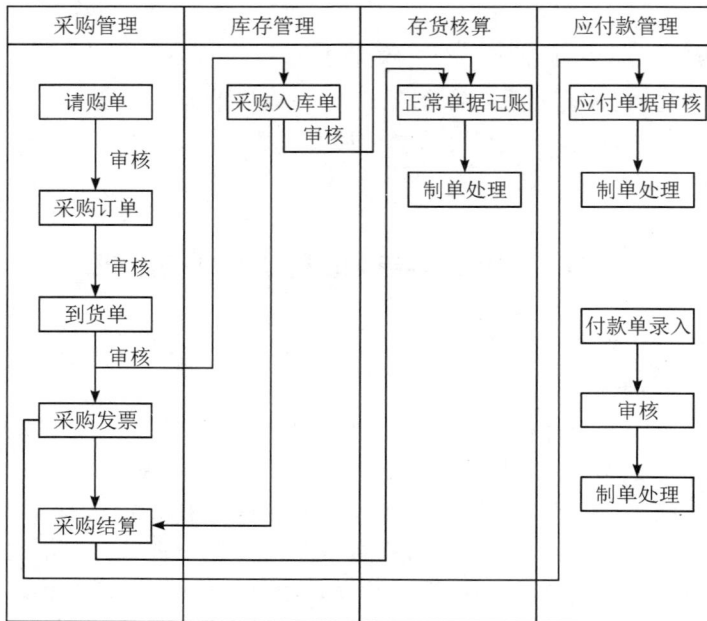

图 9-10　采购与应付流程

9.5　采购及应付款管理初始化

采购及应付款管理的初始化旨在将企业数据录入系统，将通用 U8 系统转化为符合企业核算要求的专用系统，并通过期初数据录入实现业务与系统的同步。

1. 初始设置内容

在启用采购与应付款系统前，需完成以下基础数据配置：部门档案（第 4 章已介绍）、客商信息（第 4 章已介绍）、存货分类与档案、计量单位、仓库档案、收发类别、采购类型与销售类型。

2. 子系统初始化要求

除了以上基础数据初始化外，要顺利使用采购与应付系统业务还需进行子系统的初始化：在采购系统中需要录入期初采购入库单并记账；在应付款系统中需要录入应付款期初数并与总账对账，录入采购发票或付款单等单据的入账科目，设置应付款管理的参数等；在库存管理系统中录入期初结存数并审核对账；在存货核算系统中录入期初存货成本数据并对账。

9.5.1　设置采购管理系统参数

采购系统选项设置是指用于配置采购系统功能参数的界面，其核心目的是将企业特定的核算规则和管理要求嵌入系统，确保采购功能与企业实际需求相匹配。窗口上方有提示"请按照贵单位的业务认真设置"字样，凸显了参数配置的重要性。该设置窗口包含"业务及权限控制""公共及参照控制""其他业务控制"和"预算控制"四个页签。其中，"业务及权限控制"作为关键参数模块,其设置直接影响系统运行效果,同时也是错误高发区域,必须严格对照企业业务流程进行准确配置(见图 9-11)。

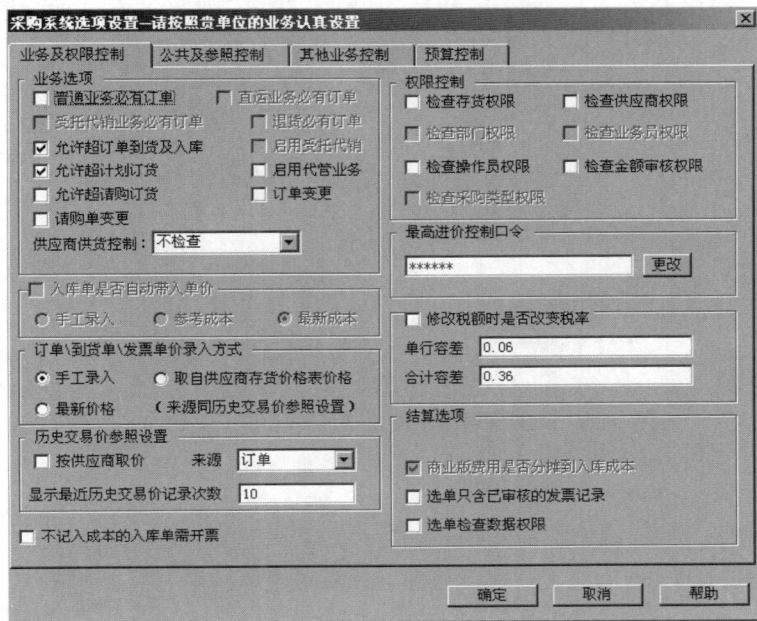

图 9-11 采购选项设置——业务及权限控制

9.5.2 设置计量单位

如果存货档案中没有备选的计量单位,存货档案将不能保存。所以在设置存货档案之前必须先到企业应用平台的基础档案中设置计量单位。

【例 9-1】根据表 9-1 的内容设置系统的计量单位组和计量单位。

表 9-1 计量单位组和计量单位

计量单位组	计量单位
基本计量单位 (无换算率)	吨
	立方米
	台

操作步骤如下:

(1)在企业应用平台中,执行"基础设置"→"基础档案"→"存货"→"计量单位"命令,打开"计量单位"窗口。

(2)单击"分组"按钮,打开"计量单位组"窗口。

(3)单击"增加"按钮,录入计量单位组编码"01",录入计量单位组名称"基本计量单位",单击"计量单位组类别"栏的下三角按钮,选择"无换算率",如图 9-12 所示。

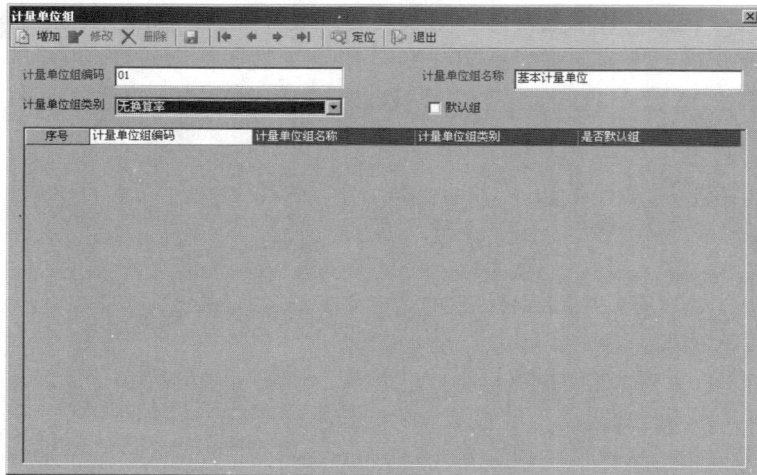

图 9-12　设置计量单位组

（4）单击"保存"按钮，再单击"退出"按钮。

（5）单击"单位"按钮，进入"计量单位设置"窗口。

（6）单击"增加"按钮，录入计量单位编码"1"，计量单位名称"吨"，单击"保存"按钮。继续录入其他的计量单位内容，如图 9-13 所示。

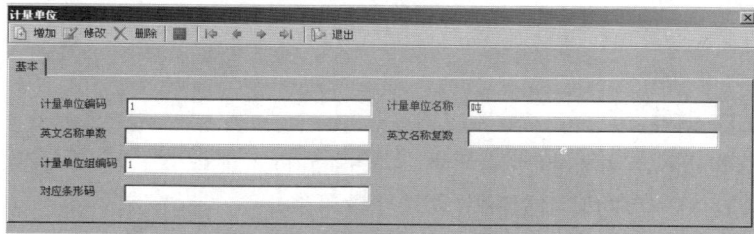

图 9-13　"计量单位设置"窗口

（7）录入完成所有的计量单位之后单击"退出"按钮。结果如图 9-14 所示。

图 9-14　计量单位列表

注意：

1.在设置计量单位时必须先设置计量单位分组，然后再设置各个计量单位组中的计量单位。

2.计量单位组分为无换算率、固定换算率和浮动换算率 3 种类型。如果需要换算，一般将财务计价单位作为主计量单位。

3.计量单位可以根据需要随时增加。

9.5.3 设置存货分类及存货档案

1. 设置存货分类

为了正常使用采购管理系统,必须先在系统中设置存货的分类及存货档案资料。

【例 9 - 2】根据表 9 - 2 的内容设置系统的存货分类。

表 9 - 2 存货分类

存货分类编码	存货分类名称
1	原材料
2	辅助材料
3	库存商品

操作步骤如下:

(1)在企业应用平台中,执行“基础设置”→“基础档案”→“存货”→“存货分类”命令,打开“存货分类”窗口。

(2)单击“增加”按钮,在“分类编码”栏录入“01”,在“分类名称”栏录入“原材料”,单击“保存”按钮。同理依次录入其他存货分类,直到全部录入完毕,如图 9 - 15 所示。

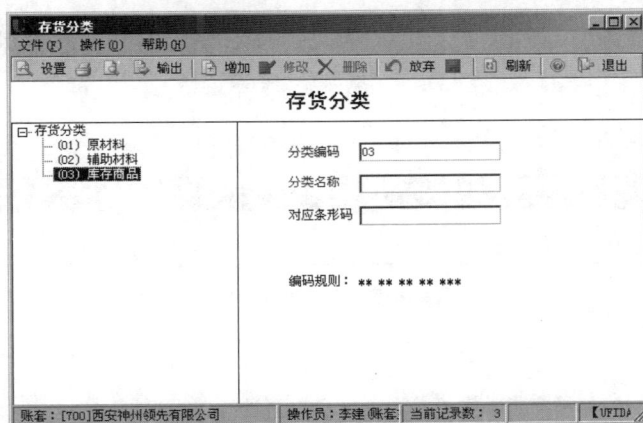

图 9-15 存货分类设置

2. 设置存货档案

【例 9 - 3】根据表 9 - 3 内容设置的存货档案。

表 9 - 3 存货档案

存货编码	存货名称	所属分类码	计量单位	税率	存货属性
0001	钢材	1	吨	13	外购、生产耗用
0002	木材	1	立方米	13	外购、生产耗用
0002	甲产品	3	台	13	自制、内销
0003	乙产品	3	台	13	自制、内销

操作步骤如下：

(1)在企业应用平台中,执行"基础设置"→"基础档案"→"存货"→"存货档案"命令,打开"存货档案"对话框。

(2)选择"存货分类"中的"原材料",再单击"增加"按钮,录入存货编码"001",存货名称"钢材",单击"计量单位组"栏的参照按钮,选择"基本计量单位",单击"主计量单位"栏的参照按钮,选择"吨"。单击选中"外购"和"生产耗用"复选框,如图9-16所示。

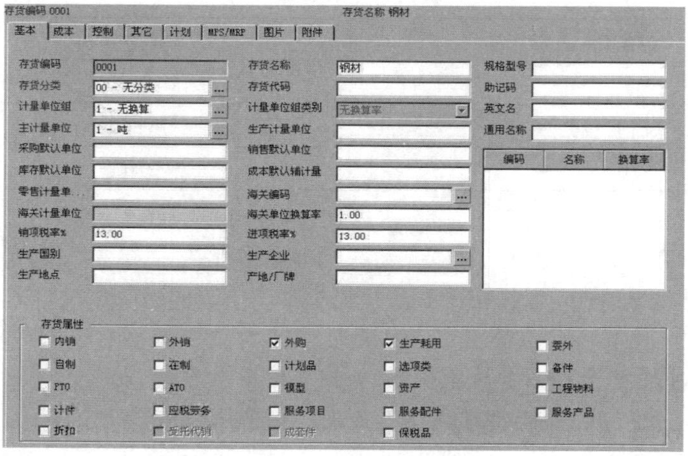

图9-16 "增加存货档案"窗口

(3)单击"保存"按钮,以此方法继续录入其他的存货档案。录入完成后如图9-17所示。

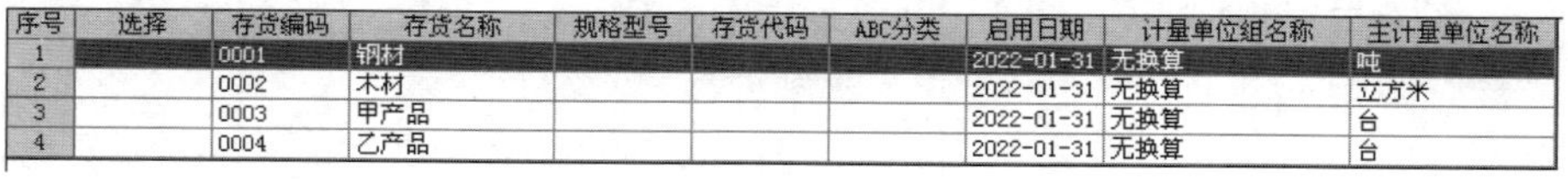

序号	选择	存货编码	存货名称	规格型号	存货代码	ABC分类	启用日期	计量单位组名称	主计量单位名称
1		0001	钢材				2022-01-31	无换算	吨
2		0002	木材				2022-01-31	无换算	立方米
3		0003	甲产品				2022-01-31	无换算	台
4		0004	乙产品				2022-01-31	无换算	台

图9-17 存货档案列表

注意:

1.在录入存货档案时,如果存货类别不符合要求应重新进行选择。

2.在录入存货档案时,如果直接列示的计量单位不符合要求,应先将不符合要求的计量单位删除,再单击参照按钮就可以在计量单位表中重新选择计量单位。

3.存货档案中的存货属性必须选择正确,否则在填制相应单据时就不会在存货列表中出现。

9.5.4 仓库档案

【例9-4】根据表9-4内容设置的仓库档案。

表9-4 仓库档案

仓库编码	仓库名称	计价方式	仓库属性
1	原材料仓	全月平均法	普通仓
2	成品仓	全月平均法	普通仓

操作步骤如下：

(1)在企业应用平台中,执行"基础设置"→"基础档案"→"业务"→"仓库档案"命令,打开"仓库档案"对话框。

(2)单击"增加"按钮;录入仓库编码"1",存货名称"原材料仓",其余内容全部默认,点击"保存",如图 9-18 所示。

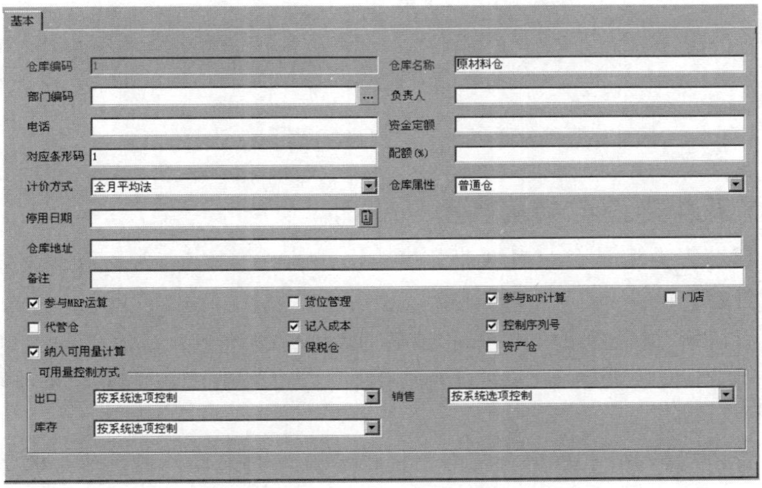

图 9-18　"增加仓库档案"窗口

(3)录入完毕,可以看到"仓库档案列表"如图 9-19 所示。

图 9-19　"仓库档案列表"窗口

9.5.5　设置收发类别

设置收发类别目的是明确企业入库(收)和出库(发)的业务类型,确保出入库流程清晰可控,同时为采购类型和销售类型的设置提供分类依据。其中:收发标志的"收",表示入库;收发标志的"发",表示出库。

【例 9-5】根据表 9-5 内容设置的收发类别。

表 9-5　收发类别

收发类别编码	收发类别名称	收发标志	适用零售
1	销售出库	发	否
2	采购入库	收	否

操作步骤如下：

(1)在企业应用平台中,执行"基础设置"→"基础档案"→"业务"→"收发类别"命令,打开"收发类别"对话框。

(2)单击"增加"按钮;录入收发类别编码"1",收发类别名称"销售出库",收发标志"发",其余内容全部默认,点击"保存"。如图 9-20 所示。

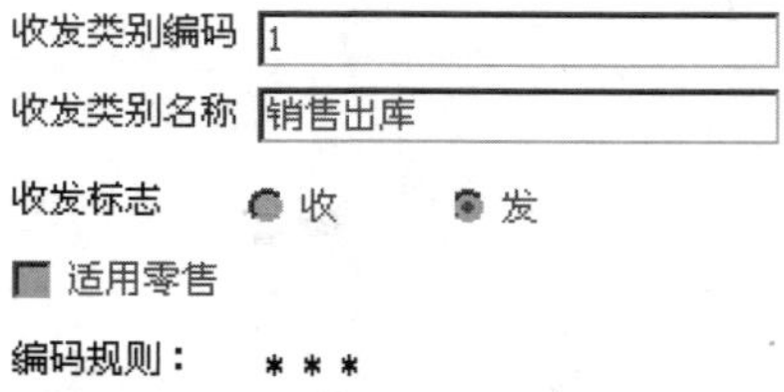

图 9-20　增加收发类别窗口

(3)其余信息录入同上,完毕,可以看到"收发类别列表"。

9.5.6　设置采购类型与销售类型

采购类型与销售类型是企业根据业务模式设置的分类体系,主要用于业务区分、数据查询及系统流程管控。

本章将重点讲解"普通采购"和"普通销售"两种基础类型。其他采购/销售模式均是在此基础上的变体,掌握这两种基础类型的操作后,即可触类旁通理解其他业务类型的操作逻辑。

为便于读者拓展学习,本章第3节专门提供了除普通采购外的其他采购类型操作指南,包含完整流程说明与实施步骤。

操作步骤如下:

(1)在企业应用平台中,执行"基础设置"→"基础档案"→"业务"→"采购类型"命令,打开"采购类型"对话框。

(2)单击"增加"按钮,录入采购类型编码"1",采购类型名称"普通采购",是否默认值"是",其余内容全部默认,点击"保存",如图 9-21 所示。

序号	采购类型编码	采购类型名称	入库类别	是否默认值	是否委外默认值	是否列入MPS/MRP计划
1		普通采购	采购入库			是

图 9-21　增加采购类型窗口

(3)其余信息录入同上,完毕,可以看到"采购类型列表"。

销售类型操作步骤同采购类型,这里不再重复,如图 9-22 所示。

序号	销售类型编码	销售类型名称	出库类别	是否默认值	是否列入MPS/MRP计划
1	1	普通销售	销售出库	是	是

图 9-22　增加销售类型窗口

9.5.7　设置应付款管理业务的入账科目

初始设置科目目的是当企业的应付业务类型较为固定,且生成的凭证类型相对稳定时,可以通过预先设置常用科目,简化系统生成凭证的操作。该设置主要包括基本科目、控制科目、产品科目、结算方式科目。

【例 9-6】按照表 9-6 的内容,设置应付款管理系统的基本科目。

表 9 - 6　基本科目设置

基础科目种类	对应科目
应付科目	应付账款(2202)
预付科目	预付账款(1123)
采购科目	在途物资(1402)
税金科目	应交税费—应交增值税—进项税额(22210101)
商业承兑科目	应付票据(2201)

操作步骤如下：

(1)在应付款管理系统中，执行"设置"→"初始设置"命令，进入"初始设置"窗口。

(2)选择"基本科目设置"，单击"增加"按钮，在"基础科目种类"栏选择"应付科目"，在"科目"栏录入或选择"2202"，同理增加其他的基本科目，直到全部科目设置完毕，如图 9 - 23 所示。

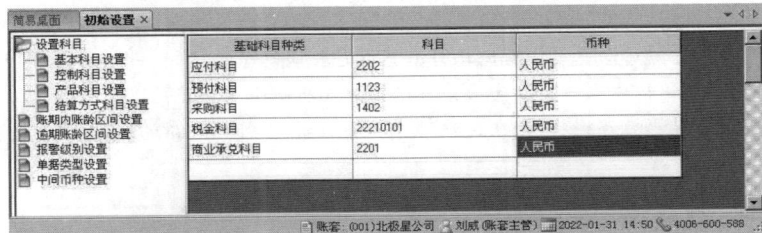

图 9 - 23　基本科目设置

注意：

1. 在"基本科目设置"中所设置的应付科目"2202 应付账款"、预付科目"1123 预付账款"及"2201 应付票据"，应先在总账系统中设置其辅助核算内容为"供应商往来"，并且其受控系统为"应付系统"，否则在此不能被选中。

2. 只有在此设置了基本科目，在生成凭证时才能直接生成凭证中的会计科目，否则凭证中将没有会计科目，相应的会计科目只能手工录入。

3. 如果应付科目、预付科目按不同的供应商或供应商分类分别设置，则可在"控制科目设置"中进行设置，在此可以不设置。

9.5.8　设置结算方式科目

结算方式科目设置是指为已定义的结算方式配置对应会计科目。在执行付款业务时，只需选择结算方式，系统即可自动生成相应的会计科目。

【例 9 - 7】根据表 9 - 7 提供的数据，设置应付款管理系统的结算方式科目。

表 9 - 7　结算方式科目设置

结算方式	对应结算方式科目
现金结算	现金(1001)
转账支票结算	工行存款(100201)

操作步骤如下：

（1）在"初始设置"窗口中，选择"结算方式科目设置"选项。

（2）单击"结算方式"栏的下三角按钮，选择"现金结算"，单击"币种"栏，选择"人民币"，在"科目"栏录入或选择"1001"，回车。以此方法继续录入其他的结算方式科目，直到全部设置完毕，如图9-24所示。

图9-24 结算方式科目设置

注意：

1.结算方式科目设置是针对已经设置的结算方式设置相应的结算科目。即在付款时只要告诉系统结算时使用的结算方式，就可以由系统自动生成该种结算方式所使用的会计科目。

2.如果在此不设置结算方式科目，则在付款时可以手工输入不同的结算方式所对应的会计科目。

9.5.9 设置报警级别

为便于管理供应商信用状况，可依据欠款余额与授信额度的比例设置报警级别，对供应商进行分类。

【例9-8】请设置本系统的报警级别：A级时的总比率为20％，B级时的总比率为40％，C级时的总比率为40％以上。

操作步骤如下：

（1）在"初始设置"窗口中，选择"报警级别设置"选项。

（2）在"总比率"栏录入"20"，在"级别名称"栏录入"A"，按回车键。以此方法继续录入其他的总比率和级别，如图9-25所示。

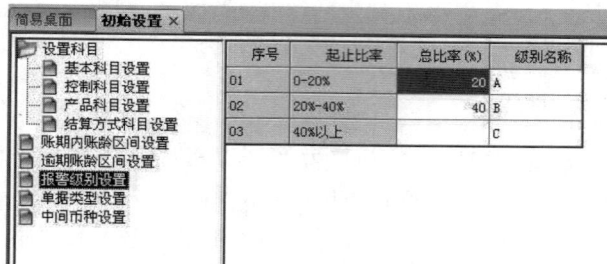

图9-25 报警级别设置

注意：

1.序号由系统自动生成，不能修改和删除。应直接输入该区间的最大比率及级别名称。

2.系统会根据输入的比率自动生成相应的区间。

3.单击"增加"按钮，可以在当前级别之前插入一个级别。插入一个级别后，该级别后的各级别比率会自动调整。

4.最后一个级别为某一比率之上,所以在"总比率"栏不能录入比率,否则将不能退出。

5.最后一个比率不能删除,如果录入错误则应先删除上一级比率,再修改最后一级比率。

9.5.10　采购系统期初记账

采购系统期初记账是指对采购暂估入库单进行记账处理,具体包括将上月已入库但未取得供应商发票的采购单据录入系统并完成记账,为后续采购结算做好准备。

需要注意的是,启用日期以前的入库单为期初入库单。没有期初入库单时,也可以期初记账,记账后才能进行日常采购相关操作。当出现以下任一情形时,系统将禁止取消记账操作:采购管理模块已完成月末结账;已执行采购结算操作;存货核算模块已完成期初记账。

采购系统中,必须确保录入完毕期初采购单据,一旦记账,以后只能录入当期采购发票,否则在未记账前录入的是期初采购单据。

9.5.11　录入应付款系统期初余额

应付款系统期初余额是指初次启用应付款管理系统时,需将系统启用前未处理完毕的供应商往来数据录入系统,包括未核销的采购发票、预付单据、应付票据等数据。这些期初数据是后续核销处理的基准,确保系统数据的连续性和准确性。

【例 9 - 9】根据表 9 - 8 内容录入系统的期初余额。

表 9 - 8　应付款期初余额表

单据名称	方向	开票日期	供应商名称	采购部门	科目编码	货物名称	数量	无税单价	价税合计
采购专用发票	正	2021.12.28	广明公司	采购部	1123	钢材	10	1200	14040

操作步骤如下:

(1)在应付款管理系统中,执行"设置"→"期初余额"命令,打开"期初余额——查询"对话框,如图 9 - 26 所示。

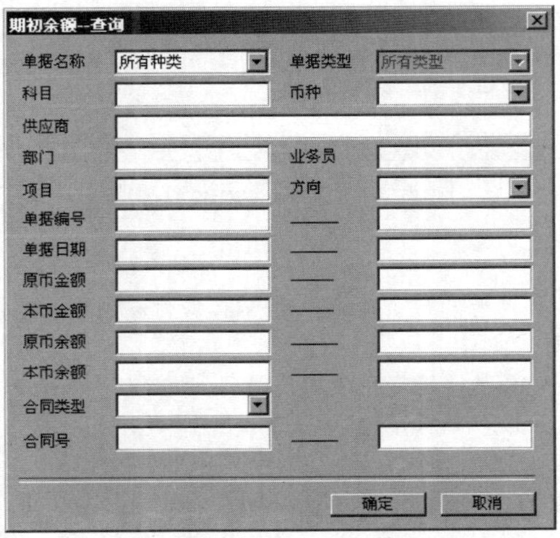

图 9 - 26　"期初余额——查询"对话框

（2）单击"确定"按钮，进入"期初余额明细表"窗口。

（3）单击"增加"按钮，打开"单据类别"对话框，如图9-27所示。

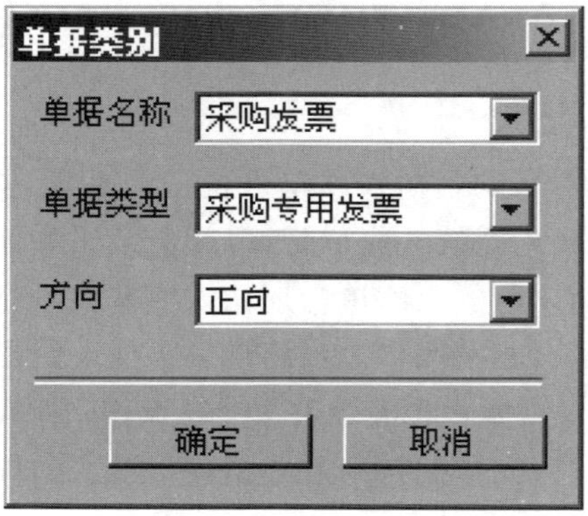

图9-27 "单据类别"对话框

（4）单击"确定"按钮，进入"采购专用发票"窗口。

（5）单击"增加"按钮，修改开票日期为"2021-12-28"，在"供应商"栏录入"02"，或单击"供应商"栏的参照按钮，选择"广明公司"，在"部门"栏录入"采购部"，在"存货编码"栏录入"0001"，或单击"存货编码"栏的参照按钮，选择"钢材"，在"数量"栏录入"10"，在"原币单价"栏录入"1200"，如图9-28所示。

图9-28 录入期初采购发票

注意：

1.在录入期初余额时一定要注意期初余额的会计科目，应付款系统的期初余额应与总账进行对账，如果科目错误将会导致对账错误。

2.系统默认的状态为不允许修改采购专用发票的编号，所以在填制采购专用发票时不允许修改采购专用发票的编号。若要修改，必须到"单据设置"中重新设置。

9.6 采购与应付款管理日常业务处理

本节按照普通采购业务的基本流程，来完成业务到财务的一体化操作。

9.6.1　采购请购单

采购请购是指企业内需部门向采购部门提交采购申请，或采购部门汇总内部需求后形成的采购清单。

作为采购业务的起点，请购是连接 MPS/MRP 计划与采购订单的关键环节。其核心功能包括：明确采购物料的种类、数量、需求时间及使用部门；提供供应商推荐、建议订货日期等辅助决策信息。

采购请购单为可选单据，企业可根据实际管理需求决定是否采用。

【例 9-10】 1 月 12 日，业务员宋风向海淀木材城公司询问木材的价格（不含税价 500 元/立方），觉得价格合适，随后向上级主管提出请购要求，请购数量为 15 立方。业务员据此填制请购单。

操作步骤如下：

(1)选择“供应链”菜单，执行“采购管理”→“请购”命令，单击“增加”对话框。如图 9-29 所示。

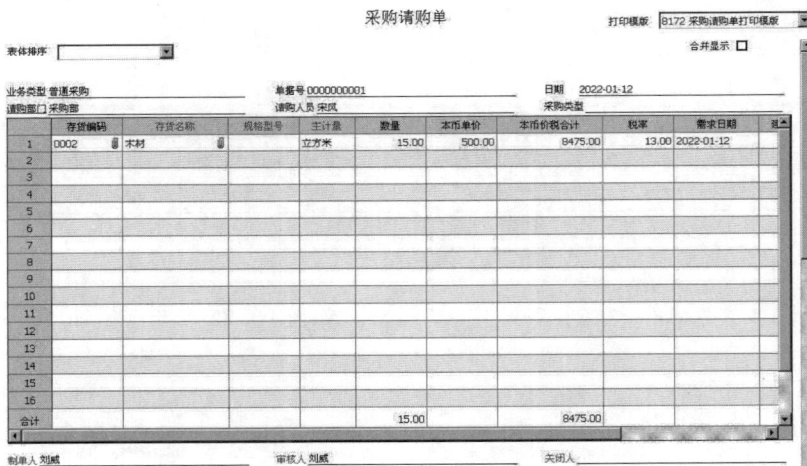

图 9-29　请购单

(2)单击“保存”按钮。

(3)单击“审核”按钮。

注意：

1. 在录入时，需求日期要大于等于业务日期。

2. 单据录入保存完毕，一定要审核，否则不能成为下一环节的正式单据。

3. 请购单是否被执行订货，可以通过调用“请购单执行情况表”来查询。如图 9-30 所示。

请购单执行统计表

请购部门编码：　至　　请购员编码：　至

单据号：　　单据日期　2022-01-01　至　2022-01-31

请购单号	单据日期	供应商编码	供应商简称	请购部门编码	请购部门名称	请购员编码	请购员名称	存货编码	存货名称	主计量	数量	本币价税合计	订货数量
0000000001	2022-1-12	0003	海淀木材城	301	采购部	0005	宋风	0002	木材	立方米	15.00	8,475.00	15.00
总计											15.00	8,475.00	15.00

图 9-30　请购单执行情况表

9.6.2 采购订单

采购订单是企业与供应商之间签订的采购合同或购销协议，主要明确以下内容：货物名称、数量、供应商信息、交货时间、交货地点、运输方式、价格及运费等。采购订单既可以是采购合同中关于货物的具体明细，也可以作为独立的订货协议（包括书面或口头形式）。

通过采购订单管理，企业能够实现采购业务的全流程管控，包括事前预测、事中监控和事后统计分析。

【例 9-11】 1 月 16 日，上级主管同意向海淀木材城订购木材 15 立方，单价为 500 元/立方（不含税），要求到货日期为 3 月 3 号。

操作步骤如下：

(1)选择“供应链”菜单，执行“采购管理”→“采购订货”命令，单击“订货单”对话框。

(2)单击“增加”按钮，选择“生单”，依据请购单可以生成订单。如图 9-31 所示。

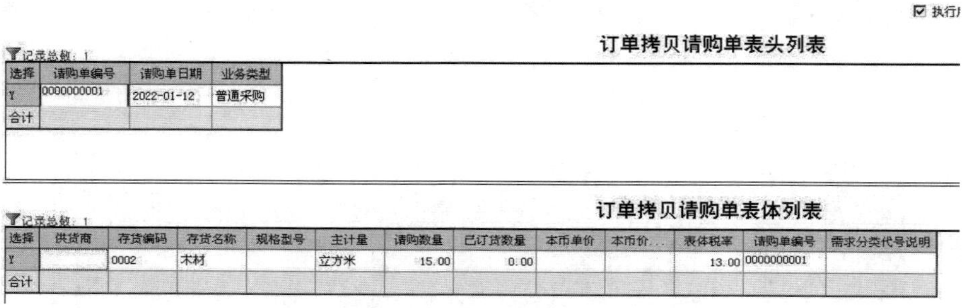

☑ 执行

订单拷贝请购单表头列表

记录总数：1

选择	请购单编号	请购单日期	业务类型
Y	0000000001	2022-01-12	普通采购
合计			

订单拷贝请购单表体列表

记录总数：1

选择	供货商	存货编码	存货名称	规格型号	主计量	请购数量	已订货数量	本币单价	本币价…	表体税率	请购单编号	需求分类代号说明
Y		0002	木材		立方米	15.00	0.00			13.00	0000000001	
合计												

图 9-31 生单界面

(3)录入订单信息，单击“保存”→“审核”按钮。如图 9-32 所示。

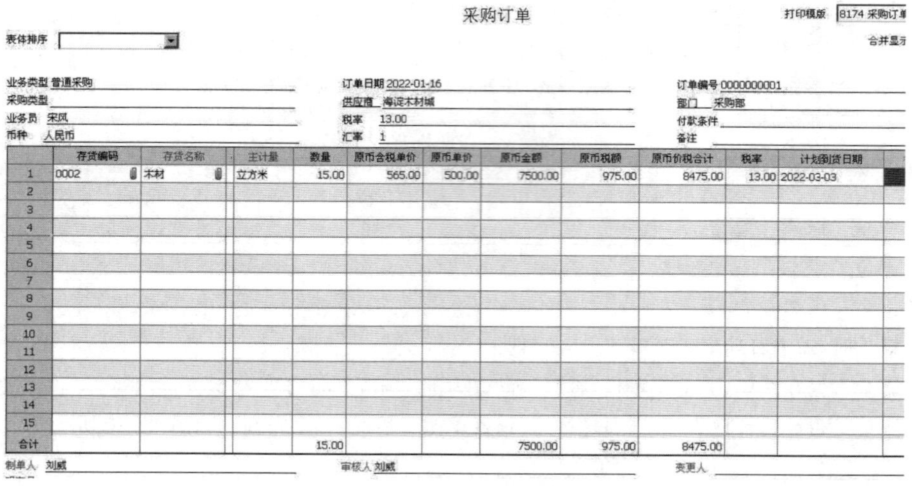

采购订单

打印模版 8174 采购订单

表体排序

合并显示

业务类型 普通采购　　订单日期 2022-01-16　　订单编号 0000000001

采购类型　　供应商 海淀木材城　　部门 采购部

业务员 宋凤　　税率 13.00　　付款条件

币种 人民币　　汇率 1　　备注

	存货编码	存货名称	主计量	数量	原币含税单价	原币单价	原币金额	原币税额	原币价税合计	税率	计划到货日期
1	0002	木材	立方米	15.00	565.00	500.00	7500.00	975.00	8475.00	13.00	2022-03-03
2											
3											
4											
5											
6											
7											
8											
9											
10											
11											
12											
13											
14											
15											
合计				15.00			7500.00	975.00	8475.00		

制单人 刘威　　审核人 刘威　　变更人

图 9-32 采购订单

注意：在录入时，尽量选择生单方式，这样可以最大限度减少重复录入给单据带来新的错误。

9.6.3　到货单

采购到货是采购订货与入库的中间环节,通常由采购业务员根据供应商通知或送货单进行登记,核对货物、数量、价格等信息,并生成入库通知单,作为仓库保管员收货的凭证。

采购到货单为可选单据,企业可根据实际业务需求决定是否使用。

【例 9－12】1 月 23 日,收到所订购的木材 15 立方,录入到货单。

操作步骤如下:

(1)选择"供应链"菜单,执行"采购管理"→"采购到货"命令,单击"到货单"对话框。

(2)单击"增加"按钮,选择"生单",依据订单可以生成到货单。

(3)录入订单信息,单击"保存"→"审核"按钮。如图 9－33 所示。

图 9－33　到货单

注意:与到货单对应的是退货单,此处也是退货业务的起点。退货单在录入时,数量为负。如图 9－34 所示。

图 9－34　退货单

9.6.4　采购入库单

采购入库单是根据采购到货签收的实收数量填制的单据,由专职库存管理员验收入库后填写。根据内部控制原则,该操作通常不得由采购人员执行,这也是该流程必须在库存管理系统中完成的原因。

采购入库单按出入库方向分为蓝字采购入库单(正常入库)、红字采购入库单(退库或冲正);按业务类型分为普通采购入库单、受托代销入库单。

【例 9 - 13】1 月 23 日,将所收到的货物验收入原材料仓库。填制采购入库单。

操作步骤如下:

(1)选择"供应链"菜单,执行"库存管理"→"入库"→"采购入库"命令。

(2)单击"生单"按钮,选择"到货单(蓝字)",依据到货单可以生成入库单。

(3)录入仓库信息,单击"保存"→"审核"按钮。如图 9 - 35 所示。

图 9 - 35　入库单

注意:"采购入库"一定要在库存管理系统中处理,采购管理中只能查看入库数据,不能增加或修改入库数据。

9.6.5　采购发票

采购发票是应付账款核算的原始凭证,包括采购业务中的普通发票和专用发票。同时使用应付款管理系统和采购管理系统时,采购发票由采购系统录入并审核,自动传递至应付款管理系统,在本系统可进行查询、核销、制单等操作。未使用采购管理系统时,所有采购发票应在应付款管理系统中直接录入并审核。

【例 9 - 14】当天入库,当天也收到该笔货物的专用发票一张。

操作步骤如下:

(1)在采购管理系统中,执行"采购发票"→"采购专用发票"命令,点击"新增"→"生单"

→"依据入库单或订单生成发票"。如图 9-36 所示。

图 9-36　采购专用发票

（2）单击"保存"按钮，完成采购专用发票的填制。

注意：

1．在填制采购专用发票时，税率由系统自动生成，可以修改。

2．采购发票与应付单是应付款管理系统日常核算的单据。如果应付款系统与采购系统集成使用，采购发票在采购管理系统中录入，则在应付系统中可以对这些单据进行查询、核销及制单等操作，此时应付系统需要录入的只限于应付单。

3．如果没有使用采购系统，则所有发票和应付单均需在应付系统中录入。

4．已审核的单不能修改或删除，已生成凭证或进行过核销的单据在单据界面中不再显示。

5．在录入采购发票后可以直接进行审核，在直接审核后系统会提示："是否立即制单"，此时可以直接制单。如果录入采购发票后不直接审核可以在审核功能中审核，再到制单功能中制单。

6．已审核的单据在未进行其他处理之前应取消审核后再进行修改。

9.6.6　采购结算

采购结算（也称采购报账）是指采购核算人员依据采购发票和采购入库单，核算采购入库成本的过程。其操作方式分为自动结算和手工结算两种。

自动结算是由系统自动匹配符合结算条件的采购入库单与采购发票记录，完成结算。匹配条件为供应商、物料名称、金额及数量均一致。

手工结算支持灵活处理，例如：拆单拆记录（单行入库记录可分次结算），同时结算多张入库单与多张发票。也支持运费分摊，可将运费发票按数量或金额分摊至入库单，并计入采购成本。

注：自动与手工结算均支持将发票和运费费用合并结算，最终分摊结果会写入采购入库单的成本字段中。

【例 9-15】业务部门将采购发票和入库单交给财务部门，做报账处理，财务部门确认此计算所涉及的应付账款及采购成本。

操作步骤如下:

(1)选择"供应链"菜单,执行"采购管理"→"采购结算"命令,选择"手工结算"对话框。

(2)单击"选单"→"过滤"按钮,将符合条件的选中,单击"确定"。如图9-37所示。

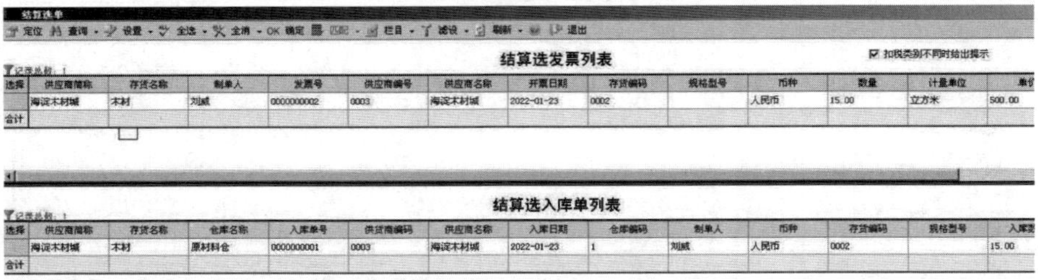

图9-37　手工结算选单界面

(3)如果要分摊运费或需计入采购成本的费用,则需要选择"分摊"类型。如图9-38所示。

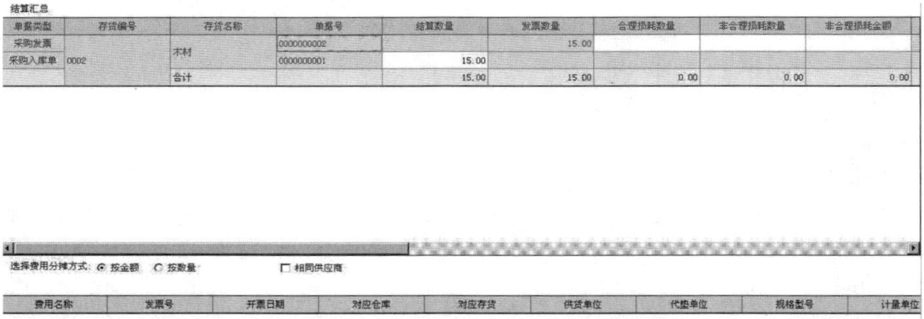

图9-38　分摊、结算采购成本

(4)分摊完毕,点击"结算"按钮。

9.6.7　应付单据审核

本操作在应付款管理系统中完成,属于财务会计模块。应付款管理系统主要用于核算和管理企业与供应商之间的业务往来款项,其日常业务处理包括应付处理、票据管理、制单处理、查询统计等操作。

什么是应付单据?应付单据是指尚未支付的采购发票,或由供应商垫付但未结算的费用单据。在应付款管理系统中,这些单据统称为应付单据。系统提供"应付单据审核"和"付款单据审核"两种审核功能。审核后的单据不允许修改或删除。如需取消审核,可通过"弃审"功能实现。

【例9-16】请使用"应付款单据审核"功能,审核填制的采购发票。

操作步骤如下:

(1)在财务会计子系统中,选应付款管理系统,执行"应付款单据处理"→"应付款单据审核"命令,打开"应付款单查询条件"对话框。如图9-39所示。

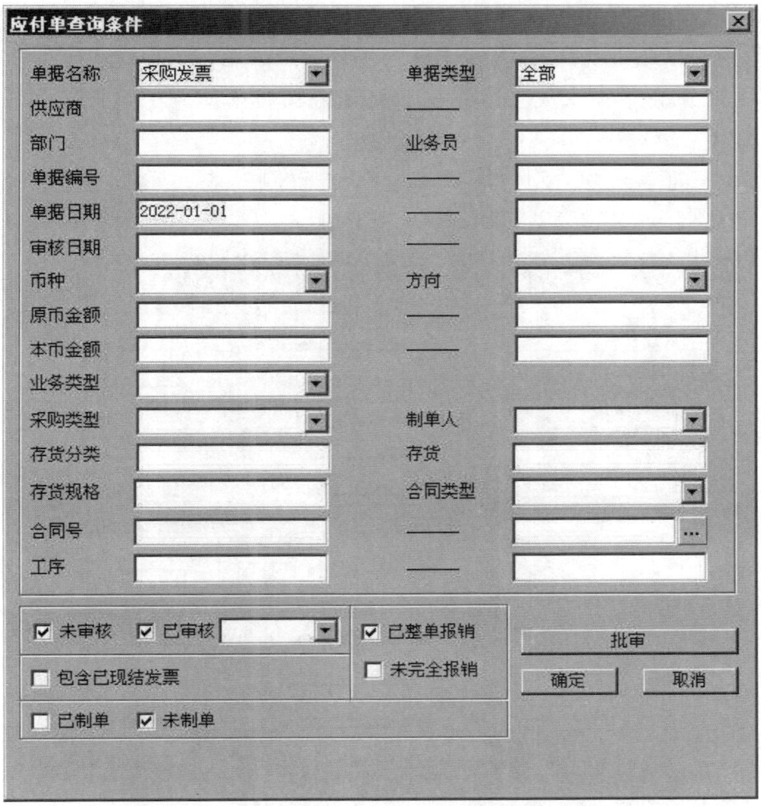

图 9－39 “应付单查询条件”对话框

(2)单击“确定”按钮,打开“收付款单列表”窗口。

(3)双击“选择”栏,选中本次要审核的单据,如图 9－40 所示。

应付单据列表

记录总数：1

选择	审核人	单据日期	单据类型	单据号	供应商名称	部门	业务员	制单人	币种	汇率	原币金额	本币金额	备注
	刘威	2022-01-23	采购专…	0000000002	海淀木材城	采购部	宋风	刘威	人民币	1.00000000	8,475.00	8,475.00	
合计											8,475.00	8,475.00	

图 9－40 “收付款单列表”窗口

(4)单击“审核”按钮,系统提示:“本次审核成功单据 1 张”。

(5)单击“确定”按钮,再单击“退出”按钮退出。

注意:

1. 在“收付款单列表”窗口,可以单击“全选”按钮,审核所有付款单据,也可以双击单据行,打开单据界面进行单独审核。

2. 如果要查看已经审核过的付款单据,必须在“应付款单查询条件”窗口勾选“已审核”复选框,否则将不能找到相应单据。

9.6.8 制单处理

制单处理分为立即制单和批量制单两种方式。立即制单是在单据处理、转账处理或票据处理等操作中,当保存单据并直接进行审核时,系统会提示:“是否立即制单?”选择

"是",即可实时生成相应凭证。批量制单是在所有业务处理完成后,可通过制单功能集中进行批量制单,适用于多笔业务统一生成凭证的场景。

【例 9-17】将业务单据生成记账凭证。也称为机制凭证。

操作步骤如下:

(1)在应付款管理系统中,双击"制单处理",打开"制单查询"窗口。

(2)选择"发票制单"复选框,如图 9-41 所示。

图 9-41　"制单查询"窗口

(3)单击"确定"按钮,进入"应付制单"窗口。如图 9-42 所示。

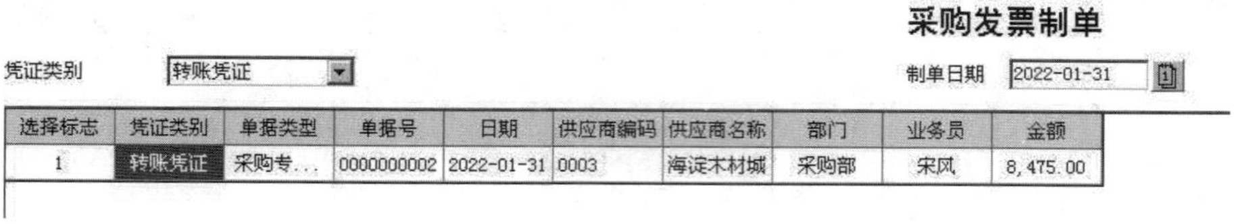

图 9-42　"应付制单"窗口

(4)单击"全选"按钮,再单击"制单"按钮,出现第 1 张记账凭证,修改凭证类别为"转账凭证",单击"保存"按钮,保存第 1 张记账凭证。如图 9-43 所示。

(5)单击"下账"按钮,出现第 2 张记账凭证,修改凭证类别为"付款凭证",单击"保存"按钮。

注意:

1.如果所选择的凭证类别有误,可以在生成凭证后再做修改。

2.如果一次生成多张记账凭证,可以通过单击"下账"按钮,依次对所生成的凭证进行修改和保存,直至全部保存完毕。若生成的凭证未被保存,将视为放弃本次凭证生成的操作。

3. 当被保存后的凭证左上角出现“已生成”字样，说明此凭证已经传递到总账系统，可以在总账系统中进行审核和记账。

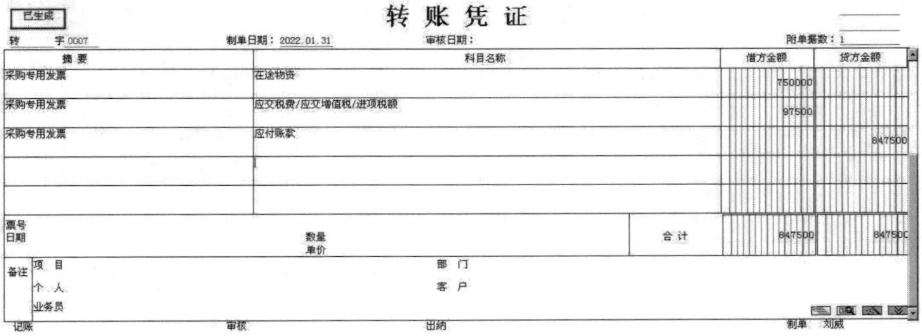

已生成

转账凭证

转　字 0007　　制单日期：2022.01.31　　审核日期：　　附单据数：1

摘要	科目名称	借方金额	贷方金额
采购专用发票	在途物资	750000	
采购专用发票	应交税费/应交增值税/进项税额	97500	
采购专用发票	应付账款		847500
票号 日期　数量 单价	合计	847500	847500

备注　项目　部门　个人　客户　业务员

记账　审核　出纳　制单　刘威

图 9-43　采购转账凭证生成

9.6.9　填制付款单

付款单是企业用于记录款项支付的财务单据，需录入应付款管理系统进行账务处理。其主要用途包括货款支付、预付款支付、其他经营性款项支付。

【例 9-18】 根据上例内容，支付前供应商的货款，在系统内填制付款单。

操作步骤如下：

(1) 在应付款管理系统中，执行“付款单据处理”→“付款单据录入”命令，进入“付款单”窗口。

(2) 单击“增加”按钮。结果如图 9-44 所示。

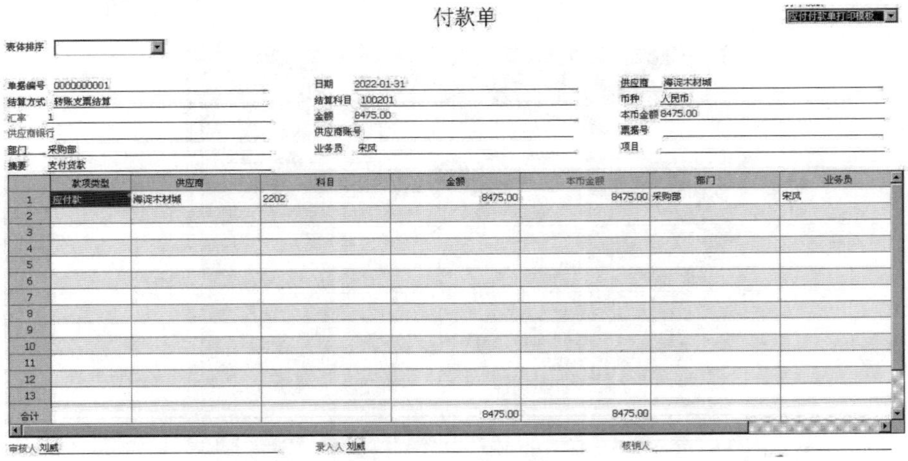

付款单　　应付付款单打印模板

表体排序

单据编号 0000000001　　日期 2022-01-31　　供应商 海淀木材城
结算方式 转账支票结算　　结算科目 100201　　币种 人民币
汇率 1　　金额 8475.00　　本币金额 8475.00
供应商银行　　供应商账号　　票据号
部门 采购部　　业务员 宋凤　　项目
摘要 支付货款

	款项类型	供应商	科目	金额	本币金额	部门	业务员
1	应付款	海淀木材城	2202	8475.00	8475.00	采购部	宋凤
2							
3							
4							
5							
6							
7							
8							
9							
10							
11							
12							
13							
合计				8475.00	8475.00		

审核人 刘威　　录入人 刘威　　核销人

图 9-44　填制付款单

(3) 单击“保存”按钮。完成付款单的填制。

(4) 一般保存后，会自动生成付款机制凭证。如图 9-45 所示。

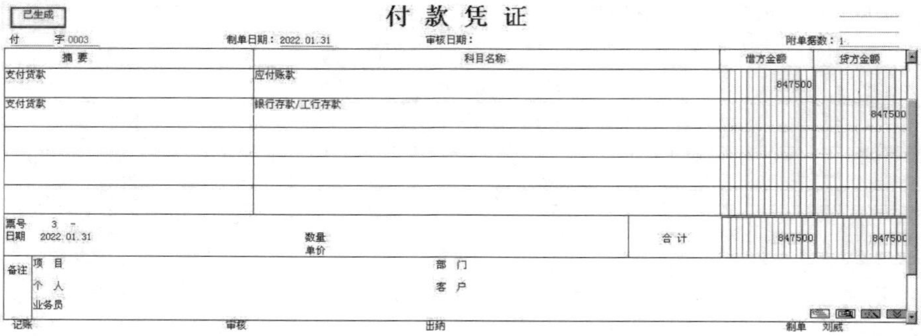

图 9-45　付款机制凭证

注意：

1. 在单击付款单的"保存"按钮后,系统会自动生成付款单表体的内容。

2. 表体中的款项类型系统默认为"应付款",可以修改。款项类型还包括"预付款"和"其他费用"。

3. 在填制付款单后,可以直接单击"核销"按钮进行单据核销的操作。

9.6.10　核销付款单

核销付款单是指将付款单与原始发票、应付单进行匹配确认的操作,即明确每笔付款对应的具体采购业务款项。用付款冲销应付款,方便往来业务的对账处理。

【例 9-19】核销填制的付款单。

操作步骤如下：

(1)在应付款管理系统中,执行"核销处理"→"手工核销"命令,打开"核销条件"对话框。如图 9-46 所示。

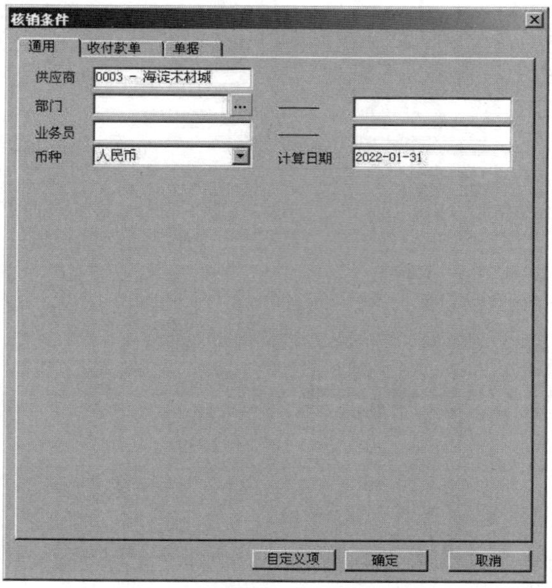

图 9-46　"核销条件"对话框

(2)单击“确定”按钮,打开“单据核销”窗口。如图 9－47 所示。

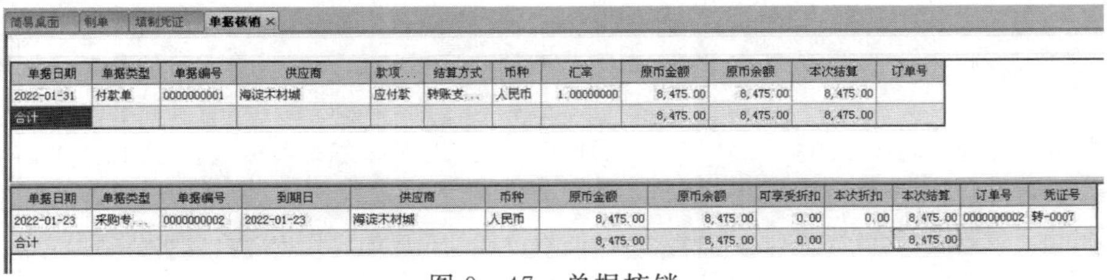

单据日期	单据类型	单据编号	供应商	款项...	结算方式	币种	汇率	原币金额	原币余额	本次结算	订单号
2022-01-31	付款单	0000000001	海淀木材城	应付款	转账支...	人民币	1.00000000	8,475.00	8,475.00	8,475.00	
合计								8,475.00	8,475.00	8,475.00	

单据日期	单据类型	单据编号	到期日	供应商	币种	原币金额	原币余额	可享受折扣	本次折扣	本次结算	订单号	凭证号
2022-01-23	采购专...	0000000002	2022-01-23	海淀木材城	人民币	8,475.00	8,475.00	0.00	0.00	8,475.00	0000000002	转-0007
合计						8,475.00	8,475.00	0.00		8,475.00		

图 9－47　单据核销

(3)单击“保存”按钮,再单击“退出”按钮退出。

注意:

1. 在保存核销内容后,“单据核销”窗口中将不再显示已被核销的内容。
2. 若要查看已被核销的内容,可以到“单据查询”中的“应收核销明细表”查看相关内容。
3. 手工核销时一次只能显示一个客户的单据记录。
4. 如果核销后未进行其他处理,可在“其他处理”的“取消操作”功能中取消该核销操作。

9.6.11　单据查询

本系统支持以下单据的查询与管理:①应付单据查询。可查询已审核的发票、应付单等单据的付款结余情况。②结算单查询。支持查看结算单的使用状态及明细。③凭证管理。可查询本系统生成的所有凭证,并支持修改、删除或冲销操作。

【例 9－20】 请使用“单据查询”功能查询系统中生成的凭证。

操作步骤如下:

(1)在应付款管理系统中,执行“单据查询”→“凭证查询”命令,打开“凭证查询条件”对话框。如图 9－48 所示。

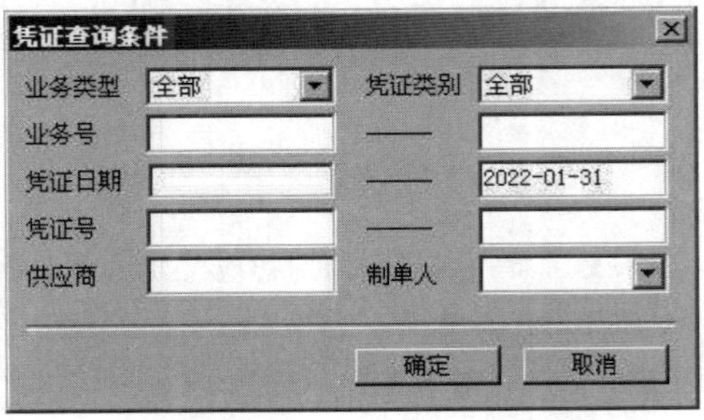

图 9－48　“凭证查询条件”对话框

(2)单击“确定”按钮,打开“凭证查询”窗口,如图 9－49 所示。

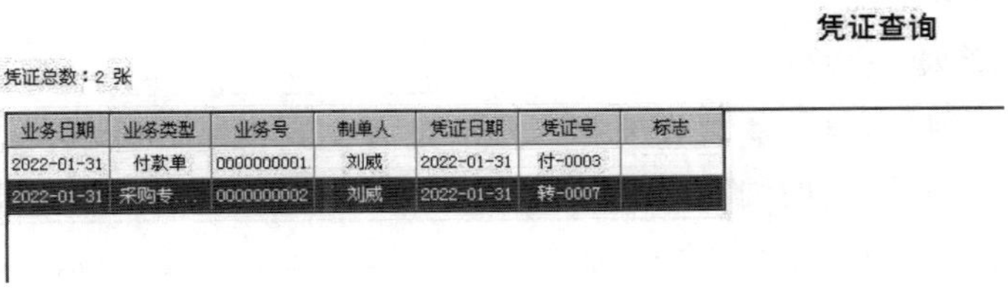

业务日期	业务类型	业务号	制单人	凭证日期	凭证号	标志
2022-01-31	付款单	0000000001	刘威	2022-01-31	付-0003	
2022-01-31	采购专...	0000000002	刘威	2022-01-31	转-0007	

图 9－49　“凭证查询”窗口

（3）单击"退出"按钮退出。

注意：

1.在"凭证查询"功能中，可以查看、修改、删除或冲销由应付款系统生成并传递到总账系统中的记账凭证。

2.如果凭证已经在总账系统中记账，又需要对形成凭证的原始单据进行修改，则可以通过冲销方式来冲销凭证，然后对原始单据进行其他操作后再重新生成凭证。

3.一张凭证被删除（或被冲销）后，它所对应的原始单据及相应的操作内容可以重新制单。

4.只有未在总账系统中审核的凭证才能删除，如果已经在总账系统中进行了出纳签字，应取消出纳签字后再进行删除操作。

9.6.12　业务账表查询

业务账表查询既可以进行总账、明细账、余额表和对账单的查询，也可以实现总账、明细账、单据之间的联查。

【例 9-17】请使用"业务账表"的"业务总账"功能查询应付总账。

操作步骤如下：

（1）在应付款管理系统中，执行"账表管理"→"业务账表"→"业务总账"命令，打开"应付总账表"对话框。

（2）单击"确定"按钮，进入"应付总账表"窗口。如图 9-50 所示。

期间	本期应付	本期付款	余额	月回收率%	年回收率%
	本币	本币	本币		
期初余额			13,560.00		
202201	8,475.00	8,475.00	13,560.00	100.00	100.00
总计	8,475.00	8,475.00	13,560.00		

图 9-50　"应付总账表"窗口

（3）单击"退出"按钮退出。

注意：

1.通过业务账表查询，可以及时地了解一定期间内期初应付款结存汇总情况，应付款发生、付款发生的汇总情况，累计情况及期末应付款结存汇总情况。

2.可以了解各个供应商期初应付款结存明细情况，应付款发生，付款发生的明细情况，累计情况及期末应付款结存明细情况，能及时发现问题，加强对往来款项的监督管理。

3.业务总账查询，是对一定期间内应付款汇总情况的查询。在业务总账查询的应付总账表中不仅可以查询"本期应付"款，还可以查询"本期支付"应付款及应付款的余额情况。

9.6.13　科目账表查询

科目账表查询包括科目余额表查询和科目明细表查询，并且可以通过"总账明细"的切换按钮进行联查，实现总账、明细账、凭证的联查。

【例 9-21】请使用"科目账查询"功能查询供应商的往来科目明细。

操作步骤如下：

（1）在应付款管理系统中，执行"账表管理"→"科目账查询"→"科目明细账"命令，打开"供应商往来科目明细账"对话框。

（2）单击"确定"按钮，进入"科目明细账"窗口，如图 9-51 所示。

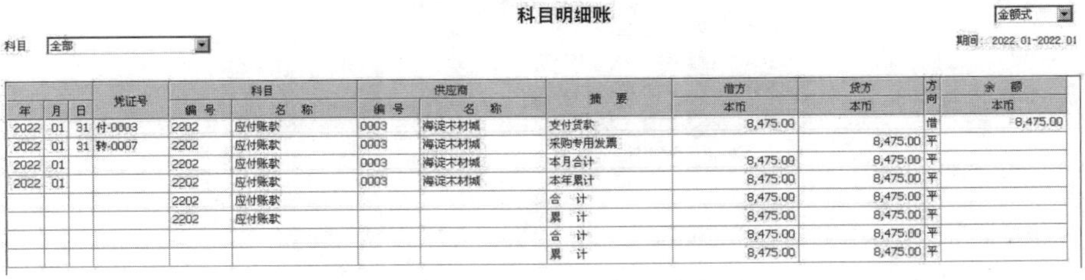

图 9-51　"科目明细账"窗口

（3）单击"退出"按钮退出。

注意：

1．科目账查询包括科目明细账和科目余额表。

2．科目明细账查询可以查询供应商往来科目下供应商的往来明细账。

3．科目余额表查询可以查询应付受控科目各个供应商的期初余额、本期借方发生额合计、本期贷方发生额合计、期末余额。

9.7　采购与应付款管理期末业务处理

当月的采购与应付款管理系统业务完成后，需进行期末业务处理，主要包括月末结账和取消月结两项功能。

结账时，供应链系统（库存管理、采购管理、销售系统）需先完成结账，财务系统（应收、应付款管理系统）随后结账。

确认本月所有业务处理完毕后，方可执行月末结账。结账后，系统将禁止对本月单据、票据、转账等业务进行新增、删除、修改及审核操作。

操作步骤如下：

（1）在应付款管理系统中，执行"期末处理"→"月末结账"命令，打开"月末处理"对话框。

（2）双击一月份"结账标志"栏，如图 9-52 所示。

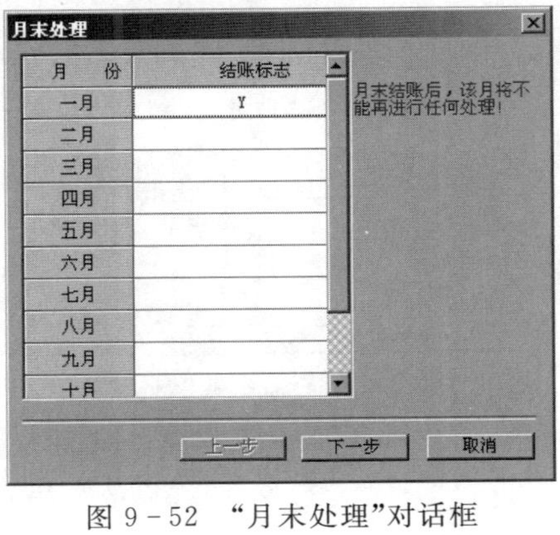

图 9-52　"月末处理"对话框

（3）单击"下一步"按钮，出现"月末处理——处理情况"窗口，如图9-53所示。

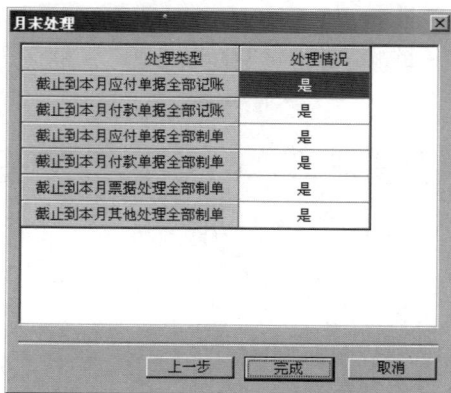

图9-53　"月末处理——处理情况"窗口

（4）单击"完成"按钮，系统弹出"1月份结账成功"信息提示框。

（5）单击"确定"按钮。

注意：

1.如果当月业务已经全部处理完毕，应进行月末结账。只有当月结账后，才能开始下月的工作。

2.进行月末处理时，一次只能选择一个月进行结账，前一个月未结账，则本月不能结账。

3.在执行了月末结账后，该月将不能再进行任何处理。

4.如果执行完月末结账功能后，发现月末结账有错误，可以取消月末结账。如果取消结账操作时总账已经结账，则不能执行该项操作。

操作步骤如下：

（1）在应收款管理系统中，执行"期末处理"→"取消月结"命令，打开"取消结账"对话框。如图9-54所示。

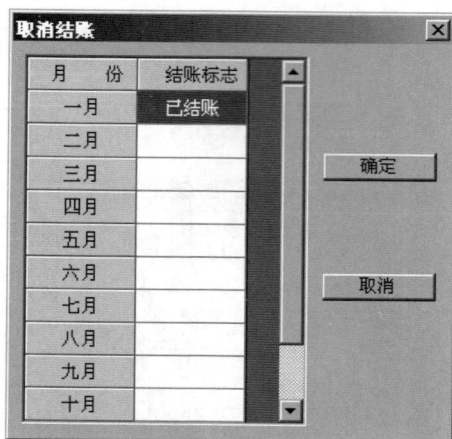

图9-54　"取消结账"对话框

(2)单击"确定"按钮,系统弹出"取消结账成功"信息提示框。

(3)单击"确定"按钮。完成"取消结账"操作。

本章小结

从本章开始,我们就要结合供应链管理模块,完成业务和财务一体化处理的学习。其中采购业务涉及的供应链模块有采购管理、库存管理、存货核算;财务会计模块涉及应付款管理模块。这四个模块协作完成了采购业务核算和管理。因为读者一人兼多个岗位职责,所以初学同学认为流程比较复杂,但业务熟练后,操作流程就不觉得太复杂了。存货核算模块会根据出入库单据生成入库成本核算凭证传入总账系统;应付款模块会根据发票及应付或付款单据生成采购应付或付款凭证传入总账系统。本章学习可以帮助同学们实践采购业务各岗位的工作内容和流程,为从事企业管理工作打下基础。

上机实验十五 供应链模块初始化

【操作准备】

可以引入"上机实验十四"的备份数据。将系统日期改为 2022 年 1 月 1 日,由操作员"LW 刘伟(密码 1)"注册企业应用平台。

【操作要求】

(1)启用"采购""销售""库存""存货""应收""应付款"模块;

(2)设置存货分类、计量单位、存货档案;

(3)设置仓库档案;

(4)定义收发类别、销售类型、采购类型;

(5)设置存货及存货对方科目;

(6)设置应收系统中的常用科目;

(7)设置应付系统中的常用科目;

(8)设置采购、销售、仓库、存货期初数据并记账。

【操作数据】

1.存货分类(见表 9-9)

表 9-9 存货分类

存货分类编号	存货分类名称
1	A 类机床
2	B 类机床
3	C 类机床
4	配件

2.定义计量单位(见表9-10)

表9-10　计量单位组和计量单位

计量单位编号	计量单位名称	所属计量单位组	计量单位组类别
01	盒	无换算关系	无换算
02	台	无换算关系	无换算
03	只	无换算关系	无换算
04	千米	无换算关系	无换算

3.存货档案(见表9-11)

表9-11　存货档案

存货编号	存货代码	存货名称	单位	税率	存货属性
1001	1001	TH—A机床	台	17%	销售、外购
1002	1002	TK—A机床	台	17%	销售、外购
2001	2001	TL—B机床	台	17%	销售、外购
2002	2002	LF—B机床	台	17%	销售、外购

4.仓库档案(见表9-12)

表9-12　仓库档案

仓库编码	仓库名称	计价方式
001	原料仓库	移动平均
002	成品仓库	移动平均
003	外购品仓库	全月平均

5.定义收发类别

　　　1 正常入库

　　　11 采购入库　12 产成品入库　13 调拨入库

　　　2 非正常入库

　　　21 盘盈入库　22 其他入库

　　　3 正常出库

　　　31 销售出库　32 生产领出　33 调拨出库

　　　4 非正常出库

　　　41 盘亏出库　42 其他出库

6.定义采购类型

普通采购,入库类别为"采购入库"。

7.定义销售类型

经销、代销、出库类别均为"销售出库"。

8.根据存货大类分别设置存货科目(进入存货系统—科目设置—选择存货科目)(见表9-13)

表9-13 存货类别对应科目

所属仓库	存货分类	存货科目
原料	原材料	1403 原材料
成品	产成品	1405 库存商品
外购	外购商品	1405 库存商品

9.根据收发类别确定各存货的对方科目(在存货系统中进入科目设置,选择对方科目)(见表9-14)

表9-14 收发类型对应入账科目

收发类别	对应科目	暂估科目
采购入库	1401 材料采购	1401 材料采购
产成品入库	500101 基本生产成本	
盘盈入库	190101 待处理流动资产损益	
销售出库	6401 主营业务成本	

10.设置应收系统中的常用科目(进入应收系统——进入初始设置)

(1)基本科目设置:

应收科目 1122   预收科目 2203

销售收入科目 6001   应交增值税科目 22210102

(2)结算方式科目设置:

现金结算对应1001,支票结算对应1002,汇票结算对应1002。

(3)调整应收系统的选项:(常规——编辑)将坏账处理方式设置为"应收账款余额百分比法"。

(4)设置坏账期初:坏账准备科目为1231,期初余额为10000元,提取比例为0.5%。

11.设置应付系统中的常用科目(进入应付系统——初始设置)

(1)基本科目设置:

应付科目为 2202   预付科目为 1123

采购科目为 1401   采购税金科目为 22210101

(2)结算方式科目设置:

现金结算对应1001,支票结算对应1002,汇票结算对应1002。

12.采购系统期初数据录入

期初货到票未到数据的录入:

2021年2月25日收到天山公司提供的2台TK-A机床(1002),原币单价320000元,商品已验收入成品仓库,至今尚未收到发票。

操作向导:

(1)启动采购系统,录入采购入库单;

(2)进行期初记账。

(注意:采购系统期初未记账,存货系统无法期初记账)

13.销售系统期初数据录入

期初发货单的录入：

2021年2月28日销售部向汉江公司出售TL—B机床10台，报价为265000元，由成品仓库发货，该发货单尚未开票。

操作向导：启动销售系统，录入并审核。

（期初设置—期初录入—期初发货单）

14.库存系统期初数据录入（见表9-15）

进入库存管理系统，录入各仓库期初库存。

表9-15　库存期初

仓库名称	存货名称	数量
成品仓库	TH—A机床	70
	TK—A机床	20
	TL—B机床	5
外购品仓库	LF—B机床	40

操作向导：

（1）启动库存系统，录入期初结存并审核；（先选定仓库，再输入存货结存）；

（2）与存货系统进行期初对账。

15.存货系统期初数据录入（见表9-16）

进入存货系统，录入相关存货期初余额。

表9-16　存货期初

仓库名称	存货名称	数量	单价
成品仓库	TH—A机床	70	350000
	TK—A机床	20	300000
	TL—B机床	5	250000
外购品仓库	LF—B机床	40	480000

操作向导：

（1）启动存货系统，录入期初余额（初始设置—期初数据—期初余额）；

（2）进行期初记账（期初若不记账，业务核算与财务核算的主菜单不会出现）；

（3）进行对账。

16.应收款期初余额的录入及对账

应收款科目的期初余额中涉及应收汉江公司前欠货款25000元。（以应收单形式录入）

操作向导：

（1）启动应收系统，录入期初余额（只需录入表头数据，表体数据可不录入）；

（2）与总账系统进行对账。

17. 应付款期初余额的录入及对账

应付账款科目的期初余额中涉及应付天山公司的余额为 165000 元（以应付单形式录入）。

操作向导：

（1）启动应付系统，录入期初余额；

（2）与总账系统进行对账。

上机实验十六　采购与应付日常业务

【操作准备】

可以引入"上机实验十五"的备份数据。将系统日期改为 2022 年 1 月 31 日，由操作员"LW　刘伟（密码 1）"注册企业应用平台。

【操作要求】

（1）业务一为普通采购业务。生成采购入库和采购发票两张记账凭证。

（2）业务二需要将运费分摊入采购成本。

（3）业务三录入付款单并核销。

（4）入库单生成的凭证：借：库存商品

　　　　　　　　　　　　贷：材料采购

　采购发票生成凭证：借：库存商品

　　　　　　　　　　　应交税费——应交增值税——进项税额

　　　　　　　　　　贷：应付账款

　付款单生成凭证：借：应付账款

　　　　　　　　　　贷：银行存款——工行

【操作数据】

业务一：

1. 2022/01/01，采购部赵小静向向天地公司询问 LF－B 机床（2002）的价格（含税价420000 元/台），觉得价格合适，随后向上级主管提出请购要求，请购数量为 10 台。据此填制请购单。

2. 2022/01/02，主管同意向天地公司订购 LF－B 机床 10 台，单价为 420000 元/台，要求到货日期为 1 月 13 号。

3. 2022/01/13 收到所订购的 LF－B 机床 10 台。录入到货单。

4. 2022/01/13 将所收到的货物验收入外购品仓库。填制采购入库单。

5. 当天收到该笔货物的专用发票一张。

6. 业务部门将采购发票交给财务部门，财务部门确认此业务所涉及的应付账款及采购成本。

操作向导：

（1）在采购系统中，填制并审核请购单（业务—请购—请购单）；

（2）在采购系统中，填制并审核采购订单；

（3）在采购系统中，填制到货单（业务—到货—到货单）；

(4)启动库存系统,填制并审核采购入库单(根据"采购到货单"生单完成);

(5)在采购系统中,录入采购发票,并进行结算;

(6)在采购系统中,进行采购结算(自动结算);

(7)在应付系统中,审核采购发票(应付单据处理——应付单据审核);

(8)在应付系统中,生成采购记账凭证(日常处理——制单处理);

(9)在存货系统中,进行入库单记账〔日常单据记账——采购入库(9)(报销记账)〕;

(10)在存货系统中,生成入库凭证。

业务二:

2022/1/06采购部赵小静向天山公司购买30台TL—B机床,不含税单价为220000元/台,验收入外购品仓库。同时收到专用发票一张,票号ZY8501233。另外,在采购过程中,发生了一笔运输费20000元,税率为7%,收到相应运费发票一张,票号为56788989。

操作向导:

(票号如何修改?在系统管理菜单中选择单据票号设置,修改为完全手工编号。)

(1)启动库存系统,填制并审核采购入库单;

(2)在采购系统中,填制采购专用发票;

(3)在采购系统中,填制运费发票(手工填制,运费在用友ERP系统中被视为一种特殊存货处理);

(4)在采购系统中,采购结算(手工结算)(选单—过滤—刷入库、刷发票—分摊—结算)。

业务三:

2022/01/18财务部对1月10日采购天山公司30台TL—B机床进行付款,付款方式工商银行现金支票,结算票号0135,请填写并审核付款单,并进行核销处理。

操作向导:

(1)在应付系统中,录入付款单并制单(付款单据处理—付款单据录入审核—制单);

(2)在应付系统中,核销处理(录入本次结算)。

第10章　销售与应收款管理系统

知识目标

通过本章学习,应掌握以下内容:

1.销售系统和其他 ERP 子系统的联系;

2.销售管理的业务类型及业务流程;

3.销售业务和应收款财务的一体化处理流程;

4.报价单、销售订单、发货单、出库单、发票等单据的功能及应用场景。

实践目标

通过本章练习,应能完成以下操作:

1.用友 ERP-U8 管理软件销售管理模块的初始化、日常业务、期末业务的操作;

2.应收款管理系统初始化、日常业务处理、月末处理的操作。

10.1　销售管理概述

在市场化运作背景下,企业面临瞬息万变的市场环境。为在激烈竞争中实现生存与发展,销售管理能够帮助营销人员快速把握市场动态,敏捷响应客户需求,从而提升企业对市场的适应能力。

10.1.1　销售业务概述

销售的本质是产品或服务从生产领域向消费领域转化的过程。ERP 系统作为"以平衡供需为目标、全局规划为核心"的管理系统,其销售需求是企业一切计划的重要源头。良好的需求管理能够为企业各部门提供明确的方向指引。销售管理即是对企业需求侧的规划、执行与管控。

企业销售需求主要来源于:

(1)国内外客户(可能包含企业自身的供应商);

(2)企业内部其他工厂;

(3)异地分销机构;

(4)客户方的代销商品库存。

上述需求数据需通过销售预测获取。

10.1.2　销售管理系统的功能

作为供应链核心环节,销售管理系统提供报价、订货、发货、开票的完整流程,支持普通销售、委托代销、分期收款、直运、零售、销售调拨等多种业务类型,并能实时监控销售价格与信用状况。用户可根据实际需求定制系统,构建专属销售管理平台。

系统支持以销售订单为核心的业务模式,通过订单跟踪全流程,销售预测、计划与订单构成主生产计划的需求来源。具体功能包括:

(1)计划与报价。制定销售计划及产品报价策略。

(2)客户管理。开拓市场,建立客户分类体系,维护档案信息,制定差异化价格政策,构建稳定销售渠道。

(3)销售预测。基于市场信息进行需求分析与预测,为产销计划提供依据。

(4)订单管理(核心功能)。其包括为生产部门提供产品计划数据、按交货期组织货源并发货、向财务部门传递发货信息。

(5)财务管理。开具销售发票并催收货款,完成财务入账。

(6)客户服务。提供增值服务以巩固市场份额。

(7)分析决策。开展销售与市场分析。

10.1.3　销售管理系统与其他系统的集成关系

销售管理系统具备独立运行能力,同时可与供应链管理系统(含物料需求计划、库存管理、存货核算、采购管理等模块)实现深度集成。由于销售业务必然触发收入循环,本系统与财务管理系统中的应收款管理模块存在强关联关系,具体数据交互如图10-1所示。

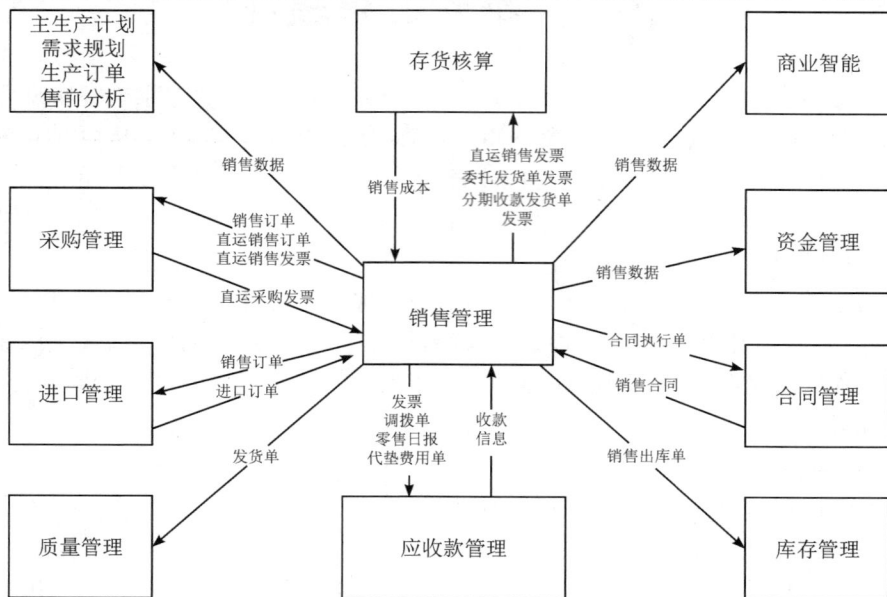

图10-1　销售管理系统与其他系统的关系

核心集成功能如下。

1. 与物料需求计划系统的交互

销售订单作为 MRP(物料需求计划)毛需求计算的关键数据源之一

2. 与采购管理系统的协同

(1)采购订单可基于销售订单直接生成。

(2)直运业务模式下:①必有订单模式。直运采购订单必须关联直运销售订单生成。②非必有订单模式。允许直运采购发票与直运销售发票交叉参照。

3. 与库存管理系统的联动

(1)销售出库单支持双通道处理。包括由销售管理系统生成后推送至库存管理系统审核、由库存管理系统参照销售单据直接生成。

(2)库存管理系统实时向销售管理系统反馈可售存货的可用量数据

4. 与应收款管理系统的对接

(1)销售发票、调拨单、零售日报、代垫费用单等单据经应收款模块审核后:自动登记应收明细账;触发凭证生成流程。

(2)应收款系统完成收款核销操作后,实时回传核销状态信息。

5. 与存货核算系统的数据流转

(1)直运销售发票、委托代销/分期收款相关单据在存货核算系统:登记存货明细账;触发成本凭证生成。

(2)存货核算系统为销售管理系统提供精准销售成本数据。

10.1.4　销售管理的工作流程

销售管理的主要工作流程如图 10-2 所示。

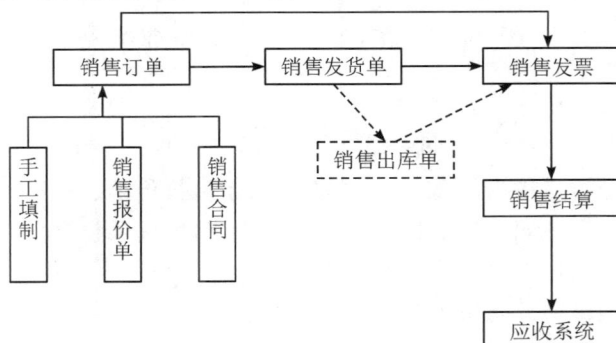

图 10-2　销售管理的流程

1. 销售订单

根据销售订单组织货源,并对订单执行进行全流程管理、监控与追踪。协助管理客户订单资料录入与审核、信用额度核查与控制、出货状态实时追踪、订单生命周期管理(从开启至关闭)和生成订单执行过程的关键管理报表。

2. 销售发货单

处理发货/退货相关交易,实现物流与财务协同。包括发货单/退货单系统录入、动态信用额度监控、客户签收回执追踪、库存数据自动更新、应收账款预生成等,并提供给客户方作为货物交付凭证,也可作为仓库出货依据。

3. 销售出库单

交由仓库管理部门执行出库。出库单将会作为财务部门核算销售成本的原始凭证,同时仓库部门作为库存台账核对的基准文件。

4. 销售发票

确认销售收入与销售税金计提、成本结转与利润核算、应收账款确权依据,也是客户物权转移的法律凭证。

5. 销售结算

结算单也称付款单,记录客户实际付款信息。作为付款凭证生成的原始单据,与发票应付款项进行核销对冲。

下面列举了销售业务在部门之间的业务流程(见图 10 - 3)。

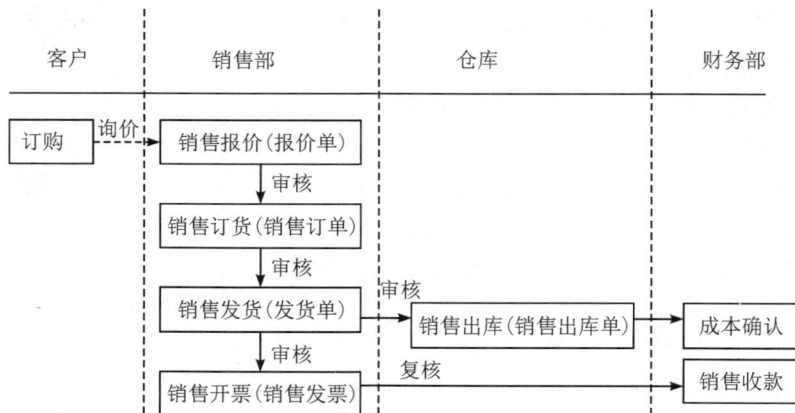

图 10 - 3　销售业务在部门之间的流程

从图 10 - 3 可以看出:

(1)客户先根据购买意愿,进行询价。

(2)销售人员按照客户提出的需求,给客户提供销售报价单。

(3)销售部门根据审核同意后的报价单或销售协议,填制销售订单。

(4)销售部门参照销售订单填制销售发货单。

(5)仓库部门参照销售发货单填制销售出库单。

(6)销售部门根据销售发货单填制发票。

(7)将销售发票传到财务部门进行收款结算。

(8)财务部门根据出库单生成销售成本凭证,同时根据开具的发票或收款单,生成销售收入凭证或收款凭证。

10. 2　销售管理业务类型分析

销售管理系统支持四种业务类型:普通销售、直运业务、分期收款和委托代销。企业的销售业务可进一步划分为以下模式:先发货后开票、开票直接发货、销售退货。

10.2.1　普通销售

普通销售是适用于大多数企业日常经营的基础业务模式,其流程已在 10.1.4 节说明。根据"发货—开票"的实际操作顺序,普通销售可分为两种业务模式:①先发货后开票模式。先录入发货单,后开具发票。②开票直接发货模式。先录入发票,后执行发货。

系统支持两种模式并存,其核心区别在于业务单据的录入顺序(发货单或发票优先)。具体流程对比见图 10-4。

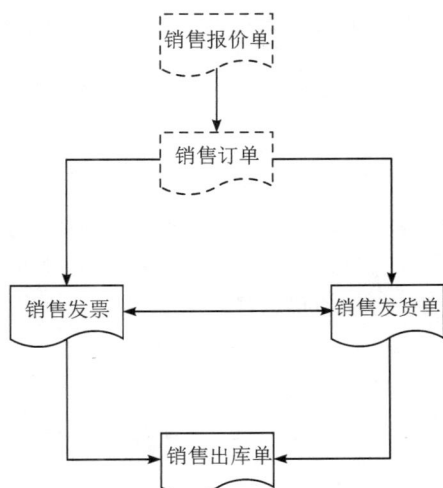

图 10-4　普通销售业务流程

普通销售业务的具体流程将在本章第 4、5、6 节介绍。

10.2.2　委托代销

委托代销是指企业将商品交由他人代为销售,但商品所有权仍归属于本企业的一种销售方式。在委托代销模式下,商品售出后,受托方与企业进行结算,并开具正式销售发票,确认销售收入,同时商品所有权随之转移。其业务流程如图 10-5 所示。

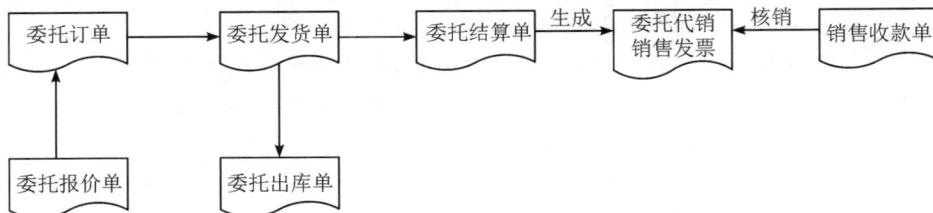

图 10-5　委托代销业务流程

该业务可以分以下 7 步完成:

第一步:设置"委托代销业务"类型。

具体操作如下:

打开【供应链管理】【销售管理】,执行【设置】【销售选项】命令,打开【销售选项】窗口,勾选业务控制中的"委托代销业务"项。

第二步:发出代销商品时,签订订单并生成委托发货单。

具体操作如下:

(1)打开【供应链管理】【销售管理】,执行【销售订货】【销售订单】命令,打开【销售订单】窗口,单击增加按钮,增加业务类型为委托代销的订单。

(2)打开【供应链管理】【销售管理】,执行【委托代销】【委托代销发货】,根据订单参照生成发货单并审核。

第三步:在库存管理系统生成销售出库单,审核自动生成的销售出库单,并在存货系统进行记账并生成凭证。

借:委托代销商品

　　贷:库存商品

具体操作如下:

(1)打开【供应链管理】【仓库管理】【出库业务】【销售出库单】,审核出库单。

(2)【存货核算】【正常单据记账】,将销售出库单记账,再选择【存货核算】【财务核算】,将入库单生成凭证。这里要说明的是,如果存货核算采用的是"全月平均法",记账和生成凭证只能在存货核算月末处理后才能进行。

第四步:收到代销清单结算时,首先在销售管理系统,填制委托代销结算单,对委托代销结算单进行审核,系统会自动生成销售专用发票,对销售专用发票进行复核。

具体操作如下:

(1)打开【供应链管理】【销售管理】【委托代销】,选择【委托代销结算单】,录入并审核委托代销结算单。

(2)【供应链管理】【销售管理】【销售开票】,将自动生成的发票审核。

第五步:在应收款管理系统进行应收单的审核和制单,生成凭证。

借:应收账款

　　贷:主营业务收入

　　　　应交税费——应交增值税(销项税额)

具体操作如下:

打开【财务业务】【应收款管理】,进行应收单的审核和制单。

第六步:在存货核算系统,进行发出商品的记账,生成凭证。这里要说明的是,如果存货核算采用的是"全月平均法",记账和生成凭证只能在存货核算月末处理后才能进行。具体步骤同第三步。

借:主营业务成本

　　贷:委托代销商品

第七步:收到货款时,在应收款管理系统,由出纳填制收款单,并由会计进行审核制单,生成凭证。

借:银行存款

　　贷:应收账款

具体操作如下：

打开【财务业务】【应收款管理】，填写收款单据并审核，自动制单。

10.2.3　分期收款

分期收款销售是指企业先将货物交付客户，再按约定分期收取货款的交易方式。其业务模式与委托代销类似，均涉及货物先行转移、货款分期结算。

分期收款销售的特点是：①货物一次性交付。商品在合同签订后一次性发出。②收入分期确认。不于发货时点确认收入，而是按收款进度分期确认。③成本匹配结转。各期确认收入时，同步结转对应成本，符合配比原则。

具体业务流程详见图 10-6。

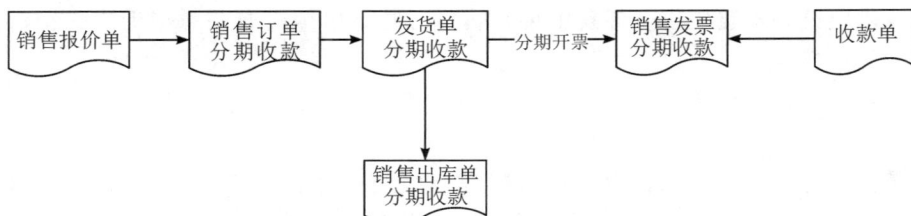

图 10-6　分期收款业务流程

分期收款业务的处理流程与普通销售业务基本一致，核心区别在于创建订单时需将业务类型设为"分期收款"。具体操作步骤此处不再赘述。

10.2.4　直运业务

直运业务是指商品不经过企业仓库，由供应商直接发送至客户完成的购销业务。在结算环节，企业与供应商、客户分别进行独立结算。

直运业务可分为直运销售业务和直运采购业务两类。其核心特征为：①商品不经过企业仓储环节（无实物出入库）；②物流路径为"供应商→客户"的直接运输；③财务结算通过开具直运销售发票和直运采购发票完成。

具体业务流程如图 10-7 所示。

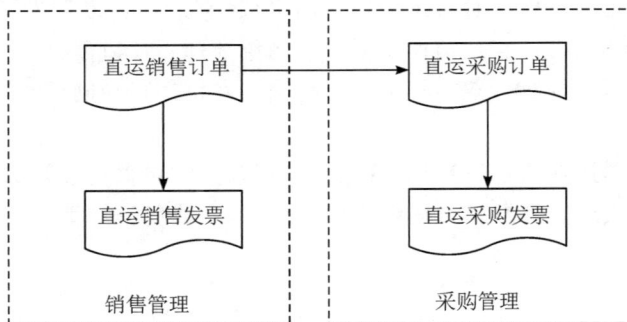

图 10-7　直运业务流程

该业务可以分以下几步完成：

第一步：在销售选项里选择直运销售业务。

具体操作如下：

打开【供应链管理】【销售管理】，执行【设置】【销售选项】命令，打开【销售选项】窗口，勾选业务控制中的"直运销售业务"项。

第二步：填制销售订单，业务类型为直运销售。

具体操作如下：

打开【供应链管理】【销售管理】，执行【销售订货】【销售订单】命令，打开【销售订单】窗口，单击增加按钮，增加业务类型为直运销售的订单。

第三步：参照销售订单生成一张直运销售专用发票。

具体操作如下：

打开【供应链管理】【销售管理】【销售开票】，参照订单生成业务类型为直运销售的销售发票，并发票审核。

第四步：增加采购订单，业务类型选择直运采购，再参照销售订单生成采购订单。

具体操作如下：

打开【供应链管理】【采购管理】，执行【采购订货】【采购订单】命令，打开【采购订单】窗口，单击生单按钮，参照生成业务类型为直运采购的订单。

第五步：增加采购发票，业务类型选择直运采购，再参照采购订单生成。

具体操作如下：

打开【供应链管理】【采购管理】，执行【采购发票】【采购专用发票】命令，打开【采购专用发票】窗口，单击增加按钮，参照生成业务类型为直运采购的发票。

第六步：在应付款管理模块对采购专用发票进行审核并制单。

具体操作如下：

打开【财务会计】【应付款管理】【应付单据处理】【应付单据审核】，将直运采购发票审核成功。然后【制单处理】生成凭证如下：

借：主营业务成本

　　应交税费——应交增值税——进项税

　　贷：应付账款

第七步：进入存货核算模块对直运采购专用发票、直运销售专用发票进行记账，然后通过核算模块将直运采购发票、直运销售发票进行制单处理。这里需要注意：如果已经完成了第六步采购发票的记账和制单，本步骤则不再对采购发票记账和制单了，反之则可以。

具体操作如下：

打开【供应链管理】【存货核算】，执行【业务核算】【正常单据记账】，选中发票，记账处理。再点击【财务核算】【生成凭证】，将直运销售发票制单，生成凭证如下：

借：应收账款

　　贷：主营业务收入

　　　　应交税费——应交增值税——销项税

10.2.5　销售的业务模式

企业的销售业务可涉及多种业务模式,不同模式的业务处理流程存在差异。系统支持以下 3 种主要模式。

1. 先发货后开票

先发货后开票是根据销售订单或合同向客户发货,货物发出后依据发货单开具发票并结算。先发货后开票业务适用于普通销售、分期收款、委托代销业务。其具体业务流程如图 10 - 8 所示。

①先发货后开票

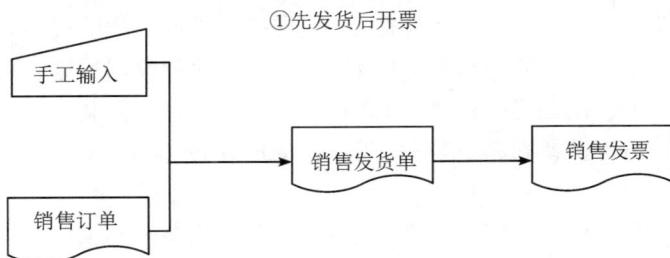

图 10 - 8　先发货后开票业务流程

2. 开票直接发货

开票直接发货是根据销售订单或合同直接开具销售发票,客户凭发票至指定仓库提货。开票直接发货业务适用于普通销售、销售调拨、零售日报业务。其具体业务处理流程如图 10 - 9 所示。

②先开票后发货

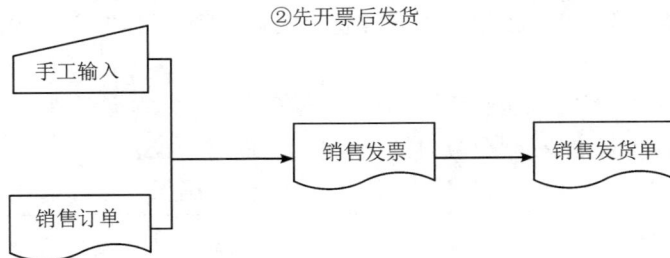

图 10 - 9　开票直接发货业务流程

3. 销售退货业务

销售退货业务是指客户因货物质量、品种、数量不符等原因,将已购货物退回本单位。其具体业务处理流程如图 10 - 10 所示。

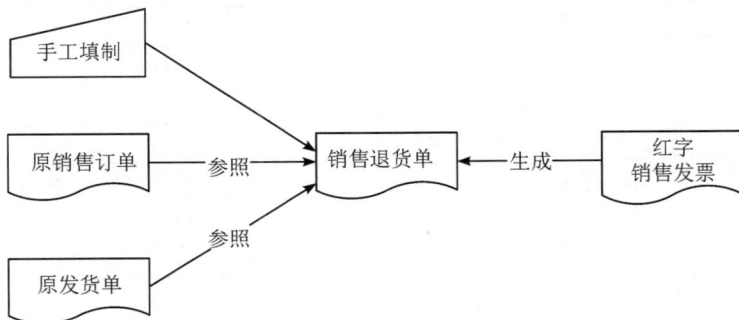

图 10 - 10　销售退货业务流程

10.3　销售与应收业务流程

10.3.1　应收款管理概述

应收款管理系统是企业财务管理的核心组成部分,负责核算与管理企业与客户之间的业务往来款项,确保资金流动的规范性和高效性。其主要功能包括:

(1)应收款项登记。记录客户应收账款信息,支持多维度分类管理。

(2)账款回收策略。根据客户信用、账期等制定差异化的收回策略,提升回款率。

(3)日常业务处理。涵盖应收处理、票据管理、坏账核销、财务制单及查询统计等操作。

(4)财务协同。销售发票、收款单等凭证自动生成并传递至总账系统,实现财务数据一体化。

该系统通过定期核查应收款项、动态调整回收策略,有效降低坏账风险,保障企业财务健康运转。

10.3.2　销售与应收流程

销售与应收业务的流程如下(见图 10-11)。

(1)销售发起:以销售计划、报价单或客户订单为起点,生成销售订单。

(2)发货与开票:销售部门依据订单安排仓库发货;月末根据客户收货确认开具发票,同步确认销售成本。

(3)财务处理:财务部完成应收确认、收款核销等操作;成本会计进行当期成本核算;总账模块处理费用业务,并集成应收/应付数据,自动生成财务报表。

该流程具有以下特点:业务财务联动,信息实时传递,确保数据准确性及核算效率。

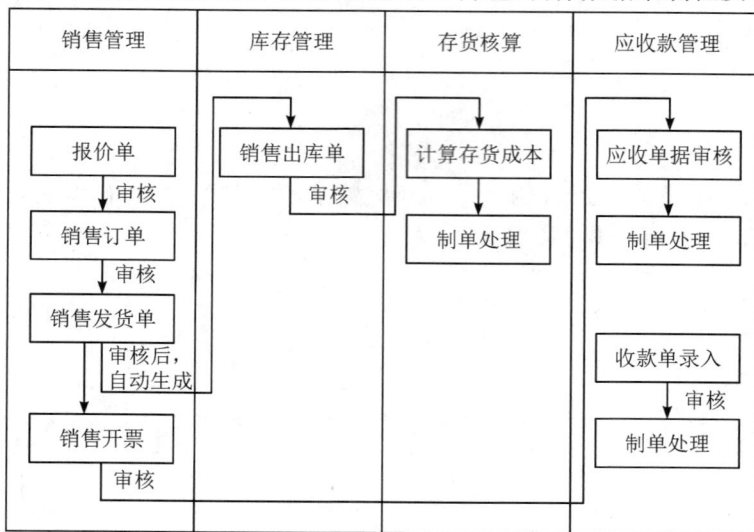

图 10-11　销售与应收流程

10.4　销售与应收管理初始化

在用友 ERP-U8 管理软件中,销售与应收款管理系统主要用于核算和管理企业的销售业务及客户往来款项。该系统以发票、费用单、其他应收单等原始单据为依据,记录销售及其他业务形成的往来款项,并处理应收款项的收回、坏账核销、转账调整等业务,同时提供票据管理功能。

在正式使用本系统前,需完成以下初始设置:设置销售系统与应收系统的业务规则和控制参数;设置客户档案、价格政策、结算方式等基础数据;录入期初数据,确保系统启用时应收账款的初始余额准确无误。

10.4.1　设置应收系统参数

在运行应收款管理系统前,需预先配置相关系统参数,包括应收款核销方式、单据审核日期依据、坏账处理方式、客户权限启用等。

【例 10-1】根据本章节的需要,请在系统中设置:单据审核日期依据为"单据日期",坏账处理方式为"应收余额百分比法",启用客户权限,并且按信用方式根据单据提前 7 天自动报警。

操作步骤如下:

(1)在企业应用平台中,执行"系统服务"→"权限"→"数据权限控制设置"命令,打开"数据权限控制设置"对话框。在"客户档案"选项前的方框中打"√",如图 10-12 所示,单击"确定"按钮返回。

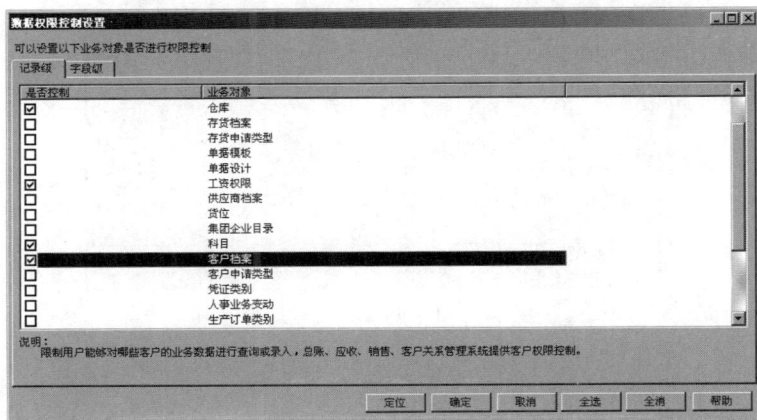

图 10-12　数据权限控制设置

(2)执行"业务工作"→"财务会计"→"应收款管理"→"设置"→"选项"命令,打开"账套参数设置"对话框。

(3)单击"编辑"按钮,打开"常规"选项卡,修改单据审核日期依据为"单据日期"单击"坏账处理方式"栏的下三角按钮,选择"应收余额百分比法",如图 10-13 所示。

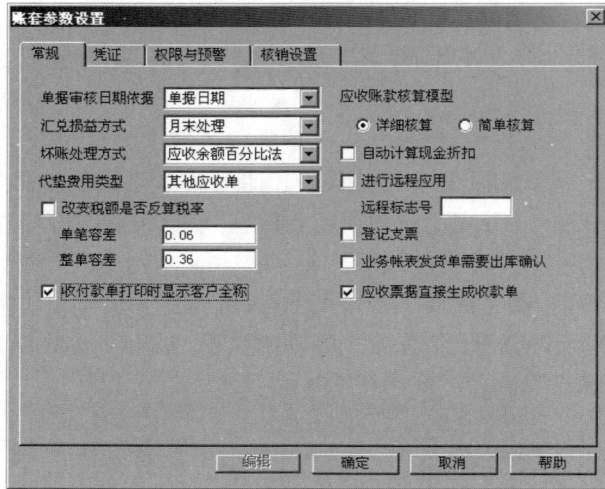

图 10-13 选择单据审核日期依据和坏账处理方式

（4）打开"权限与预警"选项卡，选中"控制客户权限"复选框，单据报警选择"信用方式"，在"提前天数"栏选择提前天数"7"，如图 10-14 所示。

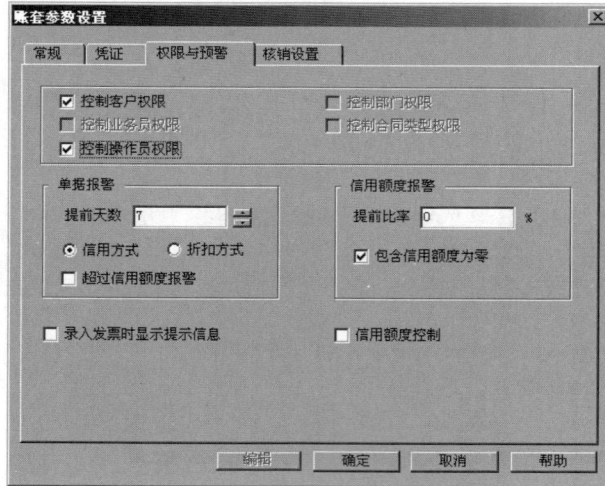

图 10-14 设置权限与预警

（5）单击"确定"按钮。

注意：

1. 在账套使用过程中可以随时修改账套参数。

2. 如果选择单据日期为审核日期，则月末结账时单据必须全部审核。

3. 关于应收账款核算模型，在系统启用时或者还没有进行任何业务处理的情况下才允许从"简单核算"改为"详细核算"，从"详细核算"改为"简单核算"随时可以进行。

10.4.2　设置销售系统参数

销售选项（也称系统参数或业务处理控制参数）的设置将决定系统的业务流程、业务模式及数据流向。

　　用户在设置前应充分了解各选项对业务处理流程的影响,并结合企业实际需求进行配置。由于部分参数在业务运行后无法随意更改,建议在业务开始前全面评估,尤其需谨慎设置可能影响其他系统的选项。

　　【例 10-2】设置销售业务类型包含所有销售业务,允许超订量发货,允许销售自动生成出库单,允许超可用量发货,其余均选默认值。

　　操作步骤如下:

　　打开供应链的销售管理系统,执行"设置"→"销售选项"命令,打开"销售选项"窗口,如图 10-15、10-16 所示。

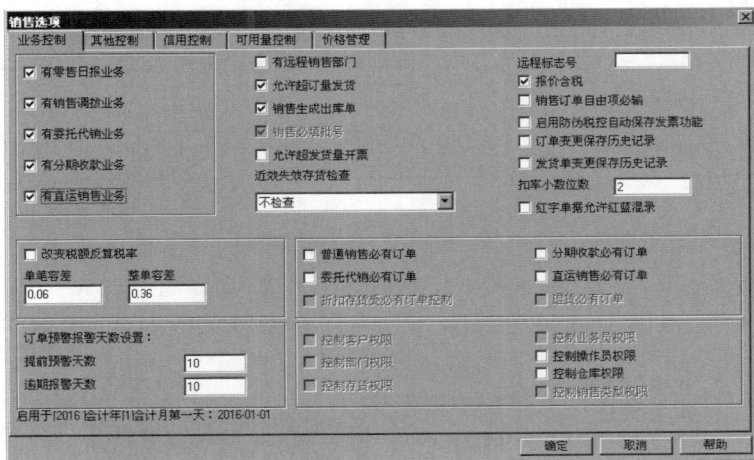

图 10-15　业务控制参数

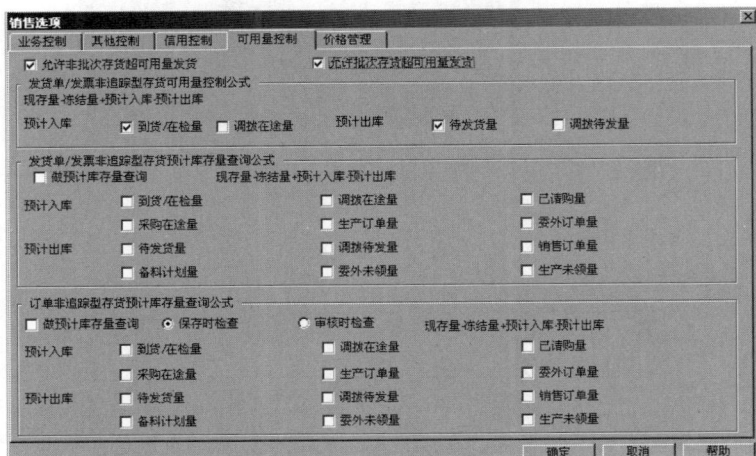

图 10-16　可用量控制参数

10.4.3　设置基本科目

当企业的应收业务类型及对应凭证类型较为固定时,可提前在此处预设常用科目,以简化系统生成凭证的操作。

【例 10-3】按照表 10-1 的内容,设置应收款管理系统的基本科目。

表 10-1　基本科目设置

基础科目种类	对应科目
应收科目	应收账款(1122)
销售收入科目	主营业务收入(6001)
税金科目	应交税费—应交增值税—销项税额(22210102)
销售退回科目	主营业务收入(6001)
商业承兑科目	应收票据(1121)

操作步骤如下:

(1)在应收款管理系统中,执行"设置"→"初始设置"命令,打开"初始设置"窗口。

(2)选中"设置科目"下的"基本科目设置"选项,单击"增加"按钮,双击"基本科目种类"对应栏,从"基本科目种类"列表中选择"应收科目",如图 10-17 所示。

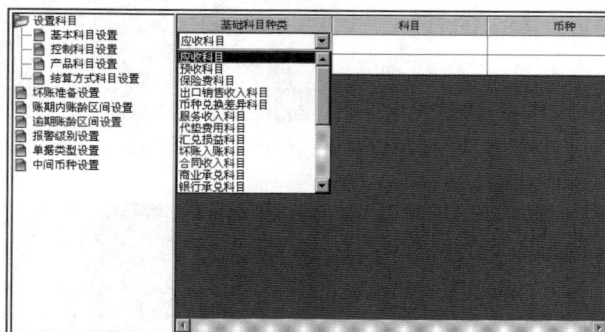

图 10-17　从"基本科目种类"列表中选择"应收科目"

(3)双击"科目"对应栏,选择科目"1122",同理增加其他的基本科目,直到全部科目设置完毕,如图 10-18 所示。

图 10-18　基本科目设置

注意:

1.在基本科目设置中所设置的应收科目"1122 应收账款"、预收科目"2203 预收账款"及"1121 应收票据",应在总账系统中设置其辅助核算内容为"客户往来",并且其受控系统为"应收系统",否则在这里不能被选中。

2.只有在这里设置了基本科目,在生成凭证时才能直接生成凭证中的会计科目,否则凭证中将没有会计科目,相应的会计科目只能手工再录入。

3.如果应收科目、预收科目按不同的客户或客户分类分别设置,则可在"控制科目设置"中设置,在此可以不设置。

10.4.4　设置结算方式科目

结算方式科目设置是针对已配置的结算方式,设定对应的会计科目。当执行收款业务时,只需选择结算方式,系统即可自动关联该方式对应的会计科目,并生成相应分录。

【例 10 - 4】根据表 10 - 2 提供的数据,设置应收款管理系统的结算方式科目。

表 10 - 2　结算方式科目设置

结算方式	对应结算方式科目
现金结算	现金(1001)
现金支票结算	现金(1001)
转账支票结算	工行存款(100201)

操作步骤如下:

(1)在"初始设置"窗口中,单击"结算方式科目设置"栏,进入"结算方式科目设置"窗口。

(2)单击"增加"按钮,在"结算方式"栏下拉列表中选择"现金结算",单击"币种"栏,选择"人民币",在"科目"栏录入或选择"1001",回车。以此方法继续录入其他的结算方式科目,直到全部设置完毕,如图 10 - 19 所示。

图 10-19　结算方式科目设置

注意:

1.如果在此不设置结算方式科目,那么在执行收款业务或付款业务时则需手工输入不同结算方式对应的会计科目。

2.在此处的结算方式科目设置,只是针对系统内已经设置好的结算方式来设置对应的结算科目。如果系统内没有事先设置的结算方式,那么在此将无法设置其对应的结算科目。

10.4.5　设置坏账准备

应收款管理系统支持坏账准备的自动计提功能,可根据企业应收业务实际情况,采用以下三种计提方式:应收余额百分比法、销售余额百分出法、账龄分析法。

【例 10 - 5】在此处的坏账准备设置中采用的是应收余额百分比法。请设置坏账准备的参数:提取比例为 0.5%,坏账准备期初余额为 0,坏账准备科目为"坏账准备(1231)",坏账准备对方科目为"管理费用(660205)"。

操作步骤如下：

(1)在"初始设置"窗口中，单击"坏账准备设置"栏，打开"坏账准备设置"窗口，录入提取比率"0.5"，坏账准备期初余额"0"，坏账准备科目"1231"，坏账准备对方科目"660205"。

(2)单击"确定"按钮，如图 10 - 20 所示。

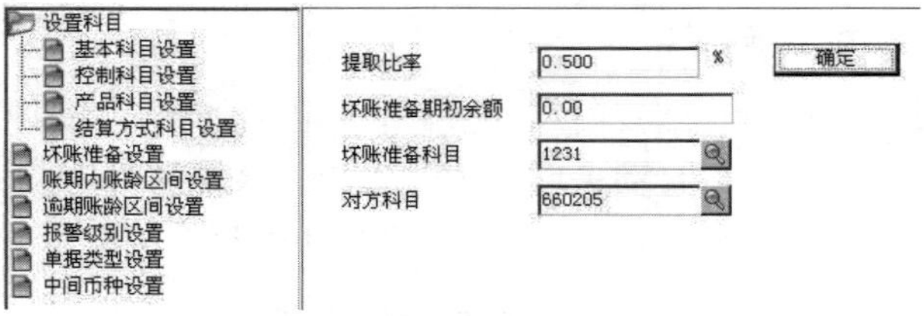

图 10 - 20　坏账准备设置

注意：

1.如果未事先在选项中选择"应收余额百分比法"作为坏账处理的方式，那么在此处就不能录入"应收余额百分比法"所需要的初始设置，即此处的初始设置是与选项中所选择的坏账处理方式相对应的。

2.坏账准备的期初余额应与总账系统中所录入的坏账准备的期初余额相一致。由于系统没有坏账准备期初余额的自动对账功能，所以只能进行人工核对。坏账准备的期初余额如果在借方，则用"－"号表示。如果没有期初余额，应将期初余额录入"0"，否则，系统将不予确认。

3.坏账准备期初余额被确认后，只要进行了坏账准备的日常业务处理就不允许再修改，下一年度使用本系统时，可以修改提取比率、区间和科目。

10.4.6　设置账龄区间

账龄区间设置用于对应收账款进行账龄分析，以评估客户信用风险，并基于不同账龄段的坏账比例计提坏账准备。系统支持以下两类账龄区间配置：账期内账龄区间设置、逾期账龄区间设置。

【例 10 - 6】请设置系统的账期内账龄区间为：总天数分别为 90 天和 120 天。

操作步骤如下：

(1)在"初始设置"窗口中，单击"账期内账龄区间设置"栏，进入"账期内账龄区间设置"窗口。

(2)在"总天数"栏录入"90"，回车，再在"总天数"栏录入"120"后回车。如图 10 - 21 所示。

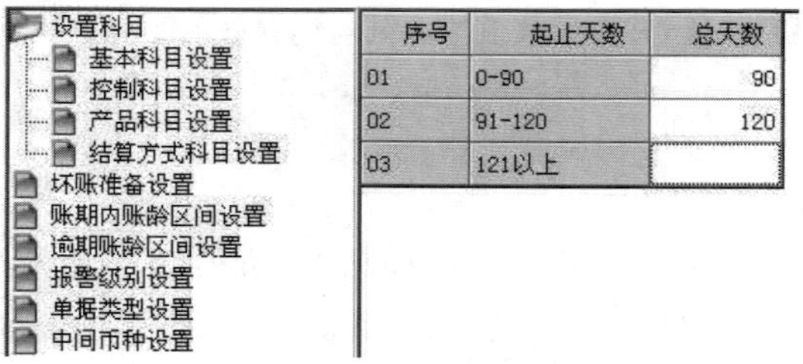

图 10 - 21　账龄区间设置

注意：

1.序号由系统自动生成,不能修改和删除。总天数直接输入截止该区间的账龄总天数。

2.最后一个区间不能修改和删除。

10.4.7　设置报警级别

为便于监控客户信用状况,系统支持按"客户欠款余额与授信额度的比例"划分报警级别,从而对客户进行分类管理。

【例 10-7】请设置本系统的报警级别:A 级时的总比率为 10%,B 级时的总比率为 20%,C 级时的总比率为 20%以上。

操作步骤如下:

(1)在"初始设置"窗口中,单击"报警级别设置"栏,进入"报警级别设置"窗口。

(2)在"总比率"栏录入"10",在"级别名称"栏录入"A",回车。以此方法继续录入其他的总比率和级别,如图 10-22 所示。

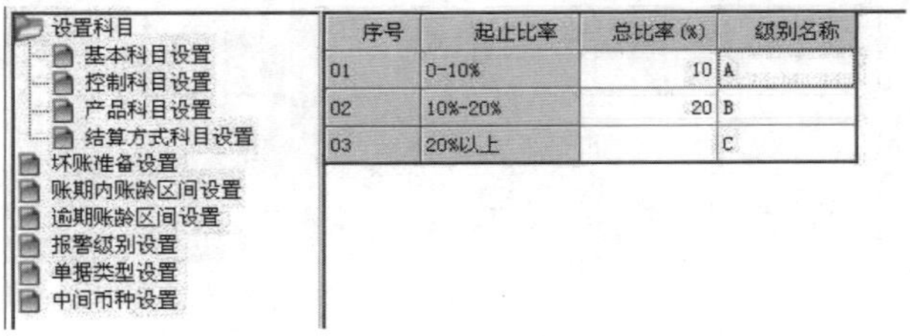

图 10-22　报警级别设置

(3)单击"退出"按钮。

注意:

1.序号由系统自动生成,不能修改、删除。应直接输入该区间的最大比率及级别名称。

2.系统会根据输入的比率自动生成相应的区间。

3.单击"增加"按钮,可以在当前级别之前插入一个级别。插入一个级别后,该级别后的各级别比率会自动调整。

4.删除一个级别后,该级别后的各级比率会自动调整。

5.最后一个级别为某一比率之上,所以在"总比率"栏不能录入比率,否则将不能退出。

6.最后一个比率不能删除,如果录入错误则应先删除上一级比率,再修改最后一级比率。

10.4.8　录入应收期初余额

首次启用应收款管理系统时,需将系统启用前所有未处理的客户往来款项(包括应收账款、预收账款、应收票据等数据)作为期初数据录入系统,以便后续进行核销处理。

【例 10-8】根据表 10-3 内容录入系统的期初余额。

表 10-3　期初余额表

单据名称	方向	开票日期	客户名称	销售部门	科目编码	货物名称	数量	无税单价	价税合计
销售专用发票	正	2021.12.25	强盛公司	销售部	1122	甲产品	2	2000	4680

操作步骤如下：

(1)打开应收款管理系统,执行"设置"→"期初余额"命令,打开"期初余额——查询"窗口,如图10-23所示。

图10-23　"期初余额——查询"窗口

(2)单击"确定"按钮,打开"期初余额明细表"窗口。

(3)单击"增加"按钮,打开"单据类别"对话框。选择"单据名称"为"销售发票","单据类型"为"销售专用发票",如图10-24所示。

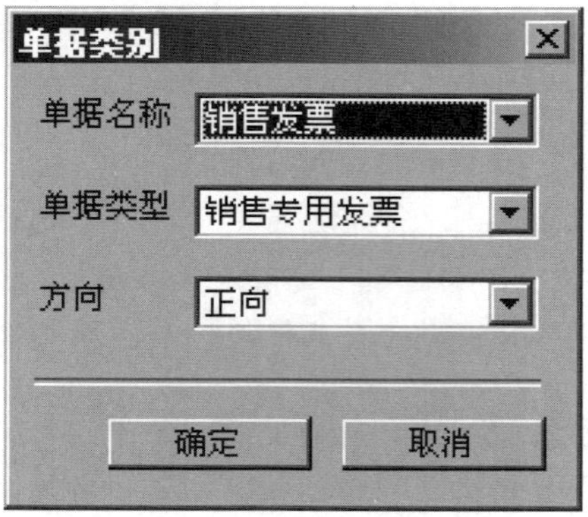

图10-24　"单据类别"对话框

(4)单击"确定"按钮,打开"销售专用发票"窗口。

(5)单击"增加"按钮,修改单据日期为"2021-12-25",在"客户名称"栏录入"01",或单击"客户"栏的参照按钮,选择"强盛公司",系统自动带出客户相关信息,在"税率"栏录入"13",在"销售部门"栏录入"销售部",在"货物编号"栏录入"0003",或单击"货物编号"栏的参照按钮,选择"甲产品",在"数量"栏录入"2",在"无税单价"栏录入"2000",如图10-25所示。

图 10-25　录入期初销售专用发票

（6）单击"保存"按钮。

注意：

1. 由于应收系统的期初余额应与总账进行对账，所以期初余额的会计科目必须录入正确，否则将会导致对账错误。

2. 系统默认的状态为不允许修改销售专用发票的编号，所以在填制销售专用发票时不允许修改销售专用发票的编号。若要修改，必须到"单据设置"中重新设置。

10.4.9　录入销售期初数

销售期初数据是指建账日之前已发货、出库但尚未开票的业务单据，包括普通销售发货单和分期收款发货单。操作界面如图 10-26 所示。

图 10-26　期初发货单

10.5　销售与应收日常业务

根据 10.3.2 节内容,我们已了解销售与应收业务流程。本章将通过具体示例,详细讲解业财一体化业务处理的实施步骤。

10.5.1　报价单

销售报价是企业向客户提供的货品信息(如规格、价格、结算方式等),经双方协商一致后,报价单可转为具有法律效力的销售订单。企业可根据客户、存货类型或采购批量的差异,设置不同的报价或折扣率。销售报价单为可选单据,用户可根据实际业务需求决定是否使用。

【例 10-9】1 月 10 日,强盛公司欲向本公司购买 3 台乙产品,向业务部了解价格。业务部报价为不含税 10000 元/台,填制并审核报价单。

操作步骤如下:

(1)打开供应链的销售管理系统,执行"销售报价"→"销售报价单"命令,打开"销售报价单"窗口,按题目要求增加报价单。如图 10-27 所示。

图 10-27　填制报价单

(2)保存并审核。

10.5.2　销售订货

销售订货是购销双方确认客户要货需求的过程。企业需依据销售订单组织货源,并全程跟踪、管理和控制订单执行。

销售订单是记录购销双方确认的货物需求明细的单据,其内容可源自销售合同条款,或基于口头订货协议。该单据通常为可选,但在启用"必有订单"业务模式时,必须填写销售订单。

【例 10 - 10】1 月 16 日强盛公司了解情况后，要求订购 3 台乙产品，要求发货日期为 2022 年 1 月 31 日。根据报价单生成并审核销售订单。

操作步骤如下：

(1)打开供应链的销售管理系统，执行"销售订货"→"销售订单"命令，打开"销售订单"窗口，单击"增加"按钮，点击"生单"按钮。如图 10 - 28 所示。

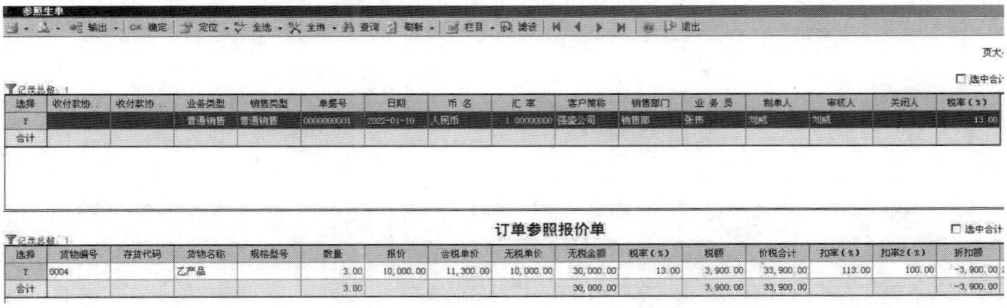

图 10 - 28　参照生单窗口

(2)选中需要参照的报价单，点击"确定"按钮，即可生成订单。

(3)保存并审核订单。如图 10 - 29 所示。

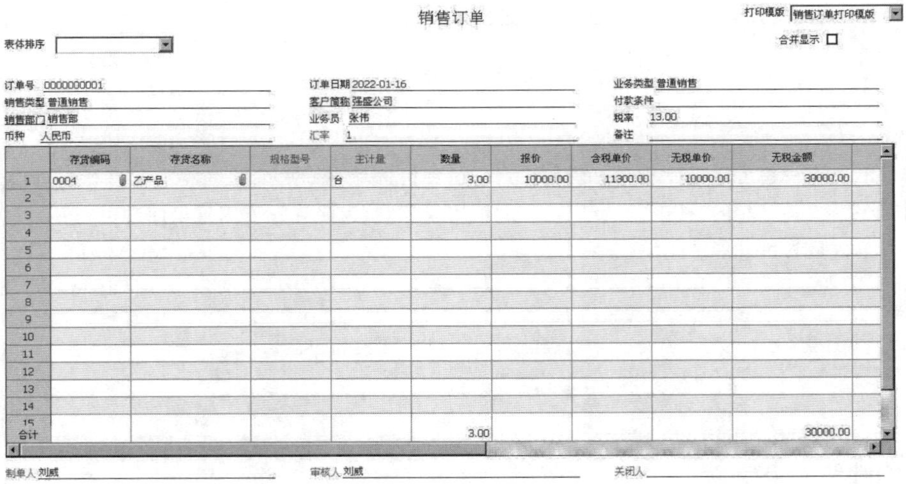

图 10 - 29　生成的订单

10.5.3　销售发货

销售发货是企业履行与客户签订的销售合同或订单，将货物交付客户的行为，属于销售业务的执行阶段。

发货单是销售方向客户发货的凭证，也是销售发货业务的核心执行载体。无论是工业企业还是商业企业，发货单均为销售管理的关键单据，其反向业务对应单据为退货单。

【例 10 - 11】1 月 31 日销售部从成品仓库向强盛公司发出其所订货物。根据订单生成并审核销售发货单。

操作步骤如下：

(1)打开供应链的销售管理系统，执行“销售发货”→“销售发货单”命令，打开“销售发货单”窗口，单击增加按钮，自动会弹出参照窗口或点击“订单”按钮。

(2)选中需要参照的订单，点击“确定”按钮，即可生成发货单。

(3)保存并审核发货单。如图 10－30 所示。

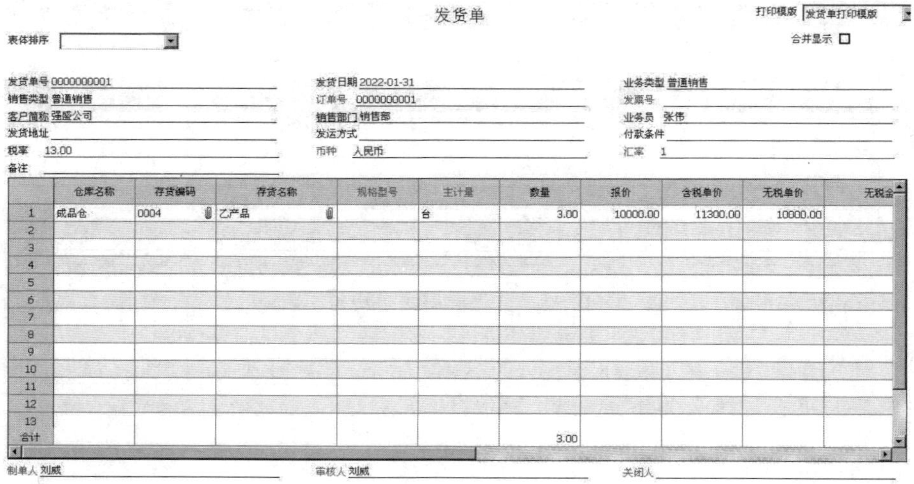

发货单

打印模版 发货单打印模版

表体排序

合并显示

发货单号 0000000001　发货日期 2022-01-31　业务类型 普通销售

销售类型 普通销售　订单号 0000000001　发票号

客户简称 强盛公司　销售部门 销售部　业务员 张伟

发货地址　发运方式　付款条件

税率 13.00　币种 人民币　汇率 1

备注

	仓库名称	存货编码	存货名称	规格型号	主计量	数量	报价	含税单价	无税单价	无税金
1	成品仓	0004	乙产品		台	3.00	10000.00	11300.00	10000.00	
2										
3										
4										
5										
6										
7										
8										
9										
10										
11										
12										
13										
合计						3.00				

制单人 刘威　审核人 刘威　关闭人

图 10－30　发货单

注意：

1. 如果出现无法超可用量发货时，可以通过修改“销售选项”中的“可用量控制”，设置为可以超可用量发货。同时在“库存管理”的“选项”设置中，修改“可用量控制”为允许超可用量出库即可。

2. 退货单数量为负。如图 10－31 所示。

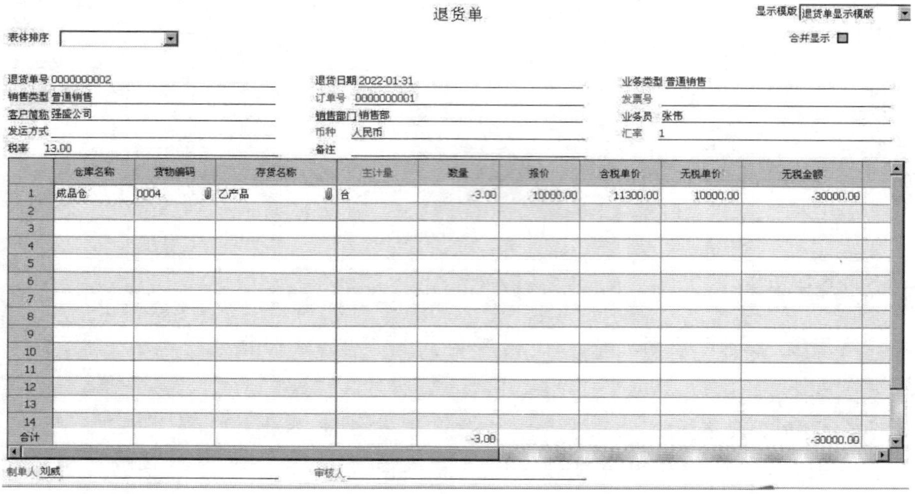

退货单

显示模版 退货单显示模版

表体排序

合并显示

退货单号 0000000002　退货日期 2022-01-31　业务类型 普通销售

销售类型 普通销售　订单号 0000000001　发票号

客户简称 强盛公司　销售部门 销售部　业务员 张伟

发运方式　币种 人民币　汇率 1

税率 13.00　备注

	仓库名称	货物编码	存货名称	主计量	数量	报价	含税单价	无税单价	无税金额
1	成品仓	0004	乙产品	台	-3.00	10000.00	11300.00	10000.00	-30000.00
2									
3									
4									
5									
6									
7									
8									
9									
10									
11									
12									
13									
14									
合计					-3.00				-30000.00

制单人 刘威　审核人

图 10－31　退货单

10.5.4　审核自动生成的出库单

销售出库单是销售出库业务的主要凭证。其功能包括：在库存管理用于存货出库数量核算；在存货核算用于存货出库成本核算(若系统设置为"依据销售出库单核算销售成本")。

对于工业企业，销售出库单通常指产成品销售出库时填制的单据；对于商业企业，销售出库单一般指商品销售出库时填制的单据。

【例 10－12】到库存系统中，查看并审核出库单。

操作步骤如下：

(1)选供应链中的库存管理菜单，打开出库业务中的销售出库单选项。

(2)翻找出需要审核的出库单，单击审核按钮。如图 10－32 所示。

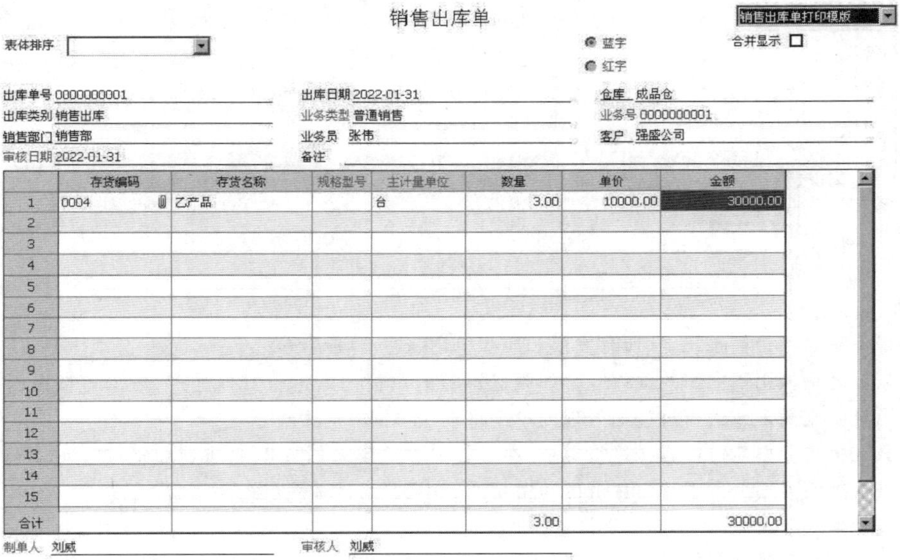
销售出库单　销售出库单打印模版

表体排序　蓝字　红字　合并显示

出库单号 0000000001　出库日期 2022-01-31　仓库 成品仓

出库类别 销售出库　业务类型 普通销售　业务号 0000000001

销售部门 销售部　业务员 张伟　客户 强盛公司

审核日期 2022-01-31　备注

	存货编码	存货名称	规格型号	主计量单位	数量	单价	金额
1	0004	乙产品		台	3.00	10000.00	30000.00
2							
3							
4							
5							
6							
7							
8							
9							
10							
11							
12							
13							
14							
15							
合计					3.00		30000.00

制单人 刘威　审核人 刘威

图 10－32　销售出库单

10.5.5　填制销售专用发票

销售发票是应收账款日常核算的原始凭证，包括普通发票和增值税专用发票。如果同时使用应收款管理系统和销售管理系统，则销售发票产生的单据由销售系统录入、审核，自动传递到应收款管理系统，在本系统可以对这些单据进行查询、核销、制单。如果没有使用销售系统，则各类发票均应在应收款管理系统录入并审核。

注意：增值税专用发票开具条件：企业须具备纳税识别号、开户银行及账号，否则无法开具。

未与供应链系统联用时，在财务模块的应收款管理中，通过"应收单据录入"功能填写发票信息。

【例 10－13】在销售系统中，依据发货单生成销售专用发票。

操作步骤如下：

在供应链系统中，执行"销售管理"→"销售开票"命令，打开"销售增值税专用发票"窗口。如图 10－33 所示。

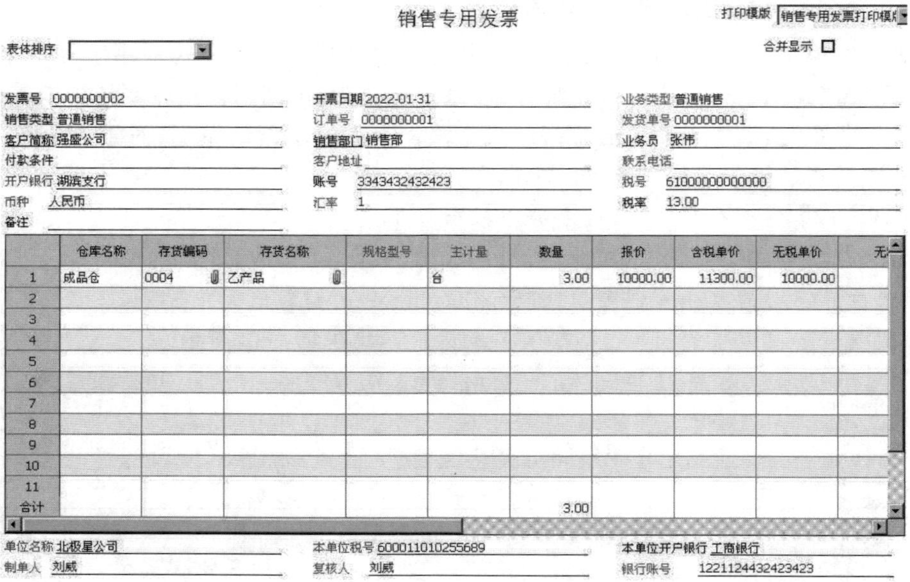

销售专用发票

打印模版 销售专用发票打印模版

表体排序

合并显示

发票号 0000000002　开票日期 2022-01-31　业务类型 普通销售

销售类型 普通销售　订单号 0000000001　发货单号 0000000001

客户简称 强盛公司　销售部门 销售部　业务员 张伟

付款条件　客户地址　联系电话

开户银行 湖滨支行　账号 3343432432423　税号 61000000000000

币种 人民币　汇率 1　税率 13.00

备注

	仓库名称	存货编码	存货名称	规格型号	主计量	数量	报价	含税单价	无税单价	无
1	成品仓	0004	乙产品		台	3.00	10000.00	11300.00	10000.00	
2										
3										
4										
5										
6										
7										
8										
9										
10										
11										
合计						3.00				

单位名称 北极星公司　本单位税号 600011010255689　本单位开户银行 工商银行

制单人 刘威　复核人 刘威　银行账号 1221124432423423

图 10－33　销售专用发票

注意：

1.如果没有启用销售系统，则所有发票和应收单均需在应收系统中录入。

2.单据已经审核则不能修改或删除。如果已审核的单据还未进行其他处理，取消审核以后可以修改或删除。已经生成凭证或进行过核销处理的单据将不在单据界面中显示。

3.在录入销售发票后可以直接进行审核，在直接审核后系统会提示“是否立即制单”，此时可以直接制单。如果录入销售发票后不直接审核可以在审核功能中审核，再到制单功能中制单。

10.5.6　审核发票或应收单

录入销售发票或应收单据后，可直接审核，也可在“应收单据审核”功能中完成审核。已审核的单据不可修改或删除。如需取消审核，可通过“弃审”功能实现。

【例 10－14】请使用“应收单据审核”功能，审核销售专用发票。

操作步骤如下：

(1)在应收款管理系统中，执行“应收单据处理”→“应收单据审核”命令，打开“应收单查询条件”对话框。如图 10－34 所示。

(2)单击“确定”按钮，进入“应收单据列表”窗口。

(3)双击“选择”栏，选择本次要审核的单据，如图 10－35 所示。

(4)单击“审核”按钮，系统提示“本次审核成功单据 1 张”。

(5)单击“确定”按钮，再单击“退出”按钮退出。

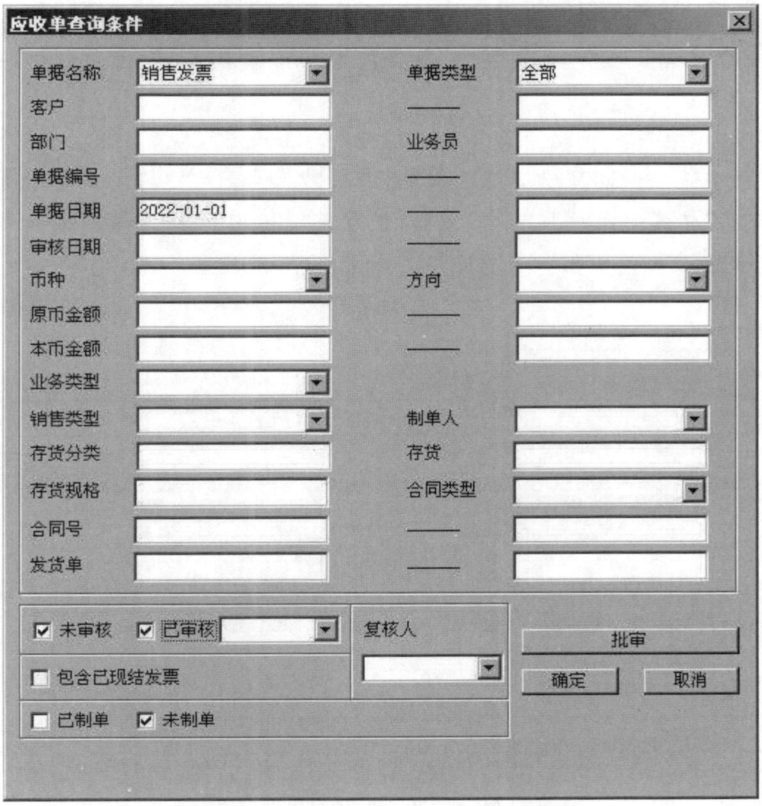

图 10 - 34　“应收单查询条件”对话框

应收单据列表

记录总数：1

选择	审核人	单据日期	单据类型	单据号	客户名称	部门	业务员	制单人	币种	汇率
	刘威	2022-01-31	销售专...	0000000002	强盛公司	销售部	张伟	刘威	人民币	1.00000000
合计										

图 10 - 35　应收单据列表

注意：

1. 在“应收单据列表”窗口，可以单击“全选”按钮，审核所有应收单据，也可以双击单据行，打开单据界面进行单独审核。

2. 如果要查看已经审核过的应收单据，必须在“应收单查询条件”窗口勾选“已审核”复选框，否则将不能找到相应单据。

10.5.7　填制收款单

收款单用于记录企业收到的款项，包括货款、预收款、代付款等，是应收款管理系统的重要单据。

【例 10 - 15】在系统内填制收款单。

2022 年 1 月 31 日收到强盛公司交来的转账支票一张，支付乙产品的货款总计为 33900 元。

操作步骤如下：

(1)在应收款管理系统中，执行"收款单据处理"→"收款单据录入"命令，打开"收款单"窗口。

(2)单击"增加"按钮。修改开票日期为"2022—01—31"，在客户名称栏录入"01"，或单击"客户"栏参照按钮，选择"强盛公司"，在"结算方式"栏录入"3"，或单击"结算方式"栏的下三角按钮，选择"转账支票结算"，在"金额"栏录入"33900"，在"摘要"栏录入"收到货款"。

(3)单击"保存"按钮，单击"审核"按钮。如图 10—36 所示。

图 10—36 填制收款单

注意：

1.单击收款单的"保存"按钮后，系统会自动生成收款单表体的内容。

2.表体中的款项类型系统默认为"应收款"，可以修改，款项类型还包括"预收款"和"其他费用"。

3.若一张收款单中，表头客户与表体客户不同，则视表体客户的款项为代付款。

4.在填制收款单后，可以直接单击"核销"按钮进行单据核销的操作。若收款单保存后没有进行审核，那么在核销时系统将不能检索到这张收款单。

5.如果是退款给客户，则可以单击"切换"按钮，填制红字收款单。

10.5.8 核销往来

核销收款单是指建立收款单与原始发票、应收单的对应关系，即明确每笔收款对应的销售业务款项。用收款冲销应收，方便未来往来对账。

【例 10—16】将填制的销售专用发票与收款单进行核销。

操作步骤如下：

(1)在应收款管理系统中，执行"核销处理"→"手工核销"命令，打开"核销条件"对话框。

(2)在"客户栏"中录入"01"，或单击"客户"栏的参照按钮，选择"强盛公司"如图 10—37 所示。

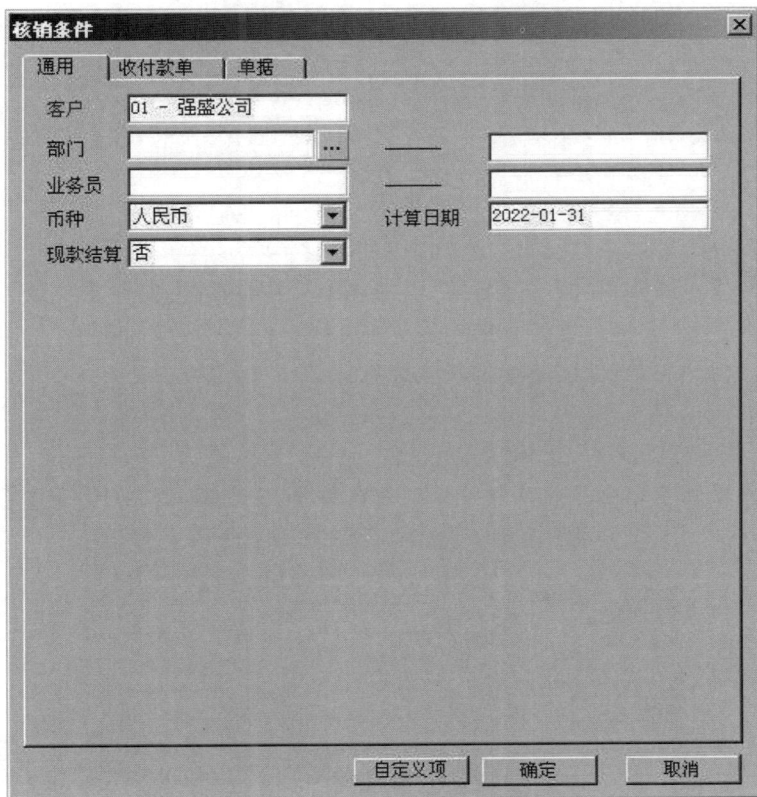

图 10-37　"核销条件"对话框

(3)单击"确定"按钮,进入"单据核销"窗口。在"单据核销"窗口中,将下半部分的"本次结算"栏的第 1 行录入"33900",如图 10-38 所示。

单据日期	单据类型	单据编号	客户	款项类型	结算方式	币种	汇率	原币金额	原币余额	本次结算金额	订单号
2022-01-31	收款单	0000000001	强盛公司	应收款	转账支…	人民币	1.00000000	33,900.00	33,900.00	33,900.00	
合计								33,900.00	33,900.00	33,900.00	

单据类型	单据编号	到期日	客户	币种	原币金额	原币余额	可享受折扣	本次折扣	本次结算	订单号
销售专…	0000000001	2021-12-25	强盛公司	人民币	4,520.00	4,520.00	0.00			
销售专…	0000000002	2022-01-31	强盛公司	人民币	33,900.00	33,900.00	0.00	0.00	33,900.00	0000000001
					38,420.00	38,420.00	0.00		33,900.00	

图 10-38　应收款管理—单据核销

(4)单击"保存"按钮,如图 10-39 所示,当前界面显示未核销的应收款为"4520.00",该笔金额是期初发票的金额。

单据日期	单据类型	单据编号	客户	款项类型	结算方式	币种	汇率	原币金额	原币余额	本次结算金额	订单号
合计											

单据类型	单据编号	到期日	客户	币种	原币金额	原币余额	可享受折扣	本次折扣	本次结算
销售专…	0000000001	2021-12-25	强盛公司	人民币	4,520.00	4,520.00	0.00		
					原币金额	4,520.00			

图 10-39　本次未被核销的款项

（5）再单击"退出"按钮退出。

注意：

1. 在保存核销内容后，"单据核销"窗口中将不再显示已被核销的内容。

2. 若要查看已被核销的内容，可以到"单据查询"中的"应收核销明细表"查看相关内容。

3. 手工核销时一次只能显示一个客户的单据记录。

10.5.9 制单处理

制单处理分为立即制单和批量制单。立即制单是在单据处理、转账处理、票据处理及坏账处理等操作中，系统会提示是否立即生成凭证，选择"是"即可实时制单。批量制单是待所有业务完成后，通过"制单"功能集中批量生成凭证。

操作步骤如下：

（1）在应收款管理系统中，选择"制单处理"，打开"制单查询"窗口。

（2）选择"发票制单""收付款单制单"和"核销制单"复选框，如图10-40所示。

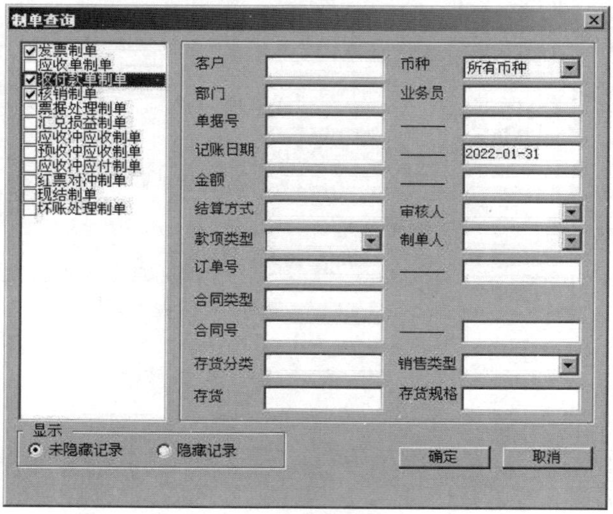

图10-40 "制单查询"窗口

（3）单击"确定"按钮，进入"应收制单"窗口。

（4）双击第一行的"选择标志"栏，选中第一行信息。单击"凭证类别"栏的下三角按钮，选择"转账凭证"，如图10-41所示。

应收制单

凭证类别 转账凭证 　　　制单日期 2022-01-31

选择标志	凭证类别	单据类型	单据号	日期	客户编码	客户名称	部门	业务员	金额
1	转账凭证	销售专…	0000000002	2022-01-31	01	强盛公司	销售部	张伟	33,900.00
2	转账凭证	核销	0000000001	2022-01-31	01	强盛公司	销售部	张伟	33,900.00
3	转账凭证	收款单	0000000001	2022-01-31	01	强盛公司			33,900.00

图10-41 "应收制单"窗口

（5）单击"制单"按钮，生成第 1 张凭证。

（6）单击"保存"按钮，如图 10－42 所示。

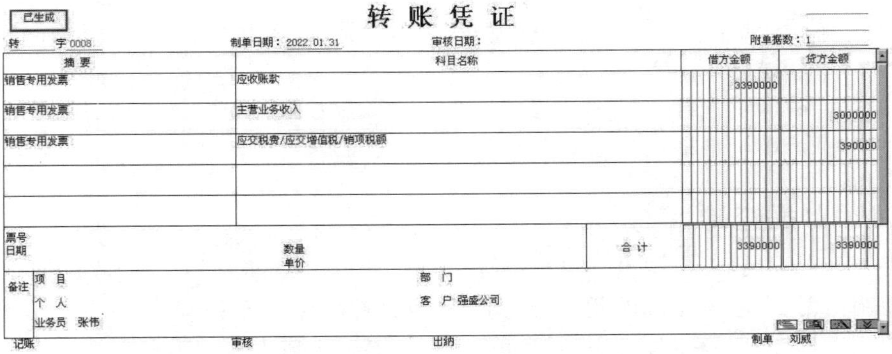

图 10－42　生成应收凭证

（7）返回"制单"窗口，继续选择下一条信息，单击"凭证类别"栏的下三角按钮，选择"收款凭证"，如图 10－43 所示。

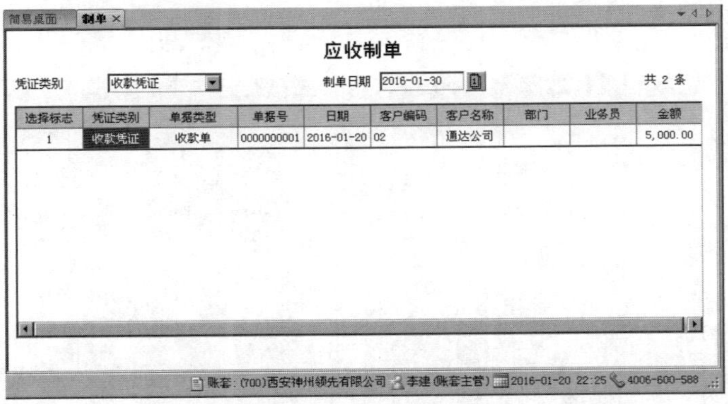

图 10－43　"应收制单"窗口

（8）单击"制单"按钮，生成收款凭证。

（9）再单击"保存"按钮。如图 10－44 所示。

图 10－44　生成收款凭证

注意：

1. 在“制单查询”对话框中，系统已默认制单内容为“发票制单”，如果需要选中其他内容制单，可以选中要制单内容前的复选框。

2. 在以上例子中，由应收单所生成的凭证，要根据生成凭证的实际情况选择对应的凭证类别，否则系统将不予保存。

3. 凭证一经保存就传递到总账系统，再在总账系统中进行审核和记账等。若生成的凭证有误，必须到“单据查询”的“凭证查询”功能中去修改或者删除。

10.5.10 单据查询

支持查询以下内容：发票、应收单、结算单及凭证；已审核应收单据的收款结余情况；结算单的使用情况；本系统生成的凭证，并支持修改、删除、冲销等操作。

使用“单据查询”→“发票查询”功能，可查询系统中所有发票。

操作步骤如下：

(1)在应收款管理系统中，执行“单据查询”→“发票查询”命令，打开“查询条件选择——发票查询”对话框。

(2)单击“发票类型”栏的下三角按钮，选择“销售专用发票”，修改单据日期从“2022-01-01”到“2022-01-30”。如图10-45所示。

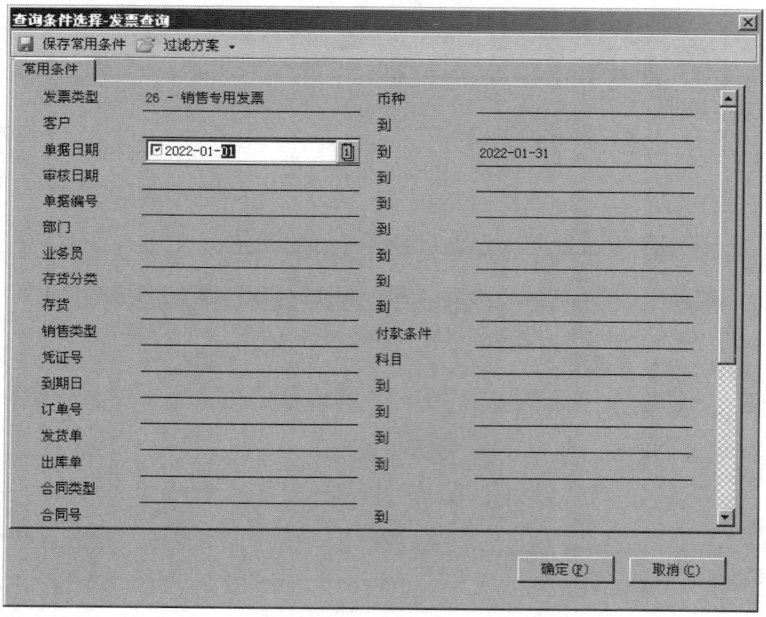

图 10-45 “查询条件选择——发票查询”对话框

(3)单击“确定”按钮，进入“发票查询”窗口，如图10-46所示。

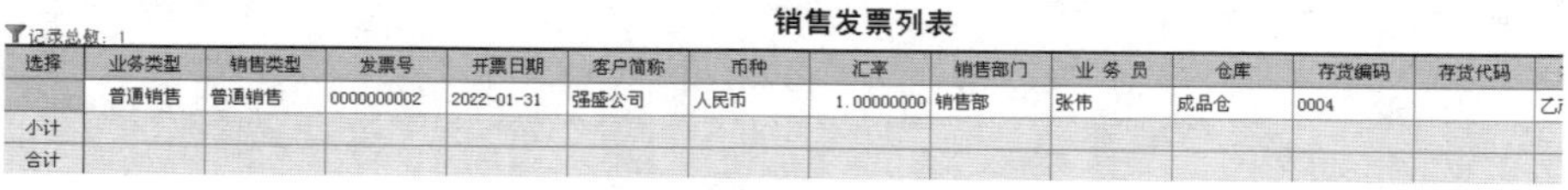

销售发票列表

记录总数：1

选择	业务类型	销售类型	发票号	开票日期	客户简称	币种	汇率	销售部门	业 务 员	仓库	存货编码	存货代码	
	普通销售	普通销售	0000000002	2022-01-31	强盛公司	人民币	1.00000000	销售部	张伟	成品仓	0004		乙
小计													
合计													

图 10-46 “发票查询”窗口

注意：

1. 在"发票查询"功能中可以分别查询"已审核""未审核""已核销"及"未核销"的发票,还可以按"发票号""单据日期""金额范围"或"余额范围"等条件进行查询。

2. 在"发票查询"窗口中,单击"查询"按钮,可以重新输入查询条件;单击"单据"按钮,可以调出原始单据卡片;单击"详细"按钮,可以查看当前单据的详细结算情况;单击"凭证"按钮,可以查询单据所对应的凭证;单击"栏目"按钮,可以设置当前查询列表的显示栏目、栏目顺序、栏目名称、排序方式,可以保存设置内容。

10.5.11　业务账表查询

业务账表查询既可以进行总账、明细账、余额表和对账单的查询,也可以实现总账、明细账、单据之间的联查。

【例 10 - 17】请使用"业务账表"的"业务总账"功能查询应收总账。

操作步骤如下：

(1) 在应收款管理系统中,执行"账表管理"→"业务账表"→"业务总账"命令,打开"应收总账表"对话框。

(2) 单击"确定"按钮,打开"应收总账表"窗口,如图 10 - 47 所示。

应收总账表

期间	本期应收	本期收回	余额	月回收率%	年回收率%
	本币	本币	本币		
期初余额			4,520.00		
202201	33,900.00	33,900.00	4,520.00	100.00	100.00
总计	33,900.00	33,900.00	4,520.00		

图 10 - 47　"应收总账表"窗口

(3) 单击"退出"按钮退出。

注意：

1. 通过业务账表查询,可以及时地了解一定期间内期初应收款结存汇总情况,应收款发生、收款发生的汇总情况、累计情况,及期末应收款结存汇总情况。

2. 可以了解各个客户期初应收款结存明细情况,应收款发生、收款发生的明细情况、累计情况,以及期末应收款结存明细情况,及时发现问题,加强对往来款项的监督管理。

3. 业务总账查询是对一定期间内应收款汇总情况的查询。在业务总账查询的应收总账表中不仅可以查询"本期应收"款、"本期收回"应收款及应收款的"余额"情况,还可以查询到应收款的月回收率及年回收率。

10.5.12　科目账表查询

科目账表查询包括科目余额表查询和科目明细表查询。并且通过"总账/明细"切换按钮,可联动查询总账、明细账及凭证。

【例 10 - 18】请使用"科目账查询"功能查询客户的往来科目余额。

操作步骤如下：

(1) 在应收款管理系统中,执行"账表管理"→"科目账查询"→"科目余额表"命令,打开

"客户往来科目余额表"对话框。

（2）单击"确定"按钮，打开"科目余额表"，如图 10-48 所示。

科目余额表

科目　全部　　　　　　　▼　　　　　　　　　　　　　　　　　　　　　　金额式　▼

期间　2022.01-2022.01

科目		客户		方向	期初余额	借　方	贷　方	方向	期末余额
编号	名　称	编号	名　称		本币	本币	本币		本币
1122	应收账款	01	强盛公司	平		33,900.00	33,900.00	平	
小计：				平		33,900.00	33,900.00	平	
合计：				平		33,900.00	33,900.00	平	

图 10-48　科目余额表

（3）单击"退出"按钮退出。

注意：

1. 科目账查询包括科目明细账和科目余额表。

2. 科目余额表查询可以查询应收受控科目各个客户的期初余额、本期借方发生额合计、本期贷方发生额合计、期末余额。

10.6　销售与应收款管理期末业务处理

应收款管理系统的期末处理主要包括月末结账和取消月结两项操作。若客户往来涉及外币核算，且总账管理系统的"账簿选项"中设置为由应收系统核算客户往来，则期末还需额外处理汇兑损益。下文将重点介绍月末结账与取消结账的操作流程及注意事项。

当本月所有业务处理完成后，可执行月末结账功能。结账后，系统将禁止对本月的单据、票据、转账等业务进行新增、删除、修改或审核操作。需注意：若企业同时启用销售管理系统，需确保销售管理系统先完成结账，方可进行应收款管理系统的结账操作。

取消结账是将已经关闭的会计期间重新打开，允许对该期间进行新的账务处理或修改原有账务的操作。在以下情况下，可执行月末结账功能：结账后发现前期账务错误需要更正；遗漏重要凭证需要补充录入；结账后发现报表数据异常需要调整；审计调整要求修改已结账期间数据。

操作步骤如下：

（1）在应收款管理系统中，执行"期末处理"→"月末结账"命令，打开"月末处理"对话框。

（2）双击一月份"结账标志"栏，如图 10-49 所示。

月末处理

月　份	结账标志
一月	Y
二月	
三月	
四月	
五月	
六月	
七月	
八月	
九月	
十月	

月末结账后，该月将不能再进行任何处理！

上一步　　下一步　　取消

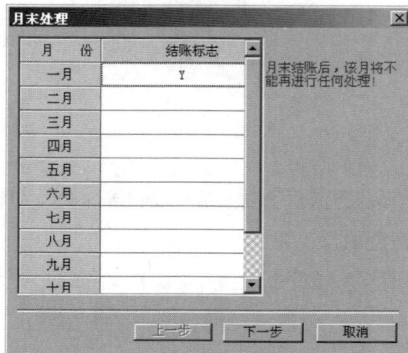

图 10-49　"月末处理"对话框

（3）单击"下一步"按钮，出现"月末处理——处理情况"窗口，如图 10-50 所示。

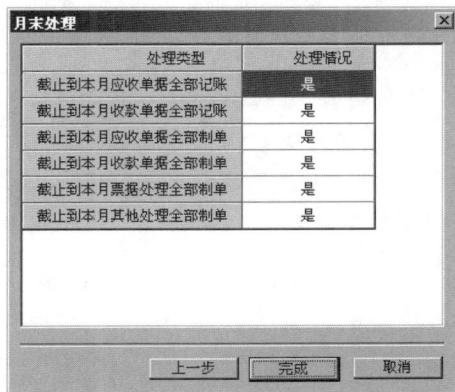

图 10-50　"月末处理——处理情况"窗口

（4）单击"完成"按钮，系统弹出"1 月份结账成功"信息提示框。

（5）单击"确定"按钮。

注意：

1.如果当月业务已经全部处理完毕，应进行月末结账。只有当月结账后，才能开始下月的工作。

2.进行月末处理时，一次只能选择一个月进行结账，前一个月末结账，则本月不能结账。

3.在执行了月末结账后，该月将不能再进行任何处理。

4.如果执行完月末结账功能后，发现月末结账有错误，可以取消月末结账。如果取消结账操作时总账已经结账，则不能执行该项操作。

操作步骤如下：

（1）在应收款管理系统中，执行"期末处理"→"取消月结"命令，打开"取消结账"对话框。如图 10-51 所示。

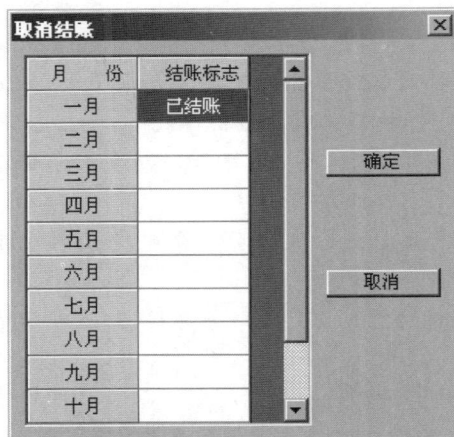

图 10-51　"取消结账"对话框

（2）单击"确定"按钮，系统弹出"取消结账成功"信息提示框。

（3）单击"确定"按钮。完成"取消结账"操作。

本章小结

　　通过本章的学习,我们可以了解到销售管理的业财一体化流程。销售业务涉及四个核心模块:销售管理、库存管理、存货核算、应收款管理。其中存货模块能够生成结转销售成本的凭证,并传递至总账系统;应收款管理系统则依据销售发票、应收单或收款单,自动生成相应的销售收入凭证,实现企业与客户往来账款的核算与管理。此外,该系统还支持应收款的收回、坏账处理、转账等业务,并提供票据管理功能,从而全面优化销售及应收款的管理流程。

上机实验十七　销售与应收业务

【操作准备】

　　可以引入"上机实验十六"的备份数据。将系统日期改为 2022 年 1 月 31 日,由操作员"LW　刘伟(密码 1)"注册企业应用平台。

【操作要求】

　　(1)录入报价单,并生单审核:销售订单、发货单、出库单、销售发票并复核。

　　(2)录入收款款单并核销。

　　(3)生成销售应收款凭证和收款核销凭证。

　　生成销售应收款凭证的分录:

　　　　　　借:应收账款

　　　　　　　　贷:主营业务收入

　　　　　　　　　　应交税费——应交增值税——销项税额

　　生成收款核销凭证的分录:

　　　　　　借:银行存款——工行

　　　　　　　　贷:应收账款

【操作数据】

业务一:

　　1.2022/1/14 陕西汉江公司欲向本公司购买 2 台 TH－A 机床,向销售部了解价格。销售部报价为含税 450000 元/台,填制并审核报价单。

　　2.2022/1/15 该客户了解情况后,要求订购 10 台,要求发货日期为 2022/1/16。填制并审核销售订单。

　　3.2022/1/16 销售部从成品仓库向陕西汉江公司发出其所订货物,并据此开具专用销售发票(zy02188798)一张。

　　4.2022/1/17 业务部门将销售发票交给财务部门,财务部门结转此业务的收入及成本。

操作向导:

　　(1)在销售系统中,填制并审核报价单;

　　(2)在销售系统中,参照报价单填制并审核销售订单;

　　(3)在销售系统中,参照销售订单填制并审核销售发货单;

　　(4)在销售系统中,调整选项("其他控制"选项卡,将新增发票默认"参照发货单生成");

　　(5)在销售系统中,根据发货单填制并复核销售发票;

　　(6)在应收系统中,审核销售发票并生成销售收入凭证;

(7)在库存系统中,审核销售出库单;

(8)在存货系统中,执行出库单记账;

(9)在存货系统中,生成结转销售成本的凭证;

(10)账表查询:

①在销售系统中,查询销售订单执行情况统计表;

②在销售系统中,查询发货统计表;

③在销售系统中,查询销售统计表;

④在存货系统中,查询出库汇总表。

业务二:

2022/01/24 财务部收到陕西汉江公司工行现金支票,货款 900000 元,请填写收款单,生成收款凭证,并进行核销处理。

操作向导:

(1)在财务系统中,选择应收款系统;

(2)在应收款系统中,选择收款系统的收款单选项;

(3)点击增加收款单,录入完毕保存,点击"核销"按钮,可以自动核销。

第 11 章　库存管理系统

11.1　库存管理概述

11.1.1　库存管理的定义与分类

1. 库存的定义与分类

库存是指企业在生产经营过程中为满足生产、销售或服务需求而持有的物料及商品。根据其在加工流程中的状态,库存可分为以下四类。

(1)原料:直接用于生产成品的基材,如钢铁、面粉、木材、布料等;

(2)组件:已完成加工,等待装配至最终产品的零件或子装配件;

(3)在制品:处于生产过程中尚未完工的物料或组件,包括正在加工或工序间等待的半成品;

(4)成品:已完成全部生产流程的货品,在备货生产模式下存储于仓库,在订单生产模式下则直接发往客户。

2. 库存管理的核心职能

库存管理是对物流过程中商品数量的系统性管控,涵盖以下环节:接收采购物料并入库;调配生产领料与销售出库;通过量化分析优化库存水平。

传统观念认为高库存象征企业繁荣,而现代管理更推崇零库存理念,因其能减少资金占用与利息负担。但库存过低可能导致供应链中断,需平衡两者关系。

不同部门对库存的认知不同。销售部门视库存为保障客户服务的关键,缺货归咎于生产不足;财务部门认为库存是资金浪费,挤占其他投资机会;生产部门关注库存控制对车间效率的影响,常忽视持有成本。

3. 库存管理与存货管理的区别

库存管理和存货管理的区别如下:

库存管理主要是从数量的角度管理存货的出入库业务,能够满足采购入库、销售出库、产成品入库材料出库、其他出入库、盘点管理等业务需要,提供多计量单位使用、仓库货位管理、批次管理、保质期管理、出库跟踪入库管理、可用量管理等全面的业务应用。通过对货物的收发存业务处理,及时动态的掌握各种库存存货材料短缺影响生产。

存货管理主要是从资金的角度管理存货的出入库业务,掌握存货耗用情况,及时准确地把各类存货成本归集到成本项目和成本对象上。存货管理主要用于核算企业的入库成本、出库成本、结余成本。反映和监督存货的收发、领退和保管情况;反映和监督存货的资金占用情况,动态反映存货资金的增减变动情况、提供存货资金周转和占用分析,以降低库存,减少资金积压。

11.1.2　库存管理的功能

库存管理是供应链的核心环节,主要实现以下功能:①基础出入库管理,包括采购入库、销售出库、产成品入库、材料出库、其他出入库;②库存控制,包括盘点管理、形态转换、调拨管理;③精细化管控,包括仓库货位管理、批次管理、保质期管理、出库跟踪入库管理、可用量管理等。

库存管理系统通过实时记录货物的进、出、存动态,生成对应的交易单据,确保数据及时、准确、完整。主要单据类型如下:

(1)收货类单据,包括收料单(采购或委外件收料待检)、验收单(采购或委外件验收入库)、入库单(自制件完工入库);

(2)发货类单据,包括领料单(自制或委外生产领料)、出货单(销售发货);

(3)退货类单据,包括收料退回单(采购或委外件收料后退还供应商)、验退单(采购或委外件入库后退还供应商)、退料单(领料后退还仓库)、退制单(自制件完工入库后退回车间)、退货单(销售退回);

(4)其他业务单据,包括转调拨单(仓库间物料转移)、调整单(盘点差异调整)、盘点单(库存盘点记录)、报废单(物料报废处理)、借用单/归还单(物料临时借用与归还)。

部分库存单据(如领料单、出货单)需关联上游令单(如生产订单、客户订单),以确保:①精准跟踪令单执行进度;②动态更新库存数据(现存量、在单量、预约量)。

例如:半成品 A 现存量为 100,其子件 C 现存量为 50。假设审核一张生产订单,制造 A 半成品 20 个,其 C 的单位用量为 1,那么 A、C 的库存量如下:如表 11-1 所示。

表 11-1　领料前库存量

	A	C
现存量	100	50
在单量	20	
预约量		$20×1＝20$

假设该生产订单已领料 C 15 个,加工后完工入库 A 15 个,此时 A、C 的库存量变化如表 11-2 所示。

表 11-2　领料后库存量

	A	C
现存量	$100＋15＝115$	$50-15＝35$
在单量	$20-15＝5$	
预约量		$20-15＝5$

除了库存量的改变之外,生产订单的相关数量也随之发生变化:生产订单的制造数量为20、已完工量为 15、未完工量为 5,应领料量(C)为 20、已领料量为 15、未领料量为 5。即当库房人员输入与该生产订单相关的领料单、入库单后,生管人员便可立即得知生产订单的完工及用料状况。

因此,库存交易资料必须及时提供,才能发挥管理效用。如果库存报告经常延迟提交,相关管理人员将无法有效利用这些信息。应在交易单据生成后,立即交由录入人员处理。录入人员需确保数据的准确性和及时性,并定期打印交易明细表,核对是否与原始单据一致,以避免输入错误。

库存盘点应由库管人员定期执行,或针对易出问题的物料进行不定期抽查,以确保账实相符。若发现账实不符,应立即查明原因,并录入调整单据,使系统库存与实际库存保持一致。查明原因后,应采取改进措施,防止问题再次发生。

11.1.3　库存管理流程

库存管理流程如图 11-1 所示。

1. 入库业务

入库作业是库存管理的基础业务环节。当仓库接收采购物料、生产完工物料或销售退回物料时,保管员需对物料的数量、外观质量及型号规格等进行检验,确认合格后办理入库手续。

主要入库类型包括采购到货直接入库、采购到货检验转入库、销售退回到货直接入库、销售退回到货检验转入库、半成品/在制品临时入库、产成品入库以及其他特殊入库等。

入库业务以入库单为凭证,系统完成入库单处理后应相应增加库存量。

2. 出库业务

出库作业是库存管理的核心业务之一,指仓库依据销售订单、销售提货单或生产领料单等单据发放物料的过程。主要出库类型包括销售出库、生产领用以及展览领用等。

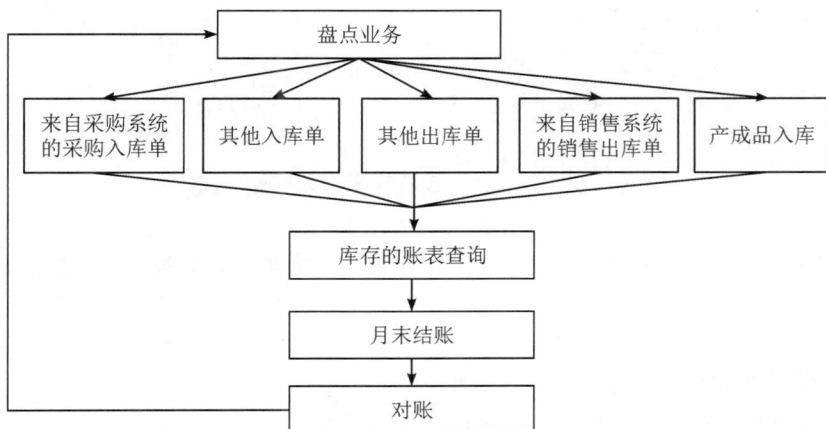

图 11-1　库存管理流程

出库业务以出库单为凭证,系统完成出库单处理后应相应减少库存量。在 ERP 系统中,出库单可通过以下方式生成:①关联销售订单自动生成;②根据生产订单的零料定额生成;③人工手动录入。

3. 物料调拨

因仓库位置变更、物料状态调整或管理需求变化等情况,常需进行库间物料转移,该业务称为物料调拨(或称转库)。主要调拨形式包括同仓库不同货位间转移、同部门不同仓库间转移、跨部门仓库间转移。

根据调拨距离和时间要求,可采用以下两种作业模式:①一步式调拨(直接完成转移);②两步式调拨(分步确认转移)。

4. 库存盘点

库存盘点是保障库存数据准确性的关键管理措施,为 ERP 系统高效运行提供数据支撑。其工作内容包括:定期/不定期清点存货;核对实际库存与账面数量;分析差异原因并采取改进措施。

常用的盘点方法包括账面存货盘点(永续盘点)、实际存货盘点。

流程注意事项:

(1)系统审核出入库单据仅作仓库管理员确认用途,不影响"现存量"和"库存量"数据;

(2)当现存量与单据存在差异时,需在月末结账时执行"整理现存量"操作;

(3)库存管理系统结账前,须确保采购管理、销售管理及存货核算系统已完成结账,执行结账/取消结账功能时,需先行关闭相关子系统。

11.1.4　**库存量控制**

库存量需维持在合理水平:若库存过低,可能导致生产与销售需求无法及时满足;若库存过高,则会造成流动资金占用增加、存货成本上升等问题。

确定合适的库存量,需综合考虑以下因素:库存目的(如缓冲需求波动、保障生产连续性)、库存费用(包括持有成本、缺货成本等)、订货方式(如定量订货、定期订货)。

库存管理策略指企业根据物料属性及经营需求，对库存采取的综合管理方法。制造业常用策略包括 ABC 分类管理（按物料价值与重要性分级管控）、批次管理（追踪物料批次以确保质量与时效）、序列号管理（单一物料精准追溯）。（具体策略细节此处不作展开。）

11.2 库存管理初始化

库存管理初始化的主要功能：进行系统选项设置，期初结存及期初不合格品的登记和维护正常工作。

11.2.1 库存管理参数

系统选项（也称系统参数或业务处理控制参数）是指企业在业务处理过程中使用的各类控制参数。系统参数的设置直接影响用户的业务模式、业务流程及数据流向。

库存选项包括通用设置、专用设置、可用量控制、可用量检查。

其中：通用设置如图 11-2 所示，库存业务类型设置可以在此界面下完成。

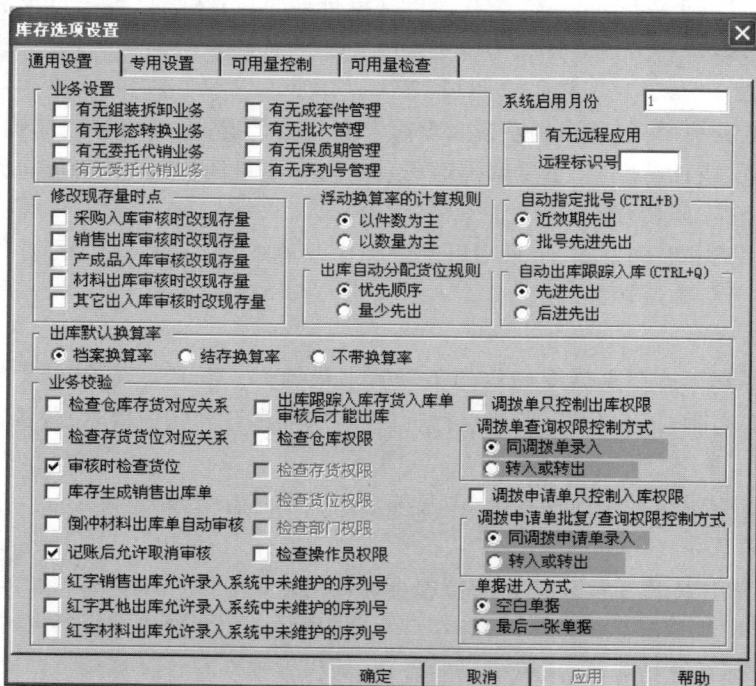

图 11-2 通用设置

对于可以超可用量发货，这里也应该设置可以超可用量出库。可用量控制如图 11-3 所示。

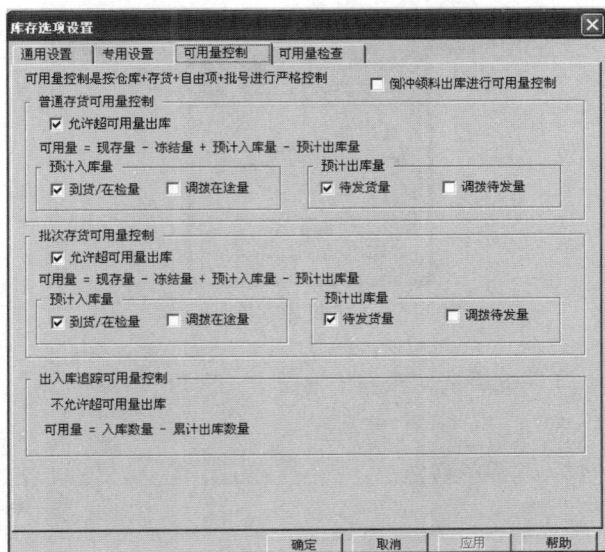

图 11-3　可用量控制

11.2.2　库存期初结存

在启用"库存管理"模块前,需录入各仓库、各存货的期初结存数据。数据来源支持两种方式:①系统取数,从存货核算系统自动获取;②手工录入,直接填写数据。

完成录入后,需执行以下操作:①审核。确认数据准确性。②对账。与存货核算模块核对数据一致性。

【例 11-1】将启用前期初库存录入系统,数据如下。

原材料仓:钢材 15 吨,单价 100 元,入库日期 2021 年 12 月 12 日;

　　　　　木材 10 立方米,每立方米 20 元,入库日期 2021 年 10 月 15 日。

成品仓:甲产品 15 台,单位成本 300 元,入库日期 2021 年 12 月 16 日。

　　　　乙产品 1 台 2000 元,入库日期 2021 年 5 月 13 日。

操作步骤如下:

(1)选择供应链中的库存管理,"初始设置"→"期初结存",弹出库存期初结存窗口。如图 11-4 所示。

图 11-4　库存期初录入

（2）选择仓库类型，再增加，录入完毕，按审核按钮，会出现图11-5所示内容。

图11-5　审核库存期初结存

（3）单击"对账"，可与存货系统实现账账核对，如图11-6所示。

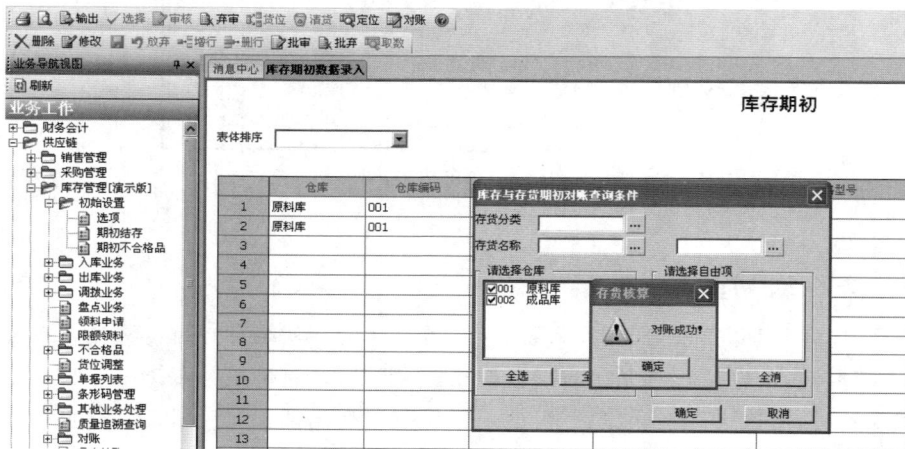

图11-6　与存货系统对账

注意：

1. 不记入成本的仓库（指仓库档案中记入成本属性为否）不作库存管理与存货核算的对账。

2. 库存管理和存货核算的期初数据分别录入处理，则库存管理和存货核算可分别先后启用，不必一起启用。即允许先启存货核算再启库存管理，或相反。

11.3　库存管理日常业务

日常业务主要包括出入库操作、库存管理、条形码管理及其他相关业务处理。

11.3.1　入库管理

仓库保管员在收到采购或生产的货物后，需验收货物的数量、质量及规格型号，确认无误后办理入库并登记库存台账。入库业务分为以下几种类型：

（1）采购入库。采购到货的物资入库（详见第9章示例）。

（2）产成品入库。生产完成的成品入库。

（3）其他入库。包括调拨入库、盘盈入库、组装拆卸入库、形态转换入库等。此类入库单通常由系统根据业务单据自动生成,也可手工填制。

11.3.2　出库管理

出库业务主要包括销售出库、材料出库及其他出库操作,对应单据如下:①销售出库单,用于商品销售出库(详见第 10 章示例);②材料出库单,生产领料或部门耗用出库;③其他出库单,包括调拨出库、盘亏出库、组装拆卸出库、形态转换出库及不合格品处理等。此类单据通常由系统自动生成,支持手工填制。

11.3.3　调拨业务

调拨业务用于仓库间转库或部门间存货调拨,涉及存货所有权转移但不影响税务。具体规则如下:①部门间调拨。转出部门与转入部门不同。②仓库间转库。转出与转入部门相同,但仓库不同。

调拨单可手工填制,或参照生产订单、委外订单、调拨申请单生成。审核后,系统将自动关联生成其他出库单和其他入库单。

11.3.4　盘点业务

为保障企业库存资产的安全与完整,确保账实相符,企业应定期或不定期开展存货清查工作,核实存货盘盈、盘亏及损毁的数量与原因,据此编制"存货盘点报告表",并按审批流程报送相关部门。盘盈、盘亏结果将自动生成其他出入库单。

盘点结果经审批后,需进行相应账务处理,调整存货账面记录,确保账实数据一致。

盘点业务流程如下:

(1)创建盘点表。选择盘点类型,新增空白盘点表。

(2)打印空白盘点表。领取纸质表格用于现场记录。

(3)实物盘点。清点实物库存,在盘点表中填写实际数量及异常原因(如盘盈、盘亏或损毁)。

(4)录入系统。将纸质盘点结果录入计算机系统对应的盘点表中。

(5)生成报告并审批。打印系统生成的盘点表,形成正式报告,按流程提交审批。

(6)审核处理。对已审批的盘点表进行系统审核,完成账务调整。

【例 11-2】1 月 31 号,由于仓库保管员发生人事变动,需要做一次盘点。

盘点结果如下:

原料仓盘点情况:钢材盘点数量为 13 吨(比实存数少 2 吨)。成品库盘点数量与账面数量相同。

操作步骤如下:

(1)从供应链管理中的库存管理菜单,进入盘点单界面,如图 11-7 所示。

图 11-7 盘点单

（2）按增加按钮，系统增加一张空白盘点单，选择盘点类型——普通仓库盘点，指定盘点仓库。

注意：可直接录入要盘点的存货，也可按"盘库""选择"批量增加存货。系统将自动带出对应存货项、批次的账面数量、账面件数、账面金额等。如图 11-8 所示。

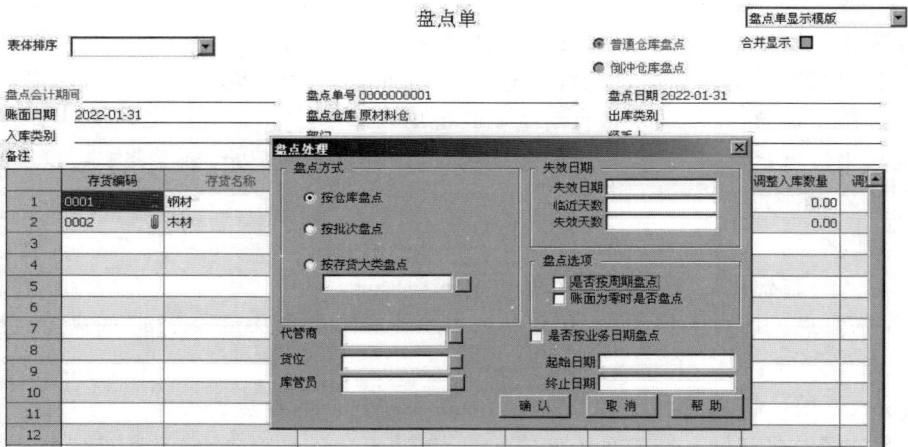

图 11-8 通过"盘库"直接带出存货项

（3）输入盘点数量/件数，保存此张盘点单。如图 11-9 所示。

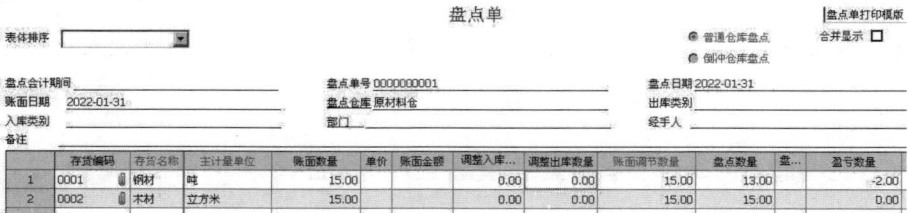

图 11-9 保存后盘点单

（4）对盘点单进行审核。

打开存货系统,选"正常单据记账",对已经生成的其他入库单和其他出库单进行入账处理。如图 11－10 所示。

图 11－10　在存货系统中将其他入库和其他出库单记账

(5)打开存货系统,选财务核算项,单击"选择"按钮,如图 11－11 所示。

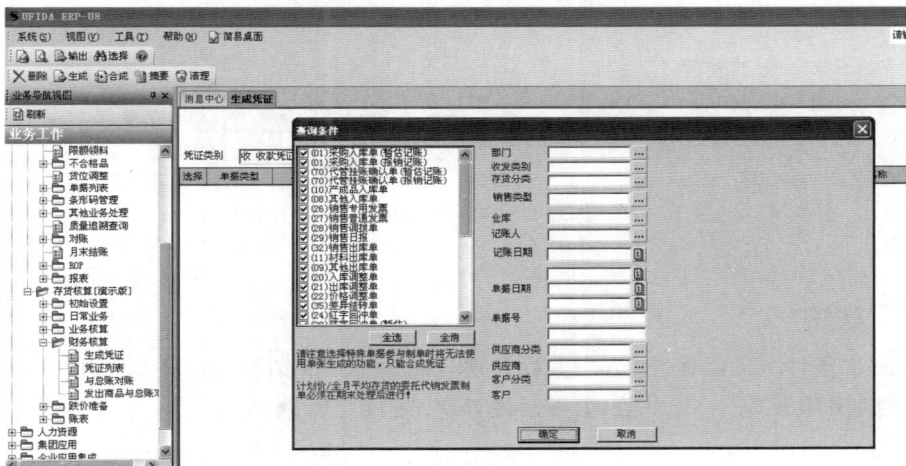

图 11－11　选择单据,生成凭证

(6)单击选中需生成的凭证,单击"生成"按钮。

(7)保存生成的凭证。如图 11－12 所示。

图 11－12　生成盘亏的转账凭证

11.4 库存管理期末业务

期末业务主要包括库存对账与月末结账两项核心操作:①库存对账。核对实际库存数量与系统存货数据。②月末结账。完成当月业务闭环处理。

结账前需查询关键报表,包括库存台账、批次台账、库存统计表、储备分析报表等。

11.4.1 对账

对账流程如下:①核对范围。当月各仓库所有存货的收发存数量。②成功反馈。系统提示“对账完成”后自动退出功能(参见图 11-13)。③异常处理。存在差异时,系统生成对账差异报告。④退出机制。查看报告后退出界面即终止对账流程。

对账报告

对账日期 2022 年 1 月 ☑ 包含未审核单据

仓库	仓库编码	存货编码	存货代码	存货名称	规格型号	库存系统			存货核算系统			
						入库数量	出库数量	结存数量	入库数量	出库数量	结存数量	出库未开票
成品仓	2	0003		甲产品				15.00				
成品仓	2	0004		乙产品			3.00	-2.00				
原材料仓	1	0001		钢材			2.00	13.00		2.00	-2.00	
原材料仓	1	0002		木材		15.00		25.00				

图 11-13 库存和存货系统对账不平的对账报告

11.4.2 结账

系统集成条件下的结账要求:当库存管理与采购/委外/销售模块联动使用时,必须按以下顺序结账:采购管理 → 委外管理 →销售管理 → 库存管理。

本章小结

通过本章学习,我们可以了解 ERP 系统库存管理的流程和规则。库存管理的内容包括出库、入库、盘点、调拨等业务,通过 ERP 系统采集处理数据,为决策者提供库存控制依据。

上机实验十八 库存业务

【操作准备】

可以引入“上机实验十七”的备份数据。将系统日期改为 2022 年 1 月 31 日,由操作员“LW 刘伟(密码 1)”注册企业应用平台。

【操作要求】

(1)录入报价单,生单审核销售订单、发货单、出库单、销售发票并复核。

(2)录入收款单并核销。

(3)生成销售应收款凭证和收款核销凭证。

生成销售应收款凭证的分录:

借:应收账款

　　贷:主营业务收入

　　　　应交税费——应交增值税——销项税额

生成收款核销凭证的分录：

借：银行存款——工行

贷：应收账款

【操作数据】

业务一（产成品入库）：

1.2022 年 1 月 15 日成品仓库收到当月加工的 10 台 TH－A 机床，作为产成品入库。

2.2022 年 1 月 16 日成品仓库收到当月加工的 10 台 TH－A 机床，作为产成品入库。

3.2022 年 1 月 17 日随后收到财务部门提供的完工产品成本，其中计算机的总成本 3700000 元，立即做成本分配。

操作向导：

(1)在库存系统中，填制并审核产成品入库单（只填数量，不填单价。为什么？）。

(2)在库存系统中，查询收发存汇总表。

(3)在存货系统中，进行产成品成本分配（产成品成本分配—查询—录入数字—分配）。

(4)在存货系统中，执行单据记账（正常单据记账——产成品入库单）。

(5)在存货系统中，生成结转产品入库成本的记账凭证。

业务二（盘点业务）：

2022 年 1 月 25 日对成品仓库的所有存货进行盘点。盘点后，发现 TH－A 机床多出一台，经确认，该 TH－A 机床的成本为 37000 元／台。

操作向导：

(1)盘点前：在库存系统中，填制盘点单。

(2)盘点后：

①在库存系统中修改盘点单，录入盘点数量，确定盘点金额。

②在库存系统中，审核盘点单；

③在存货系统中，对出入库单进行记账；

④生成相关的记账凭证。

第 12 章　存货管理系统

知识目标

通过本章学习,应该掌握以下内容:

1. 存货成本核算的内容和方法;
2. 存货核算的业务流程和规则;
3. 存货核算模块与其他模块的关系。

实践目标

通过本章实践,需完成以下能力训练:

1. 存货核算模块的初始化、日常业务、期末业务的操作;
2. 存货核算凭证生成的操作方法。

12.1　存货核算概述

12.1.1　存货的定义与范围

存货是指企业在生产经营过程中为销售或耗用而储存的各类资产,主要包括:①商品、产成品、半成品、在产品;②原材料、燃料、包装物、低值易耗品等。

12.1.2　存货核算的核心功能

系统提供以下功能模块以满足企业多样化需求:

(1)基础设置。选项配置、期初数据录入、会计科目设定。

(2)日常业务处理。包括单据管理(入库/出库调整单等)、业务核算(单据记账、暂估结算、产成品成本分配)、计价核算(计划价/售价法)。

(3)财务集成。包括自动生成核算凭证、存货与总账系统对账。

(4)风险管理。跌价准备计提(期初设置与动态调整)。

(5)数据分析。包括账簿查询(明细账、总账)、汇总表与分析表生成。

12.1.3　存货计价方法

系统支持六种计价方法,具体说明如下:

1. 全月平均法

全月平均法是指以期初存货数量及本期入库数量为权重,计算当月存货加权平均单位成本。

计算公式:加权平均单价＝(期初结存金额＋本期入库金额)/(期初结存数量＋本期入库数量)

某企业全月平均法实例:如表 12 - 1 所示。

表 12 - 1　全月平均法

日期	业务类型	数量	单价	金额
	期初结存	10	10	100
1.1	购入	10	8	80
1.2	发出	5	9.67	48.35
1.3	购入	10	11	110
1.4	发出	3	9.67	29.01

根据上表数据,则全月平均单价＝(10×10＋10×8＋10×11)÷(10＋10＋10)＝9.67

2. 移动平均法

每次收货后,系统立即根据库存存货的总数量和总成本,重新计算新的平均单位成本。对于出库业务,系统自动取当前结存单价作为出库单价,并计算相应的出库成本。

移动平均法算法示例,参见表 12 - 2。

表 12 - 2　移动平均法

日期	业务类型	数量	单价	金额
	期初结存	10	10	100
1.1	购入	10	8	80
1.2	发出	5	9	45
1.3	购入	10	11	110
1.4	发出	3	9.8	29.4

根据上表数据,

1 月 2 日发出成本单价＝(10×10＋10×8)÷20＝9

发出成本＝ 9 ×5 ＝45;

1 月 4 日发出成本单价＝(10×10＋10×8－5×9＋10×11)÷25＝9.8

发出成本＝9.8×3＝29.4。

3. 先进先出法

在进行成本计算时,按照业务单据发生的先后顺序确定出库成本,即先入库的物料先出库。

先进先出法示例,参见表 12 - 3。

表 12 - 3　先进先出法

日期	业务类型	数量	单价	金额
	期初结存	10	10	100
1.1	购入	5	11	55
1.2	发出	11		

1 月 2 日发出成本 $= 10 \times 10 + 1 \times 11 = 111$

4. 后进先出法

在存货成本核算中,系统默认依据业务单据的时间顺序执行出库成本计算。需特别说明:根据现行《企业会计准则第 1 号——存货》规定,我国企业已禁止采用后进先出法进行存货成本结转。

后进先出法示例,参见表 12 - 4。

表 12 - 4　后进先出法

日期	业务类型	数量	单价	金额
	期初结存	10	10	100
1.1	购入	5	11	55
1.2	发出	11		

1 月 2 日则发出成本 $= 5 \times 11 + 6 \times 10 = 115$

5. 个别计价法

个别计价法又称分批认定法或具体辨认法,是指对每次领用或发出的存货进行个别辨认,确定其所属的入库批次,并分别按照相应批次的实际成本计算发出存货的成本。该方法适用于体积大、成本高或数量较少的存货。

个别计价法示例,参见表 12 - 5。

表 12 - 5　个别计价法

日期	业务类型	数量	单价	金额
	期初结存	10	10	100
3.1	购入	5	11	55
3.2	购入	20	12	240
3.3	发出	11		

如果用户选择先发出 3 月 1 日购入的存货,再选择发出 3 月 2 日购入的存货

则　　　　　　发出成本　　　$5 \times 11 = 55$
　　　　　　　发出成本　　　$6 \times 12 = 72$

6. 计划价/售价法

工业企业可采用计划成本法进行存货核算。该方法是指企业按照计划成本对存货进行日常核算,并通过设置"材料成本差异"科目单独归集计划成本与实际成本的差额。平时发出存货时,一律按照计划成本核算,月末计算出各类发出存货应分担的材料成本差异,进行

分摊。

系统在计算存货的差异率时,自动按下述公式进行计算:

材料成本差异率＝（期初结存差异金额＋本期入库差异金额）/

（期初结存计划金额＋本期入库计划金额）

本月出库存货应分摊的差异＝存货出库计划成本×综合差价率

计划价/售价法示例,参表 12-6。

表 12-6　计划价/售价法

日期	业务类型	期初结存数量	计划单价	计划金额	实际单价	实际金额	差异
		10	50	500	52	520	节约20（＋）
1.1	购入	5	50	250	54	270	超支20（－）
1.2	购入	20	50	1000	49	980	节约40（＋）
1.3	发出	11	50	550			

差异率÷差价率 ＝（20－20＋40）÷（500＋250＋1000）＝ 0.01142857

出库差异 ＝ 550× 0.01142857＝6.29

12.2　存货核算初始化

在使用存货核算系统前,需完成系统参数及凭证科目等基础设置,具体包括以下内容。

(1)选项定义。系统参数定义是应用存货核算系统的基础,需在此完成核算方式等核心配置。

(2)科目设置。设置存货科目、对方科目等凭证科目,作为系统自动生成凭证时带出科目的依据。

(3)其他设置。包括:①存货单价与差价率设置。用于在移动平均、全月平均、计划价或售价法记账时更新入库成本,并作为出库成本核算依据。②存货仓库对应关系设置。可自定义存货与仓库的关联规则。

(4)期初数据录入。为保证账簿连续性和数据完整性,需在此录入系统启用前的初始数据,这是成本核算的前提条件。

12.2.1　选项设置

选项定义用于配置系统基础参数,直接影响核算逻辑与业务处理方式。核算方式初建账套时,用户可以选择按仓库核算、按部门核算、按存货核算。

如果与采购系统或委外系统集成使用时,用户可以进行暂估业务,并且在此选择暂估入库存货成本的回冲方式,包括月初回冲、单到回冲、单到补差三种。选项如图 12-1 所示。

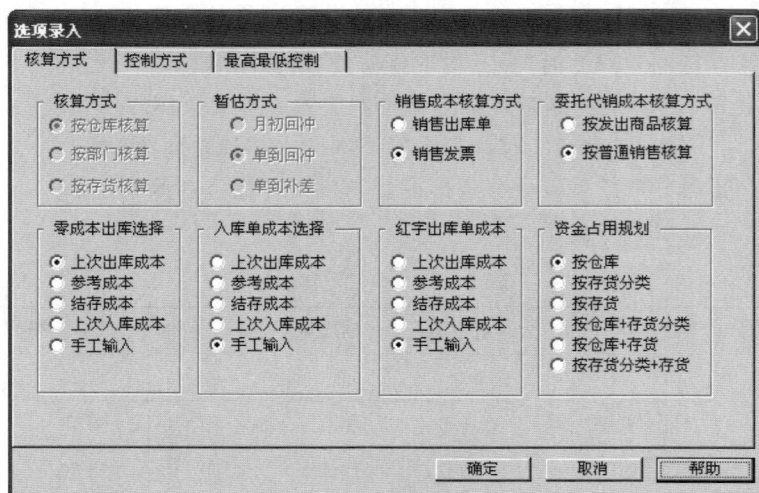

图 12-1　选项录入

12.2.2　期初余额录入并对账

　　录入系统启用前各存货的期初结存数据。库存期初余额与存货核算期初余额需分别录入,以便灵活启用系统模块:可先启用存货核算再启用库存管理,或反之;允许库存期初数据与存货核算期初数据暂时不一致。

　　系统提供双向取数及对账功能,确保数据最终一致。操作界面参见图 12-2。

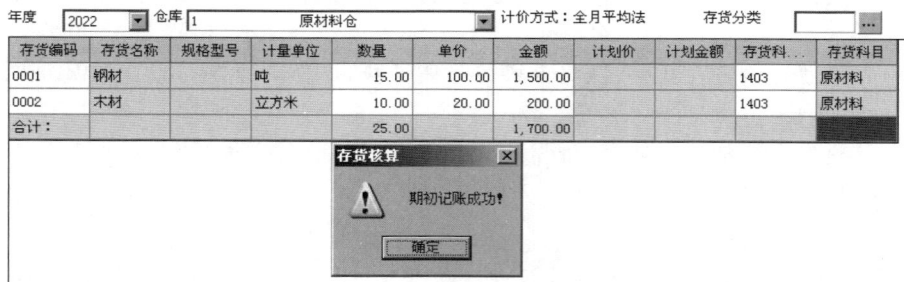

图 12-2　期初余额录入并记账

注意:

　　1.输入此仓库/部门/存货的期初余额,并保存后,可以点击"对账"按钮,将存货系统期初与库存系统期初进行对账。

　　2.当期初余额输入完毕后,可点击"记账"按钮,则用户才可以进行日常处理。

12.2.3　科目设置

　　本功能用于配置存货核算系统中生成凭证所需的各类科目,包括:存货科目(如原材料、库存商品等)、税金科目(如进项税额、销项税额等)、结算科目(如银行存款、应付票据等)、应付科目(如应付账款、暂估应付款等)。

　　注意:用户需在制单前完成科目设置,确保其准确性和完整性。若科目未正确配置,系统将无法在生成凭证时自动关联对应科目。

操作界面示例如图 12-3 所示。

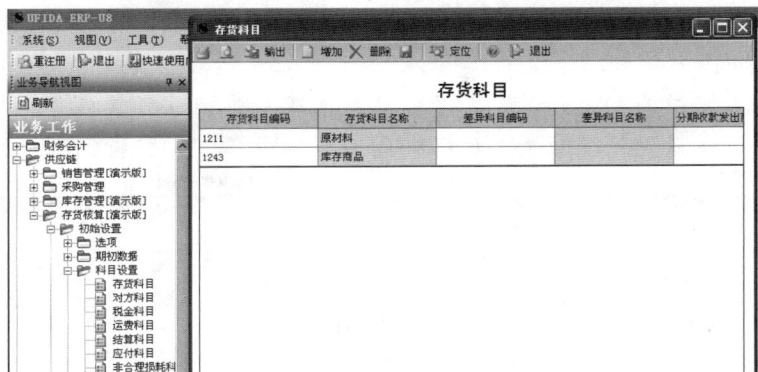

图 12-3　存货科目设置

12.3　存货日常业务和财务核算

1. 存货日常业务

存货系统的日常业务主要包括存货核算数据的录入和成本核算。具体分为以下两种情况：

（1）集成使用。当与采购、销售、库存等系统集成时,本系统负责处理其他系统传递的各类存货出入库单据及调整单据,支持单据查询、部分项目修改及成本计算。

（2）单独使用。若单独使用本系统,则需完成出入库单据的新增、修改、查询、调整及成本计算。

2. 存货业务核算

存货系统的业务核算核心功能包括出入库成本计算、结算成本处理、产成品成本分配、期末处理。

3. 存货财务核算

在完成出入库核算后,系统可生成记账凭证。主要操作包括凭证的生成、修改与查询；自动将凭证传递至总账系统,实现财务与业务一体化。

本节内容不涉及日常业务单据的修改与调整,主要讲解以下操作流程：①出入库成本计算；②结算成本处理；③产成品成本分配；④期末处理；⑤生成记账凭证。

12.3.1　正常单据记账

正常单据指各类入库单和出库单；特殊单据包括组装单、调拨单、形态转换单等。本功能用于将用户录入的正常单据登记至以下账簿：存货明细账、差异明细账/差价明细账、受托代销商品明细账、受托代销商品差价账。

注意：

采用先进先出、后进先出、移动平均、个别计价这四种计价方式的存货在单据记账时进行出库成本核算;全月平均、计划价/售价法计价的存货在期末处理处进行出库成本核算。

【例 12-1】将第 9 章和第 10 章生成的采购入库单和销售出库单计入存货成本账,用于计算采购成本。本教材案例采用全月平均法计价,因此期末处理时进行出库成本核算。

操作步骤如下:

(1)选择供应链中的存货核算菜单,点击业务核算选项,点击正常单据记账。

(2)选中相应的采购入库单和销售出库单,点击"记账"按钮,操作界面如图 12-4 所示。

正常单据记账列表

选择	日期	单据号	存货编码	存货名称	单据类型	仓库名称	收发类别	数量	单价	金额	供应商简称	计量单位
Y	2022-01-23	0000000001	0002	木材	采购入库单	原材料仓		15.00	500.00	7,500.00	海淀木材城	立方米
Y	2022-01-31	0000000002	0004	乙产品	专用发票	成品仓	销售出库	3.00				台
Y	2022-01-31	0000000002	0001	钢材	其他出库单	原材料仓		2.00	100.00	200.00		吨
Y	2022-01-31	0000000002	0001	钢材	采购入库单	原材料仓		10.00	1,000.00	10,000.00	丽兴公司	吨
Y	2022-01-31	0000000003	0003	甲产品	专用发票	成品仓	销售出库	20.00				台
小计								50.00		17,700.00		

图 12-4　正常单据记账

12.3.2　生成采购成本核算凭证

【例 12-2】将第 9 章生成的采购入库单生成相应的凭证。本教材案例采用全月平均法计价,因此期末处理时进行出库成本记账凭证。

操作步骤如下:

(1)选供应链中的存货核算菜单,点击财务核算中的生成凭证选项。单击"选择"按钮,如图 12-5 所示。

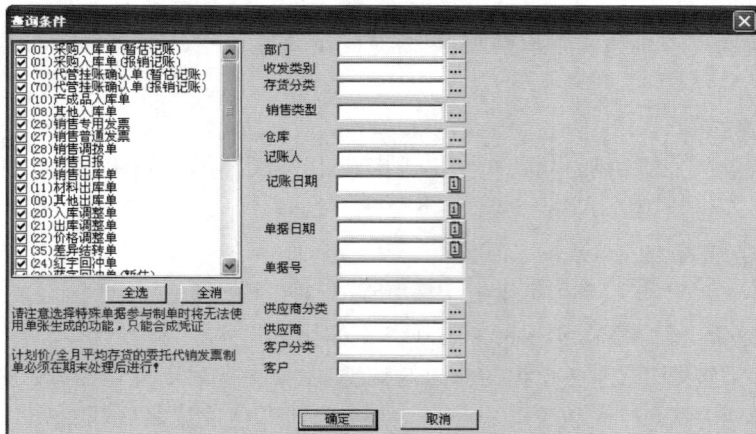

图 12-5　选择原始单据

(2)选中需要生成凭证的单据。如图 12-6、图 12-7 所示。

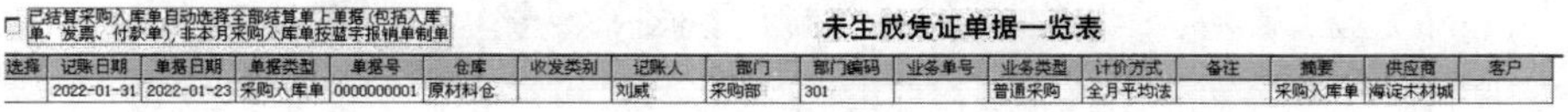

□ 已结算采购入库单自动选择全部结算单上单据(包括入库单、发票、付款单),非本月采购入库单按蓝字报销单制单

未生成凭证单据一览表

选择	记账日期	单据日期	单据类型	单据号	仓库	收发类别	记账人	部门	部门编码	业务单号	业务类型	计价方式	备注	摘要	供应商	客户
	2022-01-31	2022-01-23	采购入库单	0000000001	原材料仓		刘威	采购部	301		普通采购	全月平均法		采购入库单	海淀木材城	

图 12-6 选单据

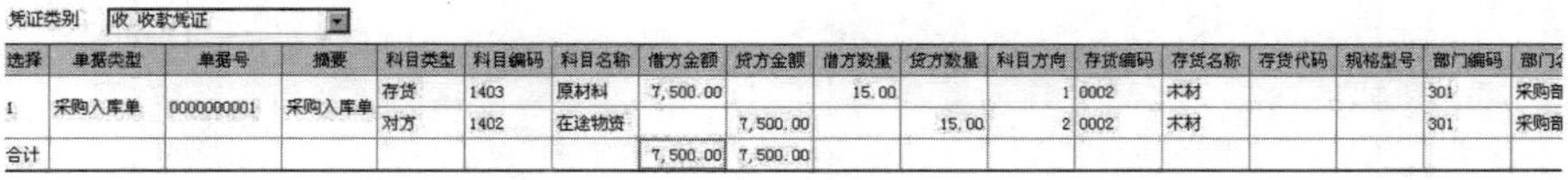

凭证类别 收 收款凭证

选择	单据类型	单据号	摘要	科目类型	科目编码	科目名称	借方金额	贷方金额	借方数量	贷方数量	科目方向	存货编码	存货名称	存货代码	规格型号	部门编码	部门名
1	采购入库单	0000000001	采购入库单	存货	1403	原材料	7,500.00		15.00		1	0002	木材			301	采购部
				对方	1402	在途物资		7,500.00		15.00	2	0002	木材			301	采购部
合计							7,500.00	7,500.00									

图 12-7 预览凭证

(3)点击"生成"按钮。如图 12-8 所示。

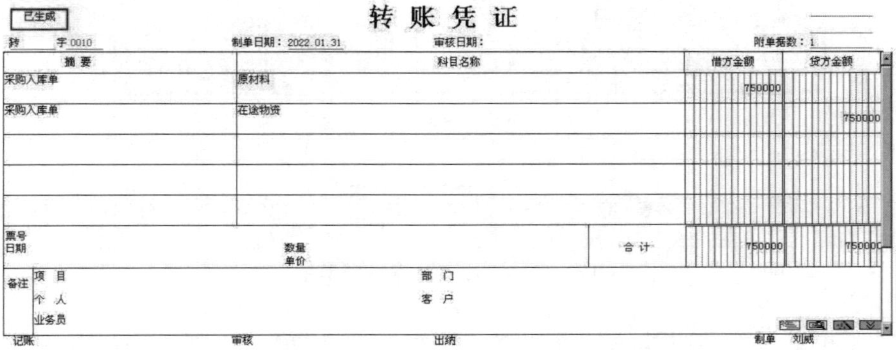

图 12-8 记账凭证

12.3.3 期末处理——结转销售成本

在完成所有日常业务后,用户可执行期末处理操作,具体功能如下:

(1)全月平均核算方式。包括计算存货的全月平均单价、核算本会计月出库成本。

(2)计划价/售价核算方式。包括计算存货的差异率(计划价核算)或差价率(售价核算)、分摊本会计月的差异额(计划价)或差价额(售价)。

(3)完成标记。对已处理完毕的仓库、部门或存货,系统将自动添加处理标志。

注意:

1. 期末处理首先要求所有单据必须记账。

2. 如果使用采购和销售系统,应在采购和销售系统作结账处理后才能进行。系统提供恢复期末处理功能,但是在总账结账后将不可恢复。

【例 12-3】将第 10 章生成的销售出库单,按照全月平均方式核算的存货的出库成本。

操作步骤如下:

(1)选供应链中的存货核算,点击业务核算中的期末业务选项。如图 12-9 所示。

(2)选中未期末处理的仓库,点击"确定",弹出仓库平均单价计算表,用于参照手工调整出入库成本。如图 12-10 所示。

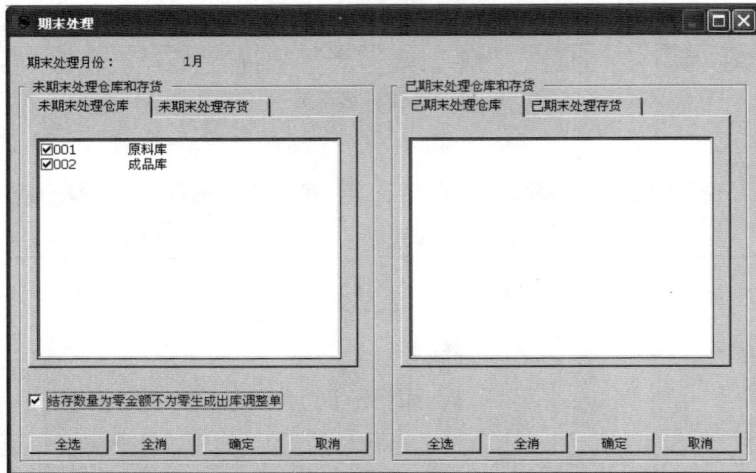

图 12-9　期末业务处理

图 12-10　仓库平均单价计算表一

（3）点击确定，弹出期末处理完毕对话框和结果，如图 12-11、图 12-12 所示。

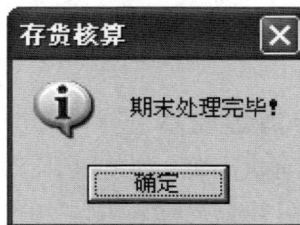

图 12-11　期末处理完毕

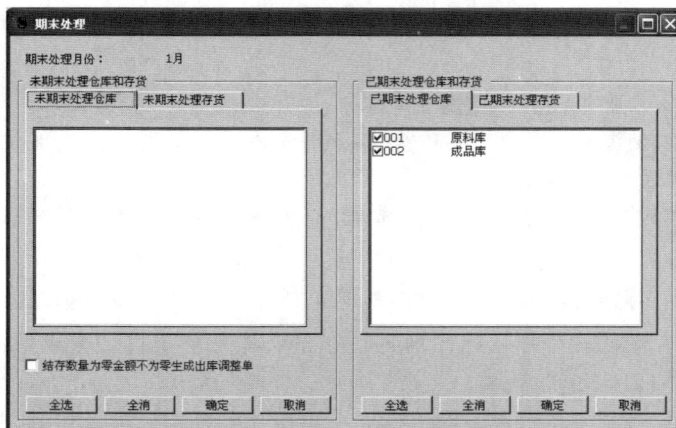

图 12-12　期末处理结果

12.3.4　生成销售成本结转凭证

【例 12-4】接续上例，生成相应的销售成本结转记账凭证。

操作步骤如下：

(1)选供应链中的存货核算菜单，点击财务核算中的生成凭证选项。单击“选择”按钮。

(2)选中需要生成凭证的单据。如图 12-13、图 12-14 所示。

□ 已结算采购入库单自动选择全部结算单上单据(包括入库单、发票、付款单)，非本月采购入库单按蓝字报销单制单

未生成凭证单据一览表

选择	记账日期	单据日期	单据类型	单据号	仓库	收发类别	记账人	部门	部门编码	业务单号	业务类型	计价方式	备注	摘要	供应商	客户
	2022-01-31	2022-01-31	专用发票	0000000002	成品仓	销售出库	刘威	销售部	302		普通销售	全月平均法		专用发票		强盛公司

图 12-13　选择单据

凭证类别　转 转账凭证

选择	单据类型	单据号	摘要	科目类型	科目编码	科目名称	借方金额	贷方金额	借方数量	贷方数量	科目方向	存货编码	存货名称	存货代码	规格型号	部门编码
1	专用发票	0000000002	专用发票	对方	6401	主营业务成本	4,650.00		3.00		1	0004	乙产品			302
				存货	1405	库存商品		4,650.00		3.00	2	0004	乙产品			302
合计							4,650.00	4,650.00								

图 12-14　预览

(3)点击“生成”按钮。如图 12-15 所示。

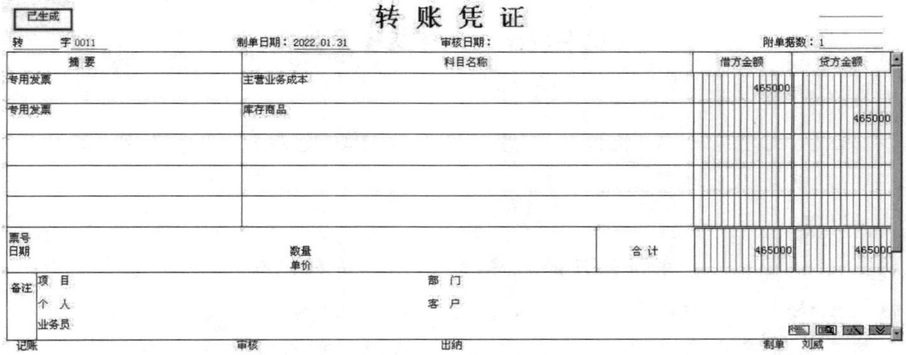

图 12-15　生成的凭证

12.4　存货结账

1. 结账规则

(1)结账频率：每月仅允许执行一次结账操作。

(2)结账限制：完成结账后，当月将禁止新增单据录入。

2. 系统集成要求

当系统与以下模块集成使用时，必须遵循以下结账顺序：先完成库存系统结账；完成采购系统结账；完成委外系统结账；完成销售系统结账。最后方可执行存货核算系统结账

3. 异常处理

如发现当月结账错误，可通过以下流程处理：

(1)点击“取消结账”功能按钮；

（2）系统将返回未结账状态；

（3）重新处理当月业务；

（4）执行正确结账操作。

具体结账界面请参见图12-16。

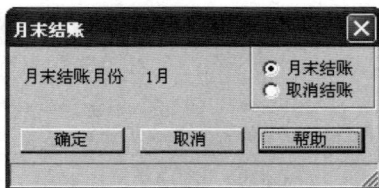

图12-16　存货结账

本章小结

本章重点学习了出入库成本核算的流程与方法，主要包括：①单据生成凭证。通过采购入库和销售出库业务生成的单据，自动生成会计凭证并传递至总账模块。②ERP系统应用。深入了解了ERP系统在存货成本自动核算中的处理逻辑与实现方式。

上机实验十九　存货核算业务

【操作准备】

可以引入"上机实验十八"的备份数据。将系统日期改为2022年1月31日，由操作员"LW　刘伟（密码1）"注册企业应用平台。

【操作要求】

（1）将上述出入库业务中所涉及的入库单、出库单进行记账。

（2）根据上述业务中所涉及的采购入库单编制相应结转入库成本凭证。

（3）根据上述业务中所涉及的销售出库单，生成结转销售成本的凭证。

要先将采购系统、销售系统、库存系统月末结账，然后存货系统的月末处理，各仓库的期末处理，生成结转销售成本的凭证（如果计价方式为"全月平均"），最后存货系统的月末结账。

（4）生成结转入库成本凭证的分录：

借：库存商品

　贷：材料采购

生成结转销售成本的凭证：

借：主营业务成本

　贷：库存商品

【操作数据】

业务一：单据记账

正常单据记账：将采购、销售所涉及的入库单、出库单进行记账。

操作向导：

在存货系统中,进入[业务核算]—[正常单据记账]。

业务二:财务核算

根据上述业务中所涉及的采购入库单编制相应凭证。

操作向导:

在存货系统中,进入[财务核算]—[生成凭证],选择"采购入库单(报销)"。

业务三:月末结账

1. 采购系统的月末结账

操作向导:在采购系统中,进入[业务]—[月末结账]。

2. 销售系统的月末结账

操作向导:在销售系统中,进入[业务处理]—[月末结账]。

3. 库存系统的月末结账

操作向导:在库存系统中,进入[业务处理]—[月末结账]。

4. 存货系统的月末处理

(1)各仓库的期末处理。

操作向导:在存货系统中,进入[业务核算]—[月末结账]。

(2)生成结转销售成本的凭证(如果计价方式为"全月平均")。

操作向导:在存货系统中,进入[财务核算]—[生成凭证],选择"销售出库单"。

(3)存货系统的月末结账。

操作向导:在存货系统中,进入[业务核算]—[月末结账]。

附录 《会计信息化》实验资料

一、企业简介

1.××家具公司为一般纳税人的工业企业,增值税率17％,适用2007新企业会计制度,其主营业务为生产加工家具,2021年1月1日开始启用U8,涉及模块:所有模块,启用日期为2022年1月1日。账套号:学号后三位。注意:公司名称和账套名称均为自己姓名。

2.操作员:学生自己,账套主管;李四,日常业务操作人员,全模块操作权限,除凭证审核以外。

3.存货有分类,客户、供应商无分类,无外币核算业务。

4.会计科目编码方式:4222,其他为默认。

二、初始化设置

(一)基础档案

1.部门:1财务部;2办公室;3采购部;4销售部;5生产车间。

2.职员:001张三 财务部;002赵浩 办公室;003李明 采购部;004王强 销售部;005刘华 生产车间。

3.结算方式:1现金;2现金支票;3转账支票。

4.存货分类:01原材料
　　　　　　02库存商品
　　　　　　03其他

5.存货档案:

存货分类	编码	代码	名称	计量单位	税率	属性
原材料类(01)	01001	mc	木材	吨	17％	外购、生产耗用
	01002	hm	海绵	块	17％	外购、生产耗用
库存商品(02)	02001	sf	沙发	个	17％	销售、自制
	02002	yg	衣柜	个	17％	外购、销售
	02003	xzt	写字台	个	17％	外购、销售
	02004	xmzcj	西门子厨具	套	17％	外购、销售
其他(03)	03001	yf	运费	公里	7％	劳务费用

操作提示:先增加无换算单位组(无换算关系),然后在单位组中增加具体单位(吨、块、

个、套、公里)。

　　6.客户:001 城乡超市;002 集美家具城。

　　供应商:001 海淀木材城;002 西门子厨具店。

　　注:在无分类下增加客户、供应商。

(二)总账模块

1.凭证类别:

收(借方必有 1001、1002)含义:借方必有现金或银行存款;

付(贷方必有 1001、1002)含义:贷方必有现金或银行存款;

转(凭证必无 1001、1002)含义:借贷都没有现金或银行存款。

注:如果借贷方都有现金或银行存款,统一为付款凭证。

借:现金 1000

　　贷:银行存款 1000　　凭证类别:付款凭证

2.会计科目:

现金、银行存款指定会计科目

应收账款:客户往来辅助核算

其他应收款(1231)

个人借款(123101):个人辅助核算

应付账款(2202)

应付款(220201):供应商往来辅助核算

暂估应付款(220202)

管理费用、营业费用:部门辅助核算

3.总账

资产 期初余额	负债与所有者权益 期初余额
现金 2188.33	应付——海淀木材城 1170.00
银行存款 46850.00	应付——暂估应付款 2000.00
应收——城乡超市 5850.00	应付职工薪酬 2000.00
——集美家具城 7605.00	
原材料 1700.00	实收资本 100000.00
库存商品 6500.00	未分配利润 64598.33
固定资产 110000.00	
累计折旧 10925.00	
合计 169768.33	合计 169768.33

注:(1)区分有、无辅助核算会计科目输入方式的不同;

(2)输完后,要进行试算平衡,只有平衡以后才能进行业务操作;

(3)如果会计科目期初余额有数,要进行会计科目的删除、修改等,需要去掉期初余额。

(三)购销存模块

仓库:001 原材料库——全月平均法

　　　002 成品库——全月平均法

收发类别:1 入库　　　　2 出库
　　　　　　11 采购入库　21 原材料领用
　　　　　　12 成品入库　22 销售出库
　　　　　　13 盘盈入库　23 赠品出库
24 盘亏出库
采购类型:01 普通采购;入库类别:采购入库
销售类型:02 普通销售;出库类别:销售出库
开户银行:001 工行城西分行;账号 888
费用项目:001 代垫运费
　　　　　002 业务招待费

(四)工资模块

1.工资类别:单个—代扣个人所得税—工资不扣零—人员编码长度:3 位
启用账套月份:2022 年 1 月 1 日
2.人员类别设置:管理人员、生产人员
3.人员档案
人员编号 姓名 部门 人员类别
001 张三 1 财务部 管理人员
002 赵浩 2 办公室 管理人员
003 李明 3 采购部 管理人员
004 王强 4 销售部 管理人员
005 刘华 5 生产车间 生产人员(注意)
4.工资项目设定
基本工资 数字 长度 8 小数 2 增项
奖金 数字 长度 8 小数 2 增项
事假扣款 数字 长度 8 小数 2 减项
公式设置:人员类别为"管理人员"的基本工资为 2000 元,其他为 1600 元。
5.以账套主管的身份登录,赋予业务操作员李四权限设置
6.更换操作员,以李四进行登录,输入"工资变动"
奖金各为 500 元,事假扣款:李明 50 元,王强 60 元。

(五)固定资产模块

1.初始化按照默认方式进行,对账科目设定一下(固定资产 1601;累计折旧 1602),设定账务系统接口(固定资产 1601;累计折旧 1602)。
2.资产类别设置:

分类编码	分类名称	使用年限	净残值率
01	房屋建筑物	50 年	5%
02	生产用机器设备	10 年	5%
03	简易建筑物	5 年	5%
04	办公用设备	5 年	5%

3.部门对应折旧科目

财务部:财务费用;办公室:管理费用;采购部:管理费用;销售部:营业费用

生产车间:生产成本——基本生产成本

4.原始卡片录入:

联想服务器一台,办公室使用,2021 年 01 月 01 购入,原值 10000 元,已提折旧 633.33 元;

生产流水线一条,车间用,2020 年 11 月 15 购入,原值 10 万,已提折旧 10291.67 元。

(六)购销存模块期初数据

1.采购模块

A.期初采购入库单:2021 年 7 月 1 日,从西门子厨具店购入西门子厨具 1 套,2000 元, 一直没来发票。(以前月份估价入库单据)

B.期初记账

C.供应商往来期初余额:

海淀木材城 采购部 木材 10 吨,单价 100 元,专用发票号 1,价税 1170 元

D.与总账里的应付账款总额对账

注:修改发票号操作:基础设置—单据设置—单据编号设置—单据类型:采购专用发 票—点击修改—完全手工编号

客户、供应商往来期初的存货只是记录当时应收与应付的明细情况,与存货核算没有任 何关系。

2.销售模块

A.自动生成销售出库单(销售——选项)

B.客户往来期初余额:

城乡超市 销售部 衣柜 10 台,单价 500 元,专用发票号 3,价税合计 5850 元

集美家具城销售部写字台 10 台,单价 650 元,专用发票号 2,价税 7605 元

修改发票号操作:基础设置—单据设置—单据编号设置—单据类型:销售专用发票—点 击修改—完全手工编号

C.与总账里应收账款总额对账

3.存货模块

A.冲估价方式:单到回冲

B.期初数据:

原料库:木材 15 吨,单价 100 元;入库日期:2021 年 12 月 12 日;

海绵 10 块,每块 20 元,入库日期:2021 年 10 月 15 日

成品库:衣柜 15 台,单位成本 300 元;入库日期:2021 年 12 月 16 日

西门子厨具 1 套 2000 元,入库日期:2021 年 5 月 13 日

期初记账

C.科目设置

存货科目设置:仓库——存货科目

　　　　　原材料库 1401(原材料)
　　　　　成品库　 1406(库存商品)
　　存货对方科目设置:收发类别 对方科目 暂估科目
　　　　　　　采购入库 220201 220202
　　　　　　　成品入库 500101
　　　　　　　盘盈入库 1901
　　　　　　　原材料领用 500101
　　　　　　　销售出库 6601
　　　　　　　赠品出库 6601
　　　　　　　盘亏出库 1901
　　客户往来:应收科目 1122;销售收入科目 6001;销售税金科目 22210105;预收科目 2205
　　结算科目设置:现金 1001;转账支票、现金支票 1002
　　供应商往来:应付科目 220201;采购科目 1401;采购税金 22210101;预付科目:1123
　　结算科目设置:现金 1001;转账支票、现金支票 1002

三、日常业务

　　1.1 日,提取现金 5000 元,现金支票,票号 001。
　　操作提示:总账模块中填制凭证。
　　借:现金
　　　贷:银行存款
　　2.1 日,办公室购买爱普生打印机一台,以 3000 元现金支付。
　　操作提示:固定资产模块中增加卡片,批量制单。
　　借:固定资产
　　　贷:现金
　　3.1 日,以现金支付员工工资 2000 元。(总账模块)
　　操作提示:
　　借:应付工资
　　　贷:现金
　　4.2 日,采购部李明从海淀木材城采购木材 15 公斤,单价 90 元(不含税价),收到专用发票,发票号 1001,会计确认该笔应付账款。同时收到长江运输公司开来的运费发票 300 元(按数量分摊),发票号 1002,确认应付账款。材料已入库。操作提示:
　　(采购—库存—存货核算)
　　采购入库—专用发票—结算处理(运费分摊)—审核采购入库单—存货核算中记账—制单生成凭证
　　借:原材料 $15 \times 90 + 300 \times 93\% = 1629$
　　　应交税费——应交增值税(进项税) $15 \times 90 \times 17\% + 300 \times 7\% = 250.5$

贷：应付账款——海淀木材城 1579.5

　　　　　　——长江运输公司 300

　　5.3 日，采购部李明从天成市场购入沙发靠垫 20 个，单价 20 元，入库存商品库，收到普通发票一张，现金支付，发票号 1003。

　　操作提示：与上题不同之处：一张普通发票、现金支付。

　　借：库存商品 400

　　　　贷：现金 400

　　6.5 日，对题 4 业务确认的应付海淀木材城的款项，以转账支票进行支付，票号 003。

　　操作提示：应付模块增加一张付款单，结算方式是支票，保存后进核销处理，应付模块进行核销制单。

　　借：应付账款——海淀木材城 1579.5

　　　　贷：银行存款 1579.5

　　7.8 日，收到从西门子厨具店购入的西门子厨具 2457 元的专用发票，发票号 1003，单价为 2100 元（不含税），财务以转账支票支付部分款项 1457 元，票号 004，另 1000 元作为挂账处理。

　　操作提示：这是一个冲估价的凭证，本公司是单到回冲模式，另外，还是一个只进行部分付款的模式。

　　采购部分正常处理—存货核算部分进行暂估成本处理—根据形成的红字回冲单，冲估价，根据蓝字报销单生成正常的报销凭证。

　　借：库存商品 2000

　　借：应付账款——暂估应付 2000

　　借：库存商品 2100

　　　　应交税费——应交增值税（进项税）357

　　　　　　贷：应付账款——西门子厨具 1000

　　　　　　　　银行存款 1457

　　8.10 日，采购部李明从海淀木材城采购一批木材入库，数量 6 吨，发票未到。

　　操作提示：平时只输入采购数量，月底进行估价，输入单价。

　　9.10 日，销售部王强以 500 元/台（不含税价）的价格，销售给集美家具城 11 台衣柜，由于集美资金紧张，只支付了 3000 元货款，转账支票号 004。另外的 3435 元作为欠款。

　　操作提示：这是一个部分现付，部分挂账处理的业务，发货单—发票—现结制单，生成收款凭证。

　　借：银行存款 3000

　　　　应收账款——集美家具城 3435

　　　　　　贷：主营业务收入 5500

　　　　　　　　应交税费——应交增值税（销项税）935

　　发货单——销售出库单，月底根据销售出库单价，做成本凭证。

　　10.11 日，生产部刘华从生产车间领用木材 20 吨，生产沙发之用。

　　操作提示：平时只在库存模块做车间材料领用单，月底计算材料出库单价，核算材料出库成本。

11.15 日,王强收回集美家具城 6000 元的货款,转账采用支票形式,票号 004。

操作提示:这是日常收款业务的凭证,与付款业务处理模式类似,收款单—保存—往来核销—核销制单。

借:银行存款 6000

　　贷:应收账款 6000

12.20 日,计提工资费用、福利费。

工资模块进行工资费用分摊:计提比例为 100%

部门名称 人员类别 借方科目 贷方科目

办公室 管理人员 管理费用 应付工资

采购部 管理人员 管理费用 应付工资

销售部 管理人员 营业费用 应付工资

财务部 管理人员 财务费用 应付工资

生产车间 生产人员 生产成本——基本生产成本 应付工资

按照"应付工资"计提相关部门福利费:计提比例为 14%

部门名称 人员类别 借方科目 贷方科目

办公室 管理人员 管理费用 应付工资

采购部 管理人员 管理费用 应付福利费

销售部 管理人员 营业费用 应付福利费

财务部 管理人员 财务费用 应付福利费

生产车间 生产人员 生产成本——基本生产成本　　应付福利费

13.21 日,计提固定资产折旧费用。

操作提示:

借:管理费用

　　生产成本——基本生产成本

　　　　贷:累计折旧

14.22 日,车间刘华办理沙发完工手续,8 套入成品库。

操作提示:车间办理产成品入库,入库数量 8 套,成本计算后,再进行相关单价修改。

15.24 日,王强销售沙发给集美家具城,3 套,售价 1000 元(不含税价)一套,每买一套赠送靠垫 2 个,开具专用发票,同时代垫运费 500 元,发生业务招待费 200 元。

操作提示:

(1)赠品的处理,只在发货单、发票中输入,没有金额。

(2)代垫运费的处理,这个费用是作为一个应收款项的处理。

(3)业务招待费的处理,这个费用只是在输入窗口作为一个记录而已,没有太实质的作用,账务处理还要在总账中进行。

(4)发货单进行审核后,销售出库单上会直接体现这部分,赠品要进行成本的处理,可以作为一项销售费用。这个凭证可以月底一块处理。

在应收管理中,制单处理,根据发票、应收单合并制单:

借：应收账款 4010

　　贷：主营业务收入 3000

　　　　应交税费——应交增值税（销项税）510

　　　　现金 500

在总账模块里，做业务招待凭证：借：销售费用 200

　　　　　　　　　　　　　　　　　贷：现金 200

16.25 日，采购部李明预借差旅费 1000 元。

操作提示：

总账：

借：其他应收款——李明

　　贷：现金

17.26 日，由于仓库保管员发生人事变动，需要做一次盘点。盘点结果如下：木材盘点数量为 17 吨，海绵盘点数量为 8 块。

成品库盘点数量与账面数量相同。

操作提示：盘点单审核以后，后自动形成两张单据，盘盈形成其他入库单，盘亏形成其他出库单，在存货核算模块这两张单据进行记账制单。

盘盈凭证：借：原材料 100

　　　　　　贷：待处理财产损溢——待处理流动资产损溢 100

盘亏凭证：借：待处理财产损溢——待处理流动资产损溢 40

　　　　　　贷：原材料 40

18.26 日，题 8 中，采购的一批木材，发票未到，经采购部门核实，本月不能来发票，需要估价处理，单价 120 元。

操作提示：采购模块输入单价—库存审核—存货记账—制单。

借：原材料 720

　　贷：应付账款——暂估应付款 720

19.检查本月相关工作，有没有完成，然后，对采购、销售、库存模块结账，对材料库进行期末处理，核算材料领用成本。

20.题 14，完工入库 8 套沙发，查询生产成本科目。通过账簿查询可得如下：

材料费＝2134.6

人工费＝2100＋294

折旧费＝790

总成本＝5318.6，把这个成本录入产成品成本分配中。

操作提示：根据产成品入库单制单。

借：库存商品 5318.6

　　贷：生产成本 5318.6

21.计算成品出库成本。销售出库单记账—成品库期末处理—购销单据制单

操作提示：

借：主营业务成本 5294.49

　　营业费用 120

　　　　贷：库存商品 5414.49

　　对核算模块进行结账，所有的进销存业务就完成。

　　22.计提城建税、教育费附加.

　　操作提示：可以通自动取数，也可手工计算，自动取数，必需之前的所有凭证记账。

　　查询一下，应交税费是多少来计算，（销项－进项）×7％为城建税，3％为教育费附加

　　借：主营业务税金及附加（1445－607.5）×10％

　　　　贷：应交税费——应交城建税（1445－607.5）×7％

　　　　　　其他应交款——教育费附加（1445－607.5）×3％

　　23.期间损益结转。

　　操作提示：先设定本年利润科目，相关的凭证记账后，方可进行自动生成凭证处理。

　　24.编制相关报表。（资产负债表、利润表）

　　操作提示：行业报表、2007 新企业会计制度科目、利润表中，如果不是年初建账的情况，年中建账累计数的处理。

　　财务报表—新建—选择哪个行业的哪张表—点击左下角的"格式"为数据。

　　菜单栏中选择"数据"——账套初始，录入关键字，整表重算。确认无误后，保存到磁盘上。

　　25.备份账套（如何设定自动备份计划）。

　　26.查询各模块实用的账簿：销售模块（销售明细账）、采购模块（货到票未到）、库存模块、存货核算模块（存货明细账）、总账（余额表、辅助账）。

参考文献

［1］刘宁.ERP 原理及应用［M］.北京：：北京理工大学出版社,2018.

［2］刘宁.会计电算化［M］.北京：北京师范大学出版社,2018.

［3］刘宁.会计信息系统［M］.上海：立信会计出版社,2017.

［4］刘宁.初级会计电算化辅导教程［M］.北京：中国财政经济出版社,2016.